E[illegible]al

© F. Aussenac

L'ouverture du nouveau site touristique de Carmaux promet un avenir important au département du Tarn comme destination de vacances. Premier pôle européen du multi-loisirs, Cap'Découverte permet d'allier sports, loisirs et culture dans un cadre unique et nous saluons cette initiative. Ce nouvel attrait touristique ne fera qu'accroître l'intérêt du département qui compte également d'autres sites importants comme l'incontournable cité de Cordes-sur-Ciel, la cathédrale d'Albi ou le musée de Goya à Castres. Le Tarn est histoire et culture, mais aussi savoir-vivre et savoir-faire, que l'on peut découvrir dans tout le département. Grâce à une gastronomie et un vignoble propres, les épicuriens et épicuriennes trouveront leur bonheur au fil des balades gourmandes. Dans notre promenade futée, nous n'oublions pas la découverte de la nature, diverse et riche, qui offre son lot d'activités.

Cette année, notre guide prend une nouvelle forme en donnant une importance majeure à l'ensemble du département. Mais nous ne délaissons pas les citadins et citadines des deux grandes villes du Tarn, Albi et Castres, auxquelles nous avons consacré un traitement spécifique pour dénicher les bons plans futés de shopping, de détente, et sur la vie de tous les jours. Pour cette troisième édition, nous avons à nouveau pris la route pour extraire la substantifique moelle de ce pays de cocagne. Suivez le guide !

Pays de Cocagne, moulin à Lautrec © F. Aussenac

Table des matières

10/11 *CARNET DE ROUTE*

14 Le Tarn pratique

19 Les sites immanquables

22 *Séjours à la carte*

28 *Présentation des pays*

34 *Le Tarn en toutes lettres*

48/49 *DE LIEUX EN LIEUX*

Le Petit Futé 2003 du Tarn

Dépôt légal : 4e trimestre 2002

Le Petit Futé a été fondé par Dominique Auzias. Il est édité par Les Nouvelles Editions de l'Université 18, rue des Volontaires - 75015 Paris. ✆ 01 53 69 70 00 - Fax 01 42 73 15 24. SARL au capital de 600 000 euros RC PARIS B 309 769 966.

Site Internet : www.petitfute.com

EDITION

Auteurs : Monica Cascales, Florence Aussenac, Virginie Canal, Dominique Auzias, Jean-Paul Labourdette, Floriane Ravard

ADMINISTRATION

Gérant : Jean-Paul Labourdette
Directeur Administratif et Financier : Gérard Brodin
Directrice des Ressources Humaines : Dina Bourdeau assistée de Sandrine Delée
Comptabilité : Isabelle Bafourd
Recouvrement : Fabien Bonnan, Sandra Brijlall
Secrétariat : Sandra Morais, Céline Rollée

PUBLICITE / COMMUNICATION

Directeur Commercial : Luc Régnard, assisté d'Alain Ruiz et Michel Granseigne
Directeur Régional Bretagne : Jean-Michel Frizjer • **Directeur Régional Nord :** José Pereira
Régie Publicitaire Nationale : Stanislas Leblanc-Bontemps
Chefs de publicité: Pascaline Beaux, Caroline De Yrigoyen, Stéphane Bouby
Régie Publicitaire internationale : Karine Virot
Directeur diffusion et promotion : Christophe Didierlaurent, assisté de Carla de Sousa et Maud Ghisolfi
Inspecteur des ventes : Xavier Thiercelin
Responsable Partenariat Presse-Médias : Jean-Mary Marchal
Magasinier : Youri Egret
Service clientèle : Nathalie Thénaud, assistée de Patricia Carvalho

FABRICATION

Direction du studio : Françoise Dekowski, assistée de Jacky Lagrave
Responsable de la Collection City-Guide : Claire Delbos, Anthony Serex, Romain David
Assistante : Myriam Kuhn
Création maquettes et couverture : Marjorie Cambon, Evelyne Marchand
Crédit photos : © O. Arnaud, F. Aussenac, Anthony Serex, Stéphane Savignard, OT Albi
Légende et © de la couverture : Lisle-sur-Tarn © O. Arnaud Château de Peyrelade © S. Savignard
Impression : Léonce Deprez

REPERES 147

DECOUVERTE 163

A TABLE 171

POINTS D'INFORMATIONS ET OFFICES DU TOURISME

A TABLE 252

SE DETENDRE 259

SHOPPING 267

Village dans la vallée du Tarn

Carnet de route

© Olivier Arnaud

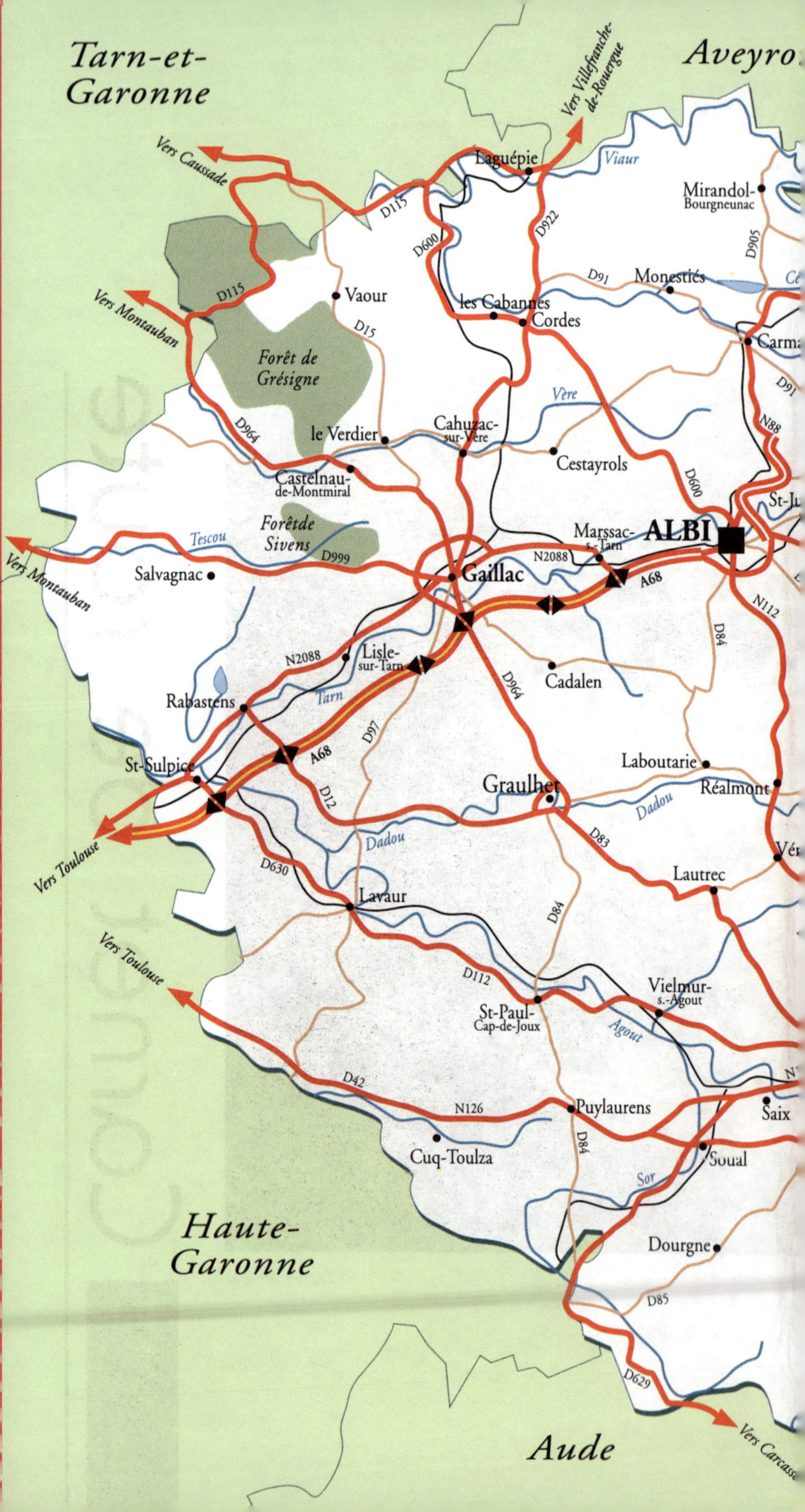

Tarn-et-Garonne
Aveyron
Vers Villefranche-de-Rouergue
Vers Caussade
Laguépie
Viaur
Mirandol-Bourgneunac
D115
D600
D922
D905
Vers Montauban
D115
Vaour
D91
Monestiés
les Cabannes
Cordes
D15
Carmaux
Forêt de Grésigne
Vère
D91
N88
D964
le Verdier
Cahuzac-sur-Vère
Cestayrols
Castelnau-de-Montmiral
D600
St-Juéry
Forêtde Sivens
Tescou
Marssac-s.-Tarn
ALBI
D999
N2088
Vers Montauban
Salvagnac
Gaillac
A68
N112
D84
N2088
Lisle-sur-Tarn
Cadalen
D964
Tarn
Rabastens
A68
D97
Laboutarie
St-Sulpice
Graulhet
Réalmont
D12
Dadou
Vers Toulouse
Dadou
D83
D630
Lautrec
Lavaur
D84
Vers Toulouse
D112
Vielmur-s.-Agout
St-Paul-Cap-de-Joux
Agout
D42
N126
Puylaurens
Saix
Cuq-Toulza
D84
Soual
Sor
Haute-Garonne
Dourgne
D85
D629
Aude
Vers Carcassonne

TARN
N
O
E
S
Aveyron
Vers Rodez
Tanus
Tréban
D53
N88
Cérou
Valence-
d'Albigeois
Vers Réquista
D903
St-Georges
507 m
Tarn
D999
Villefranche-
d'Albigeois
Alban
Vers Millau
D607
Paris
ALBI
D81
Dadou
le Masnau-
Massuguiès
Vers Millau
D63
Montredon-
Labessonnié
D89
Lacaune
Murat-
s.-Vèbre
Vers Bédarieux, Béziers
D55
Vabre
Monts de Lacaune
D622
Roc de
Montalet
1259 m
D907
Roquecourbe
Lac de Laouzas
D89
D622
Brassac
Castres
Sidobre
Agout
Lac de la
Raviège
Vers St-Pons-de-Thomières, Béziers
Valdurenque
Noailhac
Anglès
D68
Hérault
N112
Lac des
Saints-Peyres
Labruguière
D621
Aussillon
Mazamet
Labastide-
Rouairoux
St-Amans-
Soult
Thoré
Vers St-Pons-de-Thomières, Béziers
N112
D118
Parc Régional
du Haut Languedoc
Vers Carcassonne
Aude
Reproduction interdite
Jean-Baptiste Nény
Octobre 2001

Le Tarn pratique

Le Sidobre © F. Aussenac

ADRESSES UTILES

COMITE DEPARTEMENTAL DU TOURISME DU TARN 41, rue Porta - ALBI ✆ 05 63 77 32 10. *www.tourisme-tarn.com - E-mail : cdt_du_tarn@wanadoo.fr.* Département de plus en plus touristique, le Comité Départemental du Tourisme du Tarn sait être à la hauteur des circonstances avec une foule de brochures informatives sur les hôtels et restaurants, les sites touristiques, les bons plans, les activités sportives et de loisirs, les fêtes et manifestations, pour les vacances en groupe... Son nouveau site Internet est complètement dévoué à sa tâche informative, on peut aussi commander l'envoi des informations nécessaires pour organiser un séjour.

Espace d'exposition, documentation et informations touristiques : DESTINATION TARN 6, rue Saint-Clair - ALBI ✆ 05 63 47 73 06.

COMITE DEPARTEMENTAL DE LA RANDONNEE PEDESTRE 17, rue G.-Compayre - ALBI ✆ 05 63 77 35 25. *E-mail : cdrp81@wanadoo.fr.* "Plus qu'un simple plaisir, plus qu'un sport, la randonnée pédestre est une passion." Ainsi se présente le CDRP du Tarn pour nous faire découvrir et aimer le département autrement. Ils mettent à la disposition des randonneurs toutes les infos et documents sur les boucles, GR et GR de pays du département.

GITES RURAUX DU TARN Maison des Agriculteurs - BP89 - ALBI ✆ 05 63 48 83 01. *www.gites-tarn.com.* L'organisme archi connu "Gîtes de France" propose plus de 800 adresses dans le Tarn, que ce soit des gîtes ruraux, des gîtes d'étape, de séjour ou d'enfants, mais aussi des campings et des chambres d'hôtes. Les gîtes, campings et chambres d'hôtes sont toujours très demandés, le mieux est de réserver à l'avance. Pour cela, Gîtes de France offre deux possibilités : réservation directe chez les propriétaires par téléphone ou par courrier (on recevra par la suite un contrat de location à remplir et à renvoyer avec un chèque d'acompte de 25 % du montant total) ; ou bien à travers une centrale de réservation installée au sein de la Maison des Agriculteurs (05 63 48 83 01).

LOGIS DU TARN 6, rue Saint-Clair - ALBI ✆ 05 63 47 73 04. *www.logis-de-france.fr - E-mail : logisdutarn@wanadoo.fr.* Les Logis de France constituent une chaîne hôtelière volontaire. Les hôtels-restaurants adhèrent tous à un label de qualité, privilégiant le confort, la qualité de la table, l'accueil et le charme de l'environ-nement. Classés en 1, 2 ou 3 cheminées selon leur niveau de confort, ils garantissent un très bon rapport qualité-prix. Pour les renseignements et les réservations, on peut contacter l'association départementale, ou bien la centrale de réservations (01 45 84 83 84).

Voici la liste des hôtels Logis du Tarn : Au Bon Accueil Alban ✆ 05 63 55 81 03 • Hôtel Chiffre Albi ✆ 05 63 48 58 48 • Hostellerie du Vigan Albi ✆ 05 63 43 31 31 • Hôtel-Restaurant Le Vieil Alby Albi ✆ 05 63 54 14 69 • Hôtel-Restaurant du Pont Ambialet ✆ 05 63 55 32 07 • Au Logis de la Vallée de l'Arn Bout-du-Pont-de-l'Arn ✆ 05 63 61 14 54 • La Métairie - Restaurant Les Trois M Bout-du-Pont-de-l'Arn ✆ 05 63 61 94 75 • Hôtel-Restaurant Le Terminus Carmaux ✆ 05 63 76 50 28 • Hôtel-Restaurant L'Occitan Castres ✆ 05 63 35 34 20 • Hostellerie du Vieux Cordes Cordes-sur-ciel ✆ 05 63 53 79 20 • Hostellerie du Parc Cordes-sur-ciel ✆ 05 63 56 02 59 • Hôtel-Restaurant La Bombardière Cuq-Toulza ✆ 05 63 75 70 36 • Hôtel-Restaurant de la Montagne Noire Dourgne ✆ 05 63 50 31 12 • Hôtel-Restaurant La Verrerie Gaillac ✆ 05 63 57 32 77 • Hôtel L'Occitan Gaillac ✆ 05 63 57 11 52 • Hôtel-Restaurant Le Grandgousier Graulhet ✆ 05 63 34 50 32 • Hôtel-Restaurant Calas Lacaune ✆ 05 63 37 03 28 • Central Hôtel Fusiès Lacaune ✆ 05 63 37 02 03 • Au Relais du Sidobre Lacrouzette ✆ 05 63 50 60 06 • Hôtel-Restaurant Le Boulevard Mazamet ✆ 05 63 61 16 08 • L'Orée des Bois Monestiés ✆ 05 63 76 11 72 • Hôtel-Restaurant Durand Murat-sur-Vebre ✆ 05 63 37 41 91 • Hôtel-Restaurant L'Escapade Nages ✆ 05 63 37 60 30 • Hôtel-Restaurant Le Pré Vert Rabastens ✆ 05 63 33 70 51 • Hôtel-Restaurant Noël Réalmont ✆ 05 63 55 52 80 • L'Hostellerie des Cèdres Saint-Amans-Soult ✆ 05 63 98 36 73 • Hôtel-Restaurant des Voyageurs Tanus ✆ 05 63 76 30 06 • Hôtel-Restaurant Le Barry Villefranche-d'Albigeois ✆ 05 63 55 30 52 • Hostellerie des Lauriers Villeneuve-sur-Tarn ✆ 05 63 55 84 23.

METEO FRANCE 51, avenue François-Verdier - ALBI ✆ 05 63 49 44 40. Savoir s'il fera beau ou pas est quand même une question importante lorsqu'on s'approche des vacances. Petit conseil du renard : soyez toujours prudent et à l'écoute des recommandations météorologiques pour que vos vacances ne tournent pas au vinaigre. Dans le département, le centre Météo France est situé à Albi et, entre autres renseignements, il est possible d'obtenir les prévisions météo pour sept jours (prévisions 08 92 68 02 81).

OFFICES DU TOURISME ET SYNDICATS D'INITIATIVE DANS LE TARN

Toujours à l'écoute des touristes, toujours à leur service, les offices du tourisme et les syndicats d'initiative des Hautes-Pyrénées sont particulièrement actifs pour vous faire découvrir ce département. Des gens comme ça, passionnés par leur métier et leur région, il ne faut pas hésiter à les contacter, car ils auront toujours une proposition insolite à nous faire partager. On découvrira tout au long du guide la plupart des adresses, mais voici la liste de tout le département, avec le numéro de contact des organismes touristiques :

Alban ✆ 05 63 55 93 90 • Albi ✆ 05 63 49 48 80 - Fax 05 63 49 48 98 • Ambialet ✆ 05 63 79 58 29 - Fax 05 63 79 58 09 • Anglès ✆ 05 63 74 59 13 - Fax 05 63 73 00 64 • Brassac ✆ 05 63 74 56 97 • Cahuzac-sur-Vère ✆ 05 63 33 91 71 - Fax 05 63 33 94 03 • Carmaux ✆ 05 63 76 76 67 - Fax 05 63 36 84 51 • Castelnau-de-Montmiral ✆ 05 63 33 15 11 - Fax 05 63 33 17 60 • Castres ✆ 05 63 62 63 62 - Fax 05 63 62 63 60 • Cordes-sur-Ciel ✆ 05 63 56 00 52 - Fax 05 63 56 19 52 • Dourgne ✆ 05 63 74 27 19 • Gaillac ✆ 05 63 57 14 65 - Fax 05 63 57 61 37 • Graulhet ✆ 05 63 34 75 09 • Labastide-Rouairoux ✆ 05 63 98 07 58 - Fax 05 63 97 01 18 • Labruguière ✆ 05 63 50 17 21 - Fax 05 63 50 17 21 • Lacaune ✆ 05 63 37 04 98 - Fax 05 63 37 03 01 • Lacaze ✆ 05 63 37 27 18 - Fax 05 63 58 76 36 • Larroque ✆ 05 63 33 11 75 - Fax 05 63 33 11 18 • Lautrec ✆ 05 63 75 31 40 - Fax 05 63 75 32 90 • Lavaur ✆ 05 63 58 02 00 - Fax 05 63 41 42 89 • Les Cammazes ✆ 05 63 74 17 17 - Fax 05 63 74 14 29 • Lisle/Tarn ✆ 05 63 40 31 85 - Fax 05 63 33 36 18 • Mazamet ✆ 05 63 61 27 07 - Fax 05 63 61 31 35 • Mirandol-Bourgnounac ✆ 05 63 76 97 65 - Fax 05 63 76 90 11 • Monestiés ✆ 05 63 76 19 17 - Fax 05 63 80 14 06 • Montredon-Labessonnié ✆ 05 63 75 18 65 - Fax 05 63 75 18 11 • Murat-sur-Vèbre ✆ 05 63 37 47 47 - Fax 05 63 37 16 52 •

Nages ✆ 05 63 37 06 01 - Fax 05 63 37 12 29 • Noailles ✆ 05 63 56 85 24 • Pampelonne ✆ 05 63 76 39 66 Fax 05 63 76 32 09 • Pays Rabastinois (Rabastens) ✆ 05 63 33 56 90 • Pays de Vaour (Penne-du-Tarn) ✆ 05 63 56 36 68 - Fax 05 63 56 01 79 • Puycelsi ✆ 05 63 33 19 25 • Puylaurens ✆ 05 63 75 28 98 - Fax 05 63 75 29 00 • Réalmont ✆ 05 63 79 05 45 - Fax 05 63 79 05 36 • Roquecourbe ✆ 05 63 70 73 47 - Fax 05 63 75 62 09 • Saint-Amans-Soult ✆ 05 63 98 87 31 • Saint-Juery ✆ 05 63 45 97 07 • St-Pierre-de-Trivisy ✆ 05 63 50 48 69 - Fax 05 63 50 48 57 • Saint-Sulpice-La Pointe ✆ 05 63 41 89 50 - Fax 05 63 40 23 30 • Salvagnac ✆ 05 63 33 57 84 • Sidobre Pays Sculpté (Le Bez) ✆ 05 63 74 63 38 • Sorèze ✆ 05 63 74 16 28 • Tanus ✆ 05 63 76 36 71 - Fax 05 63 76 36 79 • Teillet ✆ 05 63 55 70 08 • Trébas ✆ 05 63 55 88 92 - Fax 05 63 99 75 51 • Vabre ✆ 05 63 50 48 75 - Fax 05 63 74 40 64 • Val d'Agout (Saint-Paul-Cap-de-Joux) ✆ 05 63 70 52 10 • Viane ✆ 05 63 37 50 34 - Fax 05 63 37 15 62.

SE RENDRE DANS LE TARN

En voiture

De Paris : 686 km dont 476 km d'autoroute (A6, A10, A20, N20).
De Strasbourg par Lyon : 920 km dont 618 km d'autoroute (A36, A36, A31, A6, A72, A75, N88).
De Bordeaux par Montauban : 283 km dont 221 km d'autoroute (A62, A20, A68, N88).
De Toulouse : 76 km par autoroute (A68).
De Marseille par Montpellier : 376 km dont 202 km d'autoroute (A55, A7, A54, A9, N112).

En avion

AEROPORT TOULOUSE-BLAGNAC ✆ 05 61 42 44 00. Liaisons nationales et internationales via l'aéroport de Toulouse-Blagnac (70 kilomètres d'Albi, 45 minutes). La navette Interligne propose une desserte 7j/7 (Albi et Castres-Mazamet). Service à la demande, en liaison avec tous les vols.
Renseignements et tarifs au 05 63 49 79 49 et au 05 63 71 16 10.

AEROPORT D'ALBI-LE SEQUESTRE ✆ 05 63 54 38 49/05 63 38 23 93. Cet aéroport n'est utilisé que par des avions de tourisme et d'affaires, pour des baptêmes de l'air et des manifestations aéronautiques. Les principales villes européennes et les correspondances internationales sont desservies par l'aéroport de Toulouse-Blagnac.

AEROPORT DE CASTRES-MAZAMET Le Causse ✆ 05 63 70 34 77. Dessert les aéroports de Paris-Orly et Lyon-Satolas Saint-Exupéry.

En train

GARE SNCF ALBI VILLE Place Stalingrad - ALBI ✆ 05 63 53 31 00. Paris-Albi : liaisons quotidiennes (1 ligne de nuit, 7 lignes de jour, 9 heures de trajet), halte possible à Vindrac/Cordes. Toulouse-Albi : liaisons quotidiennes.
Informations vente : 08 36 35 35 35. Informations horaires : 08 36 67 68 69.

GARE SNCF Avenue Albert-Ier - CASTRES ✆ 08 63 35 35 35. Liaisons quotidiennes vers Mazamet, Labruguière, Sémalens, Vielmur-sur-Agout, Saint-Paul-Cap-de-Joux, Damiatte-Saint-Paul, Lavaur, Les Cauquillous, Saint-Sulpice-sur-Tarn et Toulouse. Correspondances pour Albi, Gaillac, Carmaux, Tanus et Rodez à la gare de Saint-Sulpice-sur-Tarn. Correspondances pour Rodez, Millau, Colomiers, Auch, Montauban, Cahors, Brive, Castelnaudary, Carcassonne, Foix, Montréjeau, Tarbes, Lourdes, Hendaye, Irun, Lannemezan, Bagnères, Cauterets, Narbonne, Barcelona, Agen, Bordeaux, Nantes, Limoges, Marseille, Nice, Lille et Paris au départ de Toulouse-Matabiau.

MEDIAS

Presse

LA DEPECHE DU MIDI Place du Vigan - ALBI ✆ 05 63 49 45 50/05 63 49 45 65. *Site Internet : www.ladepeche.com - E-mail : castres@ladepeche.fr.* Ce grand quotidien régional couvre les événements du département dans un cahier spécifique.

Outre les informations pratiques et les principales manifestations, des sujets de fond sont abordés.

Autres adresses : Quai Miredames - CASTRES ✆ 05 63 51 42 20/05 63 51 42 10 • Rue du Pont-de-Caville - MAZAMET ✆ 05 63 51 55 41.

TARN INFOS 3, quai du Carras - CASTRES ✆ 05 63 59 24 95. *tarninfos@tarninfos.com - jbduteurtre@tarninfos.com.* Tarn Infos est un média de référence pour l'actualité du sud tarnais. Hebdomadaire départemental d'information, il voit sa diffusion progresser rapidement. Les matchs du CO et des autres équipes du sud du Tarn sont couverts de façon assidue.

LA CROIX DU MIDI 16, rue de la République ✆ 05 63 47 05 34. *E-mail : lacroix-tarn@wanadoo.fr.* Avec aux quatre coins du département une quarantaine de correspondants bénévoles qui se dévouent pour que leur ville ou leur village vivent à travers le journal, l'équipe de rédaction porte, chaque semaine, un regard d'espérance sur l'actualité du Tarn.

LA LIBERATION 21, rue de la Madeleine - GAILLAC ✆ 05 63 57 02 19. Cet hebdomadaire de quatre pages est diffusé sur Gaillac, Brens et Lisle-sur-Tarn. Il traite des informations générales qui touchent son secteur géographique et aborde divers sujets tels que le sport ou l'histoire et le patrimoine gaillacois.

LE MIDI LIBRE 9, chemin de Vertignol - LABASTIDE-ROUAIROUX ✆ 06 13 38 70 11. Comme son nom l'indique, ce périodique couvre plusieurs régions du midi de la France. L'une de ses éditions concerne essentiellement l'Hérault et la partie du Tarn qui le jouxte, à savoir le territoire qui s'étend au sud de Mazamet.

LA MONTAGNE NOIRE - LA VOIX LIBRE 10, place Mal-Joffre (villle) ✆ 05 63 97 57 10. *E-mail : montagne.noire@libertysurf.fr.* La Montagne Noire paraît les mardi, mercredi, jeudi et vendredi. C'est le plus petit quotidien de France. Il couvre le secteur géographique allant de Saint-Pons à Sorèze et des limites de l'Aude jusqu'à Castres.

LE PAYSAN TARNAIS Maison des Agriculteurs Milliassolle - ALBI ✆ 05 63 48 83 65. *paysantarnais@paysantarnais.com.* Cet hebdo est le vecteur des informations locales et générales touchant de près ou de loin le monde agricole et viticole. Des reportages chez différents producteurs du département décrivent leurs conditions et méthodes de travail. Le Tarn étant extrêmement diversifié en matière d'élevage et de culture, la teneur du journal s'en trouve variée et enrichie.

LE TARN LIBRE 24, rue de la République - ALBI ✆ 05 63 48 75 48. Hebdomadaire d'informations départementales, le Tarn Libre couvre le Tarn ainsi qu'une partie de l'Aveyron et du Tarn-et-Garonne. Le Tarn Libre est l'un des plus anciens journaux français : il fut créé en 1835 sous le titre de "Journal du Tarn". Son contenu rédactionnel est articulé autour de la vie de la région : informations départementales et locales, agricoles, annonces légales, petites annonces, page télévision et page loisirs.

Gratuits

ATOUTS TARN Conseil Général - Hôtel du Département - ALBI ✆ 05 63 45 64 64. Cette revue trimestrielle d'une cinquantaine de pages est distribuée gratuitement dans les boîtes à lettres. Publiée par le Conseil général, elle comporte de nombreuses rubriques (environnement, patrimoine, économie) et trace plusieurs portraits de personnalités du département (chefs d'entreprise, sportifs, etc.) C'est aussi un magazine d'actualités, bourré d'informations pratiques, qui comprend un agenda des principales manifestations culturelles du Tarn.

PUBLI-TARN 70, rue Séré-de-Rivière - ALBI ✆ 05 63 38 96 08. Le Publi-Tarn comporte des milliers de petites annonces en tout genre, propres à faciliter les arrangements entre particuliers.

BONJOUR **20, rue Henri-IV - CASTRES © 05 63 72 82 85.** *www.bonjour.fr.* Autrefois intitulé le 81, Bonjour se décline en deux éditions : le 81 Castres et le 81 Albi. L'une sur fond jaune et l'autre sur fond rouge. Les deux éditions sont disponibles dans les agences de Castres et d'Albi uniquement, chacune étant distribuée sur son territoire propre. Bonjour bénéficie d'une excellente notoriété.
Autre adresse : 4, rue Timbal - ALBI © 05 63 54 74 60.

Radios

SUD-RADIO. *Fréquence Tarn : 104.7.* La radio du Grand Sud s'adresse aux habitants de Midi-Pyrénées, d'Aquitaine et du Languedoc-Roussillon. Les nombreux bulletins d'informations alternent avec des magazines d'intérêt général, des chroniques variées et des reportages sur le terrain. Les suggestions de sortie complètent l'éventail des informations pratiques et précieuses diffusées quotidiennement.

CHERIE FM **1, rue Mariès - ALBI © 05 63 54 81 00.** *Castres 91.8, Mazamet 97.* Les décrochages locaux offrent une émission tarnaise de 6h à 10h, avec des flashs info aux demi-heures entre 6h et 9h30, ainsi qu'à 12h, 13h et 14h. Le magazine de 14h reçoit des personnalités locales, liées au monde des sports et loisirs ou de la vie économique ou culturelle.
Autre adresse : 162, Le Cheverny - CASTRES © 05 63 59 32 62.

100 % RADIO **8, cours René-Reille - MAZAMET © 05 63 98 61 60.** *E-mail : olivier.fabre@free.fr. Fréquences : Mazamet 94.1, Castres 98.1, Vallée du Thoré 92.4.* 100 % tire sa fierté de sa proximité avec son auditoire. L'équipe exclusivement locale couvre les événements du département, notamment ceux qui concernent le bassin Castres-Mazamet. Huit rendez-vous quotidiens avec l'information, quatre rappels des titres, des émissions dédiées au sport et d'autres vouées à la musique, des capsules variées et plusieurs interventions chez les acteurs de la vie locale composent une programmation stratégiquement axée sur la vie du sud du département.

RADIO MENERGY **L'Hermet - LESCURE-D'ALBIGEOIS © 05 63 60 68 68.** *Fréquences : Albi 90.3, Carmaux 94.3, Gaillac 89.5.*

RADIO ALBIGES **36, square Bonaparte © 05 63 60 60 36.** *Fréquences : 95.4 et 104.2.*

RADIO CAGNAC **41, rue de la Chenaie - CAGNAC-LES-MINES © 05 63 56 23 23.** *Fréquence FM : 81 35.*
Autre adresse : Avenue Gambetta - GRAULHET © 05 63 34 84 44.

Télévision

FRANCE 3 **30, rue d'Alembert - ALBI © 05 63 78 33 81.** *Site Internet : wwwfrance3.fr.* France 3 Sud couvre les deux régions de Midi-Pyrénées et Languedoc-Roussillon. Sa stratégie de proximité se décline sous forme de deux éditions d'informations pour chaque région autour de midi et de 19h, suivies de la météo. En outre, de nombreux magazines, dont un en langue occitane, sont consacrés à l'actualité et la culture régionale.

Les livres sur le Tarn

Couleurs du Tarn. R. Cussol – M.-R. Editions Loubatières.

Cuisine du Tarn. F. Carme – Editions Sud-Ouest.

Sainte-Cécile d'Albi. J.-L. Biget – Editions Privat.

Le Tarn à pied. Collectif – Fédération Française de Randonnée.

Tarn, pays de contrastes. G. Jungblut, J.-P. Hiver-Berenguier, D. Rousseau – Editions Privat.

Toulouse-Lautrec. G. Durozoi – Editions Hazan.

Toulouse-Lautrec, les affiches. D. Devynck – Editions Odyssée.

Toulouse-Lautrec peintre de la lumière froide. P.-M. Orlan – Editions Complexe.

Toulouse-Lautrec, l'homme qui aimait les femmes. J. Bloch Frey – Editions Michalon.

Les sites immanquables

Albi, cathédrale Sainte-Cécile © S. Savignard

L'ABBAYE-ECOLE DE SOREZE

Fax : 05 63 50 86 00. E-mail : abbaye-ecole.soreze@cg81.fr. Directeur : Monsieur Kirtava. "Douze siècles d'intelligence pour la noblesse du caractère", ainsi se commentent les visites qui retracent l'histoire de la célèbre école royale militaire de Sorère. Créée en 754 par Pépin le Bref, elle est aujourd'hui l'un des rares témoignages de l'histoire de l'éducation en Europe.

Le parcours de découverte se développe en intérieur et en extérieur (l'abbaye fut construite sur un parc de 6 hectares), plusieurs thèmes sont ainsi abordés : l'évolution architec-turale des bâtiments, l'histoire de l'ensei-gnement… Le parc permet de goûter la tranquillité et l'harmonie des lieux au détour des allées qui longent la piscine, les agrès, la serre du potager et le jardin de l'abbé. Outre l'hôtellerie et les salons de réception, la chapelle et l'auditorium sont ouverts à de nombreux événements culturels.

CAP'DECOUVERTE

La mine à ciel ouvert de Sainte-Marie, "creux" impressionnant de 1 000 mètres de diamètre et de 280 mètres de profondeur est devenue Cap'Découverte depuis le 10 août 2002… Premier pôle européen du multiloisirs, à 1h de Toulouse, au cœur de Midi-Pyrénées, dans le Tarn, Cap'Découverte offre aux visiteurs une multitude d'activités sportives, musicales et culturelles sur un immense espace naturel de 650 hectares. En toute saison, au gré de ses envies ou de sa curiosité, chacun organise ses journées et crée son propre programme. En famille, entre amis, avec son club, de l'amateur au sportif confirmé, de l'artiste en herbe au passionné d'histoire, chacun vit librement ses loisirs et ses passions ! S'évader dans un environnement naturel, se détendre entre jeux d'eau et balades à vélo, applaudir des artistes, visiter le musée de la Mine, se perfectionner ou s'initier à de nouveaux sports ou encore vivre des sensations plus extrêmes ou flâner dans les villages québécois…

CATHEDRALE DE SAINTE-CECILE A ALBI

L'écrasante silhouette de briques roses est considérée comme un chef-d'œuvre du style gothique méridional : absence d'arcs-boutants à l'extérieur, nef unique à l'intérieur. Edifiée sur deux siècles (entre 1282 et 1480), cette véritable cathédrale-forteresse devint une arme dissuasive dans le système défensif de la ville.

Ses dimensions sont telles, qu'elle pouvait contenir la totalité des 6 000 habitants de la ville d'alors. De cette période médiévale, elle conservera le plus vaste Jugement Dernier et la plus importante collection de statuaires du monde chrétien. A l'extérieur, l'édifice s'est enrichi de la porte Dominique de Florence (fin XIVe), d'un clocher-donjon de 78 m de haut (fin XVe) et du baldaquin de la porte d'entrée (XVIe). L'intérieur du monument marque une rupture frappante avec l'aspect massif de l'extérieur.

On attribue à des artistes français inspirés de l'école flamande la magnifique peinture murale du Jugement Dernier (XVe) qui forme une des œuvres picturales les plus vastes de la fin du Moyen Age. C'est aussi à des artistes français que l'on doit la sculpture en gothique flamboyant du jubé et de la clôture du chœur. Cet ensemble en pierre est orné d'une magnifique statuaire polychrome, témoignage unique par son importance et sa qualité de la sculpture française du XVe siècle. Les fresques de la voûte forment l'ensemble de peintures italiennes le plus vaste (97 mètres de long sur 28 mètres de large...) et le plus ancien de France. A l'intérieur de la cathédrale on visite aussi la Salle du Trésor.

CORDES-SUR-CIEL

La richesse architecturale, et plus encore peut-être, le charme trouble de cette bastide du XIIIe siècle sont, au sens propre, extraordinaires.

Albi, Musée de Toulouse Lautrec, le Divan Japonais © OT Albi

Le site, pôle touristique majeur dans la région, jouit d'une renommée internationale.

En partant de la place de la Bouteillerie au pied de la cité et en montant par la Grand-Rue, on remonte aussi le temps. Bien que la ville haute soit accessible en voiture (ou en navette payante) par une rampe extérieure ouverte à la circulation, et bien que la progression dans les rues pentues de la vieille Cordes soit raide, la balade à pied est à conseiller. Ainsi découvre-t-on les vestiges des enceintes successives (ajoutées pour cause d'expansion de la ville), les portes remarquables (des Ormeaux, de la Jane, du Vainqueur, de l'Horloge) et les superbes façades des maisons gothiques rehaussées de sculptures d'étranges personnages.

Mais la cité n'a pas encore livré tous ses mystères et de nombreuses questions subsistent quant au sens ou aux origines de certains de ses éléments : à quoi servit vraiment le puits sous l'ancienne halle profond de quelque 113 m ?

Que signifient sur certaines façades ces gargouilles qui n'en sont pas ? A quoi se réfèrent certains noms des rues du village ?

MUSEE GOYA Hôtel-de-Ville - CASTRES © 05 63 71 59 27. Le musée Goya est installé dans l'ancien Palais épiscopal du XVIIe siècle. Il héberge une collection impressionnante d'œuvres des plus grands maîtres de la peinture espagnole et du siècle d'Or. La collection est présidée par trois toiles de Goya léguées en 1893 par le fils de Marcel Briguiboul (peintre et sculpteur castrais) : “Auto-portrait aux lunettes”, “Portrait de Francisco del Mazo” et “La Junte des Philippines”. En plus de la quasi-totalité de l'œuvre gravée de Francisco Goya, le musée abrite un panorama complet de la peinture espagnole des artistes primitifs jusqu'aux contemporains.

Tous les grands maîtres se disputent la place d'honneur : Vélasquez (“Portrait de Philippe IV”), Murillo (“Vierge au Chapelet”), Ribera, Valdès Léal, Alonso Cano, Beruete, Fortuny, Rusinol, Zuloaga, Anglada-Camarasa.

La salle des armes présente une collection de pièces anciennes (300 environ) offertes au musée par un particulier.

Le projet d'agrandissement du musée permettra de développer les surfaces consacrées aux sculptures et peintures du XXe siècle, avec notamment un "Buste d'homme écrivant" de Pablo Picasso.

PALAIS DE LA BERBIE, MUSEE DE TOULOUSE-LAUTREC

Le palais de la Berbie, imposante forteresse du XIIIe siècle, plus tard palais archiépiscopal, se dresse au pied de la cathédrale d'Albi et domine le Tarn. C'est dans l'enceinte de cet édifice prestigieux, ancien palais des évêques (jusqu'au XVIIIe), que le musée Toulouse-Lautrec s'est installé en 1922. Né à Albi en 1864, ce descendant des comtes de Toulouse eut un destin extraordinaire. Il était âgé de 14 ans 1/2 quand il tomba d'une chaise basse et se brisa le fémur gauche. L'année suivante, il se brisa l'autre jambe à Barèges. Ces deux accidents irrémédiables le laissèrent infirme en condamnant sa croissance. Il mourut en 1901 à l'âge de 37 ans et demi, laissant une œuvre s'étendant sur 22 années.

Léguée par la mère d'Henri de Toulouse-Lautrec, la vaste collection que possède le musée d'Albi (plus de 1 000 pièces, dont 214 peintures et de nombreux dessins, affiches et lithographies) retrace merveilleusement la vie et l'évolution picturale de cet artiste, qui créa "l'affiche moderne" à Montmartre en 1886.

Séjours à la carte

Castelnau-de-Montmiral, pays des bastides © F. Aussenac

CIRCUIT DU VIGNOBLE GAILLACOIS

Tout au long de cette route, la rencontre avec la terre et les hommes nous permettra de mieux connaître cette passion et ce dévouement pour la vigne et sa culture. Chaque vigneron nous racontera ses vignes, ses vins, son terroir, son histoire… Le circuit du vignoble gaillacois nous entraîne, tout d'abord, sur les terrasses de la rive gauche.

Formé à travers les âges avec le Tarn comme acteur principal, ce terroir s'étend sur 30 km entre Florentin et Coufflouleux, en passant par Técou, Montans ou encore Peyrole. D'une altitude modeste, il permet à la vigne d'exprimer tout son potentiel à travers des sols de galets, de graviers, de sable ou de boulbènes, on parle ici des "graves de la rivière gauche", terroir de prédilection pour les cépages rouges. La deuxième étape du circuit nous conduit de l'autre côté du Tarn, ce sont les coteaux de la rive droite. Délimitée aussi par la Vère, cette vaste zone s'étend d'est en ouest de Castelnau-de-Lévis jusqu'à Rabastens, en passant par Labastide-de-Lévis, Gaillac ou Lisle-sur-Tarn. La dernière et troisième étape de cette route des vins est le plateau cordais, c'est-à-dire la partie nord du Gaillacois.

Ici on produit toute la variété des vins de Gaillac avec, grâce à sa situation, une proportion importante de vins blancs. Si la découverte d'un vignoble est un sujet de voyage passionnant, inutile de recommander la visite du patrimoine culturel et historique de cette grande partie du Tarn. Des "mets" qui se marieront bien avec le bon vin de Gaillac.

Gaillac et ses environs

CAVE DE TECOU Técou - GAILLAC © 05 63 33 00 80. La cave de Técou rassemble 120 vignerons sur 850 hectares de vignobles répartis pour les deux tiers sur la rive gauche du Tarn.

DOMAINE DE GINESTE Técou - GAILLAC © 05 63 33 03 18. *domainedegineste@free.fr. Ouvert tous les jours de mai à septembre de 10h à 19h d'octobre à avril du lundi au samedi de 14h à 18h ou sur rendez-vous.*

CHATEAU DE TAUZIES Route de Cordes © 05 63 57 06 06. *Ouvert du lundi au samedi de 8h à midi et de 14h à 18h30.*

DOMAINE DE MAS PIGNOU Mas Pignou - D964 © 05 63 33 18 52. *Ouvert de 9h à 12h et de 14h à 19h du lundi au samedi et le dimanche en juillet et en août. Caveau de dégustation, vente.*

DOMAINE RENE RIEUX Hameau de Boissel © 05 63 57 29 29. *Dégustation et visite des caves l'été : du lundi au vendredi de 9h à 12h et de 14h à 18h et le samedi de 10h à 12h et de 15h30 à 18h30 ; l'hiver : du lundi au vendredi de 9h à 12h et de 14h à 17h30, le samedi de 14h30 à 17h30.*

DOMAINE DE LAGARRIGUE Lagarrigue - SENOUILLAC © 05 63 41 70 83. *Ouvert tous les jours, sur réservation de préférence.*

MAS DES COMBES - MAS D'OUSTRY © 05 63 57 06 13. *Ouvert du lundi au samedi de 8h à midi et de 14h à 19h. Dimanche et jours fériés sur rendez-vous.*

DOMAINE DES TERRISSES B. & A. CAZOTTES © 05 63 57 16 80. *Ouvert de 8h30 à 17h30 du lundi au samedi (sur rendez-vous de préférence).*

DOMAINE DE PIALENTOU Brens © 05 63 57 17 99.

CAVE DE LABASTIDE-DE-LEVIS Marssac-sur-Tarn © 05 63 53 73 73.

DOMAINE D'ESCAUSSES Sainte-Croix © 05 63 56 80 52. *Caveau ouvert tous les jours de 9h à 19h.*

DOMAINE DE CAUSSE-MARINES Vieux © 05 63 33 98 30.

Castelnau-de-Montmiral

CHATEAU DE MAYRAGUES Castelnau-de-Montmiral © 05 63 33 94 08. *Ouvert tous les jours pour les ventes sur place.*

Lisle-sur-Tarn

DOMAINE DE BORIE-VIEILLE Saint-Salvy © 05 63 40 47 46. *E-mail : borie-vieille.pascale@wanadoo.fr. Ouvert tous les jours de 10h à 18h et le dimanche sur rendez-vous.*

CHATEAU CLEMENT-TERMES Les Fortis - RD18 © 05 63 40 47 80. *Dégustation-vente du lundi au samedi de 9h à 12h et de 14h à 19h. Dimanche de 9h à 12h30.*

DOMAINE DE LONG-PECH La Peyrière © 05 63 33 37 22. *Site Internet : www.domaine-de-long-pech.com.*

Montans

DOMAINE CROIX DES MARCHANDS Montans © 05 63 57 19 71. *Caveau ouvert tous les jours de l'année.*

Rabastens

CAVE DE RABASTENS 33, route d'Albi - RABASTENS © 05 63 33 73 80. *Ouvert tous les jours de 9h à 12h et de 14h30 à 19h. Les dimanches et jours fériés de 9h à 12h et de 15h30 à 18h30.*

SUR LA TRACE DES BASTIDES ALBIGEOISES

Le CDT a dessiné un circuit au cœur du Tarn, pour découvrir l'une des plus importantes richesses patrimoniales du département : les bastides albigeoises. Ayant vu le jour à partir du XIIe siècle, ces bourgades furent fondées par les autorités politiques et seigneuriales de l'époque. Enceintes fortifiées, place entourée de portiques, halle de bois en son milieu, elles eurent un rôle très important pour les campagnes. Les castelnaux (à partir du XIe) sont des agglomérations fortifiées implantées sur un promontoire sous la tutelle d'un château. Ce patrimoine chargé d'histoire nous attend au long de la route… Ce circuit démarre à Lisle-sur-Tarn, "bastide port" avec sa place à couverts, la plus vaste du Sud-Ouest, à voir aussi l'église gothique Notre-Dame de la Jonquière. En rejoignant Castelnau-de-Montmiral on découvre une autre bastide qui garde quelques vestiges de fortifications comme la porte de Garrics (XIIe siècle), la place aux arcades ou la croix reliquaire des comtes d'Armagnac.

En longeant la Vère et l'Aveyron, il ne faut pas rater les villages de Puycelsi (village fortifié qui garde encore quelque 800 m de remparts et le château des Gouverneurs) et Bruniquel (à visiter la porte Méjanne surmontée d'un beffroi et le château dominant l'Aveyron et la Vère), tous les deux des éperons rocheux qui offrent un superbe panorama sur le massif forestier de Grésigne.

A Penne on prendra la direction de Vaour (importants vestiges d'une ancienne commanderie des Templiers), pour continuer jusqu'à Milhars, vieux village avec un château du XVIIe siècle refermant les restes d'un édifice du XIIIe siècle, puis Manarves et son château de Roquelaine "La Prune" du XIIIe siècle (château privé). A l'approche de Vindrac on arrive à Cordes-sur-Ciel, fleuron des bastides albigeoises et l'un des principaux attraits touristiques du Tarn, sa visite est indispensable. La cité offre un remarquable patrimoine architectural gothique. Et puis on redescendra vers Albi, sans oublier de faire un petit détour par les villages de Cestayrols (ancien village fortifié avec des vieilles maisons en haut des remparts et la porte de la ville du XIIIe siècle) et de Lincarque (avec l'un des plus beaux clochers de la région du XVe). Après s'être arrêté à la chapelle de Roumanou, ancien prieuré du XIe et XIIe siècle, nous voilà arrivés aux portes de la ville d'Albi. Il faudra rendre une dernière visite au village de Castelnau-de-Lévis, pour apprécier son étonnante tour.

VACANCES EN FAMILLE

Parcs aquatiques

L'ARCHIPEL Avenue Georges-Pompidou - CASTRES © 05 63 62 54 00. *Ouvert les samedi, dimanche et jours fériés de juin à septembre, de 10h à 19h30.* Bassin de compétition, bassins ludiques, rivière à courant, tobbogans, pentagliss, patinoire… Nocturnes les mardi et jeudi jusqu'à 21h30.

AQUAVAL Route de Vielmur - LAUTREC © 05 63 70 52 32. *Ouvert tous les jours de juin de 10h à 17h et à partir de juillet de 10h à 20h (samedi 12h à 22h).* Le billet d'entrée donne droit à toutes les activités proposées. Plan d'eau, lagon et toboggan, pataugeoire, cascade, bassin de natation, espaces pique-nique, bar, boulodrome, minigolf, beach-volley, jeux pour enfants, lac ouvert à la pêche et au modélisme.

AQUAMONTS Base de Loisirs La Forêt - SAINT-PIERRE-DE-TRIVISTY © 05 63 50 48 69. *Ouverture de mi-juin à mi-septembre. Horaires d'ouverture : tous les jours de 11h à 19h. Tarifs : adultes, 3 €, de 6 à 13 ans, 2 € et gratuit pour les moins de 6 ans.* Quand la chaleur devient insupportable, on pique un plongeon dans le bassin de natation, on s'élance sur les toboggans pentagliss à 4 pistes ou à virages pendant que les enfants s'amusent sous l'œil vigilant du maître nageur dans les pataugeoires. Trampoline, solarium et la possibilité de se restaurer juste à côté… Le rêve !

BASE NAUTIQUE DU LAC DE MONTAGNES Mazamet © 05 63 61 27 07. *Ouvert toute l'année, baignade surveillée pendant la saison estivale. Accès gratuit.* Le lac de Montagnès s'entoure d'un cadre naturel exceptionnel. Il a été aménagé pour satisfaire toutes les familles attirées par l'envie d'une baignade ou d'une balade dans la fraîcheur des sous-bois voisins. Des équipements sportifs et de loisir contribuent à faire de l'endroit un pôle d'attraction particulièrement apprécié aux premiers beaux jours : plages de sable fin, promenades en barque et en pédalo, jeux pour les enfants, pêche, parcours sportifs, aires de bivouac, minigolf, circuits VTT, gîtes d'étape et de groupe, restauration… Le lac est également le point de départ d'une myriade de balades en forêt au cœur de la Montagne Noire. Un sentier relie d'ailleurs le lac au pittoresque village médiéval d'Aussillon.

ESPACE NAUTIQUE ATLANTIS Route de Cordes - ALBI © 05 63 43 34 40. *Ouvert tous les jours. Tarifs : 4,88 € les adultes, 3,35 € les enfants.* Bassins, intérieurs, tobbogan, pentagliss, terrain de beach-volley, aire de jeux…

Parcs et bases de loisirs

LOISIRS D'AIGUELEZE. Les Loisirs d'Aiguelèze s'étendent sur 60 ha entre Gaillac et Marssac le long des berges du Tarn. Sont ouverts sur ce site, toute l'année, les équipements suivants : un centre d'entraînement de golf (9 trous compacts, 5 trous traditionnels, practice), 4 courts de tennis, un minigolf, une aire de jeux, une aire de pique-nique, des salles d'activité disponibles à la location. Le port de plaisance fonctionne du 1er mai au 31 octobre ; quant à la piscine chauffée, elle ouvre en juillet et août. Aiguelèze propose des stages de découverte, accessibles à tous, en golf, tir à l'arc, voile, tennis, aisance aquatique ou mini-tennis et un centre de loisirs accueille les enfants, à la journée, durant l'été.

PLANETE OBADE Espace de Loisirs d'Aiguelèze ✆ 05 63 41 50 50. Quatre bases de loisirs : Aiguelèze, Sivens, Sérénac, Razisse pour pratiquer le vélo. Sur Aiguelèze : location de VTC toute l'année. A Sérénac et Razisse, le VTT est proposé en activité encadrée. A travers la forêt de Sivens, de nombreux parcours ont été tracés au plus grand bonheur des amoureux de la nature.

Juniors Vacances Sportives Stages. Planète Obade organise, l'été sur le site d'Aiguelèze, un éventail de découvertes sportives pour les jeunes : golf, tir à l'arc, tennis, voile allant de la simple initiation au stage. Pendant l'année scolaire, Planète Obade accueille les écoles et collèges et leur propose des séances sportives encadrées : kayak, voile, tir à l'arc, VTT, orientation, escalade, golf.

Planète Obade à Sérenac. Le centre d'accueil est situé à 20 km à l'est d'Albi, en forêt de Sérénac et peut accueillir des groupes jusqu'à 65 personnes. Des chambres de 2 à 3 lits avec salle d'eau, 2 salles d'activités, un bar, une salle de restauration, un terrain multisports équipent ce centre. L'environnement naturel (chênes rouges d'Amérique, résineux) offre une grande variété d'activités axées sur l'écologie : sentiers de randonnée, VTT, parcours nature de tir à l'arc, escalade, orientation, découverte de la nature, kayak en eau vive. Ce site est idéal pour l'organisation de séminaires et de formations.

Planète Obade à Razisse - Montroc. Le centre d'accueil est situé à 25 km au sud d'Albi, au bord d'un barrage alimenté par le Dadou et où est érigé le château de Grandval. Ses équipements : 3 salles d'activités, bar, restaurant, gymnase, courts de tennis, terrain de football et de basket, gymnase, laboratoire, parcours nature de tir à l'arc. Sa capacité d'accueil de 61 lits, fait de ce centre un lieu privilégié de séjours en groupe à dominante sportive et nature. Les activités encadrées se pratiquent en pleine nature : escalade, voile, kayak, VTT, orientation, tir à l'arc, et bénéficient du cadre naturel et sauvage.

BASE DE LOISIRS LE GARISSOU Les Cabannes ✆ 05 63 56 27 14. Cette base de loisirs au pied de la cité propose à la fois un complexe aquatique (plage, bain bouillonnant, bassin de natation, toboggan, "pentagliss"), mais aussi un camping 3 étoiles et des chalets entièrement équipés.

BASE DE LOISIRS DE VERE-GRESIGNE Castelnau-de-Montmiral ✆ 05 63 33 16 00. *Ouvert de Pâques à fin juin et de début septembre à la 3e semaine de septembre les dimanches et jours fériés. Du 1er juillet au 31 août tous les jours.* A 2 km de Castelnau-de-Montmiral, la base de loisirs de Vère-Grésigne comprend un plan d'eau de 7 ha. On peut y pratiquer des sports nautiques comme le canoë, le kayak, la barque et le pédalo. La baignade est surveillée pendant la saison estivale. On peut également profiter du toboggan aquatique. Pour les adeptes de loisirs plus terriens, on peut pratiquer encore le tennis, le minigolf, le quadricycle, la pêche et s'adonner aux joies du pique-nique et du barbecue. Un centre de loisirs pour les enfants de 6 ans à 12 ans est ouvert en juillet et août du lundi au vendredi de 8h à 18h15.

ENIGMATUS Cordes-sur-Ciel. C'est la nouvelle animation de Cordes-sur-Ciel, au détour d'un jardin, des comédiens costumés nous entraînent dans la résolution d'une étonnante énigme. Livret en main, il faut trouver où se cachent les suspects, qui sont les comploteurs, combien sont-ils… Et tel un apprenti sorcier il faut trouver quelles sont les plantes qui constituent l'antidote du poison destiné au consul de Cordes… Il était une fois à Cordes en 1625…
Plus d'informations : Association Cordes Développement 22, avenue du 11-Novembre-1918 © 05 63 56 31 13. *Site Internet : www.enigmatus.com*

LAC DE SAINT-PEYRE Labastide-Rouairoux © 05 63 61 08 27. Dans un cadre fort boisé, ce lac artificiel de 11 km de long offre de nombreuses activités comme la pêche, la baignade, la planche à voile, des randonnées et la possibilité de pique-niquer dans des lieux qui font parfois penser à des coins reculés de l'Ecosse.

LAC DE BELLEVUE Lisle-sur-Tarn. Pêche, pique-niques, balades en pédalo, parcours santé, jeux, départs de randonnées vers la belle forêt domaniale de Sivens… Le plan d'eau de Bellevue et ses abords directs offrent de nombreuses options de loisirs. Le Mini-port du Lac est ouvert tous les jours de juin à septembre, les week-ends et pendant les vacances scolaires. Il présente cinq reproductions miniatures de bateaux (remorqueur, cuirassé, péniche, ferry-boat, vapeur type Mississippi), pouvant accepter des équipages d'un poids total variant de 90 kg à 250 kg. Les moteurs électriques permettent de passer un moment de détente au gré de l'eau. On peut aussi jouer au capitaine Némo grâce à un sous-marin virtuel avec joystick pour manœuvrer dans les fonds aux alentours de Lisle-sur-Tarn.

LAC DE LA ROUCARIE Monestiés © 05 63 36 71 07. Un lac de 60 ha, cela fait quantité de surface d'eau et beaucoup de kilomètres de berges que l'on peut utiliser pour de multiples activités. Le lac de la Roucarié, c'est : baignade surveillée, voile, aviron, planche à voile, aire de pique-nique, base de loisirs…

BASE DE LOISIRS DU LAC DE LAOUZAS Montredon-Labessonnie © 05 63 37 45 76. *Accès gratuit au plan d'eau et à la baignade.* Les loisirs aquatiques et terrestres se partagent les quelque 323 ha de la base du lac de Laouzas. La base est dotée d'un large éventail d'équipements qui font le bonheur de tous. C'est la plage à la montagne ! On trouve une aire de jeux et une pataugeoire pour les plus petits, des terrains de volley, de pétanque et un ponton avec toboggan pour les plus grands. Sur le plan d'eau, les activités de voile sont privilégiées, le motonautisme est interdit. Pour ceux qui aiment la randonnée pédestre et VVTesque, là aussi pas de problème puisque de nombreux itinéraires en boucle partant de la base de loisirs sont aménagés.

ZOO DE MONTEDRON Montredon-Labessonnie © 05 63 75 11 11. *Internet : www.zoodemontedron-net-up.fr. Ouvert en été de 10h à 19h, le reste de l'année de 13h à 18h. Entrée : 9 € les adultes, 5 € les enfants de moins de 15 ans, gratuit pour les moins de 4 ans.* Chameaux, lamas, buffles, zébus, mouflons, antilopes, kangourous, ratons laveurs, autruches, singes… Les animaux sont présents et se reproduisent en semi-liberté dans ce parc d'une superficie de 74 ha, inauguré au printemps 2002. La topographie permet des points de vue panoramiques très intéressants. A noter l'aire de pique-nique et la buvette pour se rafraîchir.

BASE DE LOISIRS LUDOLAC Saint-Lieux-Les-Lavaur © 05 63 41 65 44. L'Espace Loisirs et Nature Ludolac, propriété de la Communauté de Communes Tarn-Agout, nous accueille dans un cadre champêtre. Sur place : baignade surveillée (en juillet et août), toboggans aquatiques, pédalos et canoës, pêche, minigolf (arboretum pédagogique), aire de jeux, tennis, sentier de randonnée, aire de pique-nique avec barbecue, snack-bar. A proximité, club ULM, chemin de fer touristique.

AVENTURE PARC Base de Loisirs La Forêt - SAINT-PIERRE-DE-TRIVISY ✆ 05 63 73 09 03. *www.aventure-parc.com.* Le créateur du concept (D. Payant) est un ancien capitaine de l'armée française. Son pari est de rendre accessible (physiquement et financièrement) une prestation ludo-sportive demandant une certaine dose de courage et de dextérité. Les personnes qui viendront participer à l'aventure n'auront pas à se soucier de la sécurité puisque ici tout a été conçu pour une sécurité maximale. On nous prêtera même les combinaisons, et tout le matériel nécessaire. Chaque aventurier a son niveau, la difficulté du parcours est signalée par couleurs.

BASE DE LOISIRS LA FORET Saint-Pierre-de-Trivisy. *Parking de 150 places.* Au cœur d'une nature intacte, le rire cristallin des ruisseaux s'élève sous le couvert des arbres. Là, vous pouvez vous reposer, pique-niquer sur des aires prévues à cet effet, à l'ombre, et digérer sur les sentiers pédestres. Ou encore profiter de l'espace loisirs avec son boulodrome, son minigolf, son court de tennis, son terrain de volley, son parcours sportif, son quillodrome, ses aires de jeux pour enfants.

TREBAS. Trébas est la seule plage surveillée du Tarn. Le village est doté d'une base de loisirs où se trouve un terrain de foot, de volley-ball, de tennis, de pétanque, un minigolf, possibilité de descendre le Tarn en canoë-kayak entre Trébas et Ambialet, des tables, un barbecue et une aire de jeu sont à disposition pour pique-niquer. N'oublions pas que dans un environnement aussi beau il est possible de faire des randonnées pédestres, "VTTesques"...

A cheval les mômes !

LES ECURIES DE LA SABATARIE Brassac ✆ 05 63 74 51 77. *Promenades à la journée avec pique-nique.*

LE CAPIMONT Carmaux ✆ 05 63 36 82 21. Equitation sur poneys, formules d'équitation et voile ou équitation et randonnée à partir de 8 ans.

BELLE FEUILLE Couffouleux ✆ 05 63 33 83 42. Initiation et perfectionnement, stages pendant les vacances scolaires, randonnées et découverte du cheval : mise en confiance, initiation à l'élevage...

FERME D'EN GOUT Dourgne ✆ 05 63 50 28 23. Roulottes (pour familles) sur circuit en liberté de deux jours à une semaine et chariots à la journée ou en camp.

LA BOUTEILLE Fauch ✆ 05 63 55 63 14. Stages, randonnées et promenades à partir de 8 ans.

RELAIS LOISIRS DE BRAMETOURTE Lautrec ✆ 05 63 75 31 54. Quarante poneys et chevaux pour stages d'initiation ou de perfectionnement, endurance, horse-ball, attelage, randonnées...

EN TOURENE Lavaur ✆ 05 63 58 06 61. Randonnées à cheval et en attelage.

LA JALONDIE Montredon-Labessonnie ✆ 05 63 75 14 13. *D'avril à septembre, randonnées de 7 à 12 jours, tous âges confondus, bon niveau équestre. Stages d'initiation les week-ends.*

CE LA FERME DU LAC Montroc ✆ 05 63 55 72 07. Séjours d'initiation à la randonnée pour les adolescents. Plusieurs formules au week-end ou à la semaine.

LES JULIANNES Paulinet ✆ 05 63 55 94 38. Randonnées et stages d'initiation et perfectionnement du dressage, parcours d'obstacles, horse-ball...

LES CLAUZELS Roussayrolles ✆ 05 63 56 37 13. Séjours équestres et séjours multiactivités (cheval, canoë, VTT, escalade, spéléo...).

FERME EQUESTRE DE LA GRESIGNE Saint-Beauzile ✆ 05 63 33 12 65. Plusieurs séjours d'initiation et perfectionnement et randonnées d'un ou plusieurs jours.

PONEY-CLUB DE SAINTE-CORNEILLE Lapeyrière ✆ 05 63 40 46 97. Les petits peuvent découvrir là dès 4 ans les joies de l'équitation via des cours mais aussi des jeux, des randonnées ou même des séjours-vacances de une semaine à 15 jours.

Présentation des pays

Albi, bastide © Anthony Serex

VALLEE DU TARN

A Millau, le Tarn arrive auréolé de gloire pour se reposer dans cet immense berceau de berges qu'est Millau. Reprenant de la vigueur, le Tarn nous amène jusqu'à Albi, creusant avec entrain une longue vallée aventureuse, profondément entaillée, faite pour se ressourcer loin du monde. Remous et tourbillons, rochers culottés, villages de vignerons ou de seigneurs, le Tarn fait zigzaguer la route, s'offre un saut de l'ange sur l'usine hydroélectrique du Saut-du-Tarn, avant d'offrir à Albi son plus beau miroir. En suivant son cours on découvrira tous les villages de cette vallée emblématique : Trébas, Villeneuve-sur-Tarn, Ambialet, Marsal, Crespinet, Saint-Juery… pour arriver à Albi, merveilleuse capitale du département. Un trait de verdure tout au long du trajet, un contact direct avec la nature qui nous permettra la pratique des activités telles que la pêche, la baignade (elle est surveillée uniquement à Trébas), la randonnée, le VTT, le canoë, le kayak, l'équitation… ou simplement le farniente pour se laisser bercer par le bruit de l'eau, après un pique-nique au bord de la rivière…

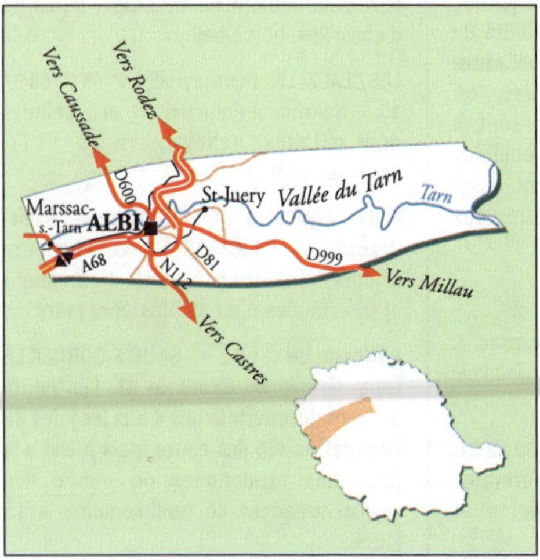

La vallée du Tarn permet ainsi un mariage parfait entre patrimoine culturel et activités de plein air, la découvrir est l'aimer.

PAYS DES BASTIDES

On les imagine encore au temps où l'on se défendait gaillardement contre l'ennemi ou encore, en des époques moins agitées, théâtres d'un commerce florissant et d'une animation incessante.

Aujourd'hui, les bastides albigeoises ont retrouvé leur quiétude pour nous offrir le témoignage d'une période glorieuse de l'histoire de France, qui se dévoile sous les pieds du passant.

Hauts lieux de l'époque médiévale, juchées sur leur colline, conservant des vestiges de leurs remparts, elles furent pour la plupart édifiées au XIIIe siècle par les comtes de Toulouse pour résister aux désirs d'expansion des seigneurs d'Ile-de-France.

Vaine tentative, mais qui a le mérite de nous avoir donné Cordes-sur-Ciel, la céleste, fleuron des bastides, place forte entre ciel et terre, Puycelci et ses élégantes demeures seigneuriales, Vaour où les Templiers établirent une de leurs plus importantes commanderies, Castelnau-de-Montmiral et sa remarquable place centrale à arcades. Chaque pierre de ces bastides et de ces villages belvédères est comme une page d'un fabuleux livre d'histoire que l'on feuillette en marchant.

SEGALA-VIAUR

"De seigle et de mine". Vocation agricole et industrielle de ce bassin au nord du Tarn. Longtemps reconnu comme un grenier à seigle grâce à son sol acide, la véritable activité qui marqua le site et les hommes pendant des siècles fut l'exploitation des mines dès le XVIIe siècle. Si une difficile mutation est en train de s'effectuer, l'avenir touristique de ce pays est sur une bonne voie avec le projet de Cap'Découverte.

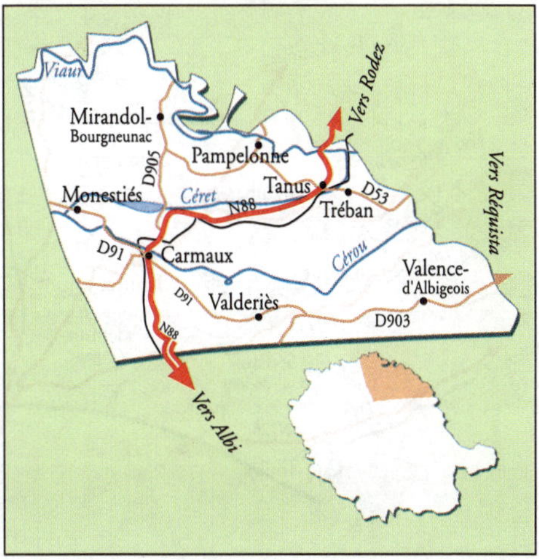

Si la voix de Jaurès résonne toujours dans les rues de Carmaux qui prend peu à peu des allures de quartier résidentiel d'Albi, on découvre aussi dans ce Ségala-Viaur des sites à visiter impérativement comme le musée de la Mine, la très jolie cité de Monestiés, son nouveau musée Bajèn-Vega et sa très ancienne et remarquable "Mise au Tombeau", la verdoyante vallée du Cérou, la plus abrupte vallée du Viaur et son aqueduc "made in Eiffel".

PLAINE DU TARN

Mère nourricière et voie de circulation, le Tarn étale son cours au milieu de cette plaine (pouvant atteindre six kilomètres de large) que ses alluvions n'ont cessé d'enrichir.

Durant des siècles, le Tarn est demeuré une importante voie de navigation qui permet l'ouverture d'importants marchés pour les richesses locales. Sur ses rives, des activités vont se développer, et le commerce du vin, du pastel, du charbon, des poteries fit la prospérité des villes et de leurs habitants. Bastides, hôtels particuliers, églises, châteaux vont s'édifier le long de la rivière, de Marssac à Saint-Sulpice-de-la-Pointe, entourés par un vignoble millénaire et des champs de céréales.

PAYS DE COCAGNE

Haut lieu de la culture du pastel, cette plante tinctoriale qui a forgé les plus importantes fortunes du Toulousain et de l'Albigeois aux XVIe et XVIIe siècles, ce "pays imaginaire où tout est riant et en abondance" est aujourd'hui empreint de douceur de vivre. Bien que ce pays ait été ravagé par les guerres de Religion, il dévoile aujourd'hui un patrimoine luxuriant qu'on ne peut ignorer au gré des champs multicolores et des riches vallons où essaiment châteaux et moulins à vent.

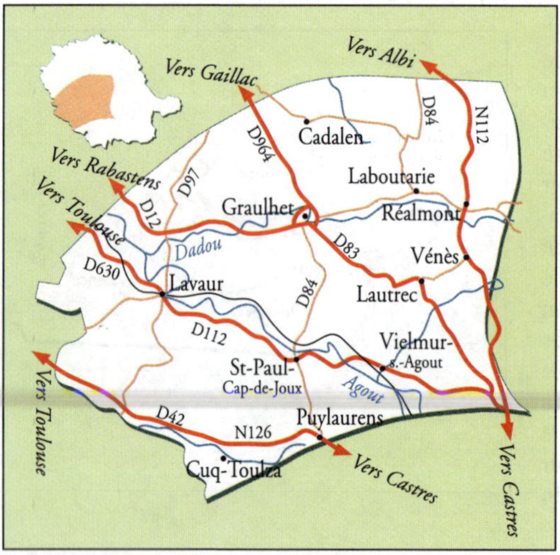

Haltes obligées sur cette terre de commerce ? Au hasard de la campagne environnante : Lavaur, Lautrec, Graulhet ou Puylaurens. Autant de destinations où diriger ses pas.

SIDOBRE

Saisissant Sidobre ! Elle est presque fantasmagorique la première impression qui se dégage de la découverte du Sidobre.

Ce plateau granitique de 100 km² qui se déroule à 650 m d'altitude au-dessus de Castres offre un paysage saisissant avec ses chaos nombreux, ses rivières de rochers, ses boules de granit gigantesques émergeant de terrains sablonneux et couverts d'une végétation variée, ses pierres tremblantes, parfois d'un poids énorme, et de formes étonnantes. Ils s'appellent Peyro Clabado, Roc de l'Oie, Rocher tremblant de Sept Faux, Chapeau du Curé, Trois Fromages, Fauteuil du Diable, etc. Et on se demande de quel ciel imaginaire ces blocs ont pu dégringoler. Il faut remonter 300 millions d'années en arrière pour trouver l'explication géologique de ce paysage surprenant. Un magma liquide de roches en fusion était alors enfoui à plusieurs dizaines de kilomètres de profondeur sous une énorme montagne (la chaîne hercynienne) dont il ne subsiste aujourd'hui que le Massif central, incluant la Montagne Noire et le Sidobre. Le magma s'est peu à peu refroidi pour donner sous terre une roche cristalline composée de mica, de quartz et de feldspath. Le Sidobre est en quelque sorte un bloc de granit de 10 kilomètres d'épaisseur dont la surface serait fissurée mais la profondeur massive.

Les eaux de pluie, d'écoulement, de ruissellement, créent dans le sol une perpétuelle circulation qui, en s'infiltrant dans les fissures, érode la roche et détache des minéraux qui se décomposent en sable et forment des boules. C'est le dégagement de celles-ci par les eaux de ruissellement qui révèle ensuite des formes extraordinaires. On les découvrira autour des villages de Burlats, Lacrouzette, Ferrières, Guior-le-Bez ou Saint-Salvy-de-la-Balme. Site unique, le plateau du Sidobre est aujourd'hui l'un des plus grands centres de transformation du granit du monde. Plus de 250 entreprises exploitent les formidables ressources de ce gisement et emploient plus de 2 000 personnes à extraire, transformer, commercialiser et transporter le granit.

MONTS DE LACAUNE

Entre Sidobre et Espinouse, le pic de Montalet domine du haut de ses 1259 m, au-delà des monts de Lacaune, l'ensemble du Parc naturel régional du Haut-Languedoc.

Terre de refuge et de croyance, ce pays vibrant d'une lourde histoire affirme plus que jamais son identité montagnarde à travers l'ardoise, la polyculture, l'élevage, la tradition laitière et la salaison. Ce territoire marqué par la présence de nombreux monuments mégalithiques (statues menhirs notamment) convie le visiteur à un grand voyage dans les arcanes de l'humanité.

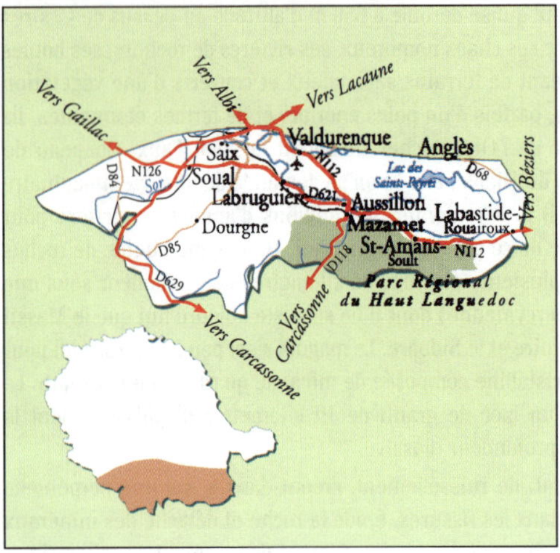

MONTAGNE NOIRE

On la dit née d'un formidable coup d'épée de la fée Nore, venue au secours de ses amis les gnomes, Taur, Bug et Arach qui tentaient de dresser de leurs seules mains un rempart de pierres pour se protéger des vents du Nord. Dernier bastion du Massif central, la Montagne Noire atterrit en douceur dans les plaines du Tarn, de l'Hérault et de l'Aude. Entre forêts et pierres façonnées, les vallées, les plateaux, se succèdent, parfois à vif, parfois tapis dans l'ombre des forêts. Au plus haut se dresse fièrement le pic de Nore (1 214 m). Au plus profond, coule l'eau que détourna Pierre-Paul Riquet au XVIIe siècle pour alimenter le canal du Midi. L'eau contribua parallèlement à l'essor de l'industrie dans la vallée du Thoré, qui grâce à son énergie transformée a permis de transformer la laine, le bois, la pierre et le cuir.

Jadis, on s'installait sur les plateaux, comme en témoignent le village médiéval d'Hautpoul, l'oppidum de Berniquaut ou les forges romaines des Martys, aujourd'hui délaissés au profit des plaines. Les villes, au pied de la montagne, se sont donc multipliées, toutes différentes et foncièrement attachées à leur différence. Durfor, le bastion des dinandiers, Dourgne et ses monastères, Sorèze et son abbaye-école dont la réputation a depuis longtemps franchi les frontières, et Labruguière, la patrie d'Arthur Batut, l'inventeur de la photographie aérienne automatique en cerf-volant.

La Montagne Noire se définit par une forte personnalité où se croisent les influences atlantiques et méditerranéennes. Proche de la mer, elle veille jalousement sur les Pyrénées tout en glissant doucement vers Toulouse et la riche plaine du Lauraguais. Ici s'est tissée, au fil de l'histoire, une indiscutable identité culturelle et économique. Le patrimoine est riche, tout autant que les témoignages des premiers artisans qui ont travaillé le verre, forgé le métal, tissé la laine, sculpté le bois, taillé la pierre, dans une tradition qui perdure… Mais la Montagne Noire c'est aussi le présent. Espaces naturels mis à la disposition de chacun, accueil chaleureux, produits de la ferme et artisanat offerts, tout a été mûrement réfléchi pour perpétuer le plaisir des autochtones comme des gens de passage.

LE PARC NATUREL REGIONAL DU HAUT-LANGUEDOC

Surplombant les immenses cultures céréalières du Lauragais ainsi que les plaines viticoles du Languedoc, le Parc naturel régional du Haut-Languedoc, un territoire de 260 000 hectares (47 communes dans le Tarn) s'adosse sur les derniers contreforts méridionaux du Massif central. Paysage de moyenne montagne, les accents pierreux, ce lieu de rencontre entre les deux Midi, entre climat atlantique et méditerranéen, recèle une diversité biologique et paysagère incroyable, une richesse dans la faune comme dans la flore.

Lieu de rencontre, le parc naturel est aussi lieu de vie et prétexte à exploration et découverte. Ici, des gens vivent, puisent leur quotidien dans un précieux patrimoine historique.

Richesses agricoles avec les produits fermiers, les élevages, les traditions fromagères, les fruits (châtaignes, marrons, cerises), vins de qualité (quatre AOC), salaisons, produits du bois.

Tradition textile ancestrale. Richesses artisanales et industrielles comme le travail de la pierre, du marbre, du granit et de l'ardoise.

Valorisation des ressources en eau avec des eaux de sources connues et plébiscitées (monts Roucous, Vernières, Salvetat), le regain du thermalisme.

Richesses patrimoniales et historiques telles les mystérieuses statues menhirs. Territoires encore imprégnés par le Moyen Age. Burlats et son pavillon d'Adélaïde de l'époque romane (qui aurait abrité les amours du comte de Toulouse). L'abbaye-école de Sorèze remarquée et consacrée par Louis XVI "école royale militaire". Les sources qui conduisent au canal du Midi, patrimoine classé par l'Unesco.

Une nature diversifiée grâce aux influences climatiques atlantique et méditerranéenne. Caractéristiques géographiques, climatiques et morphologiques, autant d'éléments qui engendrent de grandes formations végétales, châtaigneraies, chênaies vertes, landes, pelouses, tourbières protégées. Plus d'un millier d'espèces recensées pour ce qui est de la flore. Les espèces animales sont également en grand nombre. Le parc possède d'ailleurs la plus belle population de mouflons en France (1 500 têtes).

Renseignements : Parc naturel du Haut-Languedoc 13, rue du Cloître - BP9 - 34220 Saint-Pons-deThomières ✆ 04 67 97 38 22.

Cordes-sur-Ciel, la vieille ville © Stéphane Savignard

Le Tarn en toutes lettres

Réserve de maïs © F. Aussenac

A comme... Autrefois

Préhistoire

Il y a 500 000 ans au confluent des rivières de l'Agout et du Tarn, l'aventure humaine commençait probablement, entre les stigmates rocheux d'un passé géologique mouvementé, les landes dressées des rondeurs granitiques et les forêts à perte de vue. Là où la légende voudrait qu'Héraclès, après le meurtre du colosse Géryon, ait ouvert la route entre Garonne et Rhône, les premiers chasseurs néandertaliens s'installèrent. Les grottes de part et d'autre du territoire, devinrent abris, puis avec les aléas de l'Histoire, véritables caches. Menhirs, dolmens et statues s'érigèrent au fil du néolithique dans les luxuriantes futaies de Grésigne comme au cœur des monts de Lacaune.

Epoque romaine

Vers -800 avant J.-C., c'est la région en entier qui s'émaille d'oppidums, ces sites hauts perchés qui aujourd'hui encore, siègent entre ciel et terre. Tout près de Castres, au sud du département, la nécropole de Gourjade avec ses 400 tombes, demeure un puissant témoignage de ces temps scandés de convoitises humaines et de conflits.

D'une rive à l'autre de l'Agout, les Volques et les Rutènes se haïrent ; le père de Néron, Cnéius Domitius Ahénobarbus, trouva une issue acceptable à leurs différends, il les débouta les uns après les autres et établit là, le castrum des Romains, Castres, marquant ainsi la limite septentrionale de la province de Narbo Martius.

Portes ouvertes aux invasions

Au Ve siècle, les Wisigoths s'installaient autour de Toulouse, marquant les noms de lieux de terminaisons caractéristiques en "ingus", puis en "ens". Ainsi, dans le Tarn, Rabastens, Mézens, Giroussens, Brens, et bien d'autres encore... Des hordes de Sarrasins traversèrent, eux aussi le territoire en direction de l'Ouest. Les Normands, sous la botte de Pépin Ier, lancés contre Charles le Chauve, mirent le pays à feu et à sang avant de s'éloigner sur la rivière du Tarn. Il y en eut d'autres parmi lesquels les Alains, originaires du Caussade ou encore les Suèves de Germanie, mais ceux qui marquèrent d'une manière indélébile la région, venaient de l'Est. Adeptes du bogomilisme, ils venaient prêcher le catharisme.

Le catharisme : marque indélébile du pays

On les nommait les “bonshommes” ; on les tolérait car ils étaient pauvres et fustigeaient les évêques ou les églises au faste dissolu et provocateur. Ils racontaient que le Saint-Esprit et Satan se partageaient l'être humain et qu'il fallait respecter les règles de leur sévère religion ou accepter de mourir pour que l'âme trouve enfin le chemin de la perfection. Ceux d'entre eux qui avaient échappé au Mal étaient appelés les “parfaits”. Un tel titre ne pouvait que forcer le respect. Il faut dire que les Cathares ne dérangeaient personne dans le pays, et que les comtes de Toulouse les premiers les toléraient, amusés même d'avoir une sorte de religion propre à l'Occitanie, ne fût-ce que pour agacer le roi de France comme le pape de Rome. Ces derniers en prirent ombrage, et le XIIIe siècle se déclina en croisades meurtrières et règlements de comptes, procès d'inquisition, territoires et châteaux pris en butin par les Franciliens (ces chevaliers du nord de la Loire à qui l'on avait promis le Sud-Ouest) et le chef incontesté de cette expédition Simon de Montfort qui trouvait là l'occasion de se bâtir un fief à la mesure de ses ambitions. Le Tarn sera saccagé, violé, violenté, les campagnes souffriront autant que les villes, le feu prendra partout jusqu'au bûcher de Lavaur, le plus ravageur de toute la croisade des Albigeois. 400 hérétiques y périront cependant que dame Guiraude qui gouvernait la place avec force et courage finira au fond d'un puits aussitôt comblé de pierres. Pillages et destructions se poursuivent ainsi jusqu'en 1217. Simon de Montfort décide alors d'assiéger Toulouse qui a eu l'audace de se révolter. Il meurt la tête fracassée par une pierre lancée par des femmes ; c'est la fin du siège, la fin de la croisade et des Montfort.

Bastides et grands fléaux

Le XIIIe siècle voit une quarantaine de bastides et de villes neuves fleurir. Cordes en 1222, suivent Lisle-sur-Tarn, Réalmont et Pampelonne... Pendant ce temps, à Albi, l'évêque inquisiteur, Bernard de Castanet, lance le chantier de la cathédrale, forteresse de briques qui signe la victoire de l'Eglise sur l'hérésie. Les travaux dureront de 1282 à 1480. Le gris marquera le XIVe siècle. Le gris des armures qui çà et là, pour quelques biens s'entrechoquent à nouveau, celui plus sombre encore de la misère qui n'épargne personne, celui des intrigues et des obscures machinations. Les promesses sont trahies, la monnaie subit de graves dévaluations, le siècle essuie une vague inquiétante de tumultes. De 1302 à 1347, les famines se succèdent à un rythme tragiquement soutenu, et comme par acharnement, la peste noire s'abat en 1348 sur ceux qui étaient restés miraculeusement en vie : le Tarn perd plus de la moitié de sa population.

Les guerres de Religion

Tandis qu'un peu partout on assiste à la renaissance des arts et des lettres, la région connaît un troisième bouleversement : une guerre de Religion. Le Tarn plonge à nouveau dans des querelles fratricides, la férocité des combats sera telle qu'elle scindera la région en deux : l'Albigeois catholique contre le Castrais protestant. Aux quatre coins du département, les cruautés se multiplieront. Gaillac est en sang, 80 protestants sont égorgés la nuit de la Saint-Barthélemy. Le seigneur de Ferrières, Guillaume Guilhot, dévastera les rives de l'Agout avant de raser Castres, Bacou de Brassac pillera l'Albigeois tout entier, deux tristement célèbres calvinistes qui incarnent mieux que personne la violence de l'époque. Avec Philippe de Rabastens, baron de Paulin, et son frère, le vicomte, c'est toute la vallée du Tarn et le tracé reliant Cordes à Réalmont qui brûleront, château après château, église après église. Collines, vallons, plaines et villages ne seront bientôt plus que ruines, des pans d'histoire complètement anéantis par la barbarie.

Finalement Albi restera catholique tandis que Castres et le sud du département rallient la Réforme. Une fois la révocation de l'Edit de Nantes en 1685, nombreux sont ceux qui fuient : le Castrais Jan de Ligonier deviendra maréchal d'Angleterre. Il est inhumé à Westminster. A la fin du XVIIe siècle, il faut songer à tout reconstruire. En 1752, sous la direction du chevalier de Solages, on commence à exploiter le charbon de Carmaux. Puis on se lance dans la construction du réseau routier, Castres-Saint-Pons, Castres-Toulouse, Toulouse-Rodez par Albi. Le temps s'écoule, on panse une infinité de cicatrices laissées par des siècles de sauvagerie. Et, sur les vestiges encore fumants de ce vaste champ de bataille, on rebâtit un pays. De nouveau, il faut songer à l'avenir, se promettre d'oublier les différences et les querelles pour tendre vers une cohérence.

B comme... Bleu pastel

L'Isatis tinctoria fut plusieurs fois baptisée : guesde, herbe du Lauragais ou de Saint-Philippe, ververs, bleu de Perse, etc. Les Egyptiens l'utilisaient comme baume cicatrisant, les Grecs en soignaient la jaunisse et les verrues. Au Moyen Age, elle servit de colorant pour les vêtements des simples (blouse de paysan) comme pour ceux des grands (manteau azur du souverain). La plante aux cent vertus exigeait un travail long et pénible avant de devenir pastel. Il fallait sécher les feuilles, les réduire en bouillie, recouvrir la pulpe d'ail pilé, et fabriquer des cocagnes. Ces petites pelotes gluantes étaient alors mises à sécher, leurs coques étant par la suite brisées puis remouillées à l'eau et à l'urine. Ce liquide devait ensuite macérer pendant quatre mois tout en étant remué régulièrement. Finalement, après séchage et concassage, l'agranat était emballé dans des sacs de toile et expédié à Toulouse et ailleurs.

La plante a fait la fortune d'une région tout entière en oxydant d'un beau bleu les étoffes jusqu'au XVIe siècle, terrible date où l'indigo débarqua de l'Orient pour lui faire ombrage. Tombé dans l'oubli jusqu'au XIXe, le pastel fait un retour fulgurant grâce entre autres à l'école de chimie de Toulouse ; on songe d'ores et déjà à utiliser cette plante magique en pharmacie comme en cosmétologie. L'or bleu refleurira-t-il en pays de Cocagne ?

C comme... Cuisine et Chefs

La cuisine tarnaise s'appuie sur deux valeurs sûres : fidélité aux origines et authenticité des produits. En parcourant les marchés et en vous attablant dans les petits, moyens ou grands restaurants du coin, vous rencontrerez à coup sûr les spécialités régionales.

Recettes et gourmandises typiquement tarnaises : soupe au boudin (le jour où l'on tue le cochon), soupe aux orties, ris d'agneau, daurade au gros sel, lièvre à la broche, tripes à l'albigeoise safranées (tripes empourprées, sapides, onctueuses et relevées de câpres, servies avec des pommes de terre et des oignons de Lescure), le pot-au-feu à l'albigeoise (avec du saucisson et des haricots secs), le radis au foie salé (entrée composée de rouelles de radis et de foie de porc, revenus à la poêle et déglacés avec un filet de vinaigre), le mesturet (citrouille mélangée avec de la farine, des œufs et du sucre, puis passée au four), le gâteau à la broche, les curbelets (gaufre sèche cuite à la braise), le pastel (curaçao bleu enrobé d'une ganache et de sucre glace), le Lou Tarnes (spécialité fruitée à base de pommes sautées au miel et de confiture de raisins, agrémentée de noix et d'amandes), le croquant de Cordes ("couques" à base d'amandes, de sucre et de blanc d'œuf, pour accompagner le gaillac !) et les échaudés de Carmaux (biscuits parfumés à l'anis et qui sont ébouillantés avant d'être mis au four).

LES "CUISINERIES GOURMANDES DU TARN" Cordes-sur-Ciel ✆ 05 63 56 06 58. *Président Claude Izard.* Cette association regroupe les chefs des Cuisineries Gourmandes et des producteurs qui souhaitent assurer la sauvegarde des traditions culinaires régionales et la pérennité de la gastronomie artisanale. Tous les chefs membres de l'association doivent être certifiés par Qualité France, les artisans et les producteurs doivent signer une charte Qualité afin de garantir les produits fournis aux restaurateurs. Cette certification de services est validée officiellement par le ministère du Tourisme en tant que démarche Qualité.

Localement, Claude Izard, le président a créé le "Conservatoire des Traditions Culinaires Artisanales du Tarn" afin de développer l'information auprès du public tarnais sous forme d'animations autour du terroir ou colloque sur la sécurité alimentaire… dans le but de réaliser l'inventaire des saveurs tarnaises. Le Conservatoire participe aux Journées du Patrimoine, à la Semaine du Goût… sous forme de Marché du Goût, animations dans les écoles, dégustations gratuites, repas animé par un producteur ou vigneron ou conteur.

Quelques adresses de producteurs, recommandés par les Cuisineries Gourmandes :

Agriculture biologique :

COUTAREL DANIEL La Borie Maigre - MONTREDON-LABESSONNIE ✆ 05 63 75 12 78. Farines de blé, seigle, sarrasin et maïs ; production de viande d'agneau et de veau.

Condiments :

SYNDICAT DE DEFENSE DU LABEL AIL ROSE DE LAUTREC ✆ 05 63 75 90 31. Ail rose de Lautrec Label Rouge, produit selon le savoir-faire traditionnel lautrécois.

Escargots :

CHARLES PERRIER En Valat Diamatte - SAINT-PAUL-CAP-DE-JOUX ✆ 05 63 70 60 33. Escargots petits-gris.

Foie gras :

LA FERME DES TROIS FRENES Darinenque Mouzieys-Teulet ✆ 05 63 55 31 44. Foie gras et confit de canard. Tripes à l'ancienne, cassoulet.

Fromages :

LUCIEN VIALA Marmoullières - ANGLES ✆ 05 63 70 90 39. Fromages de brebis

GAEC LES PAULINETOISES Paulinet ✆ 05 63 55 77 17. Fromages fermiers de brebis.

Jus de fruits :

CHATEAU DU CLAU Labastide-Saint-Pierre ✆ 05 63 30 50 24. Jus de fruits et pétillant sans alcool.

Miels :

IRENE BORIES 165, route de Fauch ✆ 05 63 38 15 52. Miels de crus : rhododendron, châtaignier, acacia, tilleul, etc. Pollen, pain d'épices.

MARC REYNES 1, rue Curie - CARMAUX ✆ 05 63 36 91 40. Miels, pains d'épices, nougat, confiseries.

Volailles :

FERME MEDALLE Les Places - BERNAC ✆ 05 63 55 41 24. Poulet, pintade, cane, canard à rôtir, chapon, oie, dinde, œufs, etc.

FERME DE CLAYRAC Salvagnac ✆ 05 63 40 57 19. Poulets de grain.

D comme…
Dolmens et menhirs

Le Tarn compte une centaine de dolmens et une trentaine de statues menhirs. A l'époque de l'âge du cuivre, de nombreuses pierres furent érigées et parfois sculptées. Si les yeux et le nez sont nettement visibles, la bouche quant à elle n'est jamais représentée. Le dolmen était une chambre sépulcrale faite de grosses pierres recouvertes de dalles horizontales, bâtie sur un tumulus et destinée à recevoir plusieurs inhu-mations. Le menhir, quant à lui, est une grande pierre plantée verticalement en relation avec le culte des morts.

En tout cas, difficile, 3 500 ans plus tard, d'interpréter clairement la motivation des hommes de ce temps-là et la signification symbolique ou rituelle de cette absence volontaire. Les "statues" conservent leur mystère et exercent une étrange fascination sur tous ceux et celles qui s'en approchent. Le menhir le plus important du département est le "Peyrelevade" à Sainte-Carissime (Vieux) ; les dolmens les plus remar-quables sont : "La Peyra Levada" (à 2 km de Verdier), "Saint Paul" (hameau de Saint-Paul à Sainte-Cécile-du-Cayrou) et "Peyrolebado (à 3 km de la sortie de Vaour, route de Saint-Antonin).

E comme... En ligne

Comité départemental du Tarn
www.tourisme-tarn.com

Mairies et Offices de tourisme
Albi : *www.mairie-albi.fr.*
Castres : *www.ville-castres.fr*
Cordes-sur-Ciel : *www.cordes-sur-ciel.org*
Saint-Sulpice : *www.ville-saint-sulpice-81.fr*
Labastide-Rouairoux : *www.labastide-rouairoux.com*
Lautrec: *www.lautrec.free.fr*
Lavaur : *www.ville-lavaur.fr*
Lisle-sur-Tarn : *www.ville-lisle-sur-tarn.fr*
Monestiés : *www.monesties.com*
Réalmont : *www.realmont.fr*
Saint-Sulpice : *www.ville-saint-sulpice-81.fr*
Sorèze : *www.ville-soreze.fr*

F comme... Fêtes et Folklore

Janvier

Ronde givrée du Sidobre à Castres.

Février

Fête du Romarin à Dourgne.

Mars

Fête du Printemps à Lagarrigue.

Festival Rebonds à Castres et Mazamet.

Avril

Marché des Potiers à Giroussens.

Fête des Responchous à Cordes-sur-Ciel.

Mai

Jardin des Paradis à Cordes-sur-Ciel (1er mai) : c'est la fête aux plantes.

Rallye national du Val d'Agout à Brassac-sur-Agout.

Trophée du Sidobre (rugby) : rencontres organisées par l'école de rugby du Castres Olympique.

Semaine de la Couleur à Albi : les bâtiments publics ou privés participent à une mise en couleur de la ville.

Biocybèle à Rabastens : c'est la plus grande foire aux produits biologiques du Grand Sud-Ouest.

Juin

Balades en Gaillacois (du 1er juin au 30 septembre) : découverte des richesses du pays du vignoble gaillacois au travers des visites de caves de vignerons indépendants et de sites touristiques.

Fête nationale des Moulins à Lautrec : visites des moulins à vent avec démonstration de fabrication de farine, dégustation.

Fête de la Charcuterie à Lacaune : concours du meilleur jambon sec de France, défilé des confréries, foire aux produits du terroir, marché aux salaisons, tiercé de cochon… et visite gratuite de la Maison de la Charcuterie.

Juillet

Les Bâtisseurs de Sainte-Cécile à Albi : spectacle multimédia à l'intérieur de la cathédrale.

Son et lumière "Rocher d'Oc" à Penne-du-Tarn : le village et son château en ruine plongent dans leur passé, là où la mémoire et la légende rejoignent l'histoire.

Festicheval à Castres : 2e Festival international du Spectacle équestre. Salon du Cheval et du Tourisme.

Descente du Tarn en radeau entre Ambialet et Saint-Juery.

Festival Fanfares sans Frontières à Mazamet : véritable anthologie musicale, le festival accueille 15 nations et 800 musiciens et danseurs issus de toute l'Europe.

Fêtes médiévales du Grand Fauconnier à Cordes/Ciel : fêtes médiévales costumées.

Festival Optimômes au village médiéval d'Hautpoul : festival de théâtre pour enfants.

Festival “Un été à Albi” : église et cloître de Saint-Salvy.

Festival Musique sur Ciel à Cordes-sur-Ciel : le festival accueille quelques jeunes solistes européens au talent exceptionnel.

Festival Re'Al Croche à Réalmont : festival de musique country.

Fête du Pain à Saint-Amans-Valtoret : remise en marche occasionnelle du four à pain du hameau de Faumontagne.

Les Dadounades à Graulhet : descente du Dadou en radeaux fabriqués par les participants.

Les Musicales de Montmiral à Castelnau-de-Montmiral.

Summer Festival à Blaye-les-Mines : le grand rendez-vous des musiques actuelles en Midi-Pyrénées.

Août

Festival Couleurs du Monde à Castres : festival riche en couleurs, des ballets folkloriques venus des 4 coins du monde.

Fête de l'Ail rose à Lautrec : marché de l'ail, foire aux produits du terroir, concours traditionnel de manouilles, dégustation de soupe à l'ail…

Fête des Vins à Gaillac : dans le magnifique parc Foucaud, les vignerons nous invitent à venir déguster leurs vins durant tout le week-end.

Kermesse médiévale à Hautpoul : repas médiéval costumé.

L'Eté de Vaour : concerts, spectacles…

Fête du Fil à Labastide-Rouairoux.

Fête du Pain à Lautrec.

Grande Foire à Sorèze.

Septembre

Grand Prix Automobile d'Albi au circuit d'Albi-Le Séquestre : formule 3, super tourisme, grand tourisme, stars challenge…

Fête de la Bonne Vie à Cordes-sur-Ciel : dégustation de produits du terroir sous la halle.

Les Jours les plus choux à Nages : découverte du chou sous ses différentes feuilles.

Octobre

Salon du Livre à Gaillac.

Patatofolies à Brassac-sur-Agout : foire aux produits gourmands, jeux, animations, repas… sur le thème de la pomme de terre.

Potironades à Graulhet : animations et festivités diverses autour d'un thème : le potiron ou la courge.

Rando VTT Gourmance des Tenor's à Labastide-Rouairoux.

Le Jour le Plus Courges à Dourgne : foire aux produits du terroir.

Rallye des Côtes du Tarn aux alentours de Salvagnac et Rabastens : rallye automobile en Pays Salvagnacois.

G comme… Géographie

A ce département haut en couleur, la rivière du Tarn a donné son nom… Pourtant, elle n'est pas la seule à se faufiler ici ; deux autres cours d'eau, le Dadou et l'Agout, se partagent équitablement ce territoire de contrastes. Creusés de vertigineuses gorges qui se poursuivent en amont du cœur de l'Aveyron, les 5 780 km^2 se déclinent en d'innombrables monts et collines, vallées et montagnes, longues plaines et abîmes écorchés.

Telles les pièces d'un puzzle aux contours tout aussi émoussés que sinueux, les différences territoriales se rassemblent en 1790 pour former “le département de l'Albigeois”. Deux diocèses, Albi et Castres, mais une géographie ouverte aux quatre vents ! Piémont, à califourchon entre Massif central et le bassin de l'Aquitaine, le Tarn trace une ligne de partage des eaux. L'humidité atlantique lui confère ce vert inimitable, l'autan lui chante des secrets de cigales et de grillons au cœur des causses et de la garrigue. Terre d'influence métissée, de mariages végétaux où le châtaignier côtoie le pin parasol méridional…

Trois cours d'eau, des reliefs sans cesse changeants, la région peut se targuer d'être composite. On dénombre en effet pas moins de six pays différents au sein même du Tarn. Quelle similitude pourrait-il en effet y avoir entre les basses collines d'un vert Lauraguais et le plateau souvent entaillé du Ségala, entre les sombres couverts de la Montagne Noire et les vignobles du Gaillacois, entre la fraîcheur vive des monts de Lacaune et les causses crayeux de la forêt médiévale de Grésigne ? Et la lourde masse granitique du Sidobre, mystérieux décor enchevêtré de légendes populaires, chaos de rochers tremblants, labyrinthe naturel de forêts et de torrents murmurant tour à tour le mystère d'une terre en cours de création ?

H comme… Habillons-nous en cuir de Graulhet

Située au cœur du Pays de Cocagne, Graulhet est la ville aux cuirs éternels. Dès le XVIIe siècle, la ville qui avait une vocation essentiellement agricole se tourne vers l'artisanat du cuir sous toutes ses formes : filatures de ratine, chapelleries, cordonneries, tanneries, mégisseries.

C'est à partir de cette époque que se dessinent le visage actuel de la ville et la destinée de celle qui demeure fièrement la cité des métiers du cuir. Vers 1850, avec les cuirots, la mégisserie prend son essor. Très vite Graulhet devient la capitale mondiale de la peau à doublure. En approvisionnant l'industrie du vêtement elle s'impose comme capitale du cuir. Les mégisseries s'implantent les unes après les autres sur les rives du Dadou. La maroquinerie se développe à la fin de la Première Guerre mondiale. Les ateliers se multiplient et évoluent rapidement vers la qualité en fournissant les plus prestigieux créateurs de Paris. A Graulhet on peut visiter La Maison des Métiers du Cuir (33, rue St-Jean © 05 63 42 16 04) pour tout connaître sur cet art de transformation.

I comme… Intersites, le passeport du Tarn

Ce petit guide présente des idées originales de visites selon les intérêts de chacun : patrimoine, traditions et métiers, entreprises en activité, musées techniques, etc. Les sites participants sont quinze : la Maison du Bois et du Jouet, le musée du Saut-du-Tarn, le musée du Verre, le Planétarium Observatoire, le musée Art du Chocolat, le musée de l'Abbaye de Saint-Michel, la Ferme de Rieu-Montagné, l'Archéosite de Montans, l'Espace Photographique Arthur Batut, le Chemin de Fer Touristique du Tarn, la Maison de la Charcuterie, Sidobre, le Monde du Granit, la Maison des Métiers du Cuir, le musée du Textile, le musée-mine de Cagnac. Le principe est simple : la première visite est plein tarif et toutes les suivantes sont à tarif réduit.

Information : CDT du Tarn © 05 63 77 32 10.

J comme... Jacquemart de Lavaur

Sur les vingt-quatre jacquemarts recensés en France, Lavaur abrite le seul qui soit situé dans le Midi. Celui qui trône actuellement n'a été mis en place que depuis 1922, deux prédécesseurs ayant égrené les heures depuis 1523. Selon la légende, le premier automate aurait été construit par Jacques Marc, calviniste convaincu, capturé lors d'une attaque contre la ville. Enfermé dans les combles de la cathédrale, il devait sonner les heures nuit et jour en lieu et place du sonneur ordinaire. Avec des matériaux récupérés dans la cathédrale, il bricola un automate qui put effectuer la corvée à sa place, et qui lui permit de fuir la ville en toute quiétude. Le premier mécanisme du fameux jacquemart date de 1525, les deux premiers (sculptés) sont exposés au musée du Pays Vaurais.

K comme... Kayak et canoë

Les amateurs de canoë-kayak trouveront dans le département du Tarn des rivières leur permettant de pratiquer ce sport d'aventure en toute sécurité. Quelle est la différence entre le canoë et le kayak ? Le canoë, dans lequel on est à genoux, se dirige à l'aide d'une pagaie simple, c'est une embarcation d'eau calme, adaptée à une promenade tranquille ; le kayak se pratique assis, avec une pagaie double, on peut faire des balades simples, mais aussi des descentes d'eaux vives.

L comme... Lavoirs et fontaines

A l'instar des pigeonniers ou des statues menhirs, les fontaines et les lavoirs sont des éléments qui font aussi partie du paysage et du patrimoine du Tarn.

On peut citer de nombreuses communes qui ont fait l'effort de restaurer ces constructions un peu oubliées ou mises à l'écart lors d'une visite touristique. L'un des plus remarquables se trouve dans la commune d'Aiguefonde qui a procédé à la restauration des lavoirs de tous ses hameaux : la Roubinaré, la Seignairié, Lacalm, Calmon, le Cabanat…

Si les lavoirs et fontaines ont du mal à s'imposer comme des attraits touristiques, les pigeonniers quant à eux ont déjà gagné la bataille. Les pigeonniers attirent le regard des promeneurs et l'œil des photographes et des peintres. La plupart d'entre eux, ont été construits à l'ouest de la ligne Carmaux-Réalmont-Castres. Du Moyen Age jusqu'au XIXe siècle, la fiente de pigeon, appelée colombine, servait d'engrais pour les terres cultivées. Leurs dimensions devaient être proportionnées à la taille des propriétés sur lesquelles ils étaient construits. Les pigeonniers du Tarn ont différentes formes et utilisent divers matériaux. Ils inspirent de nombreux artistes et donnent lieu à des circuits de découverte, créés sur l'initiative de plusieurs offices du tourisme.

M comme... Marchés

Albi : tous les matins sauf le lundi, Halle du marché couvert (centre-ville). Le samedi matin, marchés répartis dans la ville. Le mardi de 16h à 19h30 marché biologique place Fernand-Pelloutier.

Aussillon : le jeudi matin sous la halle.

Briatexte : chaque lundi. Carmaux : le vendredi matin.

Castres : du mardi au samedi place Jean-Jaurès, sauf le mercredi où il faut aller au centre commercial de Lameilhé. Marché couvert de l'Albinque ouvert du mardi au dimanche inclus et tous les jours fériés. Marché bio le jeudi de 16h à 20h à l'Albinque.

Cordes : le samedi matin place de la Bouteillerie.

Gaillac : le vendredi au centre-ville et les mardi, samedi et dimanche matin place Thiers.

Graulhet : le mardi matin place Bosquet et les jeudi et dimanche matin places de la République, du Jourdain et du Mercadial.

Labruguière : le vendredi matin place de la Mairie, boulevards Gambetta et de la République.

Lacaune : le dimanche matin et le 21 de chaque mois.

Lautrec : le vendredi matin.

Lavaur : le samedi, place du Foirail et allée Jean-Jaurès ; marché aux chevaux le 3e samedi du mois.

Mazamet : les mardi et samedi matin au centre-ville.

Puylaurens : le mercredi matin avec marché aux bestiaux.

Rabastens : les mardi et samedi matin.

Réalmont : le mercredi matin.

Saint-Sulpice : le mercredi matin.

Marchés de nuit

Juillet : Lavaur.

Juillet-août : Cordes, Gaillac.

Août : Murat-sur-Vèbre, Saint-Amans-Soult.

N comme... Nature

Les paysages du Tarn sont le résultat d'une rencontre entre une plaine verdoyante et ensoleillée et une montagne boisée et sombre. Terres de contrastes, les paisibles vallées du Tarn, de l'Agout ou du Gijou rivalisent avec le chaos granitique du Sidobre, les gorges du Viaur, du Thoré ou du Dadou et les forêts profondes du Grésigne, des monts de Lacaune ou de la Montagne Noire.

Avec de telles caractéristiques, le département s'est doté d'une capacité d'accueil rural qui permet un réel développement du tourisme vert, à la rencontre de ce patrimoine naturel. On n'oublie pas le Parc naturel régional du Haut-Languedoc qui fut créé pour assurer la mise en valeur des beautés naturelles du Sidobre, des monts de Lacaune et de la Montagne Noire. Les nombreuses rivières et lacs se prêtent à la découverte de la faune aquatique. D'autre part, le gibier y est abondant et varié.

O comme... Occitan

La langue qu'on y parlait jadis n'est plus guère véhiculée que par les anciens qui conversent entre eux et par les intellectuels qui ne l'envisagent pas comme un moyen d'expression au quotidien, mais comme un patrimoine à préserver à tout prix. Historiquement parlant, l'occitan est considéré comme la langue du midi de la France.

Depuis la croisade albigeoise et l'annexion du Midi au royaume de France, en 1271, l'occitan fut supplanté par le français. Malgré cela, cette langue des troubadours est arrivée jusqu'à nos jours. Langue romane à part entière, elle dérive donc du latin. Bien que possédant plusieurs dialectes, elle couvre, encore aujourd'hui, une aire géographique de trente deux départements. Elle était encore très vivace dans les campagnes au début du XXe siècle !

L'Institut d'Etudes Occitanes se consacre, aujourd'hui, à sa promotion par le biais de cours et d'animations. Du temps du catharisme et des troubadours à celui d'Internet et de la fibre optique, l'occitan garde trace des émotions de l'amour courtois, comme des révoltes contre le nivellement culturel, des contes et légendes racontées lors des veillées comme des essais et témoignages historiques. Il est la mémoire d'un peuple resté fier de ses origines et insoumis à toute velléité d'assimilation.

P comme… Personnages

ARTHUR BATUT. Originaire de Labruguière, passionné d'archéologie, de poésie, d'agriculture, de sciences, de spéléo et de photographie, il réussit à rencontrer les frères Lumière, multiplie les clichés, superpose les portraits avant d'écrire des traités et de parvenir, en 1887, à obtenir des photos en couleurs. L'année suivante, il dépasse Nadar et ses photos prises du haut d'un ballon en inventant la photo aérienne automatique. Il a en effet, l'idée géniale d'installer un appareil photographique sur un cerf-volant et imagine un système de déclenchement de l'obturateur à partir d'une mèche d'amadou qui lentement, se consumerait… Au quatrième essai, il réussit le 29 mai 1889, de 90 mètres de haut la fameuse “Vue perspective de la petite ville de Labruguière”.

JEAN DE DIEU SOULT, DUC DE DALMATIE. Né en 1769, s'engagea pendant la Révolution et mena une grande carrière militaire et politique. Grand stratège, il fut récompensé par le titre suprême de Maréchal de France sous Louis-Philippe.

JEAN-LOUIS ETIENNE (1946). L'explorateur médecin est né à Vielmur, dans le Tarn. Dans la tradition française des aventuriers solitaires, il a traversé le pôle Nord en 1986, et a participé à de nombreuses expéditions polaires.

JEAN-FRANÇOIS DE GALAUP DE LA PEROUSE. Il fut l'un des plus grands amiraux de la fin du XVIIIe siècle. Navigateur au long cours, il porte les couleurs de la France par-delà les mers, de l'Australie au Kamtchatka, baptise des îles et laisse son nom à un détroit avant de disparaître en plein Pacifique, à quelques encablures de Vanikoro.

JEAN JAURES. On dénombre en France trente statues qui le représentent, dont cinq ont été érigées dans le Tarn. Né à Castres en 1859, il s'impose d'abord par des études brillantes. Il est même reçu premier à l'entrée de Normale sup en 1878 ! Attiré très tôt par le combat politique, il est élu député du Tarn à 26 ans ; en 1885, il devient le benjamin de la Chambre. Dans les années 1890-1893, il adhère de manière définitive au socialisme, poussé par des ouvriers toulousains, puis les mineurs de Carmaux dont il soutient ardemment la lutte. Cultivé, courageux dans ses œuvres militantes, instigateur et meneur de nombreuses grèves, personnage politique de dimension internationale, Jean Jaurès dépassait les idées de son époque en matière de justice et de citoyenneté… Il s'est dressé comme un farouche défenseur de Dreyfus et des classes opprimées. Véritable combattant de la Paix, il aura consacré sa vie entière à promouvoir la République et ses fondements. Jean Jaurès fut assassiné le 31 juillet 1914, à la veille de la Première Guerre mondiale. Sa dépouille fut transférée du cimetière des Planques, à Albi, au Panthéon en 1924. Sa ville natale lui rend hommage dans le musée qui porte son nom et par la statue, œuvre de Gabriel Pech, érigée en 1925 sur la place… Jean-Jaurès, bien sûr !

RAYMOND DE L'ISLE-JOURDAIN. Célèbre croisé du XIe siècle qui préféra emmener sa femme en croisade plutôt que de la laisser en proie aux tentations, à la maison. Leurs ébats en Palestine donnèrent naissance à un fils, qu'ils baptisèrent dans le Jourdain (d'où le nom). Version controversée, mais si charmante.

MARIANNE. Cette jolie fille du Tarn marquera à jamais la France. En 1792, à Puylaurens, Guilhem Lavabre, poète et sans-culotte, trouva la jeune Marianne tellement à son goût qu'il la mit en chanson. Et son refrain fit le tour de France. Deux siècles plus tard le mythe est plus vivant que jamais, incarné d'abord par la future Madame Récamier en 1793, ensuite par Brigitte Bardot, Catherine Deneuve et aujourd'hui par la ravissante Laetitia Casta.

PHILADELPHE THOMAS. Ce Gaillacois se rendit à Paris pour y effectuer des études de médecine et d'histoire naturelle. Il côtoya de grands scientifiques qui enrichirent son esprit curieux et confirmèrent son goût pour la rigueur et la discipline. De retour à Gaillac, il se maria en 1867 avec la fille du propriétaire du château de Tauziès. Il se consacra alors à la gestion du domaine et tint un rôle important dans la détection du terrible phylloxéra. Au cours de sa vie, Philadelphe Thomas mit sur pied de nombreuses collections qu'il légua de son vivant à sa ville natale. La transmission de son patrimoine scientifique prit effet lors de son décès en 1912.

HENRI DE TOULOUSE-LAUTREC. Il était, lui aussi tarnais, même s'il demeure le peintre de la vie parisienne, comme Offenbach en est le musicien. Du Montmartre des demi-mondaines, des figures pittoresques dont il brosse le portrait et s'emploie à rendre atemporelles, Chocolat-le-Noir, la Goulue, Jane Avril, Yvette Guilbert aux lèvres rouges et gants noirs... Handicapé par deux accidents successifs, il s'épanouit dans le dessin et la caricature avant de se spécialiser dans la couleur, sa véritable passion. Son sens aiguisé de l'observation, du raccourci, sa capacité à croquer, à voler au temps une expression, un geste, un visage, le goût des grands pour le monochrome, des teintes franches et crues pour révéler le personnage toujours central de ses œuvres : la femme au cœur de ses désirs. Lentement, Lautrec s'enfonce dans les enfers de l'alcool, seul compagnon d'une solitude. Le 9 septembre 1901, il meurt à Malromé, près de Libourne, laissant derrière lui un trésor de toiles, de dessins, d'affiches, de lithos ainsi que d'estampes. Le peintre albigeois incarne le génie meurtri, la rédemption dans l'art et dessine en filigrane une certaine vie parisienne que la nostalgie a nommé la Belle Epoque.

LA VIGUIERE D'ALBI. Celle que l'on appelait la Viguière d'Albi eu égard à son époux, seigneur de Saliès et viguier d'Albi, est l'auteur de “La Comtesse d'Issembourg”, petit roman dont le succès rivalisa avec celui de la Princesse de Clèves. Antoinette de Salvan de Saliès y concilie l'attachement à sa terre natale et la passion que les fervents du Parnasse consacrent à une patrie chevaleresque quelque peu idéalisée. Intelligente, fine d'esprit, savante, érudite, la Viguière d'Albi se consacre entièrement à la culture des lettres. A 94 ans, elle s'éteint seule, au couvent de la Visitation où elle a trouvé refuge et paix depuis plusieurs années.

R comme...
Randonnées pédestres

De nombreux sentiers de randonnée sillonnent le département, dont certains sentiers de grande randonnée. On dénombre quarante parcours en boucle, associés à treize itinéraires de grande liaison. Chaque ville ou région propose des circuits variables selon les thèmes mis en valeur. Le Comité départemental du Tourisme du Tarn a édité une brochure qui propose plusieurs sentiers permettant de découvrir les principaux paysages qui font la diversité et la beauté de ce département (Sentier du Causse, Bonneval, la balade Montéliote...).

Le service Rando-Bus permet, sur certains itinéraires, de se rendre au point de départ ou d'effectuer le trajet du retour en autobus.

Renseignements auprès du Conseil général du Tarn © 05 63 45 64 81 ou du Comité départemental de la randonnée pédestre © 05 63 77 32 25.

S comme... Saisons

Avec plus de 2 000 heures par an en moyenne, Midi-Pyrénées compte parmi les régions de France où l'ensoleillement est le plus soutenu. Dans le Tarn, des températures dépassant 25 °C sont observées pendant 60 à 80 jours par an. Le printemps, très précoce, a déjà l'allure estivale. C'est la saison bénie des randonneurs et des promeneurs. Juillet et août règnent avec une chaleureuse intensité solaire, les températures minimales oscillent au matin entre 13 °C et 15 °C. Dans la journée, les maximales s'établissent en moyenne entre 26°C et 28 °C. L'automne a souvent la douceur d'un été indien et se distingue par de merveilleuses journées parées d'un ciel outremer.

T comme... Tarn

Superficie : 5 780 km^2
Préfecture : Albi.
Sous-préfecture : Castres.
43 cantons, 324 communes.

V comme... Vignoble

La cité de Gaillac est née en 972, sous l'impulsion des moines bénédictins, fondateurs de l'abbaye Saint-Michel, mais le vignoble qui porte son nom fut implanté au Ier siècle avant J.-C. par les Romains. Les premières traces de la culture de la vigne à Gaillac remontent même au VIe siècle avant notre ère, ce qui en fait l'un des plus anciens vignobles de France. Les moines bénédictins furent les premiers à organiser la viticulture de la région. L'appellation Gaillac fut définie en 1938. Contrôlée, elle ne concernait que les vins blancs. En 1970, un décret a étendu l'aire viticole et a surtout réglementé les gaillacs rouges et rosés.

Située dans le département du Tarn, à quelque 50 km de Toulouse, l'aire d'appellation Gaillac représente aujourd'hui plus de 2 500 ha répartis sur 73 communes. Le vignoble gaillacois dans son ensemble bénéficie de conditions climatiques favorables sous double influence atlantique et méditerranéenne. La douceur océanique limite les risques de gelée et assure à la vigne une bonne alimentation hydrique. Parallèlement, la chaleur de type méditerranéen accentuée par le vent d'autan garanti une bonne maturité du raisin.

On distingue trois terroirs différents sur l'aire d'appellation, chacun possédant ses propres spécificités. Le terroir des terrasses de la rive gauche s'étend sur 30 km, au sud du vignoble, le long des rives du Tarn. La rivière a façonné depuis des millénaires ce relief de terrasses au sol composé de galets, graviers, sables et boulbènes. C'est le terroir de prédilection des cépages rouges. Toutefois, le cépage “loin-de-l'œil” y donne aussi des blancs secs d'une grande finesse et, depuis quelques années, des vins blancs doux complexes de qualité.

Deuxième des trois zones, les coteaux de la rive droite dominent toute la vallée du Tarn. Ils sont limités par la Vère au nord et s'étendent sur la partie centrale du vignoble, entre Castelnau-de-Lévis et Rabastens. Ils bénéficient de sols principalement argilo-calcaires et d'une exposition plein sud.

Enfin, le plateau cordais occupe la partie septentrionale du vignoble et domine la vallée encaissée de la Vère. Son altitude, de 250 m à 300 m, en fait la zone la plus tardive du vignoble : les vendanges se déroulent 10 à 15 jours plus tard que dans le reste du Gaillacois. Le plateau se caractérise par des sols blancs calcaires et caillouteux et une prédominance de la production de vins blancs. Il ne faut pas oublier le noyau de Cugnac, petit coin de terroir excentré à l'est d'Albi, qui fait néanmoins partie intégrante du vignoble gaillacois.

LES VINS DE GAILLAC

Quatre cépages spécifiques concourent à l'élaboration des vins de Gaillac labellisés AOC. Les cépages blancs représentent au total 45 % des surfaces plantées. Parmi eux, deux sont particuliers au vignoble de Gaillac. D'une part, le mauzac, cépage traditionnel dominant sur l'appellation. Très aromatique, avec des notes rappelant la pomme verte et la poire, il donne des vins tendres, agréables et faiblement acides. Il permet d'élaborer des vins blancs secs, doux ou effervescents. D'autre part le "loin-de-l'œil" dont le nom provient du très long pédoncule de la grappe, ce qui éloigne le raisin du bourgeon (ou œil en terme viticole). Ce cépage très ancien est planté exclusivement à Gaillac. Il apporte au vin des arômes fins et floraux, de la souplesse et de la fraîcheur, et se marie particulièrement bien au mauzac. Parmi les cépages rouges, qui représentent 55 % des surfaces, deux sont également spécifiques à Gaillac. Le duras est l'un des plus anciens cépages. Réhabilité depuis 20 ans, il apporte au vin couleur (grenat profond), charpente et finesse, ses arômes rappellent le poivre ou les épices. Il doit être consommé jeune et réussit à merveille dans le gaillac rosé. Le braucol (ou fer servadou) est typiquement gaillacois lui aussi. Ce cépage donne un vin coloré, charnu et typé, avec des arômes approchant les cassis, la framboise et le poivron. Il peut être consommé jeune mais aussi après quelques années de vieillissement. A noter également, le gamay, unique cépage utilisé dans l'élaboration du gaillac primeur. Il donne des vins gouleyants, fruités et légers. La diversité du vignoble gaillacois se traduit par la variété des vins élaborés qui composent une gamme large de produits différents, en blancs, rouges et rosés.

Les plus représentatifs de la production :

Le Gaillac blanc

AOC Gaillac blanc sec (servi à 10 °C) : premier à avoir obtenu le classement AOC. Il présente une robe jaune pâle aux reflets verts changeants et un fruité intense.

AOC Gaillac fraîcheur perlée : sa multitude de très fines perles lui confèrent une incomparable sensation de fraîcheur et exacerbent les arômes naturels de mauzac et loin-de-l'œil. Excellent à l'apéritif, il accompagne également très bien les fruits de mer.

AOC Gaillac doux : il a fait le renom de Gaillac grâce à la richesse de ses parfums (miel), son incomparable onctuosité et sa longueur en bouche. Connu pour son accord parfait avec le foie gras, il peut aussi bien se consommer en apéritif ou sur du roquefort.

Le Gaillac rouge

AOC Gaillac rouge (servi à 16 °C chambré) : il présente une robe profonde et un nez puissant. Ses arômes sont à dominante de fruits rouges (cassis, framboise…) agrément de notes épicées très spécifiques. Il prend toute sa valeur sur les viandes grillées ou en sauce, ainsi que sur certains fromages (cabécou, cantal, rocamadour).

AOC Gaillac rouge élevé en fût : ce gaillac se pare de nuances olfactives et gustatives complexes et harmonieuses. Il donne des vins de garde.

Le Gaillac rosé

AOC Gaillac rosé : idéal pour l'été, c'est un vin fin, nerveux à la belle couleur cerise.

Le Gaillac primeur

AOC Gaillac primeur : régulièrement primé au concours national des vins primeurs, c'est la grande fierté des vignerons gaillacois. Il arrive sur le marché le troisième jeudi de novembre. Il est issu exclusivement du cépage gamay et il est élaboré avec des raisins entiers vendangés à la main et non foulés.

Château de Peyrelade

De lieux en lieux

© Stéphane Savignard

De lieux en lieux

AMBIALET

(Vallée du Tarn)

Un géographe du XIXe siècle n'a pas hésité à dire qu'il n'existait en France aucun isthme aussi beau. Saisissant se révèle le spectacle de ce méandre tortueux du Tarn qui entoure sur 3 km une aiguille schisteuse avant de rebrousser chemin… Au sommet de la presqu'île découpée par la boucle du fleuve s'érige un monastère...

OFFICE DE TOURISME Le Bourg © 05 63 55 32 07

Fax : 05 63 79 58 09. Ouvert en juillet et août.

A VOIR

Sur le chemin de la chapelle, n'oubliez pas de jeter un coup d'œil derrière la grille, à l'oder, un arbre dont la légende raconte qu'il fut rapporté de Terre sainte par un croisé.

A travers le village, un sentier se faufile et grimpe vers les ruines d'une église du XIe siècle, l'église Saint-Gilles, incendiée en 1568, mais dont on peut encore admirer les belles voûtes ogivales en lauses. Aujourd'hui restauré, il sert de lieu d'exposition. A voir enfin, l'église Notre-Dame-de-la-Chapelle, la chapelle des Seigneurs (XVe) et le Castella, château lui aussi en ruine.

LE MONASTERE ET CHAPELLE D'AMBIALET. La chapelle, romane, date du XIe siècle. Construite en schiste, elle n'est percée que de rares ouvertures. Cette église, qualifiée “d'antique fondation” fut donnée avec son petit monastère à l'abbaye Saint-Victor de Marseille en 1507 par Frotaire, évêque de Nîmes et frère des vicomtes d'Albi et d'Ambialet. Ce monastère bénédictin a joué un rôle de première importance lors du conflit des Albigeois. Il s'approprie alors l'ensemble des terres de la presqu'île. En 1458, l'endroit passe sous l'autorité du chapitre de Montpellier et, rapidement, son importance décroît. A la veille de la Révolution, il n'est plus que ruines. En 1865, sous l'impulsion du père Clauzade, il échoit aux Franciscains du Tiers Ordre qui s'emploient à le restaurer entièrement, enrichissant l'église d'enjolivements pour souligner son caractère médiéval. La démolition de toutes les parties intempestives, la disparition du plâtre qui recouvrait les murs intérieurs, ont redonné une nudité première à l'antique chapelle qui offre alors l'image d'un art roman tout aussi pur qu'harmonieux. Depuis le 1er juillet 1991, les Franciscains ont cédé la place à la congrégation de Saint-Jean. L'église abrite une statue du XVIIe de Notre-Dame-de-l'Oder ainsi qu'un curieux encensoir de cuivre en forme de chapelle romane. Un diable brûle dans la cassolette.

OU MANGER ET DORMIR

Hôtels-Restaurants

CAFE DE LA VALLEE Le bourg © 05 63 55 32 06. *Ouvert tous les jours de mi-juin à mi-septembre. Fermé le mercredi en basse saison et aux vacances de Toussaint et de février. Menus : 10 € en semaine et 12 € le week-end. 7 chambres de 29 € à 43 €. Demi-pension et pension complète. Station-service ouverte à partir de 7h30.* C'est au Café de la Vallée que l'on découvre un établissement multiservice et très convivial. Le couple Beuraert s'emploie à faire tourner leur établissement dans un esprit détendu et fort sympathique. Au café on peut passer "boire un coup" mais aussi pour se régaler de délicieuses glaces. Au restaurant on trouve une cuisine traditionnelle sans "chichi" mais de qualité où tout le monde aura son compte, les incontournables magrets de canard et les confits mais aussi de nombreuses salades composées, de charcuterie… Amis pêcheurs, on peut se servir ici en appâts car la boutique a une gamme plutôt complète. La liste des services proposés n'est pas finie puisque le Café de la Vallée fait aussi café et station-service. En bref, un endroit bien pratique !

HOTEL DU PONT La Moulinquié © 05 63 55 32 07.** *Fax : 05 63 55 37 21. Fermeture annuelle du 6 au 13 février. 20 chambres de 51,50 € à 53,50 €. Petit déjeuner : 6,10 €. Demi-pension : 51,30 €. Fermé le lundi en basse saison. Dernière commande : 21h30. PMC : 30 €. Piscine chauffée. Terrasse. CB, AE, DC. Accès aux handicapés. Animaux admis. Salle de séminaire, capacité 25 personnes.* Voilà six générations qu'en ces lieux, on se succède pour accueillir les hôtes de passage dans ce ravissant village ceinturé par le Tarn. C'est d'ailleurs au bord de l'eau que s'est bâti l'hôtel, dont la plupart des chambres offrent une vue imprenable sur la rivière. La table, quant à elle, jouit d'une excellente réputation, ici comme ailleurs. Carte blanche est laissée au chef qui élabore ses menus en fonction du marché et des inspirations du moment.

RESTAURANT DU MIDI 9, place des Tilleuls - ALBAN © 05 63 55 82 24. *Fermeture annuelle, dernière semaine d'août. Toute l'année, fermé le mardi soir et d'octobre à avril, le lundi soir. Menu à 11 € et à la carte.* Pour les autres menus sur réservation. C'est dans un cadre aux couleurs chatoyantes et dans un décor mélangeant le rustique et le moderne que vous pourrez déguster les petits plats de chef. Au menu, salade à l'émincé de gésiers confits, salade de haricots verts au roquefort, daube campagnarde ou tripoux de veau et pommes de terre au tustet, et avec au dessert le choix entre la crème occitane, le flan à la noix de coco et le vacherin. Une adresse à tester pour ses spécialités du terroir.

SE DETENDRE

DOMAINE EQUESTRE DES JULIANNES Paulinet © 05 63 55 94 38. *www.lesjuliannes.com. Ouverture toute l'année. Chambres d'hôtes de 336 € à 415 € la semaine, suite de 453 € à 620 € la semaine ; grande suite de 453 € à 658 € la semaine, selon saison. Nuitée de 43 € à 110 € (petit déjeuner compris). Gîte 10 personnes entre 549 € et 717 € la semaine, 183 € le week-end. Table d'hôtes : 11 € le midi, 19 € le soir, 7 € les enfants. Equitation : 16 € le forfait essai de 3 heures. Piscine, grand parc ombragé. Manège couvert, 20 chevaux et poneys. Carrière d'obstacles. Parcours de cross. Nombreuses pistes cavalières et de randonnées. Location de box.* Au cœur d'un domaine de 80 ha, niché dans les monts d'Alban, à quelques kilomètres du Parc naturel régional du Haut-Languedoc, un domaine, une ferme du XVIIe siècle, des chambres d'hôtes, un gîte et l'opportunité de monter à cheval. Pour ceux qui auraient peur des canassons, Marie-Christine Estadieu et Nick Hudswell proposent de nous initier. Pour les autres, du perfectionnement en dressage, de l'obstacle, de la préparation aux concours, de l'endurance et du horse-ball. Ou encore… initiation au TREC et randonnées en étoile ou itinérantes.

ANGLES-DU-TARN

(Sidobre-Monts de Lacaune)

Ce “castrum des angulis” était un poste-frontière de la Narbonnaise au temps de Jules César. La porte dite du Midi témoigne de la fortification du village du Moyen Age. L’église a été rebâtie aux XVIIe et XIXe siècles. L’originalité d’Anglès provient surtout de sa situation, avec son plateau s’ouvrant sur le département de l’Hérault, la Montagne Noire, les monts de Lacaune et le Sidobre. Interpénétration des senteurs méditerranéennes et océaniques qui se reflètent dans une végétation majestueuse (sapins, hêtres, chênes, châtaigniers). Dans le cadre de la communauté des communes du Haut-Languedoc, les berges des lacs de Saint-Peyres et de la Raviège vont être aménagées, des sentiers de randonnée vont être aménagés sur le plateau des lacs. L’été vous pourrez aussi vous amuser sur la commune puisque des animations sont mises en place : théâtre, danse, fêtes, randonnées organisées, expositions de photos et de peintures…

OFFICE DE TOURISME Route de Saint-Pons ✆ 05 63 74 58 29

Fax : 05 63 73 00 64. Ouvert en juillet et août, du lundi au samedi, de 10h à 12h et de 16h à 18h.

MAIRIE ✆ 05 63 70 97 19

E-mail : mairieangles.81@wanadoo.fr

OU MANGER ET DORMIR

LE MANOIR DE BOUTARIC** Route de Lacabarède © 05 63 70 96 06.** *Fax 05 63 70 96 05. Site Internet : www.boutaric.com - E-mail : manoir@boutaric.com. 100 emplacements pour tentes ou caravanes de 13 € à 25 € (pour 1 ou 2 personnes + électricité + 1 voiture), 53 locatifs : chalets de 260 € à 640 €, mobil-homes de 244 € à 565 €, selon saison. Discothèque, piscine, bar et restaurant.* Cette belle demeure avec un grand parc intégré dans le village est un lieu idéal de villégiature au sein du plateau verdoyant d'Anglès et de ses lacs. Si les alentours se prêtent aux randonnées, aux VVT et aux baignades, la famille Sénégas a quand même tout mis en œuvre pour que ses résidents puissent trouver sur la propriété divertissements, loisirs et activités. On peut donc si on le veut rester toute la journée (et la nuit) à “Boutaric”, se baigner dans la piscine, se restaurer au rez-de-chaussée et danser au sous-sol du manoir. Côté camping, les emplacements sont bien disposés dans le parc verdoyant et ombragé, et les locatifs s'intègrent harmonieusement dans le parc.

LA FERME DE PEYBARTHES Anglès © 05 63 70 90 21. *Internet : www.fermedepeybarthes.fr. Ouvert toute l'année. 6 bungalows indépendants, 1 chambre, 1 lit 140 et 1 lit enfant, TV, salle d'eau, W.-C. Location de chalets pour 4-5 personnes. Demi-pension : 38 €, 45 € en été. Petit déjeuner : 5,50 €.* Dans les monts de Lacaune, à quelques encablures seulement des lacs de la Raviège et de Saint-Peyres, s'enchâsse tout naturellement la ferme de Peybarthes, une exploitation agricole encore en activité. Ce lieu se veut le départ de nombreuses randonnées pédestres ou de VTT, dans la forêt ou la campagne avoisinante. Le village est à 1 km, pour ceux qui voudraient faire quelques achats ou commencer la journée par un tennis, un squash. Possibilité de manger à la table des hôtes où l'on vous proposera des produits du terroir : volailles fermières, charcuterie de Lacaune, vins de Gaillac, fromages de pays, miel…

SE DETENDRE

LAC DE LA RAVIEGE. Entre Anglès et La Salvetat, dans l'Hérault cette fois, le lac forme un barrage de 438 ha sur l'Agout. Autour du plan d'eau, de nombreuses animations.

BRASSAC-SUR-AGOUT

(Sidobre-Monts de Lacaune)

Qui a vu Brassac ne peut avoir oublié son pont. Remarquablement conservé, l'ouvrage architectural édifié en 1193, marque les esprits comme il a marqué l'histoire de la bourgade. L'épopée de la ville débute donc au 4e millénaire avant notre ère. Il nous reste de ce premier campement des vestiges néolithiques, bijoux et ossements ainsi que des statues menhirs s'érigeant çà et là dans la campagne voisine. La légende voudrait qu'un chef gaulois, Baccius, ait donné son nom à la ville. On sait avec plus de certitude encore que les Sarrasins, battus par Charles Martel, trouvèrent ici un refuge. Au Moyen Age, on bâtit un pont entre les deux agglomérations, Brassac-de-Castelnau et Brassac-de-Belfortès. L'une catholique, l'autre réformée, se livreront une guerre sans merci jusqu'à la victoire des Calvinistes menés par Gontaud de Biron, le 21 juin 1569. La paix recouvrée, le bourg puisera par la suite sa fortune dans l'industrie textile et les forges installées sur les gisements de fer de la commune. Village de caractère, Brassac offre à tous les regards ses trésors d'architecture, ses vieilles pierres et laisse présager de nombreux secrets que le rire cristallin de la rivière s'emploie à étouffer.

OFFICE DE TOURISME Hôtel-de-Ville © 05 63 74 56 97

Ouvert de 9h à 12h et de 14h à 18h30. Fermé dimanche et lundi hors saison.

A VOIR

MAISON DU SIDOBRE Vialavert © 05 63 74 63 38. Longtemps limité au funéraire, le granit du Sidobre s'est progressivement imposé dans le bâtiment et maintenant… dans le tourisme. A l'instigation du Comité de Bassin sud du Tarn, en collaboration avec le syndicat d'initiative du Sidobre, des visites guidées en entreprise sont organisées, permettant ainsi à chacun de découvrir un savoir-faire remarquable et l'une des richesses premières de la région. Lieu de conférences, d'expositions, touristes comme professionnels trouveront à la Maison du Sidobre de quoi satisfaire leur curiosité.

AUX ENVIRONS

Saint-Salvy-de-la-Balme

A 16 km de Castres, en plein cœur du Sidobre, Saint-Salvy-de-la-Balme présente d'impressionnantes rivières de rochers. Dans un environnement spectaculaire, se dressent des blocs insolites, inspirant les plus grandes légendes. Le village domine en outre le fameux chaos de la Balme, lieu dont l'académicien Pierre Borel affirmait qu'il était l'un des plus vieux coins au monde (290 000 000 d'années). Une thèse qu'accréditerait la légende qui raconte que Jupiter lui-même fit pleuvoir les pierres en ces lieux dans le but d'écraser les deux voleurs Albion et Berjion. A voir à proximité aussi, le curieux “Chapeau de Napoléon”, les rocs de la Guenon et de Rouscayrolles et, un peu plus loin encore, le Rocher tremblant de Lascombes.

OU MANGER ET DORMIR

LE COUVENT D'OULIAS Castelnau-de-Brassac © 05 63 74 58 57. *Site Internet : www.couvent-oulias.fr. Ouvert de mars au 15 janvier. Chambres de 27 € à 59 €. Petit déjeuner : 5 €. Menu du jour : 12,66 €. Terrasse, source, ruisseau.* Au cœur du légendaire Sidobre, la famille Rombouts a restauré un ancien couvent et y a installé des gîtes, un hôtel, un café ainsi qu'un restaurant. L'endroit est magnifique, le cadre vert à souhait. Nous pouvons en profiter le temps d'un repas en famille ou entre amis ou plus longtemps… Il n'y a pas le temps de s'ennuyer ; les loisirs, ici, s'inventent : promenades sur les sentiers pédestres, VTT, parties de pêche, découverte de la région pour n'en citer que quelques-uns. La proximité de rivières et des lacs offre plusieurs possibilités de sports nautiques.

CAMPING MUNICIPAL La Lande © 05 63 74 09 11/05 63 74 57 16. En plein cœur de la vallée de l'Agout, entre les monts de Lacaune, le camping de Brassac est un véritable écrin de verdure où l'on peut poser les valises pour s'en aller à la découverte de la nature encore sauvage alentour. 50 emplacements ombragés pour marquer une halte avant de partir en VTT ou de faire une promenade à cheval dans les sous-bois. Les amateurs de pêche à la truite ne seront pas déçus.

CAHUZAC-SUR-VERE

(Pays des Bastides)

Ancienne place forte, aux environs on peut visiter le château de Mauriac (hameau de Lintin).

OFFICE DE TOURISME Mairie © 05 63 33 91 71

Ouvert du 15 juin au 15 septembre de 10h à 12h30 et de 16h à 19h30 tous les jours.

OU MANGER ET DORMIR

CHATEAU LARROZE La Colombarié © 05 63 33 92 62. *Ouvert toute l'année. Location du gîte entre 199 € et 229 € la semaine, 69 € le week-end. Trois chambres d'hôtes.* Les chambres d'hôtes sont installées aux 1er et 2e étages d'une haute maison rectangulaire chapeautée d'un grand toit. Lierre et pierres apparentes se partagent les grandes façades percées de fenêtres aux encadrements en briques de teintes nuancées. Vue sur cour ou jardin, les chambres très confortables portent des noms de cépages (meauzac, syrah…) pour ne pas faire oublier que l'on séjourne dans un beau vignoble du Gaillacois. A l'entrée de la ferme, un ancien colombier, tout en pierre, impeccablement restauré a été transformé en gîte.

LA FALAISE Route de Cordes © 05 63 33 96 31. *Fermeture annuelle 2 semaines en décembre et 3 semaines en janvier. Fermé le dimanche soir et le lundi. Dernière commande : 22h. Menus : 18 € (sauf dimanche et jours fériés) et entre 21 € et 33,50 €. Prix moyen à la carte : 30 €. Terrasse et véranda.* L'œil sera moins attiré par le site que la bouche par la succulente cuisine du jeune restaurateur Guillaume Salvan. Les pérégrinations du chef en Côte d'Azur (au restaurant du Martinez à Cannes notamment) et en Pays basque se retrouvent en filigrane dans des menus élaborés tous les trois mois avec amour et simplicité : escargots de Puycelci aux artichauts et vieux jambon, pimientos del piquillo farcis à la brandade, tournedos de jarret de veau moelleux, filet de rouget poêlé au confit d'aubergine fumet d'olive au safran et feuilles de basilic, langoustines rôties au tartare d'avocat pimenté et marinade de légumes croquants aux herbes fines, croustade chaude caramélisée, sorbet de saison en minestrone glacé de fruits rouges. Le menu des vignes s'accompagne d'une sélection de gaillac.

EMPLETTES

Vignoble

CHATEAU LARROZE La Colombarié © 05 63 33 92 62. *Ouvert du lundi au samedi de 9h à midi et de 14h à 18h.* Situées sur les sols argilo-calcaires des premières côtes de Gaillac, les vignes du vignoble s'étalent entre Cahuzac-sur-Vère et Salettes. Terroir et savoir-faire de Michel Cabrit, l'œnologue du domaine, se conjuguent pour aboutir à la conception de vins racés, souples et élégants aux goûts de coing et de miel. Un joli chai agencé dans un petit bâtiment entouré de gazon à proximité de la route, donne un large aperçu des productions du domaine et des vins de Gaillac issus des domaines Jean Cros. Les réalisations embouteillées chaque année sont devenues des "classiques" réputés de l'appellation.

CHATEAU DE SALETTES © **05 63 56 88 88.** Domaine de 23 ha, sur un sol argilo-calcaire, ce vignoble bénéficie d'une situation géo-climatique exceptionnelle dont le résultat est une gamme de vins de qualité. AOC rouge élevé en barrique de chêne merrain, aux arômes de fruits rouges, AOC blanc, un sec et un doux, tous deux élevés et vinifiés en fût.

DOMAINE DE PEYRES ROSES © **05 63 33 23 34.** Situé à 1,5 km du village de Cahuzac-sur-Vère, le Domaine de Peyres Roses est remarquable par la qualité et la typicité de ses vins, que ce soit les rouges, très concentrés (dû aux vendanges vertes, donc petits rendements) ou les blancs secs, très fruités, et les doux, avec aussi une grande concentration en fruits. La dégustation de ces merveilleux vins est gratuite, Astrid et Olivier Bonnafont nous proposent également la visite du chai pour mieux connaître le processus de vinification. Situé au cœur du plateau Cordais, l'originalité du Domaine de Peyres Roses est que les visiteurs peuvent se balader et même pique-niquer dans les vignes, sans oublier que le vignoble est entouré de nombreux chemins de randonnée, de quoi faire un peu d'exercice pour mériter sa croûte. Sympa, non ? Les maîtres des lieux ne manquent pas de bonnes idées, comme l'organisation l'été dernier d'un concert de jazz dans les vignes.

DOMAINE SALVY **Arzac** © **05 63 33 97 64.** *Fax 05 63 33 97 29. Ouvert tous les jours.* C'est dans une jolie maisonnette en pierre que l'on nous recevra pour déguster les vins de la propriété. Mme Michèle Marc et sa fille ont hérité du savoir-faire de leur aïeul Salvy (du nom de la propriété) qui, voilà cinq générations, commença à travailler ses terres sur la rive droite de la Vère.

CARMAUX

(Ségala-Viaur)
Si le charbon fit l'objet d'un commerce dès le XIIIe siècle en tant que combustible pour des usages domestiques courants, la véritable histoire du "charbon de pierre de Carmoultz" commence en 1752 lorsque le chevalier Antonin Paulin de Solages obtient du roi Louis XV le privilège d'exploiter les mines de charbon. Avec la construction d'une verrerie à bouteilles et d'une briqueterie, le combustible fut utilisé sur place. Le XIXe siècle vit la ville prendre un essor considérable. La crise du charbon a abouti à la fermeture des différents sites du Carmausin et à une reconversion nécessaire du bassin de la ville, dont la démolition de la tour de la Verrerie (la plus haute tour d'habitation du Tarn) en juillet 2000, est un des signes précurseurs. Nouvelle page pour cette ville fortement marquée par son identité industrielle et ses combats sociaux, dont il ne faut pas manquer d'admirer la statue de Jean Jaurès (sur la place du même nom) où cette figure de la ville est ici représentée, entourée par des ouvriers et des paysans.

Côté statue, il se dit que "Le Répit" exécuté par le Carmausin Jean-Jules Pendariès et qui est exposé dans le hall de la mairie inspira Rodin pour son célèbre "Penseur". A voir au gré d'une visite dans la ville, l'inscription du fronton de la maison du révolutionnaire, député à la Convention, Pierre-Jean-Louis Campsas : "La Constitution ou la mort" (à proximité de la mairie), et l'impressionnante bâtisse du début du XXe siècle qu'occupait le café-dancing Alaux (à proximité de Gambetta).

OFFICE DE TOURISME **Place Gambetta** ✆ **05 63 76 76 67**

Fax : 05 63 36 84 51. Ouvert du lundi au samedi de 10h à 12h et de 14h à 18h.

Rappel historique

Jean Jaurès représenta la ville de Carmaux au parlement de 1893 jusqu'à son assassinat à Paris en juillet 1914. Il se battit pour les grandes causes sociales, ouvrières et paysannes et fut un fervent défenseur de Dreyfus.

A VOIR

LA GRANDE DECOUVERTE. La mine à ciel ouvert de Sainte-Marie, "creux" impressionnant de 1 000 m de diamètre et de 280 m de profondeur, où plus de 3 000 000 de m² de terre durent être enlevés avant d'atteindre les couches carbonifères, est devenue Cap'Découverte depuis le 10 août 2002…

Cap'Découverte : le 1er pôle européen du multiloisirs. A 1 h de Toulouse, au cœur de Midi-Pyrénées, dans le Tarn, Cap'Découverte offre aux visiteurs une multitude d'activités sportives, musicales et culturelles sur un immense espace naturel de 650 ha. En toute saison, au gré de ses envies ou de sa curiosité, chacun organise ses journées et crée son propre programme de loisirs ! En famille, entre amis, en tête à tête, avec son club, de l'amateur au sportif confirmé, de l'artiste en herbe au passionné d'histoire, chacun vit pleinement et librement ses loisirs et ses passions ! S'évader dans un environnement naturel, se détendre entre jeux d'eau et balades à vélo, applaudir des artistes, visiter le musée de la Mine, se perfectionner ou s'initier à de nouveaux sports ou encore vivre des sensations plus extrêmes ou flâner dans les villages québécois…

Cap sur les sports ! Dans ce vaste ensemble naturel, le sport est omniprésent, chacun peut s'initier ou se perfectionner à la pratique de différents sports des plus ludiques aux plus extrêmes.

Ride : ski et snow-board sur pistes synthétiques de 15 000 m², slalom, border-cross, luges d'été, karts de descente, glisse sur câble, skate-board, long-board, roller, skate-park couvert de 1 200 m² avec aire de street, half-pipe, bowl, snake, VTT, VTC, trial, BMX, karts de descente, trottinettes… Nautisme : jeux de plage, aqualude, toboggans, pentagliss, baignade dans le lac, plage de sable, port miniature, téléski nautique, plongée, exhibitions sportives… Bien-être : fitness, musculation, stretching, balnéothérapie, kinésithérapie, cures de bien-être, relaxation, jogging, parcours de santé… Jeux de balle : terrains de jeux pour nos sports favoris : football, rugby, tennis… Altitude : télésiège, tyrolienne, montgolfière, vol libre, exhibitions sportives…

Cap sur les spectacles ! Cap'Découverte offre un ensemble d'infrastructures pour héberger, développer et promouvoir tous les talents créatifs amateurs comme professionnels.

La Maison de la Musique : 2 salles de concerts (400 et 1 000 places) pour tous types de spectacles (concerts, danse, théâtre, variétés), 10 studios de répétition (rock, rap, techno, jazz, classique...), et des espaces multimédia à la pointe des nouvelles technologies. L'Espace Grands Festivals (jusqu'à 21 000 spectateurs) : conçu pour des grandes manifestations estivales, l'Espace accueille des festivals et des spectacles internationaux (Summer Festival...). Le Théâtre de verdure, près du lac (700 spectateurs) : un lieu magique avec lumières, lasers et feux d'artifice pour émerveiller petits et grands.

Cap sur la mémoire ! Cap'Découverte est né de la reconversion de l'ancien bassin minier du Carmausin. Les visiteurs pourront découvrir ou redécouvrir l'histoire minière qui a forgé l'âme de toute cette région.

Le Musée de la Mine : explorez l'univers minier à travers une mise en scène inédite et interactive dans 350 m de galeries souterraines (cf. voir Musée de la Mine). Le Parc des Titans : camion-benne, roue-pelle, sauterelle, pelleteuse géante... laissez-vous surprendre par le spectacle impressionnant des gigantesques machines ! Les Jardins du jurassique : remontez les temps géologiques et découvrez la formation du charbon. Un étonnant parcours initiatique et ludique vous attend sur 13 ha : jardin du début du monde, forêt vierge, abreuvoir des dinosaures, forêt de ginkgos, séquoias...

Cap'Découverte : la vitrine européenne du Québec. Chalets québécois : des chalets spacieux et chaleureux avec jardins privatifs, piscines et terrains de tennis : de multiples formules en location (week-end prolongé, à la semaine, à la quinzaine). Saveurs et traditions : à vous les spécialités du Québec ! Boutiques, cabane à sucre, produits authentiques et animations québécoises : marché de Noël...

OFFICE DU TOURISME DE LA DECOUVERTE/CAP'DECOUVERTE Blaye-les-mines © 08 25 08 12 34. *Site Internet : www.capdecouverte.com - E-mail : contact@capdecouverte.com.*

MUSEE DE LA MINE Cagnac-les-Mines © 05 63 53 91 70. *Fax : 05 63 56 21 36. Site Internet : www.capdecouverte.com - E-mail : musee.mine@capdecouverte.com. Tarifs individuels : 5,70 € les adultes, 3 € les enfants. Pour les groupes, 4,70 €. Départ des visites : chaque demi-heure. Tarifs groupes à partir de 10 personnes. Réservation obligatoire. Ouvert du mardi au vendredi de 10h à 12h et de 14h à 18h, samedi et dimanche de 10h à 18h. Ouvert tous les jours pendant les vacances scolaires de 10h à 18h.* Découvrez une mine de sensations ! La meilleure façon de comprendre l'histoire, c'est d'en être acteur ! Le musée de la Mine vous invite à partager le cadre de travail du mineur. Mettez votre casque et accrochez-vous : vous descendez au fond du puits ! Vous allez vivre le quotidien du mineur de fond, suivre l'évolution des techniques et de l'industrialisation... Vous allez découvrir une mine de sensations ! Explorez l'univers minier à travers une mise en scène inédite et interactive dans 350 m de galeries souterraines et découvrez un parcours spectacle inédit : effets spéciaux, son et lumière, simulation de coup de grisou, ascenseur de descente dans la mine : sensations assurées ! Visite guidée : 1 h de parcours guidé dans les galeries souterraines.

MUSEE DU CHATEAU Domaine de la Verrerie - BLAYE-LES-MINES © 05 63 36 30 83. *Ouvert toute l'année sauf Noël et 1er janvier, du lundi au vendredi de 9h à 12h et de 14h à 18h, dimanche et jours fériés de 15h à 18h. En juin, juillet et août, ouvert aussi le samedi de 15h à 18h.* Cette Orangeraie bâtie en 1752 par le chevalier de Solages pour implanter sa première verrerie, abrite aujourd'hui les expositions retraçant l'histoire du charbon et du verre. Maquettes, schémas, photos et expositions donnent une idée de l'importance du charbon au niveau industriel et domestique de la révolution industrielle du XIXe siècle jusqu'au XXe siècle : production de gaz d'éclairage et de coke indispensable à la sidérurgie.

La partie consacrée au verre, montre l'évolution de la fabrication des bouteilles, de l'utilisation du charbon de bois jusqu'à celle du charbon de pierre. Des œuvres d'artistes agrémentent ce parcours initiatique entre minerai noir et matière transparente.

OU MANGER ET DORMIR

Restaurants

AU CHAPON TARNAIS 3, boulevard Augustin-Malroux © 05 63 36 60 10. *Fermé samedi midi, le dimanche soir (sauf réservation) et lundi toute la journée sauf jours fériés et sur réservation. Menus : 14,50 € à 25,50 € selon le plat principal, 39 € (dégustation). Menus enfants : 7 € et 11 € (dégustation).* Tout beau, ce Chapon-là s'est transformé en coq carmausin de la cuisine. Deux salles aux murs clairs, agrémentées d'une cheminée, une mise de table soignée, le sourire de la maîtresse de maison et la cuisine traditionnelle "régalante" du jeune chef Jérôme Coulaut, font de cet établissement une halte recommandable et plébiscitée de la ville. La basse-cour passe ici à la grande cour de la cuisine : foie gras mi-cuit de canard au sel de Guérande, escargots en robe des champs, waterzoi de poissons et sa sauce aux crustacés, Parmentier de canard, tournedos façon Rossini, suprême de volaille farcie, tourte aux pommes et calvados et LE fondant au chocolat pour lequel on vendrait son âme. Précisons que la formule du menu est originale : on compose son menu parmi 8 entrées, 8 plats principaux et les 8 desserts (fromage compris), le choix du plat principal fixe le prix final.

GRAND CAFE-RESTAURANT DE LA POSTE "LE JEAN-JAURES" 13, place Jean-Jaurès © 05 63 76 50 39. *Ouvert toute l'année, sauf dimanches et jours fériés. Menu midi : 8 € (midi uniquement), autres menus de 11 € à 18 €. Menu enfant : 5 €. Terrasse.* Bernard ne fait pas de longs discours, mais de bons petits plats rapidement servis qui font du restaurant un lieu choisi pour déjeuner ou dîner. Petits appétits ou grands mangeurs, on trouve son plaisir, avec pour les premiers, les salades complètes qui peuvent faire office de repas, avec pour les seconds, au gré des menus : des assortiments de crudités ou de charcuteries suivis d'une truite aux amandes, de gambas flambées ou de beignets de calamars, avant d'entamer une escalope de veau sauce crème, un filet de bœuf ou un confit de canard, pour finir par du fromage et un dessert. Ici pas besoin de promesses, on agit… sur notre petit ventre devenant bien rond.

PIZZA TOP 22, avenue de Rodez © 05 63 76 24 42. *Ouvert tous les jours sauf le mercredi de 11h à 14h et de 17h à 22h selon la saison. Carte de fidélité. Petite terrasse l'été.* Vous ne savez pas quoi faire à manger ce soir, pas de soucis voilà une bonne occasion d'aller chez Pizza Top. Vous y trouverez des pizzas, petit et grand formats à des prix tout à fait raisonnables. En plus du service à emporter et de la livraison à domicile, vous pourrez déguster sur place toutes les variétés de pizza que vous propose la carte mais aussi des salades composées (gésiers, roquefort, thon, etc.), poulet-frites, steak-frites, sandwichs, des glaces, des gaufres…

LE RELAIS DU PUY SAINT-GEORGES Le bourg - VALDERIES © 05 63 56 53 51. *Ouvert tous les jours sauf le lundi après midi. Menus 10 € et 17 €. Plat à la demande. Traiteur. Terrasse.* Voici ici un lieu tenu par un couple qui a beaucoup de courage et qui à force de volonté et de gentillesse arrive à faire revivre le café du village pourtant voué très certainement à disparaître. Le restaurant se divise en deux salles dont une où un piano à queue trône en plein milieu de la pièce. Le chef propose une cuisine familiale où tout est fait maison de l'entrée au dessert. La spécialité est la préparation du canard gras et de la charcuterie de canard (assiette de charcuterie fine). Voici encore une fois des gens qui veulent faire de ce lieu plus qu'un "bistro", un lieu de rencontre où l'on peut discuter de tout et de rien, de choses graves comme des moins graves en bref… communiquer !

Hôtels-Restaurants

HOTEL-RESTAURANT TERMINUS 56, avenue Jean-Jaurès © 05 63 76 50 28. *Ouvert tous les jours sauf le samedi (sauf pour les groupes à partir de 25 personnes). Menus entre 11 € et 29 € + la carte. 12 chambres de 27 € à 38 €. Petit déjeuner : 4,50 €. CB. Animaux acceptés.* Un établissement à la réputation bien assise et un maître de maison serviable, que demander de plus quand on séjourne à Carmaux ? On peut demander à M. Bozzala de nous servir un de ses petits repas qui font les plaisirs des Rotariens locaux, dans l'une de ses trois salles, avec en mets invités : foie gras mi-cuit, salade de magret fumé, tripoux, confit de canard grand-mère, tournedos macéré au cognac, pintadeau au poivre vert, côte de porc au genièvre… En ce qui concerne l'hôtel, c'est un établissement un “tantinet vieillot” mais qui a le mérite d'être propre et bien arrangé, et où les chambres sont spacieuses (toutes avec salle de bains, W.-C., TV).

LA TERRASSE Saint-Gemme - LES FARGUETTES © 05 63 76 66 97. *Ouvert toute l'année. Fermé le samedi en hiver. De 5h jusqu'à minuit en semaine, de 9h jusqu'à minuit dimanche et jours fériés. Menus entre 10 € et 20 €.* Dans ce hameau sur la route de Rodez, Jean-Christophe mène avec bonne humeur cette maison à vocations multiples : bar, tabac, restaurant, hôtel. La salle de restaurant, à laquelle devrait bientôt s'adjoindre une salle plus petite, rappelle les films des années 50. Brouhaha, repas de famille et clientèle de passage se retrouvent dans une ambiance chaleureuse autour du buffet de hors-d'œuvre et de bons petits plats copieux. Si le maître des lieux choisit judicieusement ses produits chez des producteurs locaux, son humour et sa convivialité sont aussi des mets de choix qu'il dispense généreusement.

HOSTELLERIE DES VOYAGEURS** **Mirandol © 05 63 76 90 10.** *Neuf chambres. Fermé dernière semaine d'août et première de septembre.* Situé à 12 km au nord de Carmaux, l'Hostellerie des Voyageurs est un établissement familial, avec une cuisine du terroir et traditionnelle, avec des spécialités telles que les tripoux, la poitrine de veau farcie, le canard sous toutes ses formes ou encore les pâtisseries, ici tout est fait maison. En été on peut déguster tous ces plats, et bien d'autres, sur la terrasse. Sur neuf chambres disponibles, six sont équipées de douche, W.-C. et téléphone direct, le confort nécessaire pour des vacances paisibles.

SE DETENDRE

CENTRE EQUESTRE LE CAPIMONT **Capimondis © 05 63 36 82 21.** A 2 km du centre de Carmaux, la ferme équestre Le Capimont s'étend sur 15 ha de prairies verdoyantes. Une quarantaine de chevaux et poneys attendent là d'emporter débutants et amateurs éclairés en séance d'initiation, en classe découverte, en randonnée jusqu'à 6 jours ou en simple balade. On pratique et on enseigne aussi ici le horse-ball ainsi que l'handi-équitation. A noter enfin que le centre est doté d'un gîte de groupes avec chambres, dortoirs, salles de bains, salle à manger et club-house d'une capacité de 35 personnes.

OU SORTIR

LE GAMBETTA **Place Gambetta © 05 63 76 51 21.** *Ouvert tous les jours sauf le dimanche.* Sur la place Gambetta au cœur même de la ville, un café qui au premier abord paraît un peu dépassé. Osez franchir la porte et vos a priori et vous découvrirez un lieu aussi convivial que le patron de la maison. Les occupants des lieux essaient de faire de ce lieu un lieu de rencontre plus qu'un "bistro" au sens fort du terme, c'est dans cet objectif que des soirées philo sont organisées avec des thèmes aussi nombreux que divers. Le café se prête aussi au jeu du théâtre puisque celui-ci reçoit aussi des pièces de théâtre dans son enceinte.

EMPLETTES

AGENCE TIMBAL-CENTURY 21 **2, place Jean-Jaurès © 05 63 80 12 55.** Si on parle beaucoup du sous-sol carmausin, le sol est quant à lui agréablement couvert de villas, fermes et immeubles d'appartements que cette agence sélectionne avec soin pour en faire une future résidence principale ou secondaire. Administration de biens, gestion et syndic peuvent être aussi assurés par l'agence.

A L'IDEAL - PARFUMERIE-ESTHETIQUE Avenue A.-Thomas © 05 63 76 58 84. Derrière deux grandes vitrines donnant sur l'avenue, se dessine un espace clair et blanc dont les parois et les présentoirs sont les paradis des fragrances et de la beauté. Christian Dior, Nina Ricci, Cacharel, Kenzo, Guy Laroche… nous donnent rendez-vous côté parfums, Lancôme, Christian Dior, Helena Rubinstein, Clarins… nous attendent côté cosmétiques… Bijoux fantaisie, sacs à main et trousses de toilette nous attirent côté accessoires. Pour être digne de ces rencontres, faire un petit tour côté esthétique car UVA, épilation, manucure, soins du visage Clarins (méthode exclusive), soins du corps Clarins, gommage au sel, enveloppements boue ou sable, sont là pour donner ou redonner éclat à votre visage et votre corps dans des cabines complètement refaites. Vous vous trouverez ici un peu comme chez vous car l'accueil y est chaleureux et simple, et le professionnalisme des personnes travaillant à l'institut, vous garantira un résultat en accord avec votre personnalité.

J. DAVID PATISSIER-CONFISEUR 17, avenue Jean-Jaurès © 05 63 76 52 62. *Ouvert tous les jours.* Dans cette petite pâtisserie, le couple David fait le régal de plus d'un gourmand. L'intérieur de la boutique est consacré à toutes sortes de gourmandises : chocolats (spécialiste des chocolats Valrhona), pâtisseries, viennoiseries, spécialités de la région comme le "Lou Tarnes" et nombreuses confiseries dont des spécialités telles que le "carmousin", le "boulet", le "carmonoix"… Aussi une mini-épicerie fine avec des liqueurs, des fruits au sirop, du thé au détail (nombreuses qualités). Fournisseur exclusif des petits déjeuners, goûters et desserts, l'établissement fait aussi salon de thé. Bon appétit !!!

FIRST LADY 38, avenue A.-Thomas © 05 63 36 48 32. *Ouvert le lundi de 14h30 à 19h, les autres jours de 9h30 à 12h et de 14h30 à 19h.* Une agréable boutique "de charme et de style" au cœur de Carmaux, dont Mme Gratelou a le secret. Les prix et le choix satisferont un grand nombre de femmes. Nina Ricci, Chantelle, Millesia, Félina et Aubade. Et pour confirmer que toute femme peut trouver lingerie à sa mesure, un coin est consacré aux grandes tailles, à la corseterie et aux femmes enceintes.

TRINIDAD BOUTIQUE 44, rue Albert-Thomas © 05 63 76 57 10. *Ouvert le lundi de 14h30 à 19h, les autres jours de 9h30 à 12h et de 14h15 à 19h.* Dire d'abord que l'on est agréablement reçu dans cette boutique claire, donnant sur un jardin. Signaler ensuite qu'il y a deux esprits dans les modèles proposés, un plutôt classique avec des grandes tailles (44 à 48), représenté par des marques que l'on ne… présente plus : St Hilaire, Escorpion… et un plutôt branché avec des marques tendance : Nathalie Chaize, Zino et Judy, Zapa Linea T, Léa Kant, Diplodocus, La Fée Maraboutée... Quant au choix des modèles, une sélection attentive, qui n'exclut pas les coups de cœur, est faite par Patricia Bilsky pour satisfaire "la femme" mais aussi toutes les femmes. De la tête aux pieds : pantalons, tailleurs, veste, robes, corsaires, manteaux, écharpes, chapeaux et accessoires. En tout cas une chose est sûre c'est que l'on se sent vite chez soi dans cette boutique sympa où justement tout est fait pour fidéliser la clientèle et pour que toutes ces dames se sentent bien dès qu'elles ont passé le pas de la porte.

CASTELNAU-DE-LEVIS

(Autour d'Albi)

Un piton isolé surplombant la vallée du Tarn et dessus une tour de guet qui semble un nid d'aigle… A 5 km d'Albi à peine, le village de Castelnau demeure très typique et marqué encore de son passé de vigie. Hormis la haute tour emblématique, ne demeurent du château féodal du XIIIe, édifié par l'un des fidèles du comte de Toulouse pour surveiller les abords de la ville, que des vestiges plus ou moins bien conservés selon les parties. La visite mérite cependant le détour, d'autant que la situation du village offre également un superbe point de vue sur la vallée du Tarn.

OU MANGER ET DORMIR

LA LOUVIERE La Bouissounade ✆ **05 63 81 52 52.** *Fermé dimanche soir et lundi soir. Menus : 10,60 € (midi uniquement du mardi au vendredi, vin compris) et entre 15 € et 29 €. Menu enfant : 8 €. AA, CB, VS, MC. CT, CV. Nouvelle terrasse.* Installée dans une bâtisse longue, claire et fonctionnelle, le restaurant La Louvière ouvre ses fenêtres et baies vitrées sur une terrasse et de grands espaces gazonnés en pleine plaine du Tarn. Ici, la cuisine n'est pas figée, car elle s'en est allée puiser son inspiration ici et ailleurs pour les plus grands plaisirs d'une clientèle fidèle. Les spécialités locales partagent ainsi la carte avec des mets venus d'autres cieux : confit de canard grand-mère, émincé de canard façon Louvière, salade à l'aile de raie et roquefort, sandre au riesling, duo saumon et colin sauce soubise, pavé de saumon safrané, filet de bœuf gourmand. Accueil souriant et service professionnel assurent la bonne réputation de l'établissement.

RESTAURANT CHEZ CARAMEL 1, Cité du Port © 05 63 60 62 50. *Ouvert toute l'année. Fermé le lundi. Menus 11 €, 14 €, 23 €. Terrasse ombragée.* C'est au centre du village que vous trouverez le restaurant de Caramel. Un endroit où il fait bon vivre, l'été à l'ombre des frondaisons et l'hiver à l'intérieur, plutôt rustique mais pourtant bien aménagé par les soins de notre hôte. Même si vous avez une petite bourse, pas de problème, vous partirez quand même, bien rassasié car le patron met un point d'honneur à servir des assiettes copieuses, d'une cuisine traditionnelle : salade aux produits du terroir, cassoulet, coq au vin, poitrine de veau farcie (sur réservation uniquement), pâtisseries maison…

EMPLETTES

DOMAINE LAURENT THOMIERES © 05 63 60 39 03/05 63 53 11 99. *Ouvert de 15h à 18h30 tous les jours pendant l'été. Groupe à partir de 10 personnes sur rendez-vous. Possibilité de repas à partir de produits du terroir provenant de la ferme voisine (ferme Médalle). Repas et dégustation (plusieurs formules).* Les 16 ha de vigne de cette propriété sont exclusivement plantés de cépages gaillacois qui livrent ainsi la quintessence des arômes de ce terroir. Les vins sont vinifiés dans la cave particulière du domaine, selon les méthodes gaillacoise ou traditionnelle en barrique, pour donner une gamme assez étendue de produits : perlé, blanc sec, rosé, rouge traditionnel, rouge élevé en fût, gamme blanc doux traditionnel ou élevé en fût. M. Thomières ou Mlle Rozet vous accueillent amicalement dans leur caveau, pour des dégustations et une découverte œnologique des vins de la propriété qui peut se prolonger par un repas sur place.

CASTELNAU-DE-MONTMIRAL

(Pays des Bastides)

“Castellum Novum Montis Mirabilis”… Mont admirable, nom primitif mais résumant la situation de cette étape sur la route des bastides albigeoises : Castelnau-de-Montmiral. Dominant une bonne partie du bassin de la Vère, encerclée de vallons et de collines verdoyantes où les vignes se mêlent aux prairies, cette cité est souvent associée à Cordes. Bien que créées la même année (1222), les deux cités fortifiées ont cependant chacune leur propre charme. Car l’estampille officielle désignant “l’un des plus beaux villages de France” semblera bien facultative au regard d’une réalité pleine d’harmonie et de cachet. Ravissante, la place dite des Arcades, bordée de demeures XVIIe et entourée de couverts. On frissonnera en passant devant l’ancien pilori où étaient liés indistinctement les animaux voués au sacrifice, les femmes adultères et les maraudeurs pris en flagrant délit… Selon son originel plan médiéval, les rues de la ville se déroulent, présentant leurs alignements de maisons alternativement à colombages ou en pierres. A découvrir aussi, la porte des Garrics (porte des Chênes) vestige des fortifications du XIIIe. Ne pas manquer avant de partir, de grimper jusqu’en haut de l’éperon calcaire du Pechmiral où la croix était portée les jours d’orage pour éloigner la foudre et les intempéries. On a de là un panorama superbe sur la forêt de Grésigne, l’Albigeois, le Carmausin et les premières hauteurs de l’Aveyron.

SYNDICAT D’INITIATIVE Place des Arcades © 05 63 33 15 11. *Fax : 05 63 33 17 60. Ouvert tous les jours. Du 1er avril au 30 septembre de 10h à 12h30 et de 14h30 à 19h. Du 1er octobre au 31 mars de 14h à 17h30. Fermé le vendredi en juin et septembre.*

A VOIR

NOTRE-DAME-DE-L’ASSOMPTION. Dès 1300, une première église fut construite sur l’emplacement de l’église actuelle. Agrandie au XIVe siècle, son clocher et son portail ne furent édifiés qu’au XVe siècle. Le portail d’entrée en ogive est constitué d’un arc brisé à tores, se terminant par une tête grimaçante et un petit chapiteau feuillagé. A l’intérieur une statue en pierre polychrome “Ecce homo” plus connue sous le nom de “Christ aux liens”, une pietà également polychrome du XVe et surtout, dans la salle du trésor, la croix reliquaire gemmée, dite croix des comtes d’Armagnac, chef-d’œuvre d’orfèvrerie religieuse du XIIIe comportant plus de 200 pierres précieuses et semi-précieuses. Offerte par le pape Jean XXII (XIVe siècle) à son neveu Arnaud de Triam, seigneur de Montmiral, elle revint par la suite aux comtes d’Armagnac dont le dernier descendant, le comte Charles, la donna à l’église. Elle conserve en son sein une parcelle de la Croix du Christ, et fait l’objet d’une importante dévotion qui l’amène à être portée en procession le vendredi saint.

OU MANGER ET DORMIR

Hôtel-Restaurant

AUBERGE DES ARCADES Place des Arcades © 05 63 33 20 88. *Ouvert tous les jours et toute l’année. Fermeture annuelle : fin janvier. Chambres à partir de 30 €. Menu du jour : 10,50 €. Autres menus de 14 € à 32 €. Menu enfant : 7,50 €. Prix moyen à la carte : 25 €. Terrasse, salles pour groupes. Réservation recommandée.* Au cœur de la petite bastide de Castelnau, sur la place des Arcades d’un des plus beaux villages de France, l’auberge du même nom affichant bar, hôtel et restaurant, ferait presque figure de complexe hôtelier…

La grandeur de l'établissement demeure toutefois relative (et on s'en réjouit). Salles rustiques et terrasse ombragée servent de toile de fond au déroulement de pauses roboratives et régionales où le gibier en saison se fraye là un chemin parmi les volailles et palmipèdes vedettes de la carte : confit de poule ou de canard, magret de canard grillé, salades variées (roquefort, magret, gésiers), foie gras de canard, civet de sanglier, etc.

Chambre d'hôtes

CHATEAU DE MAYRARGUES ✆ **05 63 33 94 08.** *Site Internet : www.chateau-de-mayragues.com. Fermé pour Noël et le 1er janvier, 2 chambres d'hôtes 3 épis. Tarifs : 61 € pour une personne, 69 € pour deux personnes.* Ce château médiéval à l'architecture originale, superbement restauré par Alan et Laurence, est un lieu de séjour des plus dépaysants historiquement. Ce plus historique a son charme, de la galerie où donnent les chambres au 2e étage, qui ne s'imaginerait guetter l'arrivée de Simon de Montfort ou plutôt d'un troubadour qui nous enchantera devant les grandes cheminées et les murs peints. En ce qui concerne le confort, le Moyen Age est bien loin, le petit plus 3e millénaire a aussi bien du charme. Si on ne peut emporter une vieille pierre en souvenir, on peut se rabattre sur le vin du domaine qui est vendu sur place avec les explications du gentleman viticulteur.

JEAN-CLAUDE MARTY (Location) ✆ **05 63 48 83 01.** *Association tarnaise de Tourisme en Espace rural. Gîte 3 épis pour six personnes de 198 € à 378 € la semaine selon la saison. Week-end : 109 €.* Comme dans une belle histoire pour petite fille sage, c'est au bout d'un long chemin privé, entre vignes et forêt, que se dévoile une jolie maison en pierre. Cuisine, séjour et salon avec cheminée se partagent le rez-de-chaussée tandis que trois chambres (deux à lits doubles et une à deux lits une place) cohabitent au premier étage avec salle de bains et W.-C. Le gîte est équipé d'un lave-linge, d'un lave-vaisselle et d'un micro-ondes. On peut louer en plus une TV, mais aux beaux jours, un "programme" extérieur l'emportera : bains de soleil, chaises-longues et barbecue. Les propriétaires agriculteurs, en sus d'un naturel très sympathique, montrent un plaisir évident à accueillir leurs hôtes et vendent les bons produits de leur ferme.

Forêt de la Grésigne

Entre la Vère et l'Aveyron, du côté des bastides albigeoises (Penne, Puycelci…) se déploie sur un terrain de grès rouge (d'où elle tire son nom) la plus vaste chênaie du Midi : chênes rouvres, mais aussi charmes et hêtres s'étendent sur 4 000 ha. Le dôme de la Grésigne (468 m d'altitude) est, dit-on, le vestige d'une énorme montagne qui s'élevait à plusieurs milliers de mètres à l'époque tertiaire quand la mer d'Aquitaine séparait le Massif central des Pyrénées. Propriété des comtes de Toulouse depuis le Xe siècle, la Grésigne fut vendue au roi de France en 1283 et bénéficia dès cette époque de la protection de son statut royal. Colbert la fit entourer d'une muraille au XVIIe siècle et l'on voit encore aujourd'hui ce mur dit "de Louis XIV". A découvrir aussi le sentier du Patrimoine qui part de Puycelci et y revient : faune et flore variées, ruines de verreries, fontaines, oppidums, sans oublier le verger conservatoire qui regroupe plus de 3 000 arbres et près de 900 variétés anciennes de fruits divers.

SE DETENDRE

BASE DE LOISIRS DE VERE-GRESIGNE © 05 63 33 16 00. *Ouvert de Pâques à fin juin et de début septembre à la 3e semaine de septembre les dimanche et jours fériés. Du 1er juillet au 31 août tous les jours.* A 2 km de Castelnau-de-Montmiral, la base de loisirs de Vère-Grésigne comprend un plan d'eau de 7 ha. On peut y pratiquer des sports nautiques comme le canoë, le kayak, la barque et le pédalo. La baignade est surveillée pendant la saison estivale. On peut également profiter du toboggan aquatique. Pour les adeptes de loisirs plus terriens, on peut pratiquer encore le tennis, le minigolf, le quadricycle, la pêche et s'adonner aux joies du pique-nique et du barbecue. Un centre de loisirs pour les enfants de 6 ans à 12 ans est ouvert en juillet et août du lundi au vendredi de 8h à 18h15.

FERME EQUESTRE DE LA GRESIGNE Les Grèzes - SAINT-BEAUZILE © 05 63 33 12 65. *Ouvert tous les jours de 10h à 12h et de 15h à 18h. Randonnée demi-journée à 4 jours. Promenades. Initiation. Stages.* A l'orée de la forêt domaniale de la Grésigne et toute proche à la fois des bastides médiévales alentour, la Ferme Equestre de la Grésigne bénéficie d'un beau cadre de nature et d'une situation "stratégiquement" privilégiée. Françoise Laurent propose de nombreuses activités de durées variables autour du cheval : leçons et promenades à l'heure, randonnées à la demi-journée, à la journée ou sur plusieurs jours mais encore stages d'initiation ou de perfectionnement, préparation aux examens et concours, etc. L'hébergement peut être assuré sur place dans des dortoirs. Des séjours spécifiques pour les enfants sont régulièrement organisés. Accueil de groupes et classes vertes.

RANDONNEES PEDESTRES AUTOUR DE CASTELNAU. Par l'ancienne voie romaine (1h30) : de la place des Arcades, prendre la rue de la Poste. A la sortie du village, sur la droite, se trouve une statue de la Vierge érigée en souvenir d'une mission de 1875. Du haut de ce promontoire nommé Pechmirail, on a une vue superbe sur la forêt de Grésigne et de la vallée de la Vère. Pour continuer la randonnée, prendre l'ancienne voie romaine (c'est la route longeant la statue de la Vierge) jusqu'à l'Esquilou. Continuer jusqu'à la D964, la traverser et prendre la petite route en face, direction La Mouline et suivre le balisage jusqu'à retrouver la D964 au pied du village. On retraverse pour gagner le petit sentier grimpant jusqu'au cœur de la bastide. **En longeant le ruisseau Estricou (2h environ)** : en bas du village, direction Le Verdier, prendre la route de Mazars à droite. Continuer jusqu'au petit pont, sans le traverser. A la moitié du parcours, un panneau indique Montmiral, suivre cette direction pour rejoindre le village.

EMPLETTES

CHATEAU DE MAYRAGUES © **05 63 33 94 08.** *Ouvert tous les jours pour les ventes sur place.* Un Ecossais dans le Gaillacois. En 16 ans, Alan Geddes a non seulement restauré magnifiquement cette demeure fortifiée du XVIe siècle, mais a aussi élaboré des vins rouges pleins de vie et des vins blancs secs aromatiques. Son blanc doux vendangé tardivement met en valeur les meilleurs foies gras.

CONSERVES ARTISANALES CHRISTIAN LEONARD Les Guys © **05 63 33 17 78.** Un conserveur mais aussi un véritable chef que Christian dont les produits déclinent toutes les saveurs du pays du canard : foie gras cuit ou mi-cuit, cou farci, confit, gésiers, cassoulet, fricassée de canard sauce crème de pruneaux. Les conseils de dégustation permettent d'autant plus d'apprécier tous ces produits une fois chez soi.

CORDES-SUR-CIEL

(Pays des Bastides)

Un nid d'aigle médiéval posé sur son piton rocheux, Cordes semble tutoyer les domaines célestes, et poser le pied dans ce village fortifié dont les toits se découpent sur leur fond de ciel est assurément saisissant. La richesse architecturale, et plus encore peut-être, le charme trouble de cette bastide du XIIIe siècle sont, au sens propre, extraordinaires. Le site, pôle touristique majeur dans la région, jouit d'une renommée internationale. En partant de la place de la Bouteillerie au pied de la cité et en montant par la Grand-Rue, on remonte aussi le temps. Bien que la ville haute soit accessible en voiture (ou en navette payante) par une rampe extérieure ouverte à la circulation, et bien que la progression dans les rues pentues de la vieille Cordes soit raide, la balade à pied est à conseiller. Ainsi découvre-t-on les vestiges des enceintes successives (ajoutées pour cause d'expansion de la ville), les portes remarquables (des Ormeaux, de la Jane, du Vainqueur, de l'Horloge) et les superbes façades des maisons gothiques rehaussées de sculptures d'étranges personnages. Mais la cité n'a pas encore livré tous ses mystères et de nombreuses questions subsistent quant au sens ou aux origines de certains de ses éléments (à quoi servit vraiment le puits sous l'ancienne halle profond de quelque 113 m ? Que signifient sur certaines façades ces gargouilles qui n'en sont pas ? A quoi se réfèrent certains noms des rues du village ?). Pour peu que les rues ne soient pas trop envahies de monde, la visite en tout cas promet d'être inoubliable dans cette bastide emblématique peuplée de très nombreux artistes et artisans d'art. Chaque année, en juillet, les fêtes du Grand Fauconnier retracent la vie médiévale de la cité. Exposition d'artisans et d'artistes contemporains dans la cour de l'office du tourisme.

OFFICE DE TOURISME Maison Fontpeyrouse (haut de la cité) © **05 63 56 00 52** *Fax : 05 63 56 19 52. Site Internet : www.cordes-sur-ciel.org - E-mail : officedutourisme.cordes@wanadoo.fr. Ouvert tous les jours de 10h30 à 12h30 et de 14h30 à 18h, en juillet et août de 10h à 13h et de 14h à 19h. Fermé lundi matin et samedi matin.*

A VOIR

EGLISE SAINT-MICHEL. *Visite intérieure sujette à la présence de bénévoles.* Edifiée au cours de plusieurs campagnes de travaux (chevet au XIIIe, nef et clocher au XIVe, nouvelle nef au XVe) l'église Saint-Michel est typique du gothique méridional. Construite en grès ocre, mauve et gris ainsi qu'en pierre, elle présente la rose, la plus vaste et la plus fine de l'Albigeois. Au-dessus du portail, belle statue XVIe de Vierge à l'Enfant.

LES MAISONS GOTHIQUES DE CORDES. L'architecture gothique civile de Cordes constituant l'un des intérêts majeurs de la bastide, on se doute que les maisons sont nombreuses à être considérées comme représentatives du style. Si beaucoup sont admirables, quelques-unes méritent une attention plus particulière encore…

MAISON DU GRAND-VENEUR. Seule maison à posséder 3 étages, celle du Grand-Veneur est sans doute aussi la plus renommée de Cordes. Son succès particulier lui vient notamment de la scène de chasse représentée sur sa façade, ainsi que d'autres scènes ou sculptures dans la cité, celle-ci est sujette à interprétation (d'aucuns y voient une symbolisation de la persécution cathare…).

MAISON DU GRAND-FAUCONNIER. Cette demeure de grès ocre qui compte parmi les plus récentes des maisons gothiques cordaises demande une observation spécifique dans la mesure où certains de ses éléments montrent en comparaison aux autres maisons une accentuation nette du style : amincissement des colonnes, étirement des chapiteaux, allègement des tympans, brisage plus marqué des arcs, etc.

MAISON DU GRAND-ECUYER. La façade du Grand-Ecuyer apparaît comme la plus finement décorée des façades gothiques de Cordes. Ses sculptures sont demeurées intactes depuis le XIVe siècle. Elles présentent des détails remarquables dont certains surprennent : personnages hybrides, femme ailée aux pattes palmées, dragon, fausses gargouilles, etc. L'éclectisme des décors a suscité des interrogations et certains voient là une symbolique de l'alchimie.

MUSEE DU SUCRE Place de la Bride © 05 63 56 02 40. *Fermeture annuelle en janvier. Ouvert tous les jours de 10h à 12h et de 14h30 à 18h30, juillet-août de 10h à 19h. Adultes 2,30 €, enfants 1,55 €.* Baptisé aussi “Féerie de l'art du sucre”, ce musée insolite n'expose pas moins d'une centaine de pièces d'art, réalisées entièrement en sucre par l'équipe des pâtissiers de l'incontournable Meilleur Ouvrier de France cordais, Yves Thuriès. A l'abri de leurs vitrines, les créations, souvent kitsch, présentent l'époustouflante finesse du travail du sucre sous toutes ses formes : sucre tiré, soufflé, sucre ruban, coulé, massé, sucre-rocher ou pastillage et autres glaces royales dessinent des scènes médiévales, illustrent la mythologie, forment des fleurs ou des personnages, racontent des légendes ou évoquent l'amour… Avec ses quelque 40 000 visiteurs par an, le musée réalise l'exploit d'être, après le musée Toulouse-Lautrec d'Albi, le plus visité du département.

MUSEE CHARLES-PORTAL © 05 63 56 00 52. *Ouvert tous les jours en juillet et août de 11h à 12h30 et de 15h à 18h30, ouvert les dimanche et jours fériés de 15h à 18h de Pâques au 30 juin et du 1er septembre à la Toussaint. Tarifs : 2,30 € les adultes, 1,10 € les enfants.* C'est à l'abri du portail peint de la première enceinte de la cité que s'est installé le musée d'Art et d'Histoire Charles-Portal. Objets variés, documents, archives… les vestiges des époques, préhistorique, gallo-romaine, mérovingienne ou médiévale aident à retracer les grands moments de l'histoire cordaise jusqu'au début du siècle. Mais la pièce maîtresse du musée reste le “libre ferrat”, littéralement le “livre ferré”, un vrai trésor des XIIIe et XIVe siècles de 65 feuillets de parchemin avec enluminures retraçant les usages de la cité.

MUSEE YVES-BRAYER Grand-Fauconnier © 05 63 56 00 40. *Fermeture annuelle en janvier. Ouvert tous les jours de 10h30 à 12h30 et de 14h à 18h. Adultes : 3 €, enfants : 1,50 €.* Peintre figuratif français, Yves Brayer s'est installé à Cordes en 1940, générant l'engouement de plusieurs artistes pour la cité et donnant au village un nouvel essor artistique. Le musée rend hommage au talent multiforme de ce peintre disparu en 1990 qui toucha à divers domaines. Il avait par exemple créé des costumes et décors d'opéras ou illustré les ouvrages de Musset, Rimbaud ou Giono… Une des salles du musée est consacrée à la broderie cordaise qui fut une des richesses de Cordes de 1880 à 1930.

AUX ENVIRONS

Les Cabannes

De ce village situé en contrebas de Cordes, la vue sur la cité haute perchée est superbe. Hors ce panorama, Les Cabannes conservent historiquement un donjon du XIIe siècle et une église style gothique avec bénitier sculpté (XVe) et croix de fer forgé (XVIe).

Salle-sur-Cerou

Entre Monestiés et Cordes, ce petit village mérite que l'on traverse le petit pont... de pierre qui le sépare de la route. Si son passé fortifié se révèle par des tours intégrées dans les maisons et un donjon médiéval, l'église de grès rouge romano-gothique du XVe siècle sert de boîte au "Quatre Vertus" : statues symbolisant la Justice, la Tempérance, la Force et la Prudence, provenant vraisemblablement du château de Combeffa, qui ont été retrouvées dans les combles au siècle dernier. A nous de retrouver laquelle porte la balance, la bourse, le mors et la tour.

Vaour

Posé entre la saisissante fracture des gorges de l'Aveyron et la paisible vallée de la Vère, le petit Vaour vaut vraiment une halte. A 18 km de Cordes, le village, dont le Festival du rire attire chaque année au mois d'août son lot de joyeux drilles, recèle en effet deux vestiges d'un passé multiple et fort étendu dans le temps : le beau dolmen préhistorique de Peyrelade de 4 m x 2 m, le plus grand du département, qui fait partie de la quarantaine de mégalithes recensés dans les environs et les ruines moyenâgeuses d'une des plus importantes commanderies des Templiers du sud-ouest de la France. De cette dernière, sise au sommet d'un éperon rocheux, il ne subsiste que quelques vestiges d'un intérêt architectural certain (contreforts, salles voûtées, escalier à vis, fenêtres à meneaux). Le donjon dont le sommet offrait une vue exceptionnelle des monts d'Auvergne, aux Pyrénées en passant par les Cévennes, s'est effondré en 1910, et ses pierres ont servi de matériaux de construction à de nombreuses constructions du village.

OU MANGER ET DORMIR

Restaurants

L'ETAPE OCCITANE 1, place de la Bride © 05 63 56 38 87. *Tous les jours. Fermé de novembre à février. Menus de 10 € à 20 €.* Ce restaurant clair, bénéficiant d'une terrasse ombragée, nous fait découvrir tout un monde de spécialités régionales en moins d'un tour de table. Les époux Marcou, originaires de l'Aveyron, possèdent ce savoir-faire qui fait d'une préparation traditionnelle un régal de saveurs et de senteurs. Alors embarquons pour un voyage dans l'Aubrac avec une pièce de bœuf fermier ou un aligot ou restons plus au Sud avec une truffade, un cassoulet tarnais ou un confit de canard, et en dessert une pâtisserie maison. A la fin du repas, on peut toujours demander en guise de souvenir... une recette ou s'acheter un des produits du terroir présentés. Hors saison, un service traiteur est mis en place qui permet de transformer son chez-soi en "Etape occitane".

G. & G. Place de la Bouteillerie © 05 63 56 00 09. *Ouvert tous les jours de 11h30 à minuit. Menus : 11,50 € (du jour), 15,25 €. Pizzas de 6 € à 9,50 €. Parking privé. Terrasse.* Dans un décor clair de pierres apparentes agrémenté d'une terrasse panoramique donnant sur la vallée, George, l'Anglais et Gilbert, le Français (les deux "G"), ont installé une pizzeria, saladerie, sandwicherie. La carte flirte cependant parfois avec des plats plus régionaux. A côté des flammeküeches (lardons, oignons et fromage) ou des pizzas aux escargots, on trouve ainsi des coqs au vin ou des grillades et autres magrets de canard. Le bar assure aussi Loto et PMU.

Hôtels-Restaurants

CHATEAU DE LASBORDE © 05 63 56 35 63. *Fax : 05 63 56 08 81. www.chateaudelaborde.com - E-mail : contact@chateaudelaborde.com. Ouvert toute l'année. Quatre chambres : 45 € pour deux. Demi-pension sur réservation. Parking. Accès handicapés.* Au pied de la cité médiévale de Cordes sur ciel, le Château de Lasbordes vous accueille dans un parc séculaire de 3 ha et allées bordées de buis. Cette luxueuse demeure bourgeoise fut construite à la fin du XIXe siècle par une ancienne famille de Cordes, les Berry, officier de marine. Faute d'héritier mâle, les barons de Leuglay succédèrent à la famille Berry comme propriétaires du château. Une alliance avec les Tapié de Céleyan apparenta, par la suite, les barons de Leuglay à la famille du célèbre artiste. Aujourd'hui le domaine offre le charme et la tranquillité dont profitaient autrefois, comtes et barons, à l'ombre des grands cèdres. Pendant le séjour, on peut profiter de tous les services que propose le lieu tant pour le travail (salles de séminaire avec matériel) que pour les loisirs (piscine, salle de musculation, sauna). Et pour finir, le restaurant nous offre le plaisir de goûter aux saveurs du terroir préparées, sur place, par les meilleurs chefs cuisiniers de la région.

LE GRAND ECUYER** Grand-Rue Raymond-VII © 05 63 53 79 50.** *Fax : 05 63 56 02 47. Site Internet : www.thuries.fr - E-mail : grand-ecuyer@thuries.fr. Fermeture d'octobre à Pâques. Restaurant fermé le lundi en haute saison, tous les jours à midi en basse saison. Menu midi : 28 €. Autres menus de 38 € à 105 €. Chambres de 77 € à 151 €. Suite : 200 €. Demi-pension : 220 €. Toutes cartes de crédit. Réservation conseillée.* Yves Thuriès a repris en 1980 cette ancienne résidence de chasse, classée monument historique au XIXe siècle sur la demande de Prosper Mérimée, un lieu qui a dû accueillir bien des agapes avant de devenir le fleuron de la gastronomie régionale que l'on sait.

Raffinement de mise en table et en cuisine, cuisine d'exception qui varie avec les saisons : duo de foie gras, sa gelée de vin doux de Gaillac, ravioli de homard et ses petits légumes, fumet à la citronnelle ; pigeonneau confit à l'huile d'olive de romarin, "embeurrée" de pommes de terre ; agneau rôti et sa polenta au cabécou chaud, saint-pierre sauce et garniture, crécy au parmesan, et charmants desserts de Jean-François Arnaud : biscuit chaud au chocolat crémeux, sauce Tahiti, cassolette de glace vanille-noix, aux fruits rouges macérés ou le "world successfull" gratin de fraises des bois au citron et son coulis d'abricot... Le charme se poursuit dans les 12 chambres et la suite, dotées pour la plupart de lit à baldaquin d'époque et ouvrant sur la vallée.

HOSTELLERIE DU VIEUX CORDES** **Haut de la cité - Rue de l'Eglise © 05 63 53 79 20.** *Site Internet : www.thuries.fr - E-mail : vieux.cordes@thuries.fr. Ouvert toute l'année. Restaurant fermé le dimanche soir et le lundi du 1er novembre au 30 avril. Chambres de 43 € à 61 €. Petit déjeuner : 6,50 €.* Très beau cadre de cette hostellerie classée en hôtel 3 étoiles : pierres apparentes, patio aux glycines centenaires, terrasse dominant la vallée (où l'on sert le petit déjeuner), escalier du XIIIe, etc. Le rez-de-chaussée se réserve à la vaste salle de restaurant ainsi qu'à quelques petits salons. Les chambres qui se distribuent aux étages offrent vue sur cour, sur vallée ou sur rue (les plus agréables donnant sur la vallée). Leur décoration simplissime (moquette murale et couleurs fades) peut décevoir un peu au regard du cachet des parties communes, mais le confort afférent au classement s'y retrouve. Le restaurant de Yves Thuriès rend largement hommage au canard et au saumon : tous les plats, des entrées aux desserts sont au tarif unique de 7,50 € et il propose différentes déclinaisons de plats à base de ce volatile et de ce poisson (sauf dans la préparation des desserts bien sûr).

LES ORMEAUX **3, rue Saint-Michel © 05 63 56 19 50.** *Ouvert toute l'année. Quatre chambres d'hôtes avec petit déjeuner inclus de 52 € à 79 €. Menus : 23 € et 31 €, plus menu du jour. Patio.* Près de la porte des Ormeaux, le restaurant du même nom possède, lui aussi une superbe entrée en voûte. Le reste est à la mesure : cadre XIIIe pour la belle bâtisse rénovée tout en pierre, entourant un joli patio, chambres agréables et confortables (aux couleurs et noms d'épices comme paprika, safran, cannelle et coriandre) et une cuisine de terroir aux interprétations tarnaises (filet de sandre en papillote au gaillac blanc, tripes au safran à l'albigeoise, foie gras poêlé aux pommes). Pour les amateurs de gaillac, une sélection judicieuse a été faite par Claude et Alain Tizioli, qui n'en oublie pas pour autant les autres appellations françaises.

HOSTELLERIE DU PARC** **Rue Principale - LES CABANNES © 05 63 56 02 59.** *Fax : 05 63 56 18 03. Restaurant fermé le dimanche soir et le lundi. 17 chambres de 50 € à 60 €. Soirée étape : 55 €. Demi-pension de 60 € à 65 €. Petit déjeuner : 6,50 €. Menu enfant : 10 €. Menus de 20 € à 37 €. Terrasse. Piscine. Salles de réunion. Parking. CB, AE, DC.* Ce n'est pas une cabane, mais plutôt une belle baraque (un manoir construit en 1850 pour des pharmaciens de Cahuzac-sur-Vère) qui sert de cadre à cet hôtel-restaurant réputé. Double toque pour le maître des lieux, Claude Izard, chef de cuisine et chef de file d'une association de restaurateurs qui porte haut les saveurs du bien-manger tarnais et français. Dans son établissement, il ne nous déçoit pas. Décor "châtelain" de la grande salle de restaurant aux boiseries sombres, parquet, corniche ouvragée et cheminée monumentale qui donne sur le parc par six grandes portes-fenêtres, cuisine "terroir anobli" préparée avec soin : émincé de chou aux fritons de canard, salade de boudin frit à l'ail rose de Lautrec, matelote d'anguille aux cèpes secs, ris de veau aux morilles... Le parc ombragé et la piscine complètent un cadre où l'on peut s'attarder quelques jours dans l'une des jolies chambres à l'étage.

HOTEL DE LA CITE** **Cordes-sur-Ciel © 05 63 56 03 53.** *Site Internet : www.thuries.fr - E-mail : cite@thuries.fr. Ouvert de mai à octobre. Chambres de 45 € à 50 €. Demi-pension : 100 € (2 personnes). Pension complète : 136 € (2 personnes). Petit déjeuner : 5,95 €.* Niché en plein cœur du village, au sommet de la cité, cet hôtel propose 10 chambres d'équipement simple et confortable (salle de bains et téléphone direct) en rapport aux 2 étoiles inhérentes à l'établissement.

Chambres d'hôtes

L'ENVOLEE SAUVAGE **La Borie - LIVERS-CAZELLES © 05 63 56 88 52.** *A 3 km de Cordes. Ouverture toute l'année. Tarifs : 54 € la chambre pour deux personnes avec petit déjeuner. Menu terroir : 20 €. Menu gastronomique : 34 €. Piscine.* Ancienne ferme de pierres blanches du XVIIe siècle, L'Envolée Sauvage met à la disposition des hôtes trois chambres de caractère avec ses lits à baldaquin et ses murs en pierre. Côté confort, elles sont toutes équipées de salle de bains privée, téléphone et entrée indépendante. Et puisque L'Envolée Sauvage est une ferme d'élevage d'oies, les hôtes pourront déguster des plats succulents issus des produits de la ferme comme la terrine de foie gras d'oie, le confit d'oie ou l'oie rôtie aux figues, sans oublier le clafoutis aux cerises du verger et les compotes et confitures bio du jardin. Coup de cœur pour un séjour gastronomique…

SE DETENDRE

LE JARDIN DES PARADIS © 05 63 56 29 77. *Ouvert tous les jours de 10h à 19h, de mi-juin à mi-octobre.* Il offre une promenade insolite et colorée sur des anciennes terrasses enchâssées dans la ville basse. Enclos de fleurs et fontaines bruissantes, potager fleuri et miroir aux nymphéas vous accompagnent dans le musée oriental, véritable pièce de réception d'un voyageur amoureux des boiseries, tapis et céramiques du monde des mille et une nuits. A découvrir. Chaque année un thème est choisi qui sert de fil conducteur à toutes ces créations végétales et aquatiques.

ENIGMATUS. C'est la nouvelle animation de Cordes-sur-Ciel, aux détours d'un jardin, des comédiens costumés nous entraînent dans la résolution d'une étonnante énigme. Livret en main, il faut trouver où se cachent les suspects, qui sont les comploteurs, combien sont-ils… Et tel un apprenti sorcier (des Harry Potter en herbe !) il faut trouver quelles sont les plantes du jardin qui constituent l'antidote du poison destiné au consul de Cordes… Il était une fois à Cordes en 1625…

Plus d'informations : ASSOCIATION CORDES DEVELOPPEMENT **22, avenue du 11-Novembre-1918 © 05 63 56 31 13.** *Site Internet : www.enigmatus.com.*

LE REPERE MEDIEVAL Haut de la Cité © 05 63 56 00 78/05 63 56 11 21. *Ouvert tous les jours d'avril à septembre, sur rendez-vous et le week-end les autres mois.* Une bonne idée pour tout connaître de la ville : l'histoire de Cordes est retracée via l'animation de maquettes géantes de l'époque médiévale réalisées par des artistes et compagnons. Instructif.

Cordes-sur-Ciel et les artistes

La cité de Cordes est un lieu privilégié pour les artisans et artistes, sans doute attirés par la manne financière que représentent les dizaines de milliers de touristes qui franchissent chaque année les portes de la cité. Une raison beaucoup plus poétique serait le cadre incomparable et la source d'inspiration inépuisable que représente Cordes pour ces artistes venus de tous les coins de la France, voire de l'étranger. Sculpteurs, céramistes, artistes du cuir, créateurs de bijoux, peintres, couturiers, graphistes, couteliers... Ils ont tous trouvé leur place à Cordes-sur-Ciel pour ouvrir leurs vitrines aux nombreux oiseaux de passage. Voici une liste peu exhaustive, mais représentative du monde artistique cordais :

NICOLAS GUITTET ET CHANTAL FERNANDEZ Route d'Albi © 05 63 56 28 52. Ils ne manquent pas de souffle ces deux artistes pour imaginer et fabriquer leurs objets en verre et en pâte de verre, et leurs créations nous en bouchent un coin.

JEROME MARCOU 26, Grand-Rue Raymond-IV © 05 63 56 10 83. Installé depuis quelques années à Cordes, après avoir appris le métier de coutelier à Laguiole, Jérôme Marcou est 2e Prix des Métiers d'Art 1999 et souscrit à la charte de Qualité Laguiole. Dans son atelier, côtoyant la boutique où s'expose le "must" des créations coutelières (Opinel, Victorinox, Le Farol, Le Colibri, Solam), le jeune Aveyronnais assemble, taille, peaufine, lustre les différentes pièces provenant de la Forge Nouvelle de Montézic (à côté de Laguiole), pour finaliser différents types de laguioles fabriqués dans son atelier.

NADIA RAYNAL Rue Saint-Michel © 05 63 56 01 55. De l'adorable bibi à l'imposante capeline, toutes les créations de Nadia se portent à présent sur la tête, toutes ses créations sont des modèles uniques. Elle peut aussi vous décorer un chapeau dont vous ne voulez pas vous séparer.

SAPONIS 10, rue Saint-Michel © 05 63 56 11 20. On glisse littéralement de plaisir dans cette boutique consacrée au savon et aux objets de salle de bains. Couleurs et essences inhabituelles (tilleul, genêt, karité) pour savons carrés ou rectangulaires, sels de bain au mimosa ou à l'abricot, le tout, fabriqué artisanalement par Daniel Russo.

CHRISTIAN URBITA © 05 63 56 13 39. Fournisseur officiel de la musique, ce luthier fabrique et restaure tout violon, violoncelle, alto.

BASE DE LOISIRS LE GARISSOU Les Cabannes © 05 63 56 27 14. Cette base de loisirs au pied de la cité propose à la fois un complexe aquatique (plage, bain bouillonnant, bassin de natation, toboggan, "pentagliss"), mais aussi un camping 3 étoiles et des chalets entièrement équipés.

EMPLETTES

LA MAISON DU PAYS CORDAIS Place Jeanne-Ramel-Cals. Créée par la Communauté de Communes, voici une vitrine gourmande des métiers de la bouche et des producteurs locaux, une vitrine tout court des artisans et artistes du pays cordais. Ce hall d'exposition et d'information est rapidement devenu lieu de rencontre de la ville basse avec dégustation de produits locaux et petite animation. L'accueil y est agréable et la sélection des produits du terroir et artisanaux semble rigoureuse. Une borne interactive d'information et de localisation, facile d'utilisation, est à disposition.

Histoire à croquer

Gâterie emblématique de la ville, le croquant apparut à Cordes au XVIIe siècle. Les amandiers fleurissaient à l'époque partout dans la région et le comtat cordais se trouvait avec un excédent d'amandes. On mangeait alors des "oublies" et des gaufres. La mère Bordes, qui tenait l'Hostellerie dans le vieux Cordes, décida d'accompagner le gaillac d'une sorte de "couques" à base d'amandes, de sucre et de blanc d'œuf. Très vite, leur texture les fera appeler "croquants de Cordes". La coutume se répandit ensuite si bien que dans les chaumières il était d'usage de cuire les croquants après la cuisson du pain.

L'ENVOLEE SAUVAGE La Borie - LIVERS-CAZELLES © 05 63 56 88 52. *A 3 km de Cordes. Ouvert toute l'année.* La visite de cette ferme d'oies fera le bonheur des amants de la nature et du savoir-faire d'autrefois. L'Envolée Sauvage ouvre ses portes à ceux qui voudront découvrir comment les oies passent leurs journées à se promener dans les champs, pour être ensuite gavées dans la plus pure tradition au maïs grain cultivé dans la région. On peut également acheter tout un éventail de produits : le foie gras, entier ou mi-cuit, les terrines, magrets séchés et autres plats cuisinés. La ferme fait aussi chambres d'hôtes.

PATISSERIE ANDRIEU Grand-Rue Horloge © 05 63 56 01 02. Fondée en 1872, cette auguste maison revendique la recette du croquant (gâterie emblématique de la ville, des "couques" à base d'amandes, de sucre et de blanc d'œuf). Ses grandes vitrines donnent un aperçu des douceurs locales : curbellets, pavés cordais, pruneau pâte d'amandes.

CUQ-TOULZA

(Pays de Cocagne)

A cheval entre le Pays de Cocagne et le Lauragais, le nom de Cuq-Toulza a une signification bien particulière. Cuq veut dire "sommet" et Toulza "toulousain" ou "en pays toulousain". Voilà donc un sommet au pays toulousain.

OU MANGER ET DORMIR

LA FERME D'EN BOUISSOU Route de Castres © 05 63 75 71 88. *Fermé lundi et mardi. Menus de 15,50 € à 37 €. Terrasse. Parking. Salle pour groupes jusqu'à 150 personnes. CB, TR.* Ouverte depuis plus de 20 ans, c'est de père en fils que l'on entretient la tradition de faire découvrir aux passants et aux habitués de cette ferme une cuisine aussi authentique, avec de bons produits du terroir. Située en pleine campagne et complètement refaite à neuf à l'intérieur, le cadre est plus que suggestif pour se régaler devant le foie de canard chaud aux pommes, les coquilles Saint-Jacques à la provençale, les cuisses de grenouilles à la fricassée de cèpes, les noix de pétoncles à la crème et au Noilly, les escargots du chef ou le délicieux filet de bœuf au foie gras de canard. Une carte si riche et si variée qu'il faudrait devenir habitué des lieux pour connaître l'intégralité de ce festival de bons mets.

HOTEL CUQ EN TERRASSE Cuq-le-Château © 05 63 82 54 00. *Fermeture annuelle du 6 janvier au 20 mars. Chambres doubles 85 €, chambres de luxe de 115 € à 145 €. Restaurant ouvert tous les jours sur réservation uniquement, au plus tard la veille. Terrasse. Piscine.* Un village haut perché, un château, et dessous, une maison de maître agrippée à flanc de colline et dont 7 paliers successifs, artistiquement agencés, descendent de l'entrée vers la terrasse et la piscine. Voilà planté le décor de l'hôtel restauré qui compte 5 chambres, 2 suites et 1 appartement, tous joliment décorés dans le respect du style traditionnel (poutres et charpentes apparentes, dalles de terre, bois, meubles anciens, papiers peints et rideaux style printanier). La cuisine de Antonis Vassalos et l'accueil de Philippe Gallice sont au niveau du décor et ne font que confirmer notre faveur pour cet établissement.

CHATEAU DE GANDELS **Garrevaques © 05 63 70 27 67.** *Site Internet : www.chateau-de-gandels.com. Ouvert toute l'année. 6 chambres d'hôtes 4 épis. Chambres d'hôtes : 107 €. Appartements : 183 €. Gîte 6 personnes : 610 € la semaine. Table d'hôte : 31 € (pain maison). Piscine.* Le parc vaut déjà le détour : dessiné par Le Nôtre, il occupe 5 ha alternant pièces d'eau, verdure, fontaines et arbres taillés. La cuisine vaut aussi le détour : Martine Dupressoir sait donner un petit plus original dans sa cuisine des produits du terroir. Maintenant mettons les cuisines au rez-de-chaussée d'un beau château recouvert de lierre et posons ce château au milieu des jardins décrits plus haut. Voilà Gandels qui mérite le détour.

DAMIATTE*** **Camping Le Plan d'Eau Saint-Charles - DAMIATTE © 05 63 70 66 07.** *Fax : 05 63 70 52 14. Site Internet : www.leplandeau.fr.st. 82 emplacements. Ouvert du 1er avril au 31 octobre pour les locatifs et du 15 mai au 30 septembre pour le camping. Tarifs : de 200 € à 300 € pour les bungalows, de 290 € à 430 € pour les mobil-homes (en fonction du nombre de places et de la saison), de 245 € à 370 € pour les chalets (toujours selon les mêmes critères), de 380 € à 525 € pour le gîte-hôtel. Emplacement camping simple à partir de 11 €.* Ce camping au cœur du pays de Cocagne propose tout le confort que l'on peut souhaiter lorsque l'on décide de passer ses vacances en plein air. A l'ombre d'une végétation luxuriante, mobil-homes, chalets, gîtes-hôtels et bungalows vous attendent. Les emplacements sont spacieux (100 m²), délimités, et équipés de branchement d'eau et d'électricité. Un étang de 3 ha permet de s'adonner aux joies de la pêche. Un espace aquatique de 3 000 m² permet de se baigner, de profiter des jeux aquatiques (toboggans), de plonger de la plate-forme, aux petits de pouvoir jouer tranquille dans la pataugeoire. Enfin pour qu'on ne puisse jamais s'ennuyer, des animations, un restaurant qui propose aussi des plats à emporter, une salle de jeux et bien d'autres choses.

SE DETENDRE

PONEY CITY **La Vidalié Basse © 05 63 42 06 45.** *Site Internet : www.poney-city.com. Ouvert tous les jours pendant les vacances scolaires. Fermé le mardi.* Au milieu de la campagne, situé entre Graulhet et Lavaur, ce centre équestre propose un enseignement de l'équitation dans un cadre agréable et avec des personnes qualifiées : l'encadrement des cavaliers est assuré par des enseignants diplômés d'Etat. Les enfants peuvent participer dès 4 ans aux activités. L'apprentissage se fait autour de jeux pour les plus jeunes. Des stages à thème sont proposés, de la voltige, des promenades et des randonnées, de l'attelage. Un accueil de groupe scolaire est possible permettant ainsi à tous les enfants de découvrir l'équitation, des dortoirs peuvent accueillir des jeunes en demi-pension et pension complète. Le centre équestre prépare aux compétitions. Les cours de yoga de Marie Henry professeur de l'école de yoga Ling servent à aider les cavaliers à se concentrer dans l'effort.

DOURGNE

(Montagne Noire)

Adossé au versant nord de la Montagne Noire, se trouve Dourgne, séduisant petit village. Un village qui vibre encore de ses sites d'antan. Ici, on a retrouvé des traces de l'époque gallo-romaine. Si le nom de la ville n'est guère connu, ceux de ses abbayes : En-Calcat et Sainte-Scholastique, sont en revanche très célèbres. Des monuments aux alentours méritent cependant qu'on leur accorde une attention particulière. Parmi eux, les vieilles maisons à arcades datant du XVIIe siècle, les ruines du Castelas, l'ancien château d'origine, la chapelle Saint-Stapin du XVe siècle, autant d'atouts dont Dourgne s'enorgueillit auprès de ses visiteurs. Sans oublier le roc de la Bade avec la statue de saint Stapin, patron de la commune, et son vaste panorama, la vallée du Baylou et l'oratoire de Moniès qui abrite la chapelle de Fatima (Vierge noire). Maints itinéraires sillonnent par ailleurs la Montagne Noire, dont le sentier des Crêtes, celui des 4 Saints ou celui de l'Autan.

OFFICE DE TOURISME Place Jean-Bugis © 05 63 74 27 19

Site Internet : www.paysdedourgne-tourisme.com - E-mail : ot.dourgne@free.fr. Ouvert toute l'année sauf dimanche et lundi.

OU MANGER ET DORMIR

HOTEL-RESTAURANT DE LA MONTAGNE NOIRE 15, place des Promenades © 05 63 50 31 12.** *Fax : 05 63 50 13 55. Fermé dimanche soir et lundi. Dernière commande à 21h. Fermeture annuelle : 3 semaines en février. Menu enfant : 7 €. Menus de 13 € à 31 €. PMC : 22 €. Terrasse ombragée. 9 chambres de 39 € à 43 €. Soirée étape : 43 €. Petit déjeuner : 7 €. Demi-pension entre 36 € et 46 €. Accès handicapés.* Au pied de la Montagne Noire, un restaurant, où s'allient famille et bonne chère. Chez les Gély autour de David, le chef, on trouve Frédéric son frère en cuisine, et Isabelle sa sœur en salle, mais aussi sa maman qui vient aussi mettre la main à la pâte… il va s'en dire qu'il naît de tout ce petit monde une ambiance familiale. On n'imagine pas les plaisirs qui s'en suivront, des plaisirs au pluriel qui se cachent derrière des noms comme le suprême de caille en croûte de pomme de terre, écrevisses à la provençale (en saison), cassoulet (fait maison), tournedos de magret de canard ou gratin de fraises à la crème d'amandes pour le dessert… Pour ceux qui souhaitent s'attarder le temps d'une nuit (ou plus), David Gély propose ses neuf chambres (salle de bains avec douche ou baignoire et W.-C., TPS, téléphone direct) dont une est accessible aux personnes handicapées.

LES SAVEURS DE SAINT-AVIT Route de Dourgne - LA BARRAQUE © 05 63 50 11 45. *Fermé le dimanche soir et le lundi. Menus : 17 € (le midi du mardi au samedi), 29 €, 34 €.* C'est dans une vieille bâtisse rénovée que le couple Scott a élu domicile pour officier dans leur domaine. Monsieur est en cuisine et exerce avec beaucoup de talent son art, car à ce niveau cela devient un art, et madame quant à elle se trouve fort bien dans son rôle d'hôtesse. Lorsque les beaux jours montrent le bout de leur nez, vous pourrez profiter de l'extérieur grâce au hangar aménagé en terrasse couverte et tout en pierre apparente. Pour ce qui est de la cuisine un vrai délice pour le palais, pour les yeux et en définitive une vraie fête pour tous les sens. Simon Scott se sert de produits frais et de saison et sait les mettre évidence pour qu'ils dégagent tous leurs arômes.

SE DETENDRE

ASSOCIATION POLLEMN Mairie ✆ 05 63 50 35 16. *Ouvert toute l'année.* L'Association pour les Loisirs dans la Montagne Noire propose diverses activités (VTT en location ou en balade accompagnée, escalade, spéléo, canyoning, parapente en vol biplace accompagné), mais son produit phare reste la trottinette tout terrain inventée par deux Toulousains, le génial engin baptisé "arapaho" ressemble comme deux gouttes d'eau aux trottinettes de notre enfance, mais est pourvu en plus d'une fourche télescopique. Avantageux pour les flemmards, le jeu concerne exclusivement la descente. On monte en voiture et on se laisse filer ensuite pendant 1 h 30 à 2 h 30. La sensation est entre la glisse et le trial, et c'est accessible à tous à partir de 10 ans.

DURFORT

(Montagne Noire)

Au sortir de l'une des vallées les plus sauvages de la Montagne Noire, entre Revel et Sorèze, Durfort entretient (avec ses maisons à encorbellements et ses ruisseaux qui courent toujours au milieu des rues) son souvenir médiéval. Ces lieux isolés attirèrent pendant la guerre de Cent Ans des compagnies anglaises qui pillaient la région. C'est à la reconversion de ces "routiers" une fois leurs campagnes finies qu'on attribue la naissance de la tradition dinandière à Durfort. La dinanderie désignait alors la vaisselle de cuisine en cuivre jaune (chaudrons, poêles, plats…) et par extension les travaux d'art en cuivre battu, une spécialité dans laquelle les artisans de Dinan s'étaient distingués. Le martineur martelait des galettes de cuivre, dites "pastelles". Quand ces dernières étaient étirées et réchauffées à plusieurs reprises, elles s'amincissaient pour devenir des coupes noires dans lesquelles le chaudronnier fabriquait d'une seule pièce marmites et chaudrons. Cette technique qui remonte au XVe siècle a disparu avec l'évolution du travail du cuivre vers l'orfèvrerie.

La petite commune de 300 habitants est aujourd'hui l'une des dernières en France à perpétuer la tradition artisanale avec plusieurs ateliers importants. Elle est en outre l'une des très rares à avoir conservé un martinet, un moulin à marteler vieux de 300 ans qui fait le travail de base de la dinanderie traditionnelle. C'est ensuite l'eau du Sor, domestiquée, qui permet de faire fonctionner les martinets, un marteau-pilon mû par une roue à aubes qui use de la force de la rivière.

A VOIR

MUSEE DU CUIVRE ✆ 05 63 74 22 77. *Ouvert en juillet-août du mardi au dimanche de 15h à 19h, en juin et septembre les lundi, jeudi, vendredi et samedi de 14h à 18h.* Un musée de la dinanderie a été aménagé dans une ancienne maison de chaudronnier du village. Il présente des films sur le travail du martinet et de la chaudronnerie, des objets, des documents ainsi que des travaux de recherche.

MARTINET DE L'OURS ET DINANDERIE VERGNES ✆ 05 63 74 10 52. *Ouvert de 8h à 12h et de 14h à 18h.* Les établissements Pierre Vergnes occupent les 4/5e des chaudronniers et dinandiers de Durfort, soit 80 % de la production locale et la totalité de celle du martinet. Les ateliers sont ouverts à la visite, sur demande. On y découvre, dans le joyeux tintamarre des marteaux et des maillets, les différentes techniques de la fabrication traditionnelle des cuivres.

AUX ENVIRONS

A voir dans les environs, le gouffre et la cascade de Malamort à deux pas du village.

OU MANGER

RESTAURANT LA PEYRE Route du Castelar ✆ 05 63 74 25 84. *Fermeture annuelle 15 jours en novembre et 15 jours en février. Fermé tous les soirs de la semaine (sauf vendredi, samedi et dimanche) en hiver. Fermé les mardi soir et mercredi en mai et juin. Ouvert tous les jours en juin, juillet, août et septembre. Dernière commande 21h au plus tôt. Menus de 13 € à 29 €. Prix moyen à la carte : 25 €. Droit de couverts appliqué pour les enfants ne commandant pas. Terrasse.* Christophe Demoulliers et sa femme Christel ont pris place dans cet établissement posé au pied de la Montagne Noire. Dans un cadre chaleureux, le couple distille une cuisine traditionnelle mais néanmoins originale : profiteroles de petites Saint-Jacques, bar grillé au beurre nantais, tournedos au foie gras avec ses truffes, etc. La carte change trois fois par an pour s'adapter à la saison. L'adresse promet des haltes agréables le temps d'une virée en Montagne Noire à condition de réserver.

EMPLETTES

SAVEURS DE COCAGNE ✆ 05 63 74 23 99. *Ouvert tous les jours pendant tout l'été, les après-midi hors saison ainsi que le dimanche après-midi.* "C'est le rendez-vous de la cuisine oubliée." Une étape à ne pas manquer. Ici, on déguste les produits fermiers locaux et les "faits maison". Pains d'épices, croquants aux amandes, curbellets, vins, apéritifs et bières du pays. L'authenticité des saveurs du terroir se trouve ici !

ARTISANAT LA DINANDERIE ✆ 05 63 74 10 95. *Ouvert tous les jours sauf le dimanche matin.* Trois magasins donnent un échantillonnage non exhaustif de ce qui peut se faire en matière de cuivre et de fer forgé. Des deux premiers qui portent l'enseigne La Dinanderie, celui d'en haut est sans doute le plus vaste. On y trouve non seulement tous les objets traditionnels en cuivre mais aussi des bijoux, du luminaire, des bibelots variés, des arts de la table, des poupées… Bref, toutes les choses ou presque qui peuvent faire l'objet de cadeaux. La Dinanderie d'en bas imite un peu plus le style bazar.

GAILLAC

(Plaine du Tarn)

Gaillac, l'épicurienne Cité millénaire, Gaillac regorge de vie, de talent et de joie de vivre. Les murs de cette jolie cité chuchotent mille secrets à ceux qui savent prêter l'oreille et l'art contemporain se dévoile sans pudeur à chaque carrefour… La réputation de ses vignobles est à la hauteur de la qualité de l'existence quotidienne qui se déroule avec l'enthousiasme et la convivialité qui caractérisent ses habitants. Laissez-vous séduire par ce terroir de caractère, le temps d'une dégustation, d'une promenade, d'une découverte et d'une poignée de main. Une cité gorgée… d'histoire. La renommée de ses vins s'est si bien développée qu'au nom de Gaillac souvent, on n'associe plus que l'image de ses bouteilles à la forme caractéristique. Il ne faudra pas pour autant être dupe des grands axes impersonnels qui la traversent. Gaillac fait aux visiteurs pressés la cachotterie de ses charmes, et la cité regorge d'intérêts. Des fouilles pratiquées à l'abbaye Saint-Michel ont permis de retrouver une mosaïque du IVe siècle, prouvant la présence d'un bâtiment de très grande qualité. Ville de briques au cœur vibrant, qui abrite près de 12 000 habitants, elle conserve un patrimoine architectural tout à fait remarquable.

Remarquable d'abord, sa puissante abbaye Saint-Michel (XIIIe siècle) dominant le Tarn, son église Saint-Pierre (même époque) dotée d'un superbe portail (XIVe) et d'une cloche qui sonnait tous les jours pendant des décennies la fin des travaux agricoles, mais remarquables aussi ses quartiers anciens dont celui, pittoresque, de la Portanelle, sa place du marché (place Thiers) et sa fontaine du Griffoul (XVIe) qui séduisit François Ier, sa multitude, encore, d'hôtels particuliers du XIIIe au XVIIIe siècle, et ses musées, bien sûr dont le contenant souvent égale ou dépasse le contenu. Il faut, bref, s'arrêter à Gaillac et découvrir des trésors qui se font un peu mériter. La visite au fond n'en est que plus réjouissante, et en sera d'autant plus facilitée par le circuit touristique balisé mis en place par l'office de tourisme (guide explicatif complet disponible sur place).

Quelques dates clés :
654 : première mention de “Gaillac”.
972 : création de l'abbaye, naissance du premier bourg, première prospérité viticole.
1374 : les guerres avec l'Angleterre et les passages de la peste font des ravages.
1533 : François Ier fait étape à Gaillac.
1562-1572 : combats des guerres de Religion.
1938 : Appellation d'Origine Contrôlée pour les vins blancs.
1970 : Appellation d'Origine Contrôlée pour les vins rouges.

PRATIQUE

OFFICE MUNICIPAL DU TOURISME Abbaye St-Michel, place Saint-Michel ✆ 05 63 57 14 65
Fax : 05 63 57 61 37. E-mail : tourisme@ville-gaillac.fr. Horaires d'hiver : tous les jours de 10h à 12h et de 14h à 18h. Horaires d'été : tous les jours de 9h30 à 13h et de 14h à 18h30. Des journées découvertes sont proposées aux associations, comités d'entreprises et groupes de plus de 10 personnes.

MAIRIE Place d'Hautpoul ✆ 05 63 81 20 20
MAISON DES VINS Abbaye Saint-Michel ✆ 05 63 57 15 40.

Situation et accès

Toulouse : 54 km
Montauban : 45 km
Albi : 22 km
Paris : 690 km. Autoroute A68 (Toulouse-Albi).

Autobus

De nombreuses lignes passent par Gaillac et s'arrêtent au centre-ville, place de la Libération. Il n'y a pas de gare routière à Gaillac. Des renseignements peuvent être pris auprès d'Albibus au 05 63 38 43 43 et d'autres à la mairie de Gaillac au 05 63 81 20 22.

Train

GARE SNCF Centre-ville ✆ 05 63 57 00 23/08 36 35 35 35 • Tessonnières ✆ 05 63 57 10 72. Liaisons quotidiennes avec Toulouse, Rodez, Millau et Albi. Train de nuit pour Paris.

Stationnement

Le centre-ville est placé en zone bleue, ce qui implique un stationnement gratuit d'1 heure et demie, à condition de posséder un disque. Les marques bleues au sol indiquent les zones soumises à cette règle. Une partie du parking situé devant l'hôtel de ville est libre de toute contribution. 2 000 places gratuites sont disponibles autour du centre-ville.

Philadelphe Thomas (1826-1912)

Ce Gaillacois se rendit à Paris pour y effectuer des études de médecine et d'histoire naturelle. Il côtoya de grands scientifiques qui enrichirent son esprit curieux et confirmèrent son goût pour la rigueur et la discipline. De retour à Gaillac, il se maria en 1867 avec la fille du propriétaire du château de Tauziès. Il se consacra alors à la gestion du domaine et tint un rôle important dans la détection du terrible phylloxéra. Au cours de sa vie, Philadelphe Thomas mit sur pied de nombreuses collections qu'il légua de son vivant à sa ville natale. La transmission de son patrimoine scientifique prit effet lors de son décès en 1912.

A VOIR

Les musées de Gaillac

Il est possible de se procurer un passeport qui permet la découverte des trois musées de la ville, au tarif unique de 3 €. Il est disponible dans chacun des trois musées et valable un an.

ABBATIALE SAINT-MICHEL Place Saint-Michel. Surplombant le Tarn, l'abbatiale Saint-Michel est le plus impressionnant des édifices de brique gaillacois. L'abbaye, fondée au Xe siècle tient une place prépondérante dans l'histoire du développement de la ville. C'est en effet la communauté bénédictine alors installée à Saint-Michel qui reprit l'exploitation du vignoble qui avait été abandonné depuis l'époque romaine. Partiellement reconstruite en 1271, l'abbaye s'est successivement vu ajouter un chevet roman en corolle, une nef gothique, une nouvelle façade occidentale ainsi qu'une superbe chapelle avec clé de voûte armoriée. De nombreuses pièces de mobilier sont également dignes d'intérêt à l'intérieur (bénitier XIIIe, orgues de Cavaillé-Coll XIXe, toiles de Rivals, Devéria, Boulanger et Dufau, maître-autel tombeau XVIIIe… entre autres).

CHATEAU ET PARC DE FOUCAUD Avenue Dom-Vayssette © 05 63 57 18 25. Construit au XVIIe siècle sur un plan inspiré par la villa d'Este, le château de Foucaud, qui domine le Tarn, abrite aujourd'hui le musée des Beaux-Arts. Fait étonnant et remarquable, son parc arboré, qui mêle les styles italien et français, avec perspective, terrasses, fontaines, orangerie et pavillon de fraîcheur, a toujours été, depuis l'origine, librement accessible aux promeneurs gaillacois. Il est l'un des plus grands jardins du XVIIIe siècle du midi de la France et surtout l'un des rares à avoir quasiment conservé son plan d'origine. Son pavillon de lecture, datant du XVIIe, a conservé une partie de sa toiture d'époque (ornée de divinités aquatiques en terre cuite) et l'on peut voir sur ses murs des restes de fresques représentant entre autres des trophées de fruits. Les écuries en hémicycle, dans la perspective du château, ont deux murs avec des trompe-l'œil donnant un effet de relief. Le parc s'orne également de monuments dédiés à des personnalités gaillacoises : le baron de Portal (1742-1932), fondateur de l'Académie nationale de médecine et le père Gaubil (1689-1959), jésuite érudit et savant géographe. Désormais propriété de la ville, le parc Foucaud demeure l'un des plus séduisants lieux de balade de la ville.

CHATEAU DE LA LINARDIE Senouillac © 05 63 81 59 29. *Site Internet : www.creatarn.com/linardie - E-mail : linardie@aol.com. L'entrée est gratuite.* Ce château, propriété de la ville de Gaillac, met à la disposition des artistes près de 300 m² de surface d'exposition. La programmation se déroule de mars à novembre.

MUSEE DE L'ABBAYE SAINT-MICHEL Place Saint-Michel © 05 63 41 03 81. *Ouvert tous les jours. Horaires d'été : de 10h à 13h et de 14h à 18h30. Horaires d'hiver : de 10h à 12h et de 14h à 18h. Tarifs : 2,30 € les adultes, 1,20 € les enfants. Visites commentées (groupes) sur rendez-vous.* Installé dans les superbes salles voûtées de l'abbaye Saint-Michel, ce musée a su se doter d'un caractère original et se créer une ambiance particulière. Des jeux d'ombre et de lumière s'harmonisent avec divers bruitages qui plongent le visiteur au cœur de l'univers fascinant des métiers et savoir-faire ancestraux du travail de la vigne et du vin. D'autres salles sont dédiées à l'art sacré, au compagnonnage (avec la présentation de splendides chefs-d'œuvre), à l'archéologie ainsi qu'à d'autres thèmes. Une anecdote intéressante concerne la Vierge à l'Enfant datée du XIIIe siècle : volée dans l'église Saint-Michel, elle fut retrouvée en Italie et rapatriée sous bonne escorte jusqu'au musée. Notez que la vidéo de 20 minutes retraçant l'histoire du Gaillacois vaut la peine d'être vue en début de visite. Quant aux jardins, ils servent de cadre, au cours d'une partie de l'été, à des apéros-concerts très courus, le vendredi à partir de 19h.

MUSEE DES BEAUX-ARTS Château de Foucaud © 05 63 57 18 25. *Ouvert en hiver les vendredi, samedi et dimanche de 10h à 12h et de 14h à 18h. En été, tous les jours sauf le mardi de 10h à 12h et de 14h à 18h. Tarifs : 2,30 € les adultes, 1,20 € les enfants.* Dans le cadre superbe et entièrement restauré du château de Foucaud (XVIIe) ceint de magnifiques jardins, le musée des Beaux-Arts présente sur deux niveaux des expositions permanentes. Le fonds de peinture comprend les œuvres d'artistes régionaux, portraits et paysages des XIXe et XXe siècles représentatifs des courants classiques, romantiques, post-impressionnistes, expressionnistes et nabis. Une salle est en outre réservée aux sculptures de Pendariès, élève de Mercié. Un étage reçoit régulièrement des expositions temporaires.

MUSEUM D'HISTOIRE NATURELLE 2, place Philadelphe-Thomas © 05 63 57 36 31. *Ouvert en hiver les vendredi, samedi et dimanche de 10h à 12h et de 14h à 18h. En été, tous les jours sauf le mardi de 10h à 12h et de 14h à 18h. Entrée : plein tarif 2,30 €, tarif réduit 1,20 €.* On ne s'étonnerait pas de trouver le nom de Philadelphe Thomas dans un roman de Jules Verne. Ce docteur gaillacois rassembla, au XIXe siècle, une extraordinaire collection de pièces ayant trait aux sciences naturelles. Légué à la ville en 1912, il est aujourd'hui reconnu comme unique dans la région. Un fonds important de paléontologie y côtoie un admirable ensemble ornithologique mais également collections zoologiques et entomologiques ainsi qu'une importante bibliothèque scientifique de 1 500 volumes du XVIIe au XIXe siècle. La visite vaut largement le coup d'œil que ce soit pour le chat sauvage d'Europe aux yeux exorbités, la collection de nids de différentes formes, les 28 boîtes de coléoptères régionaux, le fossile d'un nautile daté de 200 millions d'années ou enfin la pièce unique en Europe qu'est le crâne d'entelodon magnum, sorte de sanglier qui atteignait la taille d'un hippopotame.

HOTEL DE PIERRE DE BRENS Rue de Peyriac. Résidence urbaine de la famille Pierre de Brens, du XIIIe au XVe siècle, ce bâtiment a gardé la trace d'ouvertures géminées du XIIIe. Acquis en 1825 par le Département, l'hôtel fut transformé en prison jusqu'en 1850. En 1858, la loge maçonnique de Gaillac en devient propriétaire et y tient ses séances pendant 50 ans. Plusieurs organismes y installeront leurs pénates avant que la Ville ne l'acquière en 1970. Elle y a installé depuis lors les archives municipales.

FONTAINE DU GRIFFOUL Place Thiers. Déjà présente au XVIe siècle, cette fontaine est remarquable par le groupe de bronze qui représente quatre personnages surmontés d'un coq. La vasque et les aménagements en marbre rouge de Caunes datent des XVIIe et XVIIIe siècles.

TRAIN MINIATURE GAILLACOIS Chemin Toulze © 05 63 41 00 93. *www.train.miniature.free.fr - E-mail : train.miniature@free.fr. Ouvert tous les jours en juillet et août, les dimanche et jours fériés le reste de l'année de 14h à 18h.* Le Train Miniature Gaillacois attire sans doute tous les amateurs de modélisme. Il compta parmi les plus grands de France avec ses 200 m^2 de superficie, ses 1 000 mètres de voies ferrées et ses plus de 30 trains, sa collection d'environ 200 wagons, sans compter encore les tranches de vie reproduites fidèlement et les bâtiments et paysages inspirés directement de la réalité.

PETIT TRAIN DE LA PORTANELLE 4, rue du Boutge © 06 13 96 75 31. *Ouvert toute l'année les mercredi, samedi et dimanche. Tous les jours du 1er juillet au 30 septembre. Visites de 15h à 18h.* Grâce à des installations et à un fonctionnement réalistes, on peut admirer une reproduction inédite de la gare de Gaillac, ainsi que de quatre autres gares. L'ensemble totalise 50 aiguillages, plus de 130 mètres de réseau et cinq pupitres de commande avec les armoires à relais correspondantes. Des figurines et une fête foraine sont animées, pour le bonheur des plus jeunes, qui pourront également participer à la conduite des trains. Temps de démonstration de 30 minutes à 1 heure.

AUX ENVIRONS

Montans

A quelques kilomètres de Gaillac, caché au milieu des vignobles, Montans est un haut lieu de l'archéologie nationale. Le petit village tarnais est considéré comme l'un des plus grands centres céramiques de la Gaule romaine des deux premiers siècles de notre ère. Bien que la découverte du site (et de ses poteries romaines) remonte au début du XVIIIe siècle, on ignorait encore pratiquement tout du passé de Montans, il y a 25 ans. Les fouilles entreprises dans les années 1970 ont en partie, levé le voile sur l'activité potière du site gallo-romain et en 1992, des travaux urbains ont mis au jour 40 pièces d'or…

L'ARCHEOSITE Avenue Elie-Rossignol © 05 63 57 59 16. *Ouvert du 1er juin au 30 septembre de 10h à 12h et de 14h à 18h. Hors saison les samedi, dimanche et jours fériés de 14h à 18h ou en semaine sur réservation pour les groupes. Tarifs : 3,05 €, 1,52 € les enfants de 6 à 12 ans.* Les profanes retiendront surtout la découverte du trésor monétaire (dont une copie est exposée)… Mais L'Archéosite présente des pièces tout aussi rares et précieuses de l'avis des connaisseurs : poteries gauloises gris cendré, céramiques du Ier siècle avant Jésus-Christ, céramiques sigillées (marquées d'un sceau) du Ier au IIIe siècle, etc. Remarquable de fidélité aussi la reconstitution grandeur nature (unique en France) d'une rue gallo-romaine avec boutiques du boulanger et du potier, taverne, maison et atrium qui projettent les visiteurs près de vingt siècles en arrière.

OU MANGER ET DORMIR

Restaurants

LES AILES GAILLACOISES Aérodrome de Longueville © 05 63 57 02 04. *Fermé le mercredi soir et le jeudi. Vacances annuelles en février (10 jours) et octobre-novembre (15 jours). Dernière commande 21h30. Menus : 11,40 €, 16 €, 21,35 €, 24,50 € et 30,50 €. Fermeture annuelle dernière semaine d'octobre et la première de septembre ainsi que pour les vacances de février.* Juste à côté de l'aérodrome de Longueville ce petit resto sympathique vous offre l'originalité de pouvoir manger tout en regardant les avions. Deux salles au décor simple et clair peuvent accueillir jusqu'à 120 personnes. Une grande terrasse nous attend à l'ombre d'un magnifique mûrier, le chef propose une cuisine traditionnelle et régionale : filet de sandre, fricassé de Saint-Jacques aux cèpes, le traditionnel magret de canard aux airelles. Petit plus : un vaste parking et un très bon accueil.

AUX CHARMES GAILLACOIS 57, rue Denfert-Rochereau © 05 63 57 22 11. *Ouvert 7j/7 sauf le lundi soir. Menus du jour : 8,38 € et 10 €. Autres menus entre 12 € et 20,50 €. Terrasse ombragée (60 places).* C'est dans une ruelle de Gaillac, non loin du centre-ville qu'il faudra aller chercher l'établissement de M. Sanson. Cela fait presque un quart de siècle qu'il s'active derrière ses fourneaux pour le plaisir de ses clients. Le chef nous proposera une cuisine traditionnelle et régionale mais l'atout majeur du lieu c'est la convivialité. Patrick Sanson se plaît à cuisiner des spécialités de poisson : duo de lotte et de saumon arlequin, goujonnette de sole aux petits légumes, méli-mélo de gambas flambées au whisky… mais aussi des plats plus régionaux comme les escalopes de canard aux pêches et au miel, le cassoulet du chef. La spécialité de la maison est la carcasse de canard au foie gras et aux magrets de canard. On trouve aussi une belle carte de desserts faits maison dont l'île flottante est l'étendard. Un établissement à découvrir pour ceux qui aiment "la bonne bouffe et la convivialité" comme le dit si bien le patron.

DIAPASON CAFETERIA Centre Commercial E.-Leclerc (proche autoroute Albi). *Fermé le mercredi soir. Self-service. Menu : 9,50 € (hors-d'œuvre + pain + dessert + vin). Plats chauds à partir de 4 €. Salle climatisée. CB. CD, CR, CT, TR. CV.* Lumineuse grâce à de grandes baies vitrées, cette cafétéria familiale ouverte toute la journée, satisfait petits appétits ou grosses faims, petites soifs ou envies de douceurs selon les canons de la restauration rapide. Un plateau, des couverts et on s'engage dans la file pour son choix parmi des entrées (salades, assiettes de crudités), des desserts diversifiés et une sélection de plats principaux copieux : soupe de poisson, entrecôte grillée, confit de canard, blanquette de dinde, brandade, rôti de veau, ragoût d'agneau.

Associés à un service rapide, des tarifs raisonnables, une barmaid volubile, un flipper et une TV, l'endroit est pratique et à ne pas oublier.

Hôtels-Restaurants

HOTEL-RESTAURANT LA VERRERIE 1, rue de l'Egalité © 05 63 57 32 77.** *Site Internet : www.la-verrerie.com - E-mail : contact@la-verrerie.com. Ouvert toute l'année. 14 chambres de 47 € à 62 €. Soirée-étape VRP de 55 € à 65 €. Demi-pension (2 personnes) à partir de 80 €. Petit déjeuner : 6,50 €. Restaurant fermé le dimanche soir en hiver. Dernière commande : 22h. Menu du jour : 12,50 €. Autres menus : 19 € et 24 €. CB, AE, DC. Parking privé. Terrasse.*

Après avoir séjourné dans cet hôtel-restaurant, on ne sera pas étonné d'apprendre qu'il a reçu le premier prix national des Logis de France "Cachet du terroir". La beauté des lieux mérite bien cette distinction avec son moulin, son ruisseau, sa bambouseraie… Même l'ancien lavoir a été aménagé en jolie salle pour les séminaires. Dans cette ancienne bâtisse, le moindre détail est soigné, la décoration et le confort des chambres qui ouvrent sur le parc donnent à la Verrerie une élégance et un charme remarquables. Le restaurant se consacre quant à lui à une cuisine régionale et de saison : salade de radis roses au foie salé, dos de sandre façon Toulouse-Lautrec, roulade de veau aux morilles, potiron à la badiane, gigolette de canard au foie gras… Une piscine avec bar d'été complète les attraits du lieu.

HOTEL L'OCCITAN 41-43, avenue Georges-Clemenceau © 05 63 57 11 52.** *13 chambres de 16 € à 69 €. Petit déjeuner 4,60 € et 5,50 €. Demi-pension entre 33 € et 37 €. Soirée étape : 40 €. CB, AE, DC. Ouvert toute l'année. Fermé les week-ends du 1er novembre au 31 mars. Garage clos.* A quelques pas des vignobles de Gaillac, cet hôtel de 13 chambres est crédité de 2 étoiles et d'une cheminée au classement Logis de France. La simplicité, l'humilité des prix et l'ambiance familiale dispensée par la famille Bonnet sont les atouts majeurs de cette adresse.

Camping

CAMPING-CLUB LES POMMIERS D'AIGUELEZE* Rivières © 05 63 41 50 50/En été © 05 63 41 51 31.** *Locations de 205 € à 616 € par semaine et selon la saison ; emplacements camping à partir de 10 € la nuit, branchement électrique 2 € par nuit. Restauration à proximité.* Implanté sur le site de loisirs d'Aiguelèze, le camping-club 3 étoiles, propose à la location des chalets et bungalows du 1er avril au 31 octobre ; des bengalis et des emplacements camping du 21 juin au 7 septembre. En été, camping animé, club enfants (5-12 ans), carte pass (piscine, minigolf et tennis gratuits), 1 carnet de 20 tickets points (locations). Sur place, location de draps, machine à laver et sèche-linge.

Résidence locative

DOMAINE DU CEDRE Aiguelèze - RIVIERES © 05 63 81 55 60. *Fax : 05 63 78 20 70. Location des pavillons entre 220 € et 620 €, selon modèle et saison. Bar, restaurant. Menus à partir de 13,80 €. Piscine, aire de jeux, animations, tennis, etc.* Juxtaposant la base de plein air d'Aiguelèze, le Domaine du Cèdre est constitué comme un petit village résidentiel en pleine campagne, de quoi passer de bonnes vacances en famille ou en amoureux. Les chalets sont ainsi équipés de tout le confort nécessaire aux séjours réussis : cuisine équipée, salle de bains, chauffage, terrasse couverte, parcelle engazonnée… C'est le plein air comme à la maison ! Outre les courts de tennis et la piscine (située au pied du restaurant), la situation du village à proximité de la base de loisirs permet une foule d'activités telles que le golf (les terrains entourent le village) et le minigolf, les activités nautiques comme la planche à voile, le canoë-kayak, le pédalo ou les petits bateaux, le VTT, le jogging, etc. Mais on peut aussi passer de vacances farniente et profiter de la douceur de la campagne… Chacun son choix.

SE DETENDRE

GOLF DE FLORENTIN GAILLAC Le Bosc - MARSSAC © 05 63 55 20 50. *Ouvert toute l'année. Piscine.* Au cœur du vignoble gaillacois, le golf de Florentin-Gaillac s'inscrit dans un cadre naturel de 60 ha. Les étudiants y sont les bienvenus puisqu'on leur réserve des tarifs appropriés qui flirtent avec les 50 % de réduction. 18 trous sur 6 041 m de parcours.

LOISIRS D'AIGUELEZE. Les Loisirs d'Aiguelèze s'étendent sur 60 ha entre Gaillac et Marssac le long des berges du Tarn. Sont ouverts sur ce site, toute l'année, les équipements suivants : un centre d'entraînement de golf (9 trous compacts, 5 trous traditionnels, practice), 4 courts de tennis, un minigolf, une aire de jeux, une aire de pique-nique, des salles d'activités disponibles à la location. Le port de plaisance fonctionne du 1er mai au 31 octobre ; quant à la piscine chauffée, elle ouvre ses portes en juillet et août. Aiguelèze propose des stages de découverte, accessibles à tous, en golf, tir à l'arc, voile, tennis, aisance aquatique ou mini-tennis et un centre de loisirs accueille les enfants, à la journée, durant l'été.

Sur le site sont installés deux campings : le camping-club les Pommiers d'Aiguelèze, 3 étoiles avec 5 chalets, 11 bungalows, 22 bengalis et des emplacements camping et le Ludocamp 1 étoile, destiné à l'accueil de groupes (jeunes).

PLANETE OBADE Espace de Loisirs d'Aiguelèze © 05 63 41 50 50. 4 bases de loisirs : Aiguelèze, Sivens, Sérénac, Razisse pour pratiquer le vélo. Sur Aiguelèze : location de VTC toute l'année. A Sérénac et Razisse, le VTT est proposé en activité encadrée. A travers la forêt de Sivens, de nombreux parcours ont été tracés au plus grand bonheur des amoureux de la nature.

Juniors Vacances Sportives Stages. Planète Obade organise, l'été sur le site d'Aiguelèze, un éventail de découvertes sportives pour les jeunes : golf, tir à l'arc, tennis, voile allant de la simple initiation au stage. Pendant l'année scolaire, Planète Obade accueille les écoles et collèges et leur propose des séances sportives encadrées : kayak, voile, tir à l'arc, VTT, orientation, escalade, golf.

Planète Obade à Sérenac. Le centre d'accueil est situé à 20 km à l'est d'Albi, en forêt de Sérénac et peut accueillir des groupes jusqu'à 65 personnes. Des chambres de 2 à 3 lits avec salle d'eau, 2 salles d'activités, un bar, une salle de restauration, un terrain multisports équipent ce centre. L'environnement naturel (chênes rouges d'Amérique, résineux) offre une grande variété d'activités axées sur l'écologie : sentiers de randonnée, VTT, parcours nature de tir à l'arc, escalade, orientation, découverte de la nature, kayak en eau vive. Ce site est idéal pour l'organisation de séminaires et de formations.

Planète Obade à Razisse - Montroc. Le centre d'accueil est situé à 25 km au sud d'Albi, au bord d'un barrage alimenté par le Dadou et où est érigé le château de Grandval. Ses équipements : 3 salles d'activités, bar, restaurant, gymnase, courts de tennis, terrain de football et de basket, gymnase, laboratoire, parcours nature de tir à l'arc. Sa capacité d'accueil de 61 lits, fait de ce centre un lieu privilégié de séjours en groupe à dominante sportive et nature. Les activités encadrées se pratiquent en pleine nature : escalade, voile, kayak, VTT, orientation, tir à l'arc, et bénéficient du cadre naturel et sauvage.

EMPLETTES

LA CAVE Boules - RIVIERES © **05 63 57 33 52.** *Ouvert 7j/7 de 7h30 à 13h et de 15h30 à 21h.* Située sur la route entre Gaillac et Albi, ce tabac-presse peut nous rendre bien d'autres services. Comme dans un petit supermarché, on trouve ici un peu de tout : alimentation, fruits et légumes, cave de vins régionaux, produits frais… mais on peut aussi faire développer ses pellicules ou changer la bouteille de gaz de la maison de campagne. L'avantage est sa situation sur la route principale et son grand parking, sans oublier des horaires larges et du lundi au dimanche, idéal pour dépanner les petits oublis de dernière minute. Très bon à savoir !

Vignobles

CHATEAU DE TAUZIES Route de Cordes © 05 63 57 06 06. *Ouvert du lundi au samedi de 8h à midi et de 14h à 18h30.* Ce domaine semble béni de Bacchus car la combinaison de son sol argilo-calcaire, de son climat, de ses cépages et du talent de son œnologue donne en résultat final un AOC dont la renommée dépasse la région. Cette qualité est due aux efforts de Pierre et Olivier Mouly qui tout en gardant une éthique traditionnelle, ont su s'adapter aux exigences techniques actuelles. Sans plus, ni moins, leur gamme de vin s'écoule du rouge prestige jusqu'au mousseux méthode traditionnelle en passant par du rosé, du blanc sec, du blanc doux. L'ensemble garantissant une autre gamme : celle des notes fruitées, de fruits rouges ou de noisette que nos papilles détectent avec bonheur à la dégustation.

DOMAINE DE PIALENTOU Brens © 05 63 57 17 99. Le domaine de Pialentou fait partie de la lignée des vins de Gaillac, vins qui appartiennent à une grande famille déjà millénaire. Le domaine se situe sur les terrasses particulièrement bien ensoleillées de la rive gauche du Tarn. Le domaine produit des vins de qualité qu'on retrouve sur les plus grandes tables. Quelques produits : "Les Gentilles Pierres", une sélection qui privilégie les vins rouges de garde issus principalement des cépages cabernet-sauvignon, merlot, syrah complétés d'une touche de fer-servadou, cette sélection a reçu le Cep d'or 2000 au concours de Gaillac. "Nuance de Cocagne" qui est une cuvée de rouge plus traditionnelle. Bien d'autres produits vous attendent sur place où vous pourrez aussi visiter le domaine.

DOMAINE RENE RIEUX Hameau de Boissel © 05 63 57 29 29. *Dégustation et visite des caves l'été : du lundi au vendredi de 9h à 12h et de 14h à 18h et le samedi de 10h à 12h et de 15h30 à 18h30 ; l'hiver : du lundi au vendredi de 9h à 12h et de 14h à 17h30, le samedi de 14h30 à 17h30.* Le domaine René Rieux est situé en bordure de la D922 reliant Gaillac à Cordes-sur-Ciel. Il est implanté dans la région des coteaux de la rive droite du Tarn aux sols argilo-calcaires, profonds et chaleureux. Sur une surface totale de 18 ha, les cépages gaillacois traditionnels donnent toute leur expression grâce à des techniques culturales visant à favoriser le terroir et à maîtriser le rendement (travail du sol, taille courte, amendement organique). La spécificité du domaine est d'élaborer des vins très typés Gaillac, en particulier le vin en méthode gaillacoise 100 % mauzac, des vins doux et liquoreux à partir des cépages de muscadelle, len de l'el et mauzac, et des vins rouges avec braucol, syrah et cabernet. Outre ces derniers, le domaine commercialise donc des vins blancs secs, perlés, et doux ainsi que des vins mousseux méthode champenoise traditionnelle ou méthode gaillacoise traditionnelle. Géré par une association loi 1901, il vise également l'insertion sociale et professionnelle d'adultes handicapés mentaux. C'est en 1988 qu'il a repris l'exploitation de M. Rieux, figure du Gaillacois.

DOMAINE DES TERRISSES B. & A. CAZOTTES © **05 63 57 16 80.** *Ouvert de 8h30 à 17h30 du lundi au samedi (sur rendez-vous de préférence).* Passion, attention, amour, on ne sait comment qualifier le rapport de la famille Cazottes avec son vignoble. Le résultat pourtant est là, des louanges d'œnologues et de critiques gastronomiques, des récompenses (Cep d'or pour son blanc sec 1999 au XXIe concours des vins de Gaillac, médaille d'or au concours de Paris pour le Terrisse doux 1999…) et la reconnaissance des gens du métier. Donc ne pas hésiter à serpenter sur le chemin qui mène au domaine pour connaître l'accueil simple et chaleureux de Brigitte, Alain ou Joseph et pour goûter leur gamme complète de vins : blanc sec et doux, rosé, rouge millésimé, rouge vieilli en fût, méthode gaillacoise.

DOMAINE DE LABARTHE **Castanet** © **05 63 56 80 14.** *Internet : www.labarthe.com - E-mail : contact@labarthe.com. Horaires d'ouverture du caveau : du lundi au samedi de 8h à 12h et de 14h à 19h, le dimanche sur rendez-vous.* Sur la commune de Castanet, le Domaine de Labarthe est situé sur les coteaux de la rive droite du Tarn, et cela depuis 1550. Transmis de père en fils, on retrouve la tradition et le savoir-faire dans toute la gamme de vins du domaine, du blanc doux des vendanges tardives aux rouges puissants gorgés de soleil. Mais la tradition rime avec modernité, la famille Albert a mis en place un matériel moderne dans ses caves pour offrir un vin d'une qualité admirable. Le vignoble, de 48 ha de vignes répartis en rouge et blanc, est situé autour du siège d'exploitation, ici le vin est complètement élaboré et mis en bouteille au domaine. A goûter absolument.

CAVE DE LABASTIDE-DE-LEVIS **Marssac-sur-Tarn** © **05 63 53 73 73.** La cave coopérative des coteaux de Gaillac et du pays cordais est situé sur cette petite commune perchée à mi-distance d'Albi et de Gaillac sur la RN88. 57 communes, dont 43 en AOC fournissent la cave créée en 1949. Premier producteur de gaillac primeur dont le succès s'amplifie d'année en année, son produit phare reste néanmoins le "perlé" dont la cave commercialise 80 % de la production du vignoble gaillacois.

DOMAINE DE MAS PIGNOU **Mas Pignou - D964** © **05 63 33 18 52.** *Ouvert de 9h à 12h et de 14h à 19h du lundi au samedi et le dimanche en juillet et en août. Caveau de dégustation, vente.* C'est au moins depuis cinq générations que la tradition viticole se perpétue dans la famille Auque. C'est Jacques et Bernard qui ont repris le flambeau et qui s'appliquent à mettre toute leur passion dans ce domaine. Le domaine est celui d'origine. Il est constitué de 35 ha de vignes répartis en blanc et en rouge. Le domaine produit trois vins blancs secs : la cuvée Mélanie, du perlé et du blanc sec du Haut de Laborie. En rouge vous aurez le choix entre la cuvée Mélanie et la cuvée des Hauts de Laborie. Une cuvée en rosé des Hauts de Laborie. Un brut en méthode traditionnelle et pour finir une spécialité de la maison en doux de la cuvée des Hauts de la Borie. La cuvée Mélanie est une sélection des plus vieilles parcelles (celles qui ont plus de 25 ans) afin d'obtenir un meilleur potentiel de vieillissement du vin. Un lieu et des gens accueillants qui valent le détour.

MAS DES COMBES **Mas d'Oustry © 05 63 57 06 13.** *Ouvert du lundi au samedi de 8h à midi et de 14h à 19h. Dimanche et jours fériés sur rendez-vous.* Rémi Larroque fait partie de ces jeunes viticulteurs fiers de leur métier et de leur vignoble. D'ailleurs il est intarissable si on lui pose des questions sur la vigne. Mais son talent ne s'exerce pas uniquement dans le verbe, sa gamme de vins reflète également un savoir-faire et une excellence certaine dans la vinification et les assemblages. Les vins rouges, rosés, blancs doux, mousseux méthode gaillacoise ont tous une identité forte, Rémi Larroque ayant su tirer le meilleur parti de son terroir en premières côtes gaillacoises, de l'orientation et de l'ensoleillement de son domaine. Un accueil sympathique et des prix raisonnables en direction de Cordes, à aller tester… comme du bon vin !

DOMAINE D'ESCAUSSES **Sainte-Croix © 05 63 56 80 52.** *Caveau ouvert tous les jours de 9h à 19h.* Dirigé par Denis Balaran, le domaine possède 19 ha d'AOC Gaillac sur 30 ha de vignobles : 13 ha de cépages rouges et 6 ha de blancs. L'adéquation cépage/terroir et une vinification attentive donnent des vins de qualité : rouges (le duras, la vigne blanche, la croix petite, le primeur), blancs (le blanc sec perlé, la vigne de l'oubli, le vin blanc doux, les vendanges dorées), et mousseux méthode traditionnelle. Le domaine d'Escausses commercialise aussi un vin rosé.

DOMAINE DE LAGARRIGUE **Lagarrigue - SENOUILLAC © 05 63 41 70 83.** *Ouvert tous les jours, sur réservation de préférence.* Le domaine, dirigé par une équipe jeune et dynamique, profite de ce même élan pour reprendre du souffle et nous proposer des vins rouges et blancs secs issus des cuves particulières de la coopérative. En effet, un véritable travail d'équipe est mis en place pour élaborer, avec l'aide de l'œnologue de la cave, les vins de la propriété. Château Garrigue Rousse : vin rouge très typique où les arômes de fruits ressortent bien, et réalisé à partir de brocol, de cabernet-sauvignon et de merlot. Le blanc de Garrigue Rousse : blanc sec fait à partir de muscadel et de Len de l'El.

DOMAINE DE GINESTE **Técou © 05 63 33 03 18.** *E-mail : domainedegineste@free.fr. Ouvert tous les jours de mai à septembre de 10h à 19h d'octobre à avril du lundi au samedi de 14h à 18h ou sur rendez-vous. Possibilité d'envoi avec frais de port, port offert pour 90 bouteilles achetées.*

Le domaine de Gineste est une exploitation de 23 hectares plantés pour 80 % en cépages rouges (syrah, merlot, duras, fer servanou, cabernet-sauvignon, et gamay), et 20 % en cépages blancs (sauvignon, l'en de l'el, mauzac et chardonnay). Les vignes sont séparées en deux îlots distants l'un de l'autre de 800 mètres ; l'îlot autour de l'exploitation se trouve sur des sols légers, sablonneux, propices à la production de vins blancs, l'îlot plus éloigné est composé de sols plus argilo-calcaires, recouverts de graves. Ces graves confèrent aux vins rouges une spécificité en leur apportant des tanins et de la puissance. La totalité de la production est vinifiée en cave particulière. Les familles Maugeais et Delmotte s'emploient à respecter la charte des vignerons indépendants à savoir : "le vigneron doit respecter son terroir, travailler sa vigne, récolter son raisin, vinifier et élever son vin, mettre en bouteille dans sa cave de production, commercialiser ses produits, se perfectionner dans le respect de la tradition".

CAVE DE TECOU **Técou © 05 63 33 00 80.** *Site Internet : www.cavedetecou.fr. Accueil à la cave du lundi au samedi de 8h à 12h et de 14h à 18h.* La cave de Técou rassemble 120 vignerons sur 850 hectares de vignobles répartis pour les deux tiers sur la rive gauche du Tarn. Située à 7 kilomètres au sud de Gaillac, elle fut créée en 1953, l'expérience et le savoir-faire des vignerons ont fructifié tout au long de son histoire. La récolte annuelle est de 55 000 hectolitres en moyenne dont 80 % en rouge. La cave de Técou propose une large gamme de vins AOC : gaillac Passion rouge (à déguster à 18°), gaillac Passion blanc sec (10°), gaillac Fascination rouge (18°), gaillac doux Fascination (8°), gaillac Fascination blanc sec (8°), gaillac Initiation rouge, gaillac Initiation rosé, gaillac Initiation blanc sec, gaillac Initiation doux, gaillac Evocation, gaillac Saint-Vincent, gaillac Primeur, gaillac Facétie. Nouveautés de cette année : un Passion doux et un Confidence rouge, quintessence des cépages et des terroirs. En projet : l'ouverture à Técou d'un complexe de 3 000 m² (avec magasin et chai à barrique) mariant tradition, convivialité et modernité.

DOMAINE DE CAUSSE-MARINES **Vieux © 05 63 33 98 30.** Le Domaine de Causse-Marines est certainement l'un des terroirs les plus calcaires de l'appellation Gaillac. Né en 1993, ce tout nouveau domaine a pris une voie résolument qualitative. Sur une dizaine d'hectares complantés de très vieilles vignes (souvent plus de 60 ans), Patrice Lescarret perpétue la tradition des cépages locaux en élevant mauzac, loin-de-l'œil et ondec en blanc, duras et braucol en rouge. Bien sûr, vendanges manuelles, régulation thermique, ainsi que toutes les précautions prises de manière à optimiser la qualité des raisins et des moûts. Particularité des blancs : ils sont vinifiés en fût de chêne de 225 l puis conservés et bâtonnés sur leurs lies fines pendant environ 8 mois.

GIROUSSENS

(Plaine du Tarn)

On l'appelle "balcon du Languedoc". Un surnom largement mérité tant la vue qu'il offre sur la vallée de l'Agout et la plaine du Vaurais est extraordinaire. Le principal pôle d'intérêt de Giroussens réside cependant ailleurs. La petite commune tire en effet une réputation plus que régionale de sa tradition potière. On explique le développement de cette activité, apparue dès le XIIIe siècle, par la réunion de plusieurs éléments naturels : la qualité de la terre et son sous-sol argileux, l'abondance de l'eau et la proximité de la forêt enfin où les habitants de Giroussens avaient le droit de se servir en bois mort et mort bois (bois abattu). C'est à ce privilège, accordé par Amalric de Lautrec, le fondateur de la bastide, qu'on attribue la multiplication originelle des potiers qui profitaient du bois pour chauffer leurs fours. Le développement de la cité après la guerre de Cent Ans, entraîna l'installation de nouveaux potiers encore et l'artisanat prospéra si bien que les registres paroissiaux font état de près de 500 mentions "potier de terre" entre 1580 et 1880. L'activité a récemment trouvé un second souffle. Chaque année, fin avril, le marché des potiers et l'exposition de céramiques attirent un public très nombreux.

MAIRIE © 05 63 41 61 90

A VOIR

JARDIN DES MARTELS © 05 63 41 61 42. *Ouvert de mai à août de 10h à 19h, du 15 mars au 1er mai et de septembre à la Toussaint de 14h à 19h. Tarifs : 5,50 € les adultes, 2,50 € les enfants de 4 à 10 ans. Tarif réduit : 4 €. Tarifs spéciaux groupes.* "C'est un jardin extraordinaire", chanterait Charles Trenet. Et l'on renoncera, à regret, à donner la liste exhaustive des quelque 3 000 variétés recensées dans ce parc floral de 3,5 hectares. Une "exposition" par nature temporaire présente au gré des saisons les jacinthes, les tulipes, les magnolias, les prunus, les céanothes, les iris, les rosiers anciens, les nénuphars, les hibiscus, les cannas, les lotus, les sauges ou les feuillages d'automne… Toutes espèces à découvrir, donc, au fil d'une balade agréable au milieu de jardins en cascade, de plans d'eau remplis de nénuphars, d'une serre exotique aquatique et d'une mini-ferme pour les enfants. Arbustes, plantes vivaces et aquatiques, plantes rares et roses anciennes peuvent être achetés sur place. Pour commencer dans l'original, on peut accéder à ces jardins en prenant le petit train qui part de Saint-Lieux-les-Lavaur.

MAISON DE LA CERAMIQUE CONTEMPORAINE Ancienne Ferme du Château © 05 63 41 68 22. *E-mail : giroussens.ceramique@wanadoo.fr. Ouvert tous les jours de juin à septembre de 10h à 13h et de 14h à 19h ; du mardi au dimanche de 10h à 12h et de 14h à 18h d'octobre à mai. Tarifs : 2,30 € les adultes, gratuit pour les moins de 16 ans.* La poterie ayant favorisé le développement de Giroussens durant plusieurs siècles, quoi de plus normal que de lui rendre hommage en cet endroit à la fois musée des céramiques anciennes, évocation de l'atelier de Lucie Bouniol (1896-1988) femme peintre-sculpteur, lieu d'expositions temporaires de jeunes artistes ou de talents confirmés (potiers et céramistes) et atelier de formation pour s'initier ou se perfectionner aux techniques de la céramique. Une boutique propose à la vente des œuvres d'artistes régionaux ainsi qu'un grand choix de livres et de revues ayant trait à la céramique. L'ensemble est installé dans un beau bâtiment restauré, tout en briques, autour d'une jolie cour intérieure.

OU MANGER ET DORMIR

Restaurant

LE COLVERT Saint-Lieux-les-Lavaur ✆ 05 63 41 32 47. *Formules du jour : 10 € (entrée + dessert ou plat + dessert), 13 € (entrée, suggestion du jour et dessert). Autres menus de 18 € à 27 €. Menu enfant : 10 €. Repas de groupe.* Coup de cœur futé pour ce magnifique restaurant du petit village de Saint-Lieux-les-Lavaur. En arrivant, on est déjà surpris par le jardin qui nous accueille et nous mène à l'intérieur de la salle ; ensuite, c'est la décoration douce et soignée et le goût pour les petits détails qui attirent notre attention ; et quand les plats arrivent à table, c'est la découverte d'une cuisine raffinée et goûteuse. Volaille farcie aux champignons de pin, gelée de lapin à l'estragon et au vin blanc, carbonnade de porc mariné et son jus aux épices, poissons selon arrivage… La carte change presque tous les mois, le goût pour les produits frais et de saison du maître cuisinier impose cette coutume. Un petit rayon de soleil ? Le repas sera encore plus délicieux au jardin, à l'ombre du grand châtaignier…

Hôtel-Restaurant

L'ECHAUGUETTE Place de la Mairie ✆ 05 63 41 63 65. *Fermeture annuelle du 1er au 21 février et du 15 au 30 septembre. Chambres de 23 € à 43 €. Petit déjeuner : 4,50 €. Restaurant fermé les dimanche soir et lundi. Menus de 21 € à 46 €. Menu enfant : 9 €. Terrasse.* Avec plus de vingt ans dédiés à la bonne chère, Pierrette et Claude Canonica se sont fait une clientèle de fidèles. Les raisons pour cela : cadre plus qu'agréable au cœur du village dans une maison à colombages, vue panoramique sur la vallée et le fleuve qui serpente, terrasse, salles à la rustique noblesse ou à la noble rusticité, nombre de tableaux et d'œuvres d'artistes amis, service attentif sans être empesé et bonne cuisine de terroir qui s'évade parfois de la rivière à la mer (salade d'écrevisses, marbré de volaille au foie gras, filets de rascasse au vinaigre de xérès, canette rôtie aux épices, rond de lapereau au foie gras et jus fleur de thym, pâtisseries maison). Concerto à deux mains pour la cuisine puisque Pierrette Canonica laisse tout gentiment les rênes au jeune Francis Fachetti qu'elle a formé. Vente sur place de produits du terroir et d'œuvres en céramique (on est bien au village de la poterie) pour ramener un peu de Tarn chez soi.

SE DETENDRE

LUDOLAC Base de Loisirs Saint-Martin - SAINT-LIEUX-LES-LAVAUR ✆ 05 63 41 65 44. *Ouvert tous les jours en juillet et août de 11h à 20h. Site aménagé, vestiaires, sanitaires et snack-bar, terrasse couverte.* La base de loisirs Ludolac offre de multiples occasions de détente : baignade, minigolf, tennis, boulodrome, pédalos, canoës, etc.

CHEMIN DE FER TOURISTIQUE Saint-Lieux-les-Lavaur © 05 61 47 44 52. *Ouvert tous les dimanches et jours fériés de septembre à fin octobre et du 31 mars au 14 juillet ; tous les samedis, dimanches, lundis et jours fériés du 14 au 31 juillet et du 16 au 31 août et tous les jours la 1ère quinzaine d'août. Départs de la gare de Saint-Lieux-les-Lavaur à 14h30, 15h30, 16h30, 17h30 et 18h. Tarifs : 4,65 € les adultes, 3,50 € les enfants. Tarifs spéciaux groupes.* Une belle balade au pays du temps passé que proposent les animateurs du chemin de fer touristique. Au son d'un "tchou-tchou" nostalgique, on embarque à bord d'un vrai petit tortillard mû (en principe) par une locomotive à vapeur. Au programme, départ de la gare de Saint-Lieux, passage dans une rue au milieu des maisons, traversée de l'Agout sur le superbe viaduc de 130 m de long puis traversée de la plaine de la Salles et montée à flanc de coteau dans le tunnel de verdure du bois de la Garrigole, arrêt et pause explicative à Lascazes puis re-départ jusqu'à la halte des Martels. Une heure de réjouissance enfantine, au total, quel que soit l'âge des voyageurs. A noter qu'il est possible de prendre le train pour visiter les jardins des Martels, proche du terminus.

GRAULHET

(Pays de Cocagne)

Le saviez-vous...

Une longue histoire. Petite place forte, le village s'est bâti au fil du temps sur un éperon rocheux autour d'un château féodal aujourd'hui disparu. C'est en 961, dans un testament de Raymond II comte de Rouergue, qu'il est fait mention pour la première fois de la bourgade. Deux siècles plus tard, en 1166 la seigneurie passe entre les mains des puissants comtes de Toulouse. Au XVIe siècle Graulhet traverse sans trop de heurts les guerres de Religion et reste fidèle à l'Eglise de Rome ; l'évêque de Castres s'y réfugie et installe provisoirement le siège du diocèse en 1583. Henri de Navarre, futur Henri IV, y fait une escale gourmande. A l'âge d'or du pastel, au cœur du pays de Cocagne, avec son petit port de transit pastelier sur le Dadou, le pays Graulhétois est un lieu important de culture du pastel. Le château de Lézignac et son moulin classé sont un modèle de la Renaissance languedocienne.

Des siècles de tradition et de savoir-faire. Dès le XVIIe siècle, la ville qui avait une vocation essentiellement agricole se tourne vers l'artisanat du cuir sous toutes ses formes : filatures de ratine, chapelleries, cordonneries, tanneries, mégisseries. C'est à partir de cette époque que se dessinent le visage actuel de la ville et la destinée de celle qui demeure fièrement la cité des métiers du cuir. Vers 1850, avec les cuirots, la mégisserie prend son essor. Très vite Graulhet devient la capitale mondiale de la peau à doublure. En approvisionnant l'industrie du vêtement, elle s'impose comme capitale du cuir. Les mégisseries s'implantent les unes après les autres sur les rives du Dadou. C'est l'époque où Graulhet fait le tour du monde avec succès et participe brillamment à de nombreuses expositions internationales. La maroquinerie se développe à la fin de la Première Guerre mondiale. Les ateliers se multiplient et évoluent rapidement vers la qualité en fournissant les plus prestigieux créateurs de Paris.

OFFICE DE TOURISME 1, square Maréchal-Foch © 05 63 34 75 09

E-mail : graulhet.ot@wanadoo.fr. Ouvert du mardi au samedi de 9h à 12h et de 14h à 18h, lundi de 10h à 12h et de 15h à 18h. En juillet et août, ouvert aussi le dimanche de 10h à 12h.

Graulhet l'authentique
Ville de Loisirs
Ville de Patrimoine
Ville du Cuir
Ville de Gastronomie
Ville de Graulhet
Tél. 05 63 42 85 50
Fax 05 63 42 85 69

Graulhet, 3e ville du Tarn, doit sa fière renommée à deux grandes passions : la première, industrielle, le travail du cuir, la seconde, sportive, le rugby. Au cœur du département, à 30 minutes de Toulouse, d'Albi et de Castres, la cité se plaît à raconter sa belle histoire à ses visiteurs.

La ville a su préserver jalousement les vestiges de son riche passé. Tel un livre d'histoire, elle raconte aux visiteurs les nombreux souvenirs de sa longue histoire : le quartier médiéval de Panessac (un des plus typiques du département) avec ses bâtisses à pans de bois et encorbellements des XVIe et XVIIe siècles ; l'Hostellerie du Lyon d'Or, récemment classée à l'inventaire des Monuments historiques pour ses 1 000 ans d'histoire architecturale, est une des plus vieilles bâtisses à pans de bois du midi de la France ; la porte du Gouch, le Pont-Vieux du XIIIe sur le Dadou classé monument historique, le chevet roman de l'église Notre-Dame du Val d'Amour, les soleilhous où séchait le pastel.

Le quartier Saint-Jean, sur la rive droite du Dadou, avec ses anciennes tanneries autour du Moulin des Seigneurs, témoigne de l'importance des activités liées au travail du cuir.

Enfin Graulhet est une ville à la campagne : entre douces collines et champs multicolores, c'est le pays des pigeonniers de style, des chapelles romanes (Notre-Dame des Vignes, Notre-Dame de Besplaux, Saint-Mémy, Saint-Pierre de Rozède), des maisons à colombages, sans oublier les promenades vers les lacs de Nabeillou et de Miquelou et leurs sentiers de randonnée.

A VOIR

LA MAISON DES METIERS DU CUIR 33, rue Saint-Jean © 05 63 42 16 04. *Ouvert tous les jours du 1er mai au 31 octobre et pendant les vacances scolaires de 14h à 18h30 (juillet-août, à partir de 10h). Tarifs : 5 € les adultes, 2,50 € les enfants.* Situé au bord du Dadou, cet ensemble installé dans une ancienne mégisserie, est consacré aux métiers de la mégisserie et du cuir. La transformation de la peau brute à l'objet fini nécessite une vingtaine d'étapes dont l'alchimie technique et artisanale nous est inconnue en général. Sur plus de 1 500 m², la Maison des Métiers du cuir invite à la découverte de la fabrication d'un article de maroquinerie. Lavage, reverdissage, épilage, tannage, teinture, séchage, corroyage, veloutage, dérayage, on n'ignore plus rien de ce délicat processus. Visite d'une ancienne mégisserie-tannerie, d'un atelier de maroquinerie, exposition d'outils et machines anciennes, expositions temporaires ou permanentes, dépôt-vente d'articles de cuir. Pour les maroquiniers en herbe, des ateliers d'initiation au travail du cuir sont mis en place en juillet et août à 10h (tarif : 6,50 €). Chaque année est organisée une exposition dont le thème est lié aux métiers du cuir.

AUX ENVIRONS

Labessière-Candeil

LE PIGEONNIER La Ginestarié © 05 63 42 08 04. *Fermé le lundi. Menus à partir de 11 €. Accès handicapés.* Si vous êtes de passage dans le pays de Cocagne venez faire un détour dans la campagne de Labessière-Candeil, entre Graulhet et Albi, sur la D84. Le chef Marc Ferrand (sorti d'un restaurant 3 étoiles d'Albi) vous accueille dans son pigeonnier rénové avec beaucoup de goût, pour vous faire découvrir une cuisine, disons-le bien, gastronomique. Les spécialités sont : la chartreuse de homard aux morilles, le pigeon en cage, le biscuit glacé à la violette. Les produits viennent directement de chez les producteurs et les vins, provenant essentiellement de Gaillac, sont d'excellente qualité grâce aux conseils dont à su s'entourer le maître des lieux. Un restaurant sympa, dans un cadre plus qu'agréable, un accueil irréprochable, voilà un endroit qui mérite d'être connu.

OU MANGER ET DORMIR

HOTEL-RESTAURANT LE GRANDGOUSIER 6, place Jourdain © 05 63 34 50 32.** *Fax : 05 63 34 25 57. E-mail : paul.fernandez@wanadoo.fr. Ouvert toute l'année. Fermé le dimanche soir. 18 chambres de 28 € à 42 €. Petit déjeuner de 4,60 € à 7,70 €. Demi-pension entre 36 € et 43 €. Menu enfant : 6,86 €. Menus de 8,50 € à 39 €. Animaux acceptés.* Les chambres du Grandgousier sont équipées du confort nécessaire pour un séjour agréable (salle de bains, télévision, Canal + et TPS), de même que les parties communes de cet hôtel-restaurant. D'ailleurs, il est en plein centre et par conséquent près de tout. Hôtel et restaurant sont tenus par M. Fernandez dans une déco simple mais avec un bon niveau de service et une cuisine traditionnelle : terrine de foie gras, coquilles Saint-Jacques à la crème, tournedos de bœuf aux morilles, pavé de saumon au gros sel et croustade maison.

LA PETITE AUBERGE 7, rue Barricouteau © 05 63 42 08 73. *Fermé le dimanche soir sauf réservation. Dernière commande : 22h30 et plus selon la demande. Menus : 5,50 € (enfants), 10 € et 13 €. Chambres de 1 à 3 personnes : 26 €.* Située au centre de Graulhet, dans les parages du vieux quartier de Panassac, La Petite Auberge propose des chambres simples et confortables, toutes équipées de salle de bains, téléphone direct et télévision. Côté restaurant, la tradition l'emporte aussi, mais pas forcément locale : couscous, paella, lapin et son saupiquet (apprécié par les édiles locaux), cuisses de canard confites. Pour le dessert, n'hésitez pas à commander à Bernard Lainé un "Mistucet", gâteau local à base de potiron. L'été une terrasse avec gril et broche permet, de temps en temps, d'agrémenter la carte d'un méchoui ou de grillades.

LABASTIDE-ROUAIROUX

(Montagne Noire)

Au cœur du Parc naturel régional du Haut-Languedoc, se niche Labastide-Rouairoux, dans l'ombre de la Montagne Noire. A 380 m d'altitude, la cité croise les petites routes de montagne qui au nord conduisent vers les lacs, le massif de l'Espinouse et les monts de Lacaune et plus au sud, par les verreries de Moussan, vers le Minervois et la plaine narbonnaise. Grâce à sa position entre influences méditerranéennes et océaniques, Labastide profite d'un climat doux et privilégié toute l'année. A plusieurs encablures des axes souvent fréquentés, dans le calme et la verdure, la ville se repose, offrant aux promeneurs tout plein d'idées de balades.

OFFICE DE TOURISME 47ter, boulevard Carnot © 05 63 98 07 58

Fax : 05 63 97 01 18. Site Internet : www.labastide-rouairoux.com - E-mail : tourisme@labastide-rouairoux.com. Ouvert du mardi au samedi de 9h à 12h et de 13h30 à 18h et 1 dimanche sur 2 en saison de 10h à 12h.

A VOIR

MUSEE DU TEXTILE Rue de la Rive © 05 63 98 08 60. *Du 1er mai au 31 octobre, ouvert tous les jours de 10h à 12h et de 14h à 18h sauf le mardi. Du 1er novembre au 30 avril, ouverture du mercredi au dimanche de 14h à 18h. Tarifs : 3,80 € les adultes, 2,30 € les enfants.* Installé dans les bâtiments réhabilités d'une ancienne usine à draps de 1880, l'écomusée de la Montagne Noire et de la vallée du Thoré a été créé pour entretenir dans les mémoires le souvenir du savoir-faire traditionnel lié à la transformation des matériaux de la région (pierre, laine, cuivre, bois…). Il comprend un centre de traditions textiles évoquant l'histoire de cette industrie dans la vallée au XIXe siècle. Les visiteurs découvrent ainsi un échantillonnage des techniques de laine cardée avant de remonter toute la chaîne de la matière première jusqu'au tissu fini et sa commercialisation. Un atelier de distillerie (la Pharaonne) est également reconstitué (l'un des derniers témoins de cette activité dans le département) et une imprimerie présente la pratique de la typographie à travers des machines et des documents de la fin du XIXe au début du XXe siècle. Des expositions, cette fois temporaires, complètent la structure, de la même manière que les diverses animations proposées au fil de l'année : démonstrations de métiers, vidéogrammes et autres animations pédagogiques.

SE DETENDRE

LAC DE SAINT-PEYRE © 05 63 61 08 27. Dans un cadre fort boisé, ce lac artificiel de 11 km de long offre de nombreuses activités comme la pêche, la baignade, la planche à voile, des randonnées et la possibilité de pique-niquer loin du bruit, dans des lieux qui font parfois penser à des coins reculés de l'Ecosse. A voir…

LABRUGUIERE

(Montagne Noire)

A quelques kilomètres au sud de Castres, la petite commune de Labruguière reste profondément marquée par son passé. Fondée sur un plateau surplombant la rivière Thoré et le ruisseau Montimont, la vieille cité se présente sous la forme d'un oppidum. Les premières traces écrites de son existence remontent en 985. La cité se trouvait alors sur le trajet des pèlerins en route vers Saint-Jacques-de-Compostelle.

Les premiers édifices furent détruits pendant la guerre de Cent Ans et Labruguière (alors nommée Brugeria, bruyère) connut un nouvel essor entre la fin du Moyen Age et celle de la Renaissance grâce à la fabrication de draps de laine vendus dans toute l'Europe via les marchés de Pézenas. On découvrira non sans plaisir le centre ancien bâti en rond, les ruelles bordées de maisons entrelacées de colombages ou encorbellements, la jolie halle reconstruite au XVIIe siècle, la maison du Moyen Age ainsi que le clocher XIVe de l'église Saint-Thyrs.

OFFICE DE TOURISME 9ter, boulevard Gambetta ✆ 05 63 73 30 10

Fax : 05 63 50 17 21. E-mail : otsikarl@aol.com. Ouvert du lundi au samedi de 9h à 12h et de 14h à 19h.

A VOIR

MUSEE ARTHUR-BATUT 9ter, boulevard Gambetta ✆ 05 63 70 34 01. *Ouvert tous les jours sauf mardi de 15h à 18h30, lundi et dimanche de 15h à 18h. Entrée : 2,30 €.* Seuls sans doute quelques amateurs éclairés, voire experts en photographie, sauront avant de pousser la porte de la rue Gambetta, ce qui vaut à Arthur Batut d'offrir son nom à ce musée. Le fait est que cet enfant du pays n'est autre que l'inventeur de la prise de vue aérienne automatique à l'aide d'un cerf-volant en 1888. Cent ans plus tard, la commune a décidé de lui rendre hommage en ouvrant dans les anciens bains-douches de la ville un espace entièrement dédié à son travail. Le musée abrite ainsi les collections personnelles du photographe léguées par ses descendants ainsi qu'une galerie photos. Une 2e salle présente l'histoire de l'aérographie : premiers clichés de Nadar en ballon, pigeons photographes, cerfs-volants, avions et derniers développements de la télédétection aérospatiale. Une station de réception d'images transmises par les satellites en activité permet même de recevoir des images venues tout droit de l'espace.

OU MANGER ET DORMIR

VENT D'AUTAN 35, avenue Henry-Simon ✆ 05 63 50 21 19. *Fermé dimanche soir. Dernière commande : 22h. Chambres de 20 € à 26 €. Demi-pension et pension complète. Terrasse.* C'est sous le signe du bleu qu'Eric Deliancourt a décliné son Vent d'Autan, à la sortie de la ville en direction de Revel. Bleu comme la salle de restauration ou comme la devanture quelque peu fanée qui ne doit cependant pas freiner l'amateur de poissons. Testez donc la marmite de la mer ou la cuisine de terroir et son magret de canard au miel et vinaigre aux framboises. La plage des spécialités comprend également des soirées karaoké, une fois par mois le samedi, des soirées qui prennent fin au petit matin avec la soupe à l'oignon. L'ambiance y est, paraît-il, explosive…

LACAUNE

(Sidobre-Monts de Lacaune)

Célèbre pour ses salaisons, Lacaune culmine à 800 m d'altitude. Plus haut, à 1 259 m se silhouette l'impressionnant pic de Montalet. De là on aperçoit la statue de la Vierge qui depuis 1882, veille sur la ville. On raconte qu'elle aurait épargné à la cité thermale les foudres du diable lorsque celui-ci, furieux d'avoir été volé par un gredin de Lacaune, décida de se venger. Au-delà de la fontaine des Pisseurs du XVe siècle et des maisons du XVIe siècle, les sentiers de randonnée s'échappent, jusqu'à des pistes de ski nordique parfois. Détail certainement aussi réputé que la tradition charcutière, l'eau du mont Roucous qui surgit des entailles de la terre quelques kilomètres plus loin. Elle est réputée l'eau la plus pure de France.

Ne manquer sous aucun prétexte le marché de cette ancienne petite ville thermale gourmande, tous les dimanches matin, ni les foires qui ont lieu le 21 de chaque mois. A noter aussi que l'office du tourisme de Lacaune organise des visites accompagnées dans la ville et ses environs pendant tout l'été (filature, ardoisières, statues et menhirs des monts de Lacaune, usine d'embouteillage du mont Roucous, visites de fermes, salaisons…).

OFFICE DE TOURISME Place Général-de-Gaulle © 05 63 37 04 98

Fax : 05 63 37 03 01. E-mail : ot.lacaune@pageloisirs.com. Ouvert du 15 juin au 15 septembre du lundi au vendredi de 9h à 12h et de 14h à 18h30, samedi ouverture à 10h, dimanche fermeture à 16h30. Du 16 septembre au 14 juin ouvert du lundi au vendredi de 9h à 12h et de 14h à 18h, fermé le lundi matin, et le samedi de 10h à 12h et de 14h à 17h.

A VOIR

FILATURE RAMOND Rue Rhin-Danube © 05 63 37 09 17. *Visite les lundis, mercredis et vendredis de 11h à 12h et de 14h à 16h. En dehors de ces horaires, visites possibles sur rendez-vous.* Ici, on assiste à toute la transformation de la laine, on est guidé de la matière brute au fil à tricoter, au cœur d'un atelier tout droit sorti du siècle dernier. L'ensemble fonctionne grâce à un système de poulies sur deux niveaux. L'ouverture 3 jours par semaine permet de découvrir un savoir-faire traditionnel propre à la région de Lacaune.

LA MAISON DE LA CHARCUTERIE 3, rue Biarnès © 05 63 37 04 98. *Du 15 juin au 15 septembre, ouvert tous les jours de 10h à 12h et de 15h à 18h30, le reste de l'année ouvert samedi et dimanche. Fermeture annuelle de la Toussaint au 1er avril. Tarifs : 3,05 €, gratuit pour les moins de 12 ans.* Lacaune, au cœur du Parc régional du Haut-Languedoc, peut s'enorgueillir de sa production de charcuteries, de sa tradition de salaison et d'un savoir-faire ancestral. Par la visite de la maison de la Charcuterie, vous découvrirez l'histoire de Lacaune, intimement liée à celle de la charcuterie, les façons séculaires d'élever et de tuer le cochon (le masèl), les ficelles du métier de salaisonnier, les innovations et la démarche qualité qui sont au fil du temps, apparues dans l'univers de la charcuterie. Avec le clou de la visite, une dégustation de la charcuterie locale.

MUSEE DU VIEUX LACAUNE Place du Griffoul © 05 63 37 25 38. *Fermé le lundi. Ouvert de 10h à 12h et de 14h à 18h Entrée gratuite.* A l'intérieur du musée, dans cette vieille maison de XVIe siècle, face à la fontaine des Pisseurs, tout invite le visiteur à remonter le temps. On explorera ainsi les arts et les traditions populaires des monts de Lacaune, au travers de reconstitutions du cadre de l'époque, salle de classe, cuisine et souillarde, chambre du XIXe siècle… Une manière d'apprendre ce que vivaient nos aïeux au quotidien. Exemple de coiffures, vêtements, outils agricoles et machinisme miniature, autant de détails qui épicent le passé ! Comme nouveauté, la salle de l'Enfant Sauvage… A découvrir !

OU MANGER ET DORMIR

CAMPING LE CLOT Les Vidals © 05 63 37 03 59. *Ouverture toute l'année. 26 emplacements. 3,50 €/emplacement, 3,50 €/personne, 2,50 € enfant de moins de 7 ans, 2 €/voiture, 2,50 €/électricité. Accessible aux handicapés. Du 15 mai au 15 octobre, restaurant ouvert midi et soir, plus petit déjeuner. Sur réservation le reste de l'année. CB.* En pleine nature, Walther Gronert vous accueille. Le lieu qui s'ouvre tout grand sur Les Vidals et les collines de Montalet, inspire les promenades, la flânerie et les randonnées plus sportives. Ici on a pensé à tout, tant au logis et la restauration (pension et demi-pension possible), qu'au moyen de profiter pleinement de ses vacances. Les VTT se louent et le syndicat d'Initiative voisin propose des itinéraires à suivre dans le pays de Lacaune. Pour les jours de pluie, une bibliothèque et des jeux de société sur place.

OU SORTIR

CASINO Avenue Naurois ✆ 05 63 37 00 12. *Ouvert tous les jours de 15h à 4h.* Le siècle n'avait pas 30 ans encore que le casino de Lacaune-les-Bains, dit "Merveilleux centre de tourisme", s'attirait à coups de dancing, de jazz et de baccara les faveurs d'une clientèle choisie. Les machines à sous ont remplacé aujourd'hui le baccara, le jazz a fait place au karaoké, et le dancing s'est transformé en discothèque. Mais le ton ne change pas et le casino de Lacaune demeure le dernier endroit où l'on s'amuse (25 machines à sous, karaoké, discothèque, mais aussi boule, tennis et piscine).

LACROUZETTE

(Sidobre-Monts de Lacaune)

A 15 km au nord-est de Castres, cette cité florissante qui l'année dernière encore abritait 2 000 habitants a gagné le titre de capitale du Sidobre et des granitiers. Les terrains communaux datent de 1403, à l'époque où la cité obtient ses franchises et devient berceau des tailleurs de granit. Si le village présente aujourd'hui quelques curiosités à voir (fontaine romane du Théron, angles et pignons de granit taillés du XVIIe siècle, l'église Notre-Dame-du-Granit, XIXe ou, plus récente encore, "Le Tailleur de Granit", la sculpture de Jacques Bourges, émergée d'un bloc de granit de plus de 19 tonnes), la commune doit surtout sa renommée touristique à la proximité du légendaire Sidobre et de ses incroyables masses granitiques. La Peyro Clabado, 780 tonnes en équilibre sur un socle étroit, le Roc de l'Oie, les Trois Fromages, le Chaos de la Resse.

MAIRIE ✆ 05 63 50 60 16

A VOIR

MUSEE ATELIER D'ART BRUT DE LA PEYRO CLABADO 8, rue de Croix-de-la-Malle ✆ 05 63 50 62 81. Le Sidobre ne dénombre pas moins de 60 carrières de granit encore exploitées. On peut visiter l'une d'elles tout comme l'atelier du sculpteur Jean Cros. Installé dans l'ombre de la Peyro Clabado, l'artisan modèle les pierres venues du monde entier et les expose aux côtés d'une belle collection de fossiles.

OU MANGER ET DORMIR

AU RELAIS DU SIDOBRE 8, route de Vabre ✆ 05 63 50 60 06.** *Fermeture annuelle fin décembre. 17 chambres de 39 € à 57 €. Soirée étape : 42,70 €. Petit déjeuner : 6,10 €. Demi-pension à partir de 37 €. Menu enfant : 6,10 €. Menus de 15,50 € à 29 €. Terrasse. Accueil de groupes. Salons privés. Forfait week-end.* Le restaurant, loin d'usurper sa réputation, se visite de loin pour sa cuisine de terroir, servie sur la terrasse dès les premiers beaux jours, une terrasse qui domine la vallée de l'Agout. Jacqueline King est à la tête de ce relais dans le Sidobre, classé Logis (2 cheminées) et Restaurant de France, et à l'excellence de sa cuisine : salade gasconne, salade des Causses suivies d'un confit de canard ou un cassoulet confit maison, coq au vin, gibier de saison… Côté hôtel, les chambres sont toutes équipées de salle de bains, de W.-C. privés et d'une ligne de téléphone directe. Restaurées, elles offrent un prolongement au cadre de l'établissement. Sur demande, la maîtresse des lieux se charge d'organiser des week-ends détente, VTT ou cyclisme, randonnées, pêche à la truite ou au brochet. Et une fois par mois, un orchestre vient apporter sa touche musicale.

LE BON ACCUEIL Bel-Herbette © 05 63 50 67 61. *Ouvert toute l'année le midi, le dimanche midi de mai à septembre. Menus entre 10,50 € et 20 €. Terrasse couverte.* Un établissement au charme rustique avec tapisserie murale, cheminée et du bois. Une terrasse couverte avec une charpente apparente et de belles tables en granit pour mieux profiter des paysages du Sidobre. La cuisine est traditionnelle et régionale avec des écrevisses en fricassée durant les mois de juin, juillet et août. Le chef cuisine aussi des escalopes normandes et affectionne les pâtisseries maison, c'est pour vous dire comme il les soigne ! On peut signaler que les propriétaires du Bon Accueil proposent des possibilités d'hébergement en gîte et chambre d'hôte dont une accessible aux handicapés.

LAUTREC

(Pays de Cocagne)

Plusieurs hypothèses ont été avancées depuis des décennies par les Lautrécois à propos des origines du nom de leur cité, fondée en 940. D'après les uns, Lautrec dériverait de “l'alt-roc” désignant un haut rocher qui pourrait être l'éperon rocheux de la Salette, anciennement dénommé Montlausin. Pour les autres, le village tirerait son nom de “l'alt-rec” ou haut ruisseau et se justifierait par la présence d'une importante nappe phréatique alimentant un nombre impressionnant de puits dans le village (on parle de 160 !). Le Dictionnaire des noms et des lieux, de MM. Dauzats et Rostang, attribue quant à lui l'origine du nom au terme latin alturicum ou la hauteur. L'abbé Nègre soutient pour sa part que le nom de Lautrec fait référence à celui d'un personnage germanique, Léotricus qui est la latinisation de Leut-Rik, leut signifiant peuple et rik puissant. Quelle que soit l'origine véritable de son nom, il est aujourd'hui universellement connu grâce à l'un des plus grands peintres de la vie parisienne Henri de Toulouse-Lautrec, descendant des vicomtes de Lautrec.

La fondation de Lautrec

Le site de Lautrec fut occupé par une tribu celtique puis par les Romains, qui auraient élevé un temple à la déesse de la fertilité et des moissons, Cérès Eleusis. La fondation de la Vicomté remonte au Xe siècle. Bernard, vicomte albigeois partagea ses terres entre ses deux fils. La partie nord du Dadou fut léguée à Aton, avec le titre de vicomte de l'Albigeois et la partie sud, comprise entre le Dadou et l'Agout, à son autre fils qui reçut le titre de Sicard Ier, vicomte de Lautrec. Cette nouvelle dynastie régna pendant sept siècles sur un riche territoire.

Une cité médiévale gaie et animée. De l'enceinte fortifiée, qui protégeait le damier de rues étroites bordées de maisons à colombages, seules trois portes subsistent encore. Une seule, celle de la Caussade, est demeurée intacte. Le quartier de “la Brèche” laisse entendre que Lautrec connut des périodes de troubles, notamment lors de la guerre de Cent Ans et au cours des guerres de Religion. Mais Lautrec retrouva son tempérament paisible et sa vieille halle fut un centre agricole florissant, dont la vocation est encore bien vivante aujourd'hui. La culture de l'ail rose fait sa renommée et donne lieu à de nombreuses manifestations et festivités.

OFFICE DE TOURISME Rue du Mercadial © 05 63 75 31 40

Fax : 05 63 75 32 90. Site Internet : www.lautrec.free.fr - E-mail : ot.lautrec@free.fr. Ouvert tous les jours en juillet-août de 9h à 12h et de 14h à 18h, sauf dimanche matin. Hors saison, du mardi au samedi de 14h à 17h.

L'ail rose de Lautrec

Cultivé sur le terroir lautrécois depuis le Moyen Age, l'ail rose de Lautrec est réputé pour sa saveur, son arôme délicat et sa bonne conservation. Pelé à la dernière peau, il laisse voir sa jolie couleur rose, mise en valeur par le conditionnement traditionnel en grappe ou manouille. Il bénéficie du Label Rouge et d'une protection européenne (l'IGP) depuis la même année. Sa notoriété n'est plus à faire auprès des grands chefs comme des bonnes cuisinières qui l'ont surnommé “le Prince des Condiments”. L'ail rose de Lautrec devient ainsi un atout indispensable tant pour la cuisine gastronomique que pour les recettes les plus simples.

L'ail rose est commercialisé sur le marché de l'ail de Lautrec, tous les vendredis de 9h30 à 10h30. La fête de l'Ail rose a lieu le premier vendredi d'août.

Syndicat de Défense du Label Rouge Ail Rose de Lautrec Rue du Mercadial - Lautrec © 05 63 75 90 31. *Site Internet : www.voilà.fr/ailrose.lautrec.*

A VOIR

Depuis le Moyen Age, la place des Halles occupe un rang privilégié dans le cœur des Lautrécois et se trouve au cœur de nombreuses festivités et marchés. De forme triangulaire, elle accueille sur deux côtés des couverts du XVe siècle au-dessus desquels s'élèvent de ravissantes maisons à colombages et encorbellements datant du XVIe siècle. La porte de la Caussade est la seule rescapée des huit portes fortifiées qui s'échelonnaient sur les 1 100 m de remparts. Elle comporte des meurtrières et des archères et possédait une herse et un pont-levis. Le quartier du même nom possède un théâtre en plein air, résultat de la démolition d'anciennes maisons qui menaçaient de s'effondrer mais dont on a conservé les silos souterrains où se stockaient les récoltes. La plupart de ces silos datent de l'époque médiévale et certains pourraient avoir été creusés au début du Moyen Age.

SENTIER BOTANIQUE. Composée d'une alternance de bancs de calcaire et de marne, cette butte fut utilisée comme premier site de défense et de culte. Elle fut abandonnée en tant que lieu d'habitation au XIXe siècle, et la plupart des jardins restant ont été délaissés à partir des années 1950. Les espèces végétales, échappées des cultures ou spontanées, se sont dispersées au gré de l'orientation et de l'humidité. Lilas et frênes au Nord, amandiers à l'Ouest, tilleuls et viornes à l'Est, pins d'Alep au Sud. L'office de tourisme s'est donné pour but d'enrichir ce magnifique site en implantant certaines espèces et en mettant en place une signalétique, tout en assurant l'entretien et la préservation de la flore.

LA MAQUETTE DU VILLAGE ET L'ATELIER DU SABOTIER. Un Lautrécois amoureux de son village a réalisé une maquette de Lautrec telle qu'il était aux XIIe et XIIIe siècles, avec ses remparts et ses huit portes fortifiées. Elle sert de support à une présentation historique pour les groupes de visiteurs. La visite de l'atelier du sabotier permet quant à elle de découvrir les outils traditionnels et leur utilisation puis d'observer l'évolution et la mécanisation de certaines tâches (visite libre de mai à septembre).

MOULIN A VENT DE LA SALETTE © **05 63 75 31 40.** *Ouvert tous les jours de 14h30 à 19h en juillet-août, les dimanche et jours fériés de 15h à 17h de septembre à juin. Tarifs : 2 €, gratuit pour les enfants de moins de 8 ans.* Le moulin de la Salette domine le village depuis 1688. Il a été restauré en 1991 selon les plans et techniques de l'époque. Il est encore utilisé pour la fabrication de farine à laquelle vous assisterez en direct les jours de vent ou en différé (enregistrement sur vidéo). Des produits à base de farine de meule vous y sont proposés, dont les "biscaillets" de Lautrec.

La randonnée facile avec Randobus

Huit chemins de randonnée sillonnent le Lautrécois. Pour l'un d'entre eux, durant l'été, le conseil général du Tarn met à la disposition des randonneurs pédestres un autobus qui prend les promeneurs au point d'arrivée (où ils laissent leur voiture) et les amène au point de départ. Les marcheurs disposent ensuite de tout leur temps pour parvenir au point d'arrivée et récupérer leur véhicule. Un sentier relie Castres et Lautrec par l'ancienne voie ferrée transformée en voie réservée aux piétons et cyclistes.

A Lautrec, l'arrêt se situe à la base de loisirs d'Aquaval. Renseignements © 05 63 75 31 40. A Castres, l'arrêt du bus se situe avenue de Lavaur, à la hauteur du croisement avec le boulevard Albert-Thomas. Renseignements © 05 63 62 63 62.

OU MANGER ET DORMIR

LE CHAMP D'ALLIUM 4, route de Castres © **05 63 70 52 41.** *Fermeture le dimanche soir et le lundi. Prix moyen à la carte : 30 €. 2 salles de séminaires (15 personnes). Accès handicapés.* Roulade de lapereau confit dans son jus, rémoulade de langoustines grillées au fenouil frais, jarret de veau sous la mère, cuit à la ficelle, foie gras de canard cuit sous la cendre, mille-feuille ananas, la poésie d'une cuisine traditionnelle sans cesse renouvelée, au gré des saisons et du marché. La réputation du Champ d'Allium (ail en latin) n'est aujourd'hui plus à faire, le cadre est aussi intime que soigné et la cuisine de Jérôme Serres fait des émules par-delà les frontières tarnaises. A découvrir.

LE MOULIN GOURMAND Rue Michelet © **05 63 75 30 13.** *Fermeture la 2e quinzaine de septembre et la 1re d'octobre. Fermeture hebdomadaire les lundi soir, mardi soir et mercredi soir (sauf en saison). Dernière commande : 21h30 l'été et 21h l'hiver. Menus à partir de 10 €. Prix moyen à la carte : 23 €. Salle climatisée. Accueil de groupes (séminaires, mariages).* En venant de Castres le restaurant se trouve à l'orée du village. Une salle qui est en rond à l'image du village. Tradition et raffinement sont les fins mots du chef cuisinier qui exprime ici toute sa passion pour les produits du terroir et de la mer. Croustillant de Saint-Jacques au coulis de crustacés, côtelettes de turbot aux échalotes confites, poêlée de pigeonneaux aux airelles et au miel, gigot d'agneau à la crème d'ail, sorbet à l'orange et sa sauce à l'estragon, succulents jalons d'un voyage culinaire.

SE DETENDRE

AQUAVAL Route de Vielmur © **05 63 70 52 32.** *Ouvert tous les jours de juin de 10h à 17h et à partir de juillet de 10h à 20h (samedi 12h à 22h). Le billet d'entrée donne droit à toutes les activités proposées.* Plan d'eau, lagon et toboggan, pataugeoire, cascade, bassin de natation, espaces pique-nique, bar, boulodrome, minigolf, beach-volley, jeux pour enfants, lac ouvert à la pêche et au modélisme.

EMPLETTES

LA FERME AU VILLAGE © **05 63 45 57 48.** Une agréable petite boutique à l'intérieur du village fortifié. Pour tous ceux qui n'auraient pas de temps devant eux pour courir la campagne à la recherche de bons petits producteurs, l'endroit est idéal. Entre les produits (canards gras, conserves) de Daniel Gosselin, de la Ferme de la Vigonié Haute, les tissus teints au pastel de son épouse, les gelées aux plantes aromatiques de La Lorien, les croquants fabriqués au village, l'ail rose, les miels de Vincent Wilzer, apiculteur à quelques kilomètres de là, et les vins de la région, il y a vraiment de quoi satisfaire chacun.

LAVAUR

(Pays de Cocagne)

La charmante commune de Lavaur domine, à une quarantaine de kilomètres de Toulouse, la rive gauche de l'Agout. Ancienne place forte médiévale, elle fut le lieu d'un épisode tragique de la croisade des Albigeois qu'on célèbre encore près de huit siècles après. La cité, qui servait de refuge aux Cathares persécutés, fut en effet assiégée par Simon de Montfort en mai 1211. Dame Guiraude, seigneur de la place, opposa une résistance farouche aux croisés avant d'être finalement, prise et jetée vivante au fond d'un puits comblé de pierres. Son frère Amalric de Montréal ainsi que 80 de ses chevaliers périrent par le glaive et 400 hérétiques moururent sur le bûcher le plus important de toute l'histoire de la croisade. Sur l'esplanade du Plô, à l'emplacement de l'ancien château, une stèle rappelle l'événement. La tragédie est commémorée chaque année au mois de mai. Cet épisode n'a pas empêché les Vauréens de construire une superbe cathédrale, dont toute l'envergure se déploie à la suite d'un jardin public. A proximité on ne pourra manquer de découvrir l'enchevêtrement des rues anciennes de la vieille ville qui recèlent aussi leur lot de surprises charmantes. A découvrir sur ce registre : l'église des Cordeliers (XIIIe) située Grand-Rue et les vestiges de son couvent, les jardins à l'anglaise de l'Evêché, la tour des Rondes (qui abrite le service municipal du tourisme), le monument à Las Cases (mémorialiste de Napoléon à Sainte-Hélène) la fontaine des Trois-Grâces, le pont Saint-Roch et le viaduc Séjourné enjambant le cours encaissé de l'Agout…

SERVICE MUNICIPAL DU TOURISME Tour des Rondes © 05 63 58 02 00

Horaires d'été du mardi au samedi de 9h à 12h et de 14h30 à 18h30, le dimanche de 15h à 18h. En cas de fermeture, s'adresser à la mairie.

MAIRIE (service accueil) Place de la Résistance © 05 63 83 12 20

Site Internet : www.ville-lavaur.fr - E-mail : mairie.lavaur.81@wanadoo.fr.

A VOIR

CATHEDRALE SAINT-ALAIN (XIIIe-XVe). *Ouvert toute l'année de 9h à 18h.* Edifiée sur les ruines d'une église et d'un couvent détruit par les croisés de Simon de Montfort en 1211, cette église fut érigée en cathédrale par le pape Jean XXI, en septembre 1317, quand il créa l'évêché de Lavaur. L'édifice de style gothique méridional est absolument remarquable. Souvent appelée petite sœur de la cathédrale Sainte-Cécile, elle présente l'originalité d'un "jacquemart" en chêne massif, coiffé d'un bonnet phrygien, égrenant les heures au sommet d'une tour latérale. On peut admirer à l'intérieur un beau maître-autel polychrome du XIe siècle, de l'école de Moissac, un polyptyque de la Passion (XVIe), ainsi qu'un superbe orgue Cavaillé-Coll de la même époque au buffet polychrome attribué au sculpteur toulousain Nicolas Bachelier. Sans conteste, avec son clocher-porche dont le tympan sculpté représente une Vierge à l'Enfant entourée de saint Joseph et des Rois Mages, Saint-Alain constitue le joyau du patrimoine historique et architectural vauréen.

L'EGLISE SAINT-FRANCOIS. *Ouvert toute l'année de 9h à 12h et de 14h à 18h.* Tout comme Saint-Alain, l'église Saint-François est bâtie presque entièrement de briques. Elle est la plus grande église franciscaine du Sud-Ouest. L'édifice actuel fut construit entre le milieu du XIVe et le premier quart du XVIe siècle. Remarquez le chœur polygonal côté nord et le chemin de croix, situé dans la nef, qui fut réalisé vers 1880 par l'atelier toulousain Virebent. L'orgue est l'œuvre du facteur Théodore Puget en 1848.

LA TOUR DES RONDES. Son origine reste encore imprécise à ce jour. De sa masse trapue elle domine le ravin profond du Naridelle (affluent de l'Agout). Sans doute devait-elle être incluse au XIIe siècle dans cette première ligne de fortifications qui au début du XIIIe siècle impressionna tant les chroniqueurs de la croisade des Albigeois. "La force des murailles qui fermaient la ville de toutes parts la rendait inexpugnable", déclarait Guilhem de Puylaurens. De fait Simon de Montfort dut les contourner par ruse. L'amorce d'un mur épais de 2,50 m sur son flanc (est) donne une idée de leur résistance. De chaque côté, une courtine épaisse - celle de l'ouest - rejoignait le ravin du Valat-Viel qui enserrait la ville. Mais comme pour d'autres forteresses du comté, le traité de Paris de 1229 imposa au comte Raymond VII de Toulouse le démantèlement des murailles.

OU MANGER ET DORMIR

CENTRAL HOTEL 7, rue A.-Lorraine ✆ 05 63 58 04 16. *Ouvert tous les jours sauf le dimanche soir. Menus à partir de 10 €. Chambres de 28 € à 40 € Petit déjeuner : 4,57 €. Demi-pension.* Dans les rues de Lavaur au centre de la ville, comme l'indique son nom, vous trouverez l'hôtel Le Central, un établissement tenu depuis 1972 par la famille Daure. Malgré l'apparence que donne cet hôtel vous trouverez à l'étage des chambres toutes rénovées aux normes européennes.

L'HERMITAGE Fiac ✆ 05 63 58 08 75. *Ouvert vendredi, samedi, dimanche et jours fériés sur réservation. Menus de 12 € à 23 €.* A la vision de cette terrasse fleurie et ombragée, ce restaurant respire le calme et la sérénité. C'est au sein d'un décor rustique "digne des plus belles demeures campagnardes", que Didier, le maître de ces lieux, vous fera goûter son escalope de canard à la royale… Une de ses nombreuses spécialités ! Le seul conseil que l'on pourrait vous donner : faites plaisir à vos papilles de gastronomes. Réservez !

HOTEL TERMINUS 7, avenue de la Gare ✆ 05 63 58 31 14.** *Congés du 19 décembre au 5 janvier. Chambres : 35,45 €. Demi-pension : 40,50 €. Petit déjeuner : 5 €. Fermé le samedi sauf réservation de groupes de plus de 20 personnes. Dernière commande : 21h (minimum). Menus de 13 € à 35 €.* Claude Sommaggio a de multiples cordes à son arc culinaire. Le restaurant et l'activité de traiteur font désormais sa bonne réputation non seulement à Lavaur mais dans toute la région. Les Sommagio sont de ces gens rares qui gèrent des réceptions jusqu'à 2 500 personnes. La cuisine est traditionnelle : huîtres en hiver, soufflé de brochet sauce au safran, saumon fumé maison, aiguillettes de canard sauce mandarine, côtes d'agneau sauce roquefort, etc. Six chambres classées 2 étoiles (avec salle de bains et TV) et une spécialité gourmande à goûter : la cocagne occitane.

LE JACQUEMART 3, place de la Halle-aux-Grains ✆ 05 63 58 04 17. *Menus à partir de 11 €. Prix moyen à la carte : 28 €. 60 places à l'intérieur et 30 à l'extérieur. 6 chambres. Terrasse ombragée. Parking à proximité.* Cet établissement repris depuis peu par un jeune chef plein de talent a subi "un lifting". Le restaurant a été complètement refait, la décoration est moderne avec des peintures au torchon, des cadres colorés, un mobilier design. Le chef propose une carte variée et qui change souvent, avec un grand choix de poissons. Ici les plats s'appellent : salade délice du jacquemart, écrevisses aux cèpes, fricassée de ris d'agneau aux langoustines, filets de canard gras au miel de Lavaur et vinaigre de framboises, soufflé chaud aux baies rouges…

LES MARRONNIERS Le Village - VITERBE ✆ 05 63 70 64 96. *Ouvert du jeudi au mardi midi. Fermeture annuelle : vacances de Toussaint. Menus à 17 €, 23 € et 35 €. Menu du jour : 11 €. Prix moyen à la carte : 25 €. Salle de séminaire jusqu'à 20 personnes. Terrasse. Parking.* Au pays du pastel, Jean-Luc Viala est le héros d'une cuisine dite de marché et de saison. Légumes et produits du terroir sont achetés sur les marchés locaux et sont cuisinés avec le plus grand soin. Une fois installé dans la salle de restaurant, on peut remarquer des tableaux et des fresques originales d'artistes du "pays", tout ceci pour nous faire patienter à l'idée d'avoir bientôt devant notre assiette les plats que notre hôte a confectionnés pour nous. Ici les plats changent en fonction des saisons, la loi des produits archi-frais s'impose. Le petit plus de cet établissement est l'accueil que la patronne réserve à ces clients.

SE DETENDRE

GOLF DES ETANGS DE FIAC Brazis ✆ 05 63 70 64 70. *Ouvert toute l'année. Green-fee : 26 € en semaine, 33,50 € le week-end. Petit pro-shop. 3 postes de practice couverts. Piscine.* Réputé pour être l'un des meilleurs parcours de Midi-Pyrénées, le golf des Etangs de Fiac joue de l'alliance du plaisir technique et visuel. Ce 18 trous de 5 808 m s'articulant autour des 12 étangs a été conçu par Hawtree, un excellent architecte britannique. Débutants et joueurs chevronnés s'entendent à dire qu'il ne lui manque aucun des attraits et des difficultés souhaitables. Egalement, sur place, une piscine pour bronzer entre "blue et green" et un restaurant avec menu "golfeur".

LISLE-SUR-TARN

(Plaine du Tarn)

A une dizaine de kilomètres de Gaillac, à une trentaine de minutes de Toulouse par l'autoroute A68 et à une trentaine de minutes d'Albi, le pays lislois abrite l'un des plus vieux vignobles de France, planté au Ier siècle de notre ère. Enfermés dans des amphores fabriquées à Montans ou dans des barriques embarquées au vieux port, les vins étaient emportés sur des gabarres vers Bordeaux via le Tarn et la Garonne. Si la vigne prédomine encore dans les environs de Lisle-sur-Tarn constituant en cela un pôle d'attraction autonome, la bastide elle-même, datée du XIIIe siècle, mérite tout notre intérêt en raison de son charme.

La ville a conservé son plan d'origine en damier. Sa place à couvert, grande de 4 425 m², est la plus vaste du Sud-Ouest. Mais hors ce record même, les motifs d'admiration n'en sont pas moins nombreux. On découvre ainsi au fil des ruelles pavées, les "pountets", ces enjambements de rues reliant maisons et jardins, l'ancien port et ses jardins étagés, les beaux hôtels particuliers (notamment les hôtels de Boisset, aujourd'hui mairie, orné de peintures du XVIIIe, ou du Palais qui fut la première Chambre de l'Edit du Languedoc au XVIe siècle).

Mais il ne faudra pas non plus manquer l'église Notre-Dame-de-la-Jonquière, son beau portail roman et son clocher octogonal de type toulousain, ni, bien sûr le joli musée dédié à Raymond Lafage dessinateur du XVIIe siècle. Les gourmands quant à eux inscriront le dimanche matin à leurs agendas, c'est le jour du marché sur la place Paul-Saissac qui vient d'être entièrement rénovée. A la suite de votre balade matinale vous pourrez trouver sur place tout ce qu'il faut pour vous restaurer au cœur de la ville. Des aires de pique-nique vous attendent aussi autour du lac de Bellevue. Après un bon repas vous apprécierez de vous promener autour de cette étendue d'eau reposante.

Plus loin un sentier de randonnée vous amènera vers la forêt de Sivens et le GR 36/46 à travers des vignes qui courent sur les premières collines surplombant la vallée du Tarn dans une lumière et des paysages évoquant la Toscane.

OFFICE DU TOURISME Place Paul-Saissac © 05 63 40 31 85
Fax : 05 63 33 36 18. Site Internet : www.ville-lisle-sur-tarn.fr. Ouvert tous les jours du 1er juin au 15 octobre de 10h à 12h et de 14h à 18h, le reste de l'année du mardi au vendredi de 14h à 18h, le samedi de 10h à 12h et de 15h à 18h et le dimanche de 10h à 12h et de 15h à 17h30.

A VOIR

MUSEE ART DU CHOCOLAT 13, place Paul-Saissac © 05 63 33 69 79. *Ouvert du mardi au dimanche de 10h à 12h30 et de 14h à 19h. Tarifs : 3,20 € les adultes, 2,44 € les enfants, 2,13 € les groupes.* La passion qui anime Michel Thomaso-Defos alliée aux sculptures de Casimir Ferrer, c'est ce que nous propose ce musée à travers ses salles d'exposition de sculptures en chocolat, son espace vidéo pour tout savoir de la culture du cacao, sa galerie de peintures et sculptures et sa boutique pour partir avec un souvenir de ce nouveau musée de Lisle-sur-Tarn.

MUSEE RAYMOND-LAFAGE Rue Victor-Mazies © 05 63 40 45 45. *Ouvert tous les jours (sauf mardi) du 1er juin au 15 octobre de 10h à 12h et de 14h à 18h, samedi et dimanche de 14h à 18h. Du 16 octobre au 31 mai, jeudi et vendredi de 10h à 12h et de 14h à 18h. Entrée gratuite.* Né à Lisle-sur-Tarn en 1656, Raymond Lafage, qui donne son nom au musée municipal, fut en son temps un prodigieux dessinateur. Installé quelque temps à Rome, il fut, dit-on, très influencé par l'art de Michel-Ange. Le musée présente plusieurs dessins et gravures de l'artiste lislois ainsi que plusieurs œuvres de peintres des XIXe et XXe siècles parmi lesquelles celles d'un Victor Maziès qui fut l'élève de Lehmann et de Gleyre. Une partie du musée est en outre réservée à l'exposition de collections locales d'archéologie de la préhistoire au Moyen Age ainsi que des sculptures et autres objets du XIVe au XIXe siècle.

OU MANGER ET DORMIR

LE PRINCINOR La Noyère - RN88 © 05 63 33 35 44. *Ouvert tous les jours. Dernière commande : 22h30. Menus à partir de 10 €. Prix moyen à la carte : 21 €. Chambres de 27 € à 38,50 €. Petit déjeuner : 5 €. Demi-pension entre 35,50 € et 38,50 €. Salle pour groupes. Terrasse. Climatisation.* Le Princinor s'est mis au vert à la sortie du village de Lisle-sur-Tarn. Côté hôtel, il propose une dizaine de chambres. Il profite, côté restaurant, du savoir-faire de son chef, Philippe Fermier, qui œuvra dans les meilleures adresses avant de s'installer là. La cuisine traditionnelle et goûteuse courtise le régional, mais prend parfois aussi l'accent du Nord, terre natale du chef : filet de bœuf au beurre rouge, dos de cabillaud aux oignons frits ou autres plats du Nord à la bière artisanale…

LE ROMUALD 6, rue du Port © 05 63 33 38 85. *Fermé le dimanche soir et le lundi. Menus de 8 € (le midi du mardi au vendredi sauf jours fériés et jusqu'à 13h30) à 26 €.* L'établissement est à l'image de son nom : élégant et raffiné. La belle demeure XVIe qui abrite les deux salles du restaurant offre un cadre original et authentique avec son patio à l'ombre du chevet de Notre-Dame-de-la-Jonquière. La cuisine de Marie et Patrick, les maîtres des lieux, envoûte le palais de la même façon que le lieu charme notre esprit. La carte change deux fois par an, mais fait toujours la part belle aux viandes (escalope de magret, entrecôte, côte de bœuf) et poissons grillés dans la cheminée d'époque. Goûtez donc aux radis roses au foie salé à l'albigeoise, à la salade de foies de volailles au vinaigre de framboises, au filet de sandre au beurre rouge, aux brochettes de lotte grillées au feu de bois ou aux cailles grillées au feu de bois à la crapaudine… Pour les petites faims de midi, des repas-salades à partir de 5,79 € sont proposés en semaine.

SE DETENDRE

LAC DE BELLEVUE. Pêche, pique-niques, balades en pédalo, parcours santé, jeux, départs de randonnées vers la belle forêt domaniale de Sivens… Le plan d'eau de Bellevue et ses abords directs offrent de nombreuses options de loisirs. Mais pour la vraie baignade, il faudra quand même aller à la piscine municipale de Lisle.

MINIPORT Lac de Bellevue © 05 63 40 44 76. *Ouvert de juin à septembre tous les jours, d'avril à juin et de septembre à octobre, ouvert les mercredis et les week-ends, les jours fériés et vacances scolaires de Pâques à Toussaint.* Cinq reproductions miniatures de bateaux (remorqueur, cuirassé, péniche, ferry-boat, vapeur type Mississippi), pouvant accepter des équipages d'un poids total variant de 90 kg à 250 kg. Les moteurs électriques permettent de passer un moment de détente au gré de l'eau, mais loin des 40e rugissants. Et depuis deux ans, on peut jouer au capitaine Némo sur ce lac Bellevue (aquatique), grâce à un sous-marin virtuel avec joystick pour manœuvrer dans les fonds aux alentours de Lisle-sur-tarn.

EMPLETTES

Vignoble

CHATEAU CLEMENT-TERMES Les Fortis - RD18 © 05 63 40 47 80. *Dégustation-vente du lundi au samedi de 9h à 12h et de 14h à 19h. Dimanche de 9h à 12h30.* Le château Clément-Termes est un vignoble de 70 ha (55 ha de cépages rouges et 15 ha en blancs) dirigé par Jean-Paul et François David. Son nom provient de Clément-Termes, propriétaire des terres qui décida la construction d'un premier chai de vinification en 1868, et dont la clientèle était essentiellement composée d'ecclésiastiques. Aujourd'hui on trouve plus souvent des vins du domaine sur les meilleures tables que dans les sacristies. Régulièrement récompensé dans les concours, ayant conquis les amateurs dans le monde entier, le pari de l'authenticité a été réussi grâce à l'opiniâtreté et le savoir-faire de la famille David. Le résultat est là, sous l'étiquette Château Clément-Termes : une gamme complète d'AOC Gaillac de qualité : rouge, rosé, blanc, fraîcheur perlée, doux, brut et élevé en fût.

DOMAINE DE BORIE-VIEILLE Saint-Salvy © 05 63 40 47 46. *E-mail : borie-vieille.pascale@wanadoo.fr. Ouvert tous les jours de 10h à 18h et le dimanche sur rendez-vous.* Ce domaine viticole de 25 ha est implanté sur la plus haute terrasse de la vallée du Tarn. Pascale Roc-Fonvieille est la descendante de trois générations de viticulteurs. Elle élabore des AOC Gaillac à partir du cépage traditionnel de Gaillac. Le domaine a obtenu le "cep d'argent" pour son vin blanc doux. Pour aller plus loin dans la découverte que la simple dégustation, le domaine propose la visite des chais, la découverte d'une chapelle au milieu des vignes et d'un promontoire romain.

DOMAINE DE LONG-PECH La Peyrière © 05 63 33 37 22. *Site Internet : www.domaine-de-long-pech.com. Ouvert tous les jours de 9h à 12h30 et de 14h30 à 19h30 du 1er mai au 31 décembre et du 1er janvier au 30 avril du lundi au samedi avec les mêmes horaires. Les groupes sur rendez-vous.* C'est en 1930 que la propriété a été achetée et en 1989 que la première mise en bouteille au domaine a été effectuée. Ici Colette et Christian Bastide proposent une gamme quasi complète de vins de Gaillac dont certaines cuvées sont vieillies en fût de chêne : vins blancs secs, perlés, secs vieillis en fût de chêne, doux "douceur de brumes", rouge, rouge cuvée "Jean Gabriel", rosé et méthode traditionnelle. Les propriétaires organisent des dégustations au caveau et deux portes ouvertes pour le rouge primeur et le 3e week-end de décembre.

MAZAMET

(Montagne Noire)

Au pied de la Montagne Noire, Mazamet est connue pour ses mégisseries et ses installations de délainage.

OFFICE DE TOURISME Rue des Casernes © 05 63 61 27 07

Fax : 05 63 61 31 35. En juillet et août, ouvert tous les jours de 9h à 12h30 et de 13h30 à 19h, fermé le dimanche après-midi, hors saison du lundi au samedi de 9h à 12h et de 13h30 à 18h30. Du mardi au vendredi, visites guidées à 10h et 14h30. Renseignements : 05 63 61 27 07. Gratuit pour les enfants de moins de 12 ans. L'office de tourisme de Mazamet a mis en place deux parcours à travers la ville, soucieux de valoriser le patrimoine local. A travers les monuments, les édifices et les hôtels particuliers, c'est toute l'histoire industrielle, sociale et culturelle qui ressurgit. Des visites guidées sont également proposées pour les sentiers urbains ainsi qu'à Hautpoul et dans une usine de délainage à découvrir.

A VOIR

MEMOIRE DE LA TERRE Maison Fuzier © 05 63 98 99 76. *Ouvert du 1er mai au 30 septembre de 10h à 12h et de 15h à 19h.* Une exposition tant photographique qu'archéologique laissant apparaître les mentalités religieuses des paysans de l'époque médiévale avec lesquelles le catharisme a permis de se développer.

MUSEE DU JOUET EN BOIS Maison de l'Artisanat - HAUTPOUL © 05 63 61 42 70. *Visites les mercredi, samedi, dimanche et jours fériés de 14h à 18h, du mardi au dimanche en juin et septembre de 15h à 19h, tous les jours en juillet et août de 11h à 19h. Tarifs : 4 € les adultes, 2,25 € les enfants.* Installé dans l'une des plus anciennes constructions du village de Hautpoul, le musée invite à replonger dans l'univers enchanteur de l'enfance au travers d'une exposition-vente de jeux et de jouets en bois réalisés par des artisans de la région. Ce sont plus de 20 000 personnes qui visitent ce musée, chaque année.

HAUTPOUL, UN DETOUR PAR LE BOIS Hautpoul © 05 63 61 42 70. *Renseignements : la Maison du Bois et du Jouet.* Village forgé par les bouleversements de l'histoire, Hautpoul surplombe la vallée de l'Arnette, fièrement perchée sur son éperon rocheux. A la beauté de cette nature exceptionnelle, le bois, et plus précisément le jouet en bois, fait figure d'emblème pour toute l'activité artisanale. Il a offert le droit de rêver en participant à la renaissance d'un lieu perdu, sinon déserté. Trois grands moments ponctuent cette résurrection, à l'heure de l'été : Optimômes, le festival de théâtre de rues pour les enfants en juillet, la kermesse médiévale qui en août renoue avec les traditions d'antan et en septembre, les rencontres occitanes, haut lieu du folklore local.

OU MANGER ET DORMIR

Restaurants

AUBERGE LE ROBINSON DU LAC Base de Loisirs les Montagnès © 05 63 97 05 74. *Menus à partir de 9,50 €. Repas de groupes et réceptions. Terrasse et parking privés.* Voici un nouveau venu sur la base de loisirs Les Montagnès. Tant à midi comme le soir, il est donc maintenant possible de se retrouver autour d'une cuisine familiale et traditionnelle, dans un cadre très agréable. Moment de détente en famille, on peut aussi choisir des formules plus "décontractées" puisque cette auberge présente aussi une carte pizzeria ainsi que crêperie. De quoi plaire à tout le monde ! Et ce n'est pas fini, on vient aussi pour sa buvette et sa carte de glaces avec plus de vingt coupes glacées différentes. Pour finir en beauté, pourquoi ne pas participer aux soirées et thés dansants qu'organise la maison régulièrement ? Il suffit de demander le programme !

LE CHALET DU LAC Les Montagnès © 05 63 98 07 26. *Bar, restaurant ouvert toute l'année. Fermeture hebdomadaire, le mardi pendant l'année scolaire. Formules, menus de 15 € à 30 € (spécialités du Sud-Ouest). Réception de groupes (jusqu'à 60 personnes). 2 salles, 1 petite et 1 grande. Cheminée. Terrasse.* En direction de Carcassonne, à environ 10 km de Mazamet, un établissement pour tous ceux qui souhaitent marquer une halte gastronomique avant la base de loisirs du lac Les Montagnès. A l'intérieur comme en terrasse, l'occasion est rêvée de se laisser entraîner sur le chemin de la cuisine du Sud-Ouest avec des noms qui à leur seule évocation donnent déjà l'eau à la bouche. Foie gras, magret, confit de canard, gambas flambées ou aux lardons et bien d'autres spécialités locales, beaucoup de plaisir en perspective…

LA MAIN A LA PATE **22, La Richarde © 05 63 61 53 16.** *Fermé 15 jours en août. Ouvert tous les jours sauf le lundi. Menu midi. Carte, plats entre 5,50 € et 10,67 €. Dernière commande : 22h30.* Impossible de ne pas apercevoir cette pizzeria aux couleurs voyantes qui trône au beau milieu des célèbres magasins de cuir mazamétains. Les palais attirés par le soleil italien trouveront ici quantité de pizzas, mais aussi un univers entier dédié aux pâtes. Une heureuse concordance, les amis à quatre pattes sont également les bienvenus…

LE RELAIS MAZAMETAIN **7bis, avenue du Maréchal-Juin © 05 63 98 24 72.** *Fermé le dimanche, le lundi soir et le jeudi soir. Menus de 10 € à 21,50 €. Prix moyen a la carte : 16 €. Menu proposé en anglais et en espagnol. Véranda.* Un établissement qui est en cours d'aménagement extérieur et qui promet un petit coin de tranquillité aux gens qui ont fait beaucoup de route. Ici pas de chichi, mais un accueil et un sérieux sans compromis. Mis à part les deux salles de restaurant (dont une non-fumeurs), pour les gens qui recherchent encore plus de convivialité une table d'hôtes est installée à l'entrée du restaurant. Le chef vous proposera une cuisine familiale : cassoulet, fricassée de grenouille à la bressane… et avec le retour des jours plus frais vont revenir les plats en sauce. Comme vous pourrez le lire sur le livre d'or de l'établissement : "la petite dimension du restaurant ne correspond pas à la grande qualité de la maison (produits et service)".

L'ETABLE A ROUSSETTE **Les Alberts - BOUT-DU-PONT-DE-L'ARN © 05 63 98 97 33.** *Ouvert tous les jours sauf le lundi. Dernière commande : 22h30. Menus à partir de 11 €. Parking, patio. Salle de réunions (capacité d'accueil : 40 personnes).* C'est dans un ancien corps de ferme à la sortie de la ville qu'Alain Boyer a posé ses casseroles pour distiller sa cuisine au feu de bois. La décoration est plutôt spartiate, mais on vient d'abord pour commander une assiette toujours généreuse. Impossible d'ignorer le chef mitonnant devant vous ses viandes grillées aux sarments de vigne. Le bœuf et le canard y règnent en maîtres, adoubés par un boudin poêlé au vinaigre made in Mazamet. Autre spécialité du chef, les escargots à la mazamétaine, justifient pleinement l'attirance du maître des lieux pour la cuisine du terroir. Une chose est sûre, on ne sort pas de là tenaillé par la faim…

HOSTELLERIE D'OC **Avenue Charles-Tailhades - NOAILHAC © 05 63 50 50 37.** *Fermeture hebdomadaire : le lundi toute la journée et le mercredi soir du 1er octobre au 31 mai. Dernière commande 21h30. Menu 10 € (vin compris) le midi et en semaine. Menus : 14 €, 18,50 €, 23 € et 27,50 €. Prix moyen à la carte : 25,50 €. Menu enfant : 7 €. Chiens acceptés. Terrasse ombragée.* En 1993 la famille Boyer transformait le café du village en un restaurant. Ici la cuisine est tant régionale (foie gras poêlé aux pommes, fricassée de poulet à l'estragon…), que maritime, avec des spécialités de poisson : soupe de poisson, gratin de fruits de mer… Des produits simples mais d'une qualité supérieure, une carte renouvelée au fil des saisons, et dès les premiers rayons de soleil un service sous les platanes sur la place du village.

CHATEAU DE MONTLEDIER*** **Route d'Anglès - PONT-DE-L'ARN ✆ 05 63 61 20 54.** *E-mail : hotel-montledier@wanadoo.fr. Ouvert 7j/7. Dernière commande : 21h30. Menus à partir de 21 €. Prix moyen à la carte : 39 €. Menu enfant. Accès handicapés. Terrasse intérieure. Salle pour séminaire. Hôtel : 20 chambres de 119 € à 228 €. Petit déjeuner de 13 € à 18 €.* Un endroit de rêve voilà ce qui pourrait le mieux exprimer ce que l'on ressent quand on voit un tel endroit. Un parc de 3 ha qui invite à la détente, une piscine avec son bar et sa terrasse en contrebas qui paraît presque superflue face à la beauté du lieu. L'hôtel en lui-même est constitué de 20 chambres toutes différentes, décorées et meublées avec beaucoup de goût. Il suffit juste de se laisser aller et nous voilà repartis quelques siècles en arrière au temps des princes et des princesses (avec le confort en plus). La cuisine elle aussi est divine (gastronomique). Le chef s'emploie à vous faire partager ses voyages et son goût pour le terroir à travers une cuisine de caractère et raffinée à la fois. Magique !

AU LOGIS DE LA VALLEE DE L'ARN** **38, Grand-Rue - PONT-DE-L'ARN ✆ 05 63 61 14 54.** *Site Internet : www.logisdelarn.free.fr. 8 chambres de 23 € à 45 €. Petit déjeuner : 3,50 € et 5 €. Demi-pension de 28 € à 35 €. Menus de 11 € à 22 €. Menu enfant : 7 €. Fermeture annuelle : dernière semaine d'août. Accueil de banquet et de repas de groupe. Plats à emporter.* C'est quasiment sur la route des lacs que vous trouverez cet établissement modeste mais accueillant. Il vous faudra dépasser la première impression de cet établissement un peu "vieillot" pour vous rendre compte de la qualité du lieu. Pascal Bonnery s'efforce de faire de cet endroit, un lieu convivial, familial, chaleureux. Ici on vous proposera une cuisine traditionnelle, régionale, où le foie gras et la charcuterie sont faits maison comme à l'ancien temps.

HOTELLERIE DES CEDRES** **84, Route Nationale - SAINT-AMANS-SOULT ✆ 05 63 98 36 73.** *Fax : 05 63 98 26 18. Fermé le dimanche soir et le lundi. 10 chambres de 35 € à 60 €. Soirée étape : 51 €. Petit déjeuner : 7 €. Demi-pension : 54 €. Menu enfant : 7 €. Menus entre 13,50 € et 32 €. Parking.* C'est au centre du village de Saint-Amans-Soult que l'on trouve l'Hôtellerie des Cèdres, une halte fort agréable sur la route des vacances : parking fermé, jardin, jeux pour enfants, accès handicapés… Et des chambres confortables et coquettes. Au restaurant, la carte propose, entre autres spécialités du terroir, une variété de poissons très intéressante : soupe de crabe, koulibiak de saumon… Et pourquoi pas ?

LA NOUVELA **Château La Nouvelle - SAINT-AMANS-SOULT ✆ 05 63 98 21 70.** *Fermé le mardi soir et le mercredi. Menus de 15 € à 25,20 €. Menu enfant. Prix moyen à la carte 23 €. Gîtes labellisés Clévacances. Plusieurs possibilités de gîtes sur le site. 3 gîtes de 4 à 5 personnes de 244 € à 457 € à la semaine, selon le gîte et la saison.* C'est dans le manoir de La Nouvela que M. et Mme Blanquard ont créé leur restaurant. Si vous êtes sur la route de la mer, qu'un petit creux vous tenaille le ventre, n'hésitez pas à quitter votre itinéraire et à prendre la direction des Raynaud avant Saint-Amans-Soult en allant vers Béziers. Ici on vous proposera une cuisine traditionnelle mais travaillée et à tendance provençale : raviole à la crème de poivron, mignon de porc aux cèpes et aux châtaignes, tout ceci présenté de fort belle manière (limite gastronomie).

SE DETENDRE

BASE NAUTIQUE DU LAC MONTAGNES ✆ 05 63 61 27 07. *Ouvert toute l'année, baignade surveillée pendant la saison estivale. Accès gratuit.* Le lac de Montagnès s'entoure d'un cadre naturel exceptionnel. Il a été aménagé pour satisfaire toutes les familles attirées par l'envie d'une baignade ou d'une balade dans la fraîcheur des sous-bois voisins. Des équipements sportifs et de loisir contribuent à faire de l'endroit un pôle d'attraction particulièrement apprécié aux premiers beaux jours : plages de sable fin, promenades en barque et en pédalo, jeux pour les enfants, pêche, parcours sportifs, aires de bivouac, minigolf, circuits VTT, gîtes d'étape et de groupe, restauration…

Le lac est également le point de départ d'une myriade de balades en forêt au cœur de la Montagne Noire. Un sentier relie d'ailleurs le lac au pittoresque village médiéval d'Aussillon.

EMPLETTES

JEAN-FRANCOIS MESTRE - TRAITEUR Rue Galibert-Ferret © 05 63 61 99 40. *Fax : 05 63 98 98 24. Fermé le dimanche après-midi et le lundi. Ouvert de 8h30 à 12h30 et de 16h à 19h30. Ouvert les matins de jours de fête.* Voici un traiteur qui s'appelle vraiment traiteur et qui le clame haut et fort. M. Mestre cuisine sur place dans ses cuisines tous les plats cuisinés que vous trouverez. Avant d'être traiteur, il était restaurateur et a travaillé pour les plus grands de la cuisine française (les frères Troisgros) autant vous dire que lorsque l'on vient chez lui on ne prend pas trop de risque. Sans compter les services normaux que propose un traiteur classique, celui-ci vous proposera d'organiser de A à Z vos manifestations, et pourra même vous proposer ses salons privés et son jardin. Le magasin fait aussi office d'épicerie fine où l'on trouve du vin, des alcools, du café… et au rayon frais de la charcuterie qui provient d'endroits bien artisanaux et spécifiques à chaque type de produit. Le chef vous proposera une vaste gamme de poissons cuisinés (frais) ainsi que de nombreux plats changeant au gré des saisons. Enfin nous tenons à signaler que même les pâtisseries sont élaborées dans les cuisines du magasin.

PATISSERIE J.-F. CASTAGNE Quai Charles-Cazenave © 05 63 61 25 15. *Ouvert du mardi au samedi de 7h30 à 12h15 et de 14h15 à 19h15, le dimanche de 7h à 19h15.* Avant même de pénétrer dans la pâtisserie, on a l'eau à la bouche rien qu'en regardant la vitrine. A l'intérieur c'est un festival de gourmandise, les petits gâteaux s'appellent : péché mignon, hautpoulois, tulipe et sont plus beaux les uns que les autres. Vous trouverez également une grande variété de chocolats faits par les soins de notre maître pâtissier-chocolatier (Meilleur Ouvrier de France 1981), des tablettes et toutes sortes d'assortiments de variétés de chocolat. La pâtisserie propose un service d'expédition de chocolat du mois d'octobre à mai. Une bonne adresse à retenir pour les petites et les grandes occasions.

MONESTIES

(Ségala-Viaur)

La beauté et l'arrondi de la perle dans un coquillage, telle peut être l'image de ce ravissant village médiéval au sein de la vallée du Cérou. Ceinturé par les Lices, en lieu et place des anciens remparts et fossés ; les maisons et les rues s'enchevêtrent autour de l'église Saint-Pierre. Monastério devenu Monestiés tire l'essentiel de sa renommée de la remarquable Mise au Tombeau abritée par sa chapelle. Mais peut-être faut-il conseiller de garder cette visite pour la fin et de découvrir d'abord les autres curiosités de Monestiés, puisqu'il y en a d'autres… La toute récente ouverture du musée Bajèn-Vega, dans deux belles maisons du centre du village et tout autour, non dénuées de charme, les anciennes maisons médiévales, Renaissance ou du XVIIe siècle à pans de bois, encorbellements et colombages, la vieille demeure fin Moyen Age, flanquée d'une tour nommée la Directe ; la fontaine au Griffoul (XVIIe) sur le foirail, l'église Saint-Pierre de type gothique méridional et son retable XVIIe, les couverts, le pont romain de Candèze, la pharmacie entourée de fleurs, et un peu plus loin, les ruines du fameux château de Combefa (XIVe). Mi-juillet le festival "Pause guitare à Monestiés" attire de plus en plus de monde pour des concerts donnés par de grands guitaristes, et des stages de cet instrument à cordes.

OFFICE DE TOURISME Place de la Mairie © 05 63 76 19 17
Fax : 05 63 80 14 06. Site Internet : www.monesties.com - E-mail : monesties@wanadoo.fr. Ouvert en juillet et août de 10h à 13h et de 14h30 à 18h30, d'avril à juin et de septembre à octobre de 10h à 12h et de 14h à 18h, autres périodes de 14h à 17h.

A VOIR

MISE AU TOMBEAU Chapelle Saint-Jacques © 05 63 76 41 63. *Ouvert tous les jours. Tarifs : 3,50 €.* Tenu pour l'une des merveilles de l'Albigeois, l'ensemble fut transféré là au XVIIIe siècle suite au démantèlement du château voisin de Combefa, ex-résidence d'été des évêques d'Albi jusqu'en 1761. Commandé par Louis Ier d'Amboise, évêque d'Albi, sauvé de l'abandon par les habitants de Monestiés, ce chef-d'œuvre statuaire reconstitué à l'intérieur de la chapelle de l'hôpital Saint-Jacques est magnifique. Cet ensemble grandeur quasi-nature de 20 statues en pierre calcaire polychrome représente les trois derniers épisodes de la Passion du Christ : la Crucifixion, la Pietà et la Mise au Tombeau. Les 10 personnages qui convergent vers l'autel où repose le Christ sont autant d'exemples où la délicatesse des traits et la souffrance contenue des visages, apparaissent comme proprement bouleversantes.

MUSEE BAJEN-VEGA Place de la Mairie © 05 63 76 19 17. *Entrée : 3 €.* Petite cour intérieure, tour ronde, beaux escaliers dans ce très bel ensemble restauré au coin de la place de la Mairie. Dans cette demeure où descendait l'évêque seigneur du lieu au XVIIe siècle et la maison mitoyenne, un musée qui relate la vie et l'œuvre de deux artistes : Martine Véga et Francisco Bajèn qui ont fait don à la commune de la maison et de nombreux de leurs tableaux. Denses et éclatantes de lumière pour Francisco, plus naïves, colorées et lumineuses pour Martine, voici comment un renard amateur qualifierait les toiles de ces deux artistes venus du sud des Pyrénées pour fuir une guerre qui portait le nom de leur pays.

OU MANGER ET DORMIR

A L'OREE DES BOIS © 05 63 76 11 72. *Fermeture annuelle du 15 décembre au 30 janvier. 7 chambres de 31 € à 46 €. Petit déjeuner : 5 €. Demi-pension : 34 €. Menu enfant : 6 €. Menus de 13 € à 25 €. Terrasse et jardin. CB, AE.* Entre auberge et petit hôtel de campagne, L'Orée des Bois propose au cœur de Monestiés sept chambres et une grande salle de restaurant donnant sur un jardin pouvant accueillir jusqu'à soixante-dix personnes. Claudette Fabres, la maîtresse des lieux, se charge elle-même des fourneaux sur lesquels elle mitonne une bonne cuisine familiale traditionnelle : feuilletés au roquefort, daube de sanglier, tripoux à la tarnaise, ris d'agneau à la crème, magrets et confits ainsi que de gourmands desserts tels que tarte amandine ou bavarois aux fruits.

RELAIS LOISIRS DE LA ROUCARIE © 05 63 36 81 14. *Ouvert toute l'année. Camping. Gîtes de groupe 24 lits. Sept chalets. Restauration sur réservation pour les groupes.* A proximité du lac de la Roucarié, une fois finies les baignades, plein d'autres activités sont ici proposées : promenade à cheval, poneys, vélos, atelier fabrication pain, atelier poterie. Le site à flanc de colline, dans une petite vallée verdoyante se prête aux séjours calmes et bucoliques qui sont possibles dans un des chalets (2 chambres 2 lits, couchage supplémentaire sur mezzanine, coin cuisine, salle de bains) avec en plus un petit restaurant doté d'une agréable terrasse. Des séjours et des journées à thème sont régulièrement organisés. Nos amitiés à Balou, Maya et Pompon, les poneys qui font la joie des petits dès 4 ans.

SE DETENDRE

LAC DE LA ROUCARIE © 05 63 36 71 07. Un lac de 60 ha, cela fait quantité de surface d'eau et beaucoup de kilomètres de berges que l'on peut utiliser pour de multiples activités. Le lac de la Roucarié, c'est donc : baignade surveillée, voile, aviron, planche à voile, aire de pique-nique, base de loisirs…

FERME ANIMALIERE DE BELLEVUE © **05 63 76 11 17.** *Ouvert 7j/7, toute l'année.* Il y a des faisans dorés, des moutons Jacob à 4 cornes, des cochons vietnamiens, des pigeons de Hongrie… Mais on ne citera pas un par un tous les représentants de l'espèce animale visibles à la ferme animalière de Bellevue. Bref, Christiane et Jean-Jacques assouvissent là une passion peu commune, préservant parfois, parmi les 100 races différentes, des espèces en voie de disparition. Une sorte d'arche de Noé à visiter à l'occasion d'une balade, d'autant que tout est prévu pour pouvoir poursuivre sur place par un pique-nique, un repas campagnard ou une dégustation de produits du terroir. En effet tous les dimanches et les jours fériés les hôtes font cuire à la broche, s'il vous plaît, et devant nous de surcroît, un… cochon. On peut aussi prendre notre temps et rester sur place pour passer la nuit. A noter qu'on peut enfin acquérir sur place des "animaux d'ornement" (juste faits pour faire joli) et des produits de la ferme.

MONTREDON-LABESSONNIE

(Sidobre-Monts de Lacaune)

Entre les collines, se niche Montredon-Labessonnié et, plus loin, son château. Construite au Xe siècle vraisemblablement, cette forteresse militaire fut, au Moyen Age, le siège d'une baronnie rattachée aux vicomtes de Toulouse. Le château est aujourd'hui en ruine. A voir également, l'église paroissiale de style néogothique, Notre-Dame-de-Ruffis, une charmante petite chapelle du XIVe siècle, le barrage de Bezan entouré d'arbres et la tour de Nautonier bâtie en 1609. Il s'agit de l'un des premiers observatoires en Europe, et le premier construit en France. Cette tour, appartenant à Guillaume le Nautonier (1557-1620), astronome et géographe du roi Henri IV, est située près du château de Castel-Franc. Le site peut être visité de l'extérieur (propriété privée).

OFFICE DE TOURISME La Halle - Grande Rue © 05 63 75 18 65

Fax : 05 63 75 18 11. Ouvert tous les jours en juillet et août de 10h à 12h30 et de 15h à 19h, fermé le dimanche après-midi.

A VOIR

PLANETARIUM-OBSERVATOIRE Route de Lacaune © 05 63 75 63 12. *E-mail : planetarn@wanadoo.fr. Séances de septembre à juin 1er et 3e dimanches du mois à 15h30, du mardi au dimanche en juillet et août à 15h30 et 17h. Tarifs : 5 € les adultes, 3,51 € les enfants. Séances spéciales sur demande.* Observation nocturne toute l'année sur réservation. Montredon-Labessonnié, à une vingtaine de kilomètres de Castres, propose au visiteur une formule touristique originale. Il ne s'agit pas tant ici en effet de découvrir le village lui-même que d'explorer son vis-à-vis céleste. Animée par l'association P.E.G.A.A.S.E., la structure se divise en deux parties : le planétarium qui projette et présente le ciel étoilé sur la face interne d'une coupole et l'observatoire d'où l'on espionne les étoiles grâce aux lunettes et télescopes. Un animateur professionnel est toujours présent pour expliquer et répondre aux questions. Un lieu qui saura enchanter les enfants et les plus grands…

OU MANGER ET DORMIR

LA HALTE AUX RANDONNEURS © **05 63 75 10 64.** *Restaurant et poney-club ouverts tous les jours (fermeture le dimanche soir). Menu du jour : 11 €. D'autres formules également entre 14 € et 22 €.* Juste avant Montredon-Labessonnié, une ferme accrochée à la colline, cachée sous le couvert des arbres. Une fois là-haut, la vue est magnifique, on aperçoit même sur l'horizon par beau temps les Pyrénées. Une halte s'impose pour les randonneurs comme pour tous les autres, cavaliers ou simples visiteurs. En effet, pour un prix plus que raisonnable, vous goûtez à la cuisine du pays. Il y a toujours du monde, mieux vaut réserver si vous ne voulez pas vous casser le nez. Et pour digérer ensuite, rien ne vaut une promenade à cheval ou pédestre jusqu'aux ruines du château…

LA RAYNALIE © **05 63 75 15 10.** *Ouvert toute l'année. Prix des chambres : 30 € pour 1 personne, 38 € pour 2 personnes, 47 € pour 3 personnes. Salle d'eau et WC privés. Terrasse. Piscine. Bibliothèque pour enfants. Ping-pong.* Un charme évident pour cette superbe gentilhommière du XVIIe siècle nichée dans un écrin de verdure. Dans la maison d'Anne, vous trouverez calme, sérénité et prétextes à s'attarder dans le pays doucement vallonné de Montredon-Labessonnié.

LA CARAUSSINIE © **05 63 75 37 19.** Le gîte de Jean-Philippe et Sabine Loubet incarne complètement l'esprit du label "Accueil-Paysan" sous lequel il est répertorié. La maison est confortable et la proximité de la ferme familiale est source de quelques bonnes et saines spécialités maison, mais aussi, elle est l'occasion de faire découvrir à petits et grands le quotidien de gens qui nourrissent la France avec la volonté de le faire bien. Disponibilité, générosité et gentillesse sont les caractéristiques majeures de la famille Loubet qui font de nos vacances des moments privilégiés et inoubliables.

HOSTELLERIE DU PARC Le Bourg - LES CABANNES © **05 63 56 02 59.** Ce n'est pas une cabane, mais plutôt une belle baraque (un manoir construit en 1850 pour des pharmaciens de Cahuzac-sur-Vère) qui sert de cadre à cet hôtel-restaurant réputé. Double toque pour le maître des lieux Claude Izard, chef de cuisine et chef de file d'une association de restaurateurs qui porte haut les saveurs du bien manger tarnais et français. Dans son établissement, il ne nous déçoit pas. Décor "châtelain" de la grande salle de restaurant aux boiseries sombres, parquet, corniche ouvragée et cheminée monumentale qui donne sur le parc par 6 grandes portes-fenêtres, cuisine “terroir anobli” préparé avec soin : émincé de choux aux fritons de canard, salade de boudin frit à l'ail rose de Lautrec, Matelote d'anguille aux cèpes secs, lapin aux choux, ris de veau aux morilles, canard Lapeyrade. Le parc ombragé et la piscine complètent un cadre où l'on peut s'attarder quelques jours dans l'une des jolies chambres à l'étage.

LA JALONDIE Route de Réalmont © 05 63 75 14 13. Le cheval est sans doute le moyen le plus adapté et le plus authentique pour s'imprégner des beautés sauvages et variées de la région. Daniel Wolff est l'un des huit derniers maîtres-randonneurs de France. Il accomplit entre 3 500 et 5 000 kilomètres par année à travers le Parc National du Haut Languedoc, les Monts de Lacaune, la Montagne Noire, les Corbières, les Cités Cathares, etc. Lui-même ou ses accompagnateurs mènent les balades qui se font par petit groupe durant 3 à 12 jours, avec logement en bivouac ou à l'auberge. Une quarantaine de chevaux sont disponibles Possibilité de promenades à l'heure.

NAGES

(Sidobre-Monts de Lacaune)

OFFICE DE TOURISME Ferme de Rieumontagné © 05 63 37 06 01

Fax : 05 63 37 12 29. Site Internet : www.pageloisirs.com/si-laouzas - E-mail : infos.lac-laouzas@wanadoo.fr. Ouvert tous les jours du 1er mai au 30 septembre de 9h à 12h et de 14h à 18h, fermé le dimanche matin, hors saison ouvert du lundi au vendredi de 9h à 12h et de 14h à 17h.

A VOIR

MUSEE DES TRADITIONS DE RIEUMONTAGNE © 05 63 37 45 76. *Ouvert de mai à septembre de 9h à 12h et de 14h à 18h, fermé dimanche matin, le reste de l'année sur rendez-vous. Entrée : 3 €, gratuit pour les moins de 12 ans.* Le musée des Traditions se trouve dans une grande ferme XVIIIe siècle. Vous trouverez une gamme très hétéroclite de sujets présentés : le milieu naturel avec la géologie, la sylviculture, la flore et la faune. Le mégalithique avec les statues, les menhirs et la collection archéologique. La vie quotidienne avec la pièce à vivre, la galerie des vieux métiers, les outils agricoles anciens. La tradition locale avec la mazellerie, l'art sacré, le verre, la chasse et la pêche, et pour finir l'exposition sur le barrage de Laouzas.

OU MANGER ET DORMIR

LOU CASTEL © 05 63 37 06 12. *Ouvert toute l'année. Fermé tous les soirs en semaine hors saison. Menus de 11 € (le midi sauf le dimanche) à 30 €. Terrasse.* Au cœur du village, à côté de la jolie petite église, se trouve le château du XIVe et XVe siècle. Dans la partie datant du XIVe siècle la famille Mas a élu domicile pour implanter son superbe petit restaurant. L'esprit du château a été conservé avec ses poutres apparentes, ses vieilles pierres, mais tout a été rénové. Vous pourrez déguster ici des mets traditionnels et d'une très bonne qualité. En fonction des saisons Mme Mas élabore des confitures de A à Z (cueillette, préparation) et dont elle a seule le secret, vous nous en direz des nouvelles.

RESTAURANT SNACK CHEZ REGINE Rieumontagné © 05 63 37 14 36. *Ouvert en juillet et août et sur commande pour les groupes hors saison. Menus de 14,50 € à 30,50 €. Menu enfant.* A deux pas du lac du Laouzas vous pourrez vous restaurer chez Régine. Une hôte fort conviviale qui vous accueillera dans son établissement très joliment fleuri. Au menu vous goûterez une cuisine traditionnelle avec des plats de pays : omelette aux cèpes, gambas sauce Laouzas, daube, cassoulet, charcuterie de pays, fromage de pays et bien des pâtisserie traditionnelle telles que croustades, tartes aux pommes… Si vous optez pour un repas plus rapide vous aurez le choix entre les sandwichs, les grillades, les salades…

SE DETENDRE

BASE DE LOISIRS DU LAC DE LAOUZAS © **05 63 37 45 76.** *Site Internet : www.laouzas.com. Accès gratuit au plan d'eau et à la baignade. Camping-cars et location de chalets.* Les loisirs aquatiques et terrestres se partagent les quelque 323 ha de la base du lac de Laouzas. La base de loisirs du lac de Laouzas est dotée d'un large éventail d'équipements qui font le bonheur de toute la famille. C'est la plage à la montagne ! On accède gratuitement à la plage en herbe aménagée. Un périmètre délimité est surveillé en juillet et en août par un maître nageur. Vous trouverez une aire de jeux et une pataugeoire pour les plus petits, des terrains de volley, de pétanque, un ponton avec toboggan pour les plus grands. Afin que vous puissiez pique-niquer à votre aise, une aire avec bancs et tables est à votre disposition, et si vous avez oublié votre panier pique-nique vous pourrez toujours manger un bout à la buvette-snack qui se trouve sur place. Sur le plan d'eau, les activités de voile sont privilégiées, le motonautisme est interdit. Le lac, classé 2e catégorie permet aux mordus de la pêche de pouvoir assouvir leur passion : carpe (ouvert à la pêche de nuit), sandre, perche, gardon mais aussi des truites que vous pourrez trouver dans les ruisseaux sauvages des environs. Pour ceux qui aiment la randonnée pédestre et VTTesque, là aussi pas de problème puisque de nombreux itinéraires en boucle partant de la base de loisirs sont aménagés. A proximité de la base, les cavaliers confirmés ou non pourront trouver leur bonheur.

PENNE

(Pays des Bastides)

Juché sur un piton rocheux surmonté des tours en ruine de son château, le vieux village de Penne à 25 km de Cordes, dans les gorges de l'Aveyron, est de ceux dont le panorama époustoufle avant de distiller un charme fait de vieilles pierres et de ruelles en dédale. Si l'on rattache couramment le nom de Penne à l'époque cathare, les origines connues du village remontent en fait à l'an 1000 où la présence d'un castrum est déjà attestée. Après avoir subi l'occupation romaine, les invasions franques, sarrasines et normandes, Penne s'est illustré au Moyen Age en livrant une lutte acharnée aux troupes de Simon de Montfort. Le château (XIIe-XIIIe) a été reconstruit vers 1250 par Alphonse de Poitiers (frère de Saint Louis) sur les bases du château primitif. Seules les deux tours d'entrée (l'une ronde et l'autre à éperon) demeurent assez bien conservées. Considéré comme l'un des plus beaux sites de France à l'époque romantique, le château fut le théâtre d'un événement tragique au XIXe quand l'écrivain et secrétaire de Talleyrand, Jacques Daure, vint s'y suicider par désespoir amoureux. Pour des raisons de sécurité, les ruines aujourd'hui ne sont plus accessibles aux promeneurs. La visite n'en démérite pas pour autant, loin s'en faut, et la balade s'avère ravissante. A voir notamment l'église, ancienne forteresse gothique, la place des Anciennes-Mesures, la croix de la Peste (XVIIe), la porte du Pont (XVIe) surmontée des armes de la ville ainsi que les vestiges des fortifications. Les amoureux de nature trouveront également là un point de départ riche de sentiers de randonnée vers les gorges de l'Aveyron, les Causses ou la forêt de Grésigne. A noter aussi sur les agendas le superbe spectacle son et lumière qui embrase le village tous les étés.

OFFICE DE TOURISME Le Bourg © **05 63 56 36 68**

Fax : 05 63 56 01 79. Ouvert tous les jours en été de 10h à 12h et de 15h à 19h, tous les jours du 1er avril au 15 juin de 14h30 à 17h30, hors saison du lundi au vendredi de 14h30 à 17h30.

A VOIR

GROTTE DE VENUS La Magdeleine ✆ **05 63 03 11 14.** *Ouvert tous les jours de juin à septembre de 10h à 12h et de 14h à 18h.* Le hameau de la Magdeleine à 11 km de Penne fut le siège d'une importante commanderie des Templiers. Les bâtisses XVIIe du hameau sont néanmoins très jeunes au regard des gravures pariétales datant du magdalénien moyen (14 000 ans avant Jésus-Christ) de la grotte découverte en 1952. Représentations féminines qui ont donné le nom à la grotte, chevaux, bisons, bovidés se partagent les parois de cette petite Lascaux.

OU MANGER ET DORMIR

M. ET MME LACOMBE Village ✆ **05 63 56 31 02.** *Ouvert du 1er mars au 30 octobre. Deux chambres d'hôtes 2 épis : 20 € pour 1 personne, 29 € pour 2 personnes. Table d'hôte : 11 €.* A l'intérieur du village de Penne, la maison de Suzanne et René Lacombe offre rien de moins qu'une terrasse donnant sur le château et la rivière… Mais puisqu'on préfère souvent dormir à l'abri d'un toit, c'est à l'étage que se distribuent les 2 chambres (l'une équipée d'un lit double et l'autre de 2 lits 1 place) dotées de salle d'eau individuelle et de WC communs. Pour ceux qui auraient le sommeil léger, aucun risque : toutes les fenêtres sont équipées de doubles vitrages.

DENIS MAFFRE Aurifeuille ✆ **05 63 56 32 76.** *Gîte 2 épis pour 6 personnes et 1 bébé de 252 € à 342 € la semaine. Week-end : 109 €. Camping à la ferme : 3,05 € la nuitée par adulte, 2 € par enfant, branchement : 2 € (tarifs dégressifs pour séjours de plus d'une semaine).* Très proches du circuit des bastides, les gîtes de M. Maffre situés dans un hameau disposent d'accès indépendants. Le premier, contigu au logement du propriétaire, donne pour partie sur le terrain de camping à la ferme. L'autre, se trouve en bordure de la forêt de Grésigne. Possibilité de repas d'hôtes ou de plats cuisinés (pour le camping) sur commande. Sur place, un plan d'eau pour pêche et canoë où la baignade est autorisée.

SE DETENDRE

FERME EQUESTRE LES CLAUZELS Roussayrolles ✆ **05 63 56 37 13/06 11 66 81 78.** Que de vallons à parcourir sur les plus de 400 ha que compte le domaine des Clauzels. L'endroit offre un cadre idéal pour des chevauchées forcément fantastiques dans les causses du Quercy. 25 chevaux attendent les cavaliers pour de courtes balades ou de longues randonnées. Une foule de loisirs peuvent également être pratiqués sur place ou dans les alentours : le barbotage dans la piscine, mais aussi VTT, spéléo, escalade, canoë, etc.

PUYCELCI

(Pays des Bastides)

Même averti par le fier panneau "Puycelci, l'un des plus beaux villages de France", on ne peut qu'être saisi de ravissement par la découverte de ce village perché sur son plateau au sommet d'un rocher dominant la Vère et ceint de 800 m de remparts. L'ancienne place forte fondée avant l'an 1000 a conservé de façon remarquablement homogène les traces de son passé et ce malgré les assauts multiples dont elle fut l'objet aux XIIIe et XIVe siècles où elle fut successivement assiégée par Simon de Montfort (par trois fois), les Pastoureaux, les Anglais et même les Huguenots…

ⓘ **SYNDICAT D'INITIATIVE Chapelle de Saint-Roch** ✆ **05 63 33 19 25**
E-mail : office-de-tourisme-de-puycelsi@wanadoo.fr. Ouvert tous les jours en été de 10h à 13h et de 15h à 19h, du mercredi au dimanche hors saison de 10h à 12h et de 14h à 18h.

A VOIR

Hormis les très nombreuses maisons anciennes fort bien conservées, sont à voir au gré des ruelles, l'église Saint-Corneille (XIIIe-XVIe) et son retable classé du XVIIe, le château des capitaines royaux gouverneurs de la forêt, l'ancienne maison commune du XVIe ou la chapelle Saint-Roch construite au XVIIIe pour conjurer la peste. On finit par la promenade des Lices, mais pour les amateurs férus de vraie randonnée, un grand nombre de sentiers balisés (près de 200 km) peuvent également être empruntés depuis là ou de la forêt de la Grésigne qui se dessine aux abords immédiats du village.

VERGER CONSERVATOIRE ET VIGNE CONSERVATOIRE © **05 63 33 19 41.** *Visites guidées pour les groupes sur rendez-vous toute l'année et pour les particuliers du mercredi au samedi à 16h en période estivale. Le samedi uniquement en automne et au printemps. Visite libre de l'exposition à la maison du Verger du mercredi au samedi de 10h à 12h et de 14h à 16h en été.* Le conservatoire régional des espèces anciennes fruitières et viticoles a été créé à Puycelci dans le souci de préserver un patrimoine biologique, aujourd'hui menacé, par le soutien des espèces répondant mieux aux besoins de la culture intensive. Quelque 3 500 arbres et 1 000 ceps de vigne ont ainsi été plantés, soit 750 variétés d'abricotiers, amandiers, cerisiers, cognassiers, figuiers, pêchers, poiriers, pommiers, pruniers et cépages de "vitis vinifera". La vocation du conservatoire régional est d'améliorer la connaissance scientifique et de créer un réservoir de gènes, mais il s'adresse aussi au grand public par le biais de visites, journées portes ouvertes avec dégustation de fruits mais aussi vente de fruits et de greffons ou stages de culture.

AUX ENVIRONS

Larroque

Un peu oublié sur le circuit des bastides, entre Bruniquel et Puycelci, parce que situé dans la vallée de la Vère, Larroque s'offre aux touristes en étape de fraîcheur. Blotti sous sa falaise de calcaire rose percée de grottes qui furent habitées, le village avec ses maisons à colombages groupées autour de l'église Saint-Nazaire, se targue de posséder un château du XVIIe siècle et une charmante fontaine. Au-delà et juste avant le hameau de Saint-Martin-d'Urbens et sa chapelle en plein champ, on remarquera le château de la Coste (XVIe). Le hameau de Mespel avec sa très ancienne chapelle de Notre-Dame-des-Bois présente un point de vue remarquable sur le village et la vallée. Plus loin dans la forêt, du plateau des Abriols, on peut voir par temps clair à la fois la chaîne des Pyrénées et le Massif central.

OU MANGER ET DORMIR

L'ANCIENNE AUBERGE Village © **05 63 33 65 90.** *Hôtel-restaurant.* Très belle réalisation "rénovation" sur la place de l'Eglise qui donne un lieu réceptif et gastronomique à la hauteur du cadre historique de Puycelci. Ayant vue sur le village ou la vallée de la Vère, les chambres sont confortables avec un lit à baldaquin, des poutres apparentes, une baie vitrée. Au détour des couloirs, on trouve un bar, une cheminée aux dimensions respectables pour les soirées d'hiver, une terrasse ensoleillée pour les après-midi d'été et une salle de resto avec vitraux et pierres apparentes. Le cadre a inspiré le chef Guillaume Rozé qui propose des assortiments de mets originaux : soufflé de foie gras, pot-au-feu de pigeon désossé crème de pois chiches aux olives noires, nougat glacé au touron et coulis de cannelle.

DOMINIQUE NAZARET **Village © 05 63 33 13 03/05 59 23 09 28.** *Ouvert toute l'année. 1 chambre 3 épis : 39 € pour 1 personne, 46 € pour 2.* C'est au rez-de-chaussée de leur maison de caractère, au cœur de Puycelci, que les Nazaret (par ailleurs propriétaires d'une galerie de peinture) ont aménagé une chambre pour leurs hôtes. Lit 2 places, salle d'eau et W.-C. particuliers composent la chambre, mais les locataires peuvent également profiter d'un petit jardin clos très vert avec salon d'extérieur, ainsi que d'un coin cuisine avec réfrigérateur.

RESTAURANT LE VAL D'ARAN **Larroque © 05 63 33 11 15.** *Ouvert uniquement le midi. Fermé le samedi hors saison. Menu du jour : 11 €. Autres menus de 15 € à 24 €.* Calme, quiétude, charme… Ce restaurant situé au cœur du petit village de Larroque, en bordure de la Vère, nous inspire un état très zen… Dans une jolie maison tout en pierre, la dégustation du civet de sanglier ou des escargots à l'espagnole, deux spécialités de la maison, font le plaisir des passants ou des vacanciers sur la route des bastides ; en hiver les grillades au feu de bois sont aussi au menu. Les maîtres des lieux, Marc et Christiane Aran, se dévouent pour que cette halte soit des plus agréables. A table, une cuisine authentique, copieuse et du terroir, à déguster sur la terrasse fleurie, la véranda ensoleillée ou la salle aux inspirations du monde de la chasse, avec sa cheminée et sa lumière feutrée. Un coup de cœur qui mérite le détour.

EMPLETTES

Vignoble

CHATEAU DE TERRIDE **RD20 © 05 63 33 16 15.** *Ouvert du mardi au samedi de 9h à 12h et de 14h à 19h. Fermé le dimanche, le lundi, et les jours fériés. Dégustation aux domaines.* Propriétaire du Château Clément-Termes, Jean-Paul et François David produisent également de l'AOC rouge sous l'appellation "Château de Terride".

MANOIR DE L'EMMEILLE **Campagnac © 05 63 33 12 80.** *Ouvert tous les jours. Dimanche et jours fériés sur rendez-vous.* Les coteaux pentus, argilo-calcaires et pierreux, et les vallons ensoleillés du plateau cordais, où les vignes du domaine plongent leurs racines, donnent toute leur authenticité et leur personnalité aux vins produits par Charles Poussou. Toute la gamme des AOC Gaillac est proposée à la dégustation et l'atmosphère du chai installé dans une ancienne chapelle.

PUYLAURENS

(Pays de Cocagne)

OFFICE DE TOURISME **2, rue de la Mairie © 05 63 75 28 98**

Fax : 05 63 75 29 00. Ouvert du lundi au samedi en été de 10h à 12h et de 14h30 à 18h30, fermé le lundi matin, du mardi au samedi hors saison de 14h à 17h.

Aux portes de la Montagne Noire, à 50 km de Toulouse, Puylaurens domine du sommet de sa colline la vaste plaine du Lauragais. Site occupé dès la préhistoire, le village acquit son importance à l'époque médiévale. La cité fortifiée accueillit en 1659 l'Académie protestante de Montauban (dont seule la porte subsiste aujourd'hui).

Dans l'une des rues du vieux quartier naquit et vécut Guillaume Lavabre, cordonnier et troubadour qui baptisa le premier, en 1792, la toute jeune République du nom de Marianne, prénom très répandu à l'époque en pays occitan. Sa chanson, "La Garisou de Marianna", fait ainsi date et permet à Puylaurens de revendiquer le titre de "berceau de la Marianne occitane". Ce joli balcon sur les Pyrénées offre un point de vue agréable tout alentour (au nord sur la vallée de l'Agout, au sud sur la Montagne Noire et les Pyrénées). Les balades sont plaisantes dans les anciens quartiers qui s'étirent d'un pont à l'autre aux deux bouts de la rue principale : maisons à encorbellement XVIIe (11, rue Cap-de-Castel), passage couvert XVIe au fond de la place de Fouyssac, hôtel de Corneilhan, rue du Four, belles façades XVIIe dans la rue Foulinou dont l'hôtel de la Roque-Buisson. Un marché agricole fort pittoresque s'y déroule tous les mercredis.

A VOIR

CHATEAU DE PUYLAURENS. Sur son éperon rocheux, cette forteresse en brique du début du XIIIe a servi de prison de l'Inquisition lors de la croisade contre les Albigeois. Ses anciens fossés défensifs sont aujourd'hui entièrement recouverts par la place du Fouyssac, mais on peut quand même remarquer la base talutée de la façade nord qui empêchait que les échelles d'un quelconque agresseur ne soient plaquées contre la muraille, les assaillants prêtant ainsi mieux leurs flancs aux décrochages de flèches.

OU MANGER ET DORMIR

RESTAURANT PAGES Square Charles-de-Gaulle © 05 63 75 00 09. *Fermé dimanche soir. Dernière commande : 21h. Menus entre 11 € et 23 €. Prix moyen à la carte : 16 €. Repas de groupe jusqu'à 80 personnes. Service traiteur.* Difficile de ne pas voir l'hôtel-restaurant Pagès qui trône au centre du village. Un établissement simple, où la décoration devrait plaire aux inconditionnels des années 70. Le chef sait mettre en valeur les produits du terroir et les spécialités portent les noms de : cassoulet maison, magret au vin de Gaillac, pascade aux cèpes… En guise d'entrée : un buffet à volonté.

HOTEL-RESTAURANT CHATEAU CAP DE CASTEL Haut du village © 05 63 70 21 76. *Ouvert tous les jours. Dernière commande 22h30. Menu du terroir : 14 €. Menu tout canard 20 €. Prix moyen à la carte : 16 €. 5 chambres de 39 € à 77 €. Petit déjeuner : 5,50 €. Salle pour groupe. Piscine.* Construit au XIIIe siècle, le château Cap de Castel découvre de vastes paysages sous l'imposante Montagne Noire et la ligne merveilleuse des Pyrénées. Dans les dépendances du château, datant du XVIIe siècle, se trouve le restaurant où Françoise Marianini a su conserver au lieu tout son charme en mariant pourtant le moderne à l'ancien. Le lieu s'avère ravissant pour les pauses gourmandes de toute la journée. La maîtresse de maison cuisine elle-même les produits du terroir et nous propose un vaste choix de mets délicieux. Un menu tout canard est aussi proposé (magret de canard farci au foie gras maison, cuisse de canard au vin de Gaillac) ainsi que des galettes et des crêpes. Les cinq chambres sont arrangées avec beaucoup de goût et ont un charme certain : poutres, vue sur la place ou sur la piscine, lit vaporeux, salle de bains superbe. La terrasse offre une vue panoramique sur la Montagne Noire et parfois même sur les Pyrénées. La piscine est accessible à tout moment. Dans la partie du château datant du XIIIe siècle, une exposition permanente retrace l'histoire de la Marianne républicaine.

Chambres d'hôtes

BERNARD-AUGE La Régasse © 05 63 75 21 21. *Gîte 3 épis pour 2 à 6 personnes. De 270 € à 465 € la semaine selon la saison. Week-end : 145 €. Terrasse. Jardin.* C'est un beau gîte de caractère, décoré avec goût, meublé d'ancien, et agrémenté des toiles de Mme Auge elle-même… A l'occasion, on parle donc peinture avec madame et cuisine avec monsieur qui fut propriétaire de la très réputée Auberge du Poids Public à Saint-Félix-du-Lauragais. Du sommet de la petite colline où se trouve cette maison blanche XVIIe, on domine la campagne vallonnée, le grand lac de pêche à disposition et les daims gambadant dans la verdure. L'intérieur, quant à lui, est constitué de deux niveaux. Pièces à vivre et cuisine en bas, 3 chambres et salle d'eau (W.-C. à l'étage). Adossée à celle des propriétaires, elle est cependant entièrement indépendante. On y trouve tout le confort nécessaire : lave-vaisselle et lave-linge, TV, équipement bébé, etc.

SE DETENDRE

CENTRE EQUESTRE DU JUGE Saint-Germain-des-Prés © 05 63 75 58 79. *Ouvert toute l'année.* Monitrice diplômée et agréée par la Jeunesse et les Sports, Cécile Vibert anime son centre équestre avec une énergique bonne humeur. Une vingtaine de chevaux et poneys attendent leurs cavaliers pour des balades de 1 heure à 1 journée ou des randonnées plus longues dans la Montagne Noire. Les plus petits peuvent accéder aux promenades en poney à partir de 3-4 ans. On pratique bien entendu sur place toutes les autres disciplines équestres classiques (leçons, préparations aux examens, etc.). Possibilité d'hébergement : 16 places en dortoir et 3 chambres.

RABASTENS

(Plaine du Tarn)

Est-ce seulement le jeu des reflets de lumière, colorés par la brique au bord du Tarn ? Rabastens rappelle une petite Albi. C'est à la fuite de la population d'une villa gallo-romaine voisine pendant les grandes invasions du Ve siècle qu'on fait remonter le premier peuplement de l'ancienne cité. Puissante à l'époque médiévale, elle se plaça sous la protection des comtes de Toulouse avant d'entrer dans le domaine royal. De beaux hôtels particuliers (hôtel de Rolland, quai de la Libération, hôtel de La Fite, rue Amédée-de-Clausade) témoignent aujourd'hui du temps où (du XVIIe au XIXe) la ville fut choisie comme lieu de résidence par plusieurs familles aristocratiques. Rabastens tire sa renommée actuelle de son vignoble millénaire (d'appellation Gaillac), d'un passé artisanal (meubles) et de son architecture de brique.

i MAIRIE © 05 63 33 64 00

A VOIR

MUSEE DU RABASTINOIS 2, rue Amédée-de-Clausade © 05 63 40 65 65. *Ouvert du mardi au dimanche de 14h à 18h, fermé en décembre et janvier. Entrée gratuite.* C'est le superbe hôtel particulier de La Fite (XVIIe) qui abrite le musée municipal de Rabastens. Trois niveaux d'exposition y accueillent des collections d'art et d'histoire locale. Archéologie avec des pièces de la préhistoire aux Mérovingiens et une superbe mosaïque du IVe siècle notamment, découverte dans la villa gallo-romaine de Las Peyras à 1 km de Rabastens. Peintures et sculptures religieuses du XIVe au XVIIIe et artistes locaux des XIXe et XXe. Couture, enfin, avec les splendides modèles maquettes (dont celle de la robe de mariage de l'impératrice d'Iran Farah Diba) offerts par René Bégué, dit "Rébé", célèbre brodeur de la haute couture parisienne. Le musée présente également des poteries de Girousens.

CHAPELLE NOTRE-DAME-DE-GRACE. Pas de mariage médiatique avec Adrianna, Caroline ou Diana dans cette petite chapelle, mais la première messe de Saint-Vincent-de-Paul y fut célébrée en 1600. Autres temps, autres mœurs…

CHAPELLE DE PUYCHIVAL. Au bas de cette chapelle en haut des coteaux, un panorama superbe qui ne s'étend pas jusqu'à Rome, mais qui couvre la Montagne Noire et les Pyrénées.

CHAPELLE DE SAINT-WAAST Couffouleux. Drôle de nom pour une chapelle romane rurale construite en pierres meulières.

CHATEAU DE SAINT-GERY. Une des plus belles résidences de l'Albigeois. Construit au XIIIe et remanié au XVIIe, l'intérieur présente une remarquable collection de meubles XVIIe et XVIIIe qui ferait rougir plus d'un antiquaire.

OBSERVATOIRE ASTRONOMIQUE DE SAINT-CAPRAIS © **05 63 40 56 12.** Uniquement sur réservation. Pas besoin d'une navette spatiale pour se rapprocher des étoiles, Saint-Caprais n'est peut-être pas Cap Kennedy, mais c'est le plus important site d'observation du Tarn pour la lune, les étoiles et les objets célestes.

OU MANGER ET DORMIR

Hôtel-Restaurant

HOTEL DE LA POSTE 9, place Saint-Michel © **05 63 33 57 17.** *Ouvert tous les jours pour les pensionnaires, fermé le lundi. Menus : 6,90 €, 9,20 €, 14,50 €, 20,58 €. Chambres : 27,50 €, 30,50 €, 45,80 €. Parking à proximité. Terrasse.* Un endroit convivial pour venir se restaurer ou même encore passer un peu plus de temps dans l'une des chambres réaménagées avec goût et sobriété par les propriétaires. L'entrée de l'établissement commence par la partie bar qui est aujourd'hui couverte de jolies mosaïques aux couleurs chatoyantes. Juste à côté la partie salon pour l'hôtel. Passé la partie bar, vous trouverez sur votre gauche une mignonne petite terrasse intérieure du style patio, où vous pourrez passer d'agréables moments à l'ombre des frondaisons. Pour les jours où la terrasse ne sera pas accessible vous pourrez vous restaurer dans la salle de restaurant arrangée là aussi avec des couleurs mais de la sobriété. L'accueil ici n'est pas en sus de votre note et est généreux. Un établissement qui mérite qu'on s'y arrête le temps d'un moment ou plus si affinité.

LE PRE-VERT 54, promenade des Lices** © **05 63 33 70 51.** *Fax : 06 63 33 82 58. E-mail : info@leprevert.com. Fermeture annuelle en janvier. Restaurant fermé le dimanche soir et le lundi midi. 12 chambres de 38 € à 85 €. Soirée étape : 52,50 €. Petit déjeuner : 6 €. Demi-pension entre 36 € et 60 €. Menu enfant : 7,50 €. Menus entre 12 € et 30 €. Dernière commande : 21h30. CB, AE, DC. Animaux admis. Terrasse. Parc arboré. Réception de groupes. Séminaires.* Alice et David Soame ont repris depuis quelques années cet hôtel-restaurant, ancienne demeure du XVIIe siècle. Le petit parc vert a été réhabilité, restituant le sens du jardin terrasse. La direction a su orienter sa cuisine terroir vers un terroir optimisé et rajeuni, et l'apport d'un pâtissier de chez Loiseau, donne une note sophistiquée. Raviole de foie gras, sauce au porto, bourride comme en Agde, filet mignon de porc grillé aux abricots, pâtisseries maison. Le cadre reste chaleureux. 3 chambres de qualité ont été totalement rénovées, vers un retour au volume ancien, et sont à la disposition de clients désireux de confort.

L'évolution du cadre du Pré-Vert dépendra de sa fréquentation plus ciblée sur une clientèle familiale et citadine, recherchant une cuisine sensuelle, anti-nouvelle cuisine et un cadre de caractère.

SE DETENDRE

LAC DES AUZERALS. Le lac artificiel des Auzerals, à 3 km de la ville par la route de Grazac ou par le chemin de Monteille, offre un très agréable cadre de détente. Site idéal pour la pêche (des truites, des gardons, des tanches et autres y sont chaque année introduits par centaines de kilos...), il est propice aussi au simple farniente ou à d'autres activités comme la baignade possible à la piscine voisine.

RANDONNEE : LE SENTIER DU LAC. *Circuit de 3h30 sur 13 km. Balisage jaune.* Le départ de cette promenade se fait devant la mairie de Rabastens. Descendre la place Auger-Gaillard et suivre le balisage à partir de la rue de la Croix-Saint-Jacques. Traverser la RN88 et au sommet de la côte de Montauty, continuer tout droit. Le sentier continue vers l'église de Guiddal et offre un joli point de vue. Au croisement de la D12, se diriger vers les Auzerals et tourner à droite avant l'entrée du hameau. Longer une haie puis le bois menant au lac des Auzerals. Ce lac agréablement bordé d'arbres invite au pique-nique. Il s'ouvre en outre sur d'autres circuits. On peut, soit faire le tour du lac et revenir vers Rabastens, soit poursuivre. Le sentier repart vers les coteaux. Un premier croisement fléché permet de rejoindre rapidement Rabastens. Si on choisit de continuer sur les coteaux, le sentier serpente sur la crête des coteaux au milieu des genêts. En descendant vers la vallée, il offre une belle vue panoramique et sur la droite un magnifique pigeonnier. Rentrer dans la ville et continuer tout droit pour retrouver le point de départ.
N.B. : plusieurs autres circuits balisés sont proposés par les communes du pays rabastinois. Les fiches sont disponibles à l'office de tourisme.

EMPLETTES

CAVE DE RABASTENS 33, route d'Albi © 05 63 33 73 80. *Ouvert tous les jours de 9h à 12h et de 14h30 à 19h. Les dimanche et jours fériés de 9h à 12h et de 15h30 à 18h30.* La cave de Rabastens est située sur ce que l'on pense être le plus vieux terroir viticole du Gaillac. Au Moyen Age déjà, les vins de Rabastens étaient reconnus pour leurs hautes qualités. Héritiers d'un tel passé, les viticulteurs ne pouvaient que poursuivre le travail de leurs ancêtres. Ils ont depuis 20 ans choisi les meilleurs cépages (braucol, dit aussi fer servadou, duras et syrah pour les rouges ; mauzac accompagné de légères perles, muscadelle et sauvignon pour les blancs), sélectionné les meilleurs plans, ceux qui, peu productifs, sont qualitatifs parce qu'ils assurent au raisin couleur, concentration et arômes. Les vignerons de la cave de Rabastens se sont entourés des conseils des organismes techniques et scientifiques et ont fixé des règles d'encépagement de production très strictes. Ils se sont imposé une autodiscipline et ont nommé des commissions d'agrément constituées d'administrateurs et d'experts qui assurent une sélection sévère ainsi que le suivi des parcelles d'appellation et tout particulièrement des cuvées spéciales en fonction du terroir, de l'âge de la vigne, de la maîtrise des rendements et de leur qualité.

REALMONT

(Pays de Cocagne)

Réalmont dite "la Charmante" se situe exactement au milieu du département du Tarn et de la région de Midi-Pyrénées. Cette situation géographique privilégiée s'ajoute au dynamisme d'une bourgade aux racines profondes, Réalmont, une bastide royale du XIIIe siècle...

OFFICE DE TOURISME 8, place de la République © 05 63 79 05 45
Fax : 05 63 79 05 36. Site Internet : www.realmont.fr. Ouvert tous les jours en été de 9h à 12h30 et de 14h à 18h, fermé le lundi matin et le dimanche après-midi, hors saison du lundi au vendredi de 14h à 17h30, le mercredi et le samedi de 9h à 12h.

POINTS D'INFORMATIONS ET OFFICES DU TOURISME

Le saviez-vous...

Réalmont, bastide du XIIIe siècle. Pour lutter contre l'autorité des féodaux, les Capétiens firent construire des "villes franches" ou "bastides royales". Dotées d'un statut très libéral, elles attiraient les populations alentour, diminuant d'autant l'autorité et le pouvoir des féodaux voisins. Les bastides, solides places fortes, constituaient d'excellents points d'appui pour la défense et le contrôle du royaume. Réalmont fut fondée le 12 mars 1272 par le roi Philippe III. Celui-ci lui donna le nom de Regalis mons, mont royal, plus tard inversé en Réalmont. La ville nouvelle constitue une vigie monarchique essentielle, à mi-distance d'Albi, seigneurie épiscopale autonome et de Castres, fief des Montfort. Elle se développe autour de la place, où ne se dresse pas encore l'église. Ses habitants bénéficient de la liberté personnelle et de la libre disposition de leurs biens.

Dura lex sed lex. La justice demeure cependant très sévère. Pour le vol d'objets valant 5 à 6 sous, soit le vingtième du minimum vital annuel, le coupable est essorillé (on lui coupe l'oreille) puis banni. Si le vol porte sur des objets valant plus de 60 sous, le délinquant subit l'ablation de la main ou du pied. En cas de récidive, le coupable est marqué d'un fer rouge au visage. S'il commet un nouveau larcin, il subit le châtiment définitif de la pendaison. Dans les cas de faux témoignage, on coupe la langue. Enfin, la torture est de mise pour arracher des aveux à un prévenu.

Ville nouvelle et urbanisme. Le tracé régulier des rues, resté le même depuis le XIIIe siècle, témoigne d'un plan urbain préétabli, typique des villes nouvelles de l'époque. Si les boulevards ont remplacé les remparts de l'époque, la ville a conservé les traces de son origine dont la superbe place avec ses couverts, inscrite au répertoire des Monuments historiques. A voir également l'église Notre-Dame-du-Taur, ancien temple protestant devenu église catholique en 1628, la fontaine de la Fréjaire, datant également du XVIIe, la Marianne de Réalmont, inaugurée en 1880, qui surmonte le puits de la place centrale, le lavoir-abreuvoir du XIXe, la maison natale de Louisa Paulin, la métairie ronde, bâtiment d'architecture unique dans le pays, où près de 80 animaux pouvaient trouver place et enfin le panorama de la Croix du Caylou.

OU MANGER ET DORMIR

Hôtel-Restaurant

HOTEL RESTAURANT NOEL   1, rue de l'Hôtel-de-Ville © 05 63 55 52 80.** *Fax : 05 63 55 69 91. Hors saison, fermé le dimanche soir et le lundi. En juillet et d'août ouvert tous les jours ainsi que pendant les vacances scolaires d'hiver. Sept chambres de 34 € à 48 €. Soirée étape : 43 €. Petit déjeuner : 4 €. Demi-pension entre 34 € et 43 €. Menu enfant : 10 €. Menus entre 15 € et 40 €. CB. Parking, terrasse, jardin.* Une belle bâtisse et une bonne cuisine plutôt de type gastronomique (avis aux amateurs !), venez constater…

LE CANTEGREL   Mont-Roc © 05 63 55 70 37. *Ouvert tous les jours de 7h à 22h. Menus à partir de 13 €. Chambres de 23 € à 46 €.* C'est dans la campagne, en face du barrage de la Rassisse et à côté de l'ancien château de Grandval qui, entre parenthèses, était la résidence secondaire de Toulouse-Lautrec entre autres, que vous trouverez le restaurant M. Vidal. Vous dégusterez ici, assis à l'une des tables de la terrasse couverte et panoramique, des petits plats bien mitonnés : spécialités d'écrevisses, magret à la pêche, petits feuilletés aux pommes en chaud et froid et coulis caramel, croustillant à la poire et son sorbet nappé de chocolat chaud… Le chef pourra proposer un panier pique-nique à ceux qui voudraient partir en randonnée sur les sentiers du GR36, puisqu'ils se trouvent sur le parcours de ce dernier. Un restaurant qui sort des sentiers battus.

L'IMPERIAL **Hameau Bonnes - LABOUTARIE** © **05 63 42 04 49.** *Fermé le dimanche soir, le lundi et le mardi soir. Menus de 15 à 25,50 €. Carte blanche : 31 €. Terrasse. Salle de séminaire équipée jusqu'à 180 personnes.* A la porte du pays de Cocagne, on se doit d'ouvrir une autre porte : celle du restaurant de Michel Guiraud. Ici cèpes, confits, foies gras et poissons ont trouvé leur maître et leur ami. Spécialités : souris d'agneau braisée à l'ail de Lautrec, terrine de crêpes à l'orange… Un véritable festin pour les gastronomes en tout genre !

L'ESCAPADE **Puech Borie - LOMBERS** © **05 63 55 65 67.** *Fax 05 63 55 59 60. Fermé le mercredi. Menus de 11 € à 22 €.* Une véritable escapade entre Albi et Réalmont. Dès les beaux jours, on profite de la terrasse pour déjeuner ou dîner en plein air. Ici les spécialités tournent autour des pâtes fraîches et des grillades au feu de bois. C'est de la bonne cuisine tradionnelle et le menu à 11 € est d'un excellent rapport qualité/prix avec plusieurs entrées, plusieurs plats et plusieurs desserts au choix avec en plus du fromage.

Chambres d'hôtes

FERME DE BELLEGARDE © **05 63 45 50 83.** *Ouvert toute l'année. 2 chambres de 4 et 2 personnes, 3 épis. Tarifs : 28 € pour 1 personne, 34 € pour 2 personnes et 46 € pour 3 personnes. Réduction à partir de la 3e nuit. Table d'hôtes : 13 €.* Si vous êtes à la recherche d'authenticité, vous vous trouvez à la bonne adresse. Avec sa grande cheminée et son décor rustique, la ferme de Bellegarde est un endroit charmant qui promet d'agréables moments. On peut visiter l'élevage de chèvres et même s'initier à la fabrication des fromages et confitures. A rajouter le petit lac sur place pour la pêche.

SE DETENDRE

LES ECURIE DE LA MURASSONNE © **05 63 45 52 34.** Le centre équestre de la Murassonne propose des hébergements en dortoir à la ferme. 30 poneys shetland sont à disposition pour balades et promenades en campagne. Des randonnées d'une journée avec pique-nique sont également proposées avec un arrêt autour d'un point d'eau. Des stages et des leçons, encadrés par une équipe diplômée de l'Ecole française d'Equitation, recevront les plus petits (à partir de 5 ans) comme les plus grands.

ROQUECOURBE

(Sidobre - Monts de Lacaune)

Le village s'élève sur la colline, dominant un méandre de l'Agout, à moins de 10 km de Castres. Ici, à Roquecourbe, prenez le temps d'admirer l'entrelacs de vieilles ruelles à encorbellements, embrassées par le bois croisé des façades, le pont de pierre reliant le château au bourg reconstruit au XIVe siècle après la noyade d'un des fils d'Eléonore de Montfort, la châtelaine, mais également la jolie place à couvert de la mairie où une scène de capture d'un cerf est minutieusement relatée sur l'une des poutres, les ruines du château du XIIIe et le rocher baptisé "La Coqueluche" d'où le panorama s'offre, magnifique. Du village, il est possible de rejoindre les fouilles de Sainte-Juliane, en empruntant la direction de Lacrouzette. En 1952, le soc d'une charrue heurta là un caillou qui se révéla être un sarcophage contenant crâne, morceaux de bassin et fémur. Les recherches archéologiques menées jusqu'en 1976 ont permis de mettre au jour de nombreuses pièces (cuves, gradins, sarcophages, poteries, anneaux, clés...) exposées pour la plupart au musée Goya à Castres. L'éperon rocheux de Sainte-Julianne est considéré comme le site originel du village de Roquecourbe. Le lieu se visite librement.

SYNDICAT D'INITIATIVE Mairie © 05 63 75 80 29

AUX ENVIRONS

Burlats

En suivant l'Agout en direction du Sidobre, à environ 8 km de Castres, Burlats est indiqué sur la gauche. Dans le secret du petit village médiéval, assis au bord de la rivière et au pied du mont Paradis, trône le "palais de la belle aux yeux de violette", le pavillon d'inspiration romane où jadis, l'on célébrait l'amour courtois. Le souvenir d'Adélaïde règne encore dans ce lieu frappé de ses magnifiques baies géminées en plein cintre, ornées de moulures et de chapiteaux décorés, cette somptueuse résidence des vicomtes de Trencavel que fit construire la comtesse Cécile de Provence au XIIe siècle et qui fut repris par Adélaïde, nièce de Louis VII quand elle épousa Robert Trencavel, dit "Taillefer", protecteur des Cathares. Veuve, la dame aux "yeux de violette" accueillait au palais toute une cour d'amour.

OU MANGER ET DORMIR

FERNAND PHILIPPOU Location Association tarnaise de Tourisme en Espace rural © 05 63 48 83 01. *Gîte 2 épis pour 4 personnes de 148 € à 297 € par semaine selon la saison. Week-end : 100 €.* Toute simplicité pour ce gîte indépendant qui jouit d'une terrasse de plain-pied. Séjour avec coin cuisine, canapé convertible, 2 chambres, salle d'eau, W.-C., lave-linge… Et dehors, une vaste prairie, un terrain clos, un barbecue, un salon de jardin et un tourniquet pour les enfants…

OU SORTIR

PUB LE MOULIN © 05 63 75 18 80. *Ouvert en été tous les jours de 17h à minuit.* Voici un lieu idéal pour passer de bonnes soirées entre amis. Une bonne ambiance et un environnement agréable feront de l'établissement de M. Mialhe le coin préféré de nos sorties nocturnes.

SAINT-JUERY

(Autour d'Albi)

Saint-Juéry a connu son heure de gloire aux XIXe et XXe siècles avec ses aciéries renommées. Aujourd'hui c'est une cité de détente et de tourisme grâce au musée du Saut-du-Tarn qui retrace l'histoire industrielle de la ville.

Pratique

OFFICE DE TOURISME Plateau du Saut-de-Tarn © 05 63 45 97 07
Ouvert du 15 juin au 15 septembre du lundi au samedi de 10h à 12h et de 14h 19h, hors saison contact par téléphone.

AMICALE DU SAUT DE SABOT © 05 63 45 97 07. L'amicale du Saut de Sabot, créée en 1971, regroupe 74 commerçants et artisans de Saint-Juery et d'Arthès. Elle a pour objectif d'animer et de dynamiser les centres-villes des deux communes et de défendre les intérêts communs des adhérents. Depuis sa création, il y a 30 ans, son journal "Le Saut de Sabot" fait fureur auprès des habitants. Edité chaque mois en 6 000 exemplaires et distribué gratuitement, il relate la vie de Saint-Juery et d'Arthès. On y trouve des articles des associations, l'état civil, les communiqués de la mairie, des numéros utiles tels que les médecins ou pharmacies de garde, des petites annonces… L'Amicale du Saut de Sabot est à l'initiative de nombreuses animations.

A VOIR

MUSEE DU SAUT-DU-TARN **Saint-Juery © 05 63 45 91 01.** *Fermeture annuelle du 15 décembre au 15 janvier. Ouvert tous les jours de 14h à 19h du 1er mai au 31 septembre et du 1er octobre au 30 avril les mercredi, dimanche et jours fériés de 14h à 18h. Tarifs : 4 € les adultes, 1,50 € pour les enfants.* Ce musée est aménagé dans les locaux désaffectés de la centrale hydroélectrique installée sur la chute du Saut de Sabot en 1898, partie de l'usine métallurgique du Saut du Tarn démantelée en 1983, aujourd'hui classée monument historique. On découvre les anciennes génératrices et turbines témoignant des fulgurants progrès des premiers dompteurs de l'énergie hydraulique ; des reproductions des hauts-fourneaux avec simulation de la fabrication de fonte ; un martinet à forger les faux lourds de 20 tonnes ainsi qu'une maquette animée reproduisant sa tâche ; un poste de travail de tailleur de limes avec des démonstrations faites par un guide ; et une reconstitution du site confectionnée par des anciens du Saut du Tarn. Mémoire d'une ère industrielle mais aussi souvenir de vieux métiers, pour certains disparus, la visite est passionnante.

AUX ENVIRONS

Lescure-d'Albigeois

A 6 km d'Albi, cet ancien fief du Saint-Siège recèle l'un des plus remarquables exemples du roman méridional. Isolée sur les hauteurs au-dessus du Tarn, la petite église Saint-Michel-de-Lescure, érigée au XIe siècle par les Bénédictins de Gaillac, exprime l'humilité d'une foi rurale. La diversité et la beauté de son décor sculpté ont fondé la réputation du monument de pierres où l'influence est sensible aussi de l'église de Moissac ou de la basilique Saint-Sernin de Toulouse. La finesse des frises frappe souvent, autant que la force de la célébration d'un dieu justicier et vengeur dont les démons, les diables, les serpents ou les monstres punissent les pécheurs : ici l'orgueilleux ou la femme adultère, là, le riche avare… Par un joli clin d'œil de l'histoire, on raconte que la petite église, mise en vente au prix de la pierre sous la Révolution, ne fut sauvée que par la foi de 12 habitants du village qui l'achetèrent. 12… comme les apôtres.

OU MANGER ET DORMIR

Restaurant

PIZZERIA LE VESUVIO **Avenue Jean-Jaurès © 05 63 45 45 64.** *Fermé le lundi. Le midi menu snack avec une entrée + un plat chaud + un dessert + 1/4 de vin pour 9 €. Plat chaud : 6,50 €. Le soir : pâtes fraîches, pizzas, salades, etc. Pizzas et plats à emporter. Salle de 26 places. Terrasse. Parking.* 22 ! V'là les pizzas ! Oui, ce sont bien des pizzas différentes qui sont proposées dans cette "ambiante" pizzeria de la périphérie albigeoise. Toutes valent le coup de les goûter, le plus dur, c'est de choisir. Pour vous aider, sachez que : Margharita la romaine et Regina la niçoise, veulent offrir trois fromages à la Reine espagnole, car cette dernière bien que d'origine orientale, est végétarienne. Les deux jeunes filles en robes printanières s'embarquent à San-Rémo, font escale dans la baie napolitaine, longent les côtes méditerranéennes au large du Vésuvio, traversent les villes provençales, évitent les forêts aveyronnaises et gravissent les pistes montagnardes. Mais affamées par leur périple, elles mangèrent leurs fromages en commençant par la tomate-mozzarella. Finalement, avec quelques œufs, elles firent une omelette norvégienne, qu'elles offrirent à la reine, qui remercia ces deux campagnardes. Nous, nous remercions le maître des lieux pour son accueil, sa bonne humeur et ses excellentes pizzas petites ou grandes.

Hôtel-Restaurant

HOTEL BELLEVUE** **Rue Emile-Combes © 05 63 55 14 75.** *Fermé le vendredi soir et le dimanche soir. Chambres de 38 € à 46 €. Petit déjeuner : 6,50 €. Demi-pension entre 37 € et 52 €. Menus à partir de 17 €. Dernière commande : 21h30. Salles de séminaires. Terrasse. Son nom n'est pas seulement un effet de style.* Côté confort, il n'y a pas à se plaindre, les 21 chambres de l'hôtel sont équipées de télévision, téléphone direct, douche ou bain, certaines d'entre elles sont même adaptées pour les personnes handicapées. Et pourquoi "Bellevue" ? Très simple, parce que l'hôtel offre un panorama peu ordinaire sur la campagne environnante, de quoi laisser perdre son regard au petit matin. Dans un cadre accueillant et fleuri, le restaurant sert une cuisine traditionnelle de terroir de bonne qualité : fricassée de pétoncles aux cèpes, pieds de porc à l'ancienne et huîtres gratinées. La multitude des salles permet d'envisager des réceptions de grande envergure (location de salles de congrès mais aussi banquets et mariages). Le Bellevue peut en effet recevoir jusqu'à 250 personnes assises.

SAINT-PIERRE-DE-TRIVISY

(Sidobre-Monts de Lacaune)

618 m d'altitude pour cette véritable station verte de vacances, à 30 minutes d'Albi et de Castres. A l'orée de la forêt, dans un écrin de verdure, le village invite aux promenades et aux pique-niques dominicaux. A ne pas manquer dans les environs, Notre-Dame-de-Tournadous sur les rives du Gijou.

OFFICE DE TOURISME **Place de la Mairie © 05 63 50 48 69**

Fax : 05 63 50 48 57. Site Internet : www.pageloisirs.com/ot-stpierretrivisy - E-mail : otstpierretrivisy@free.fr. Ouvert tous les jours en juillet et août de 9h à 19h, hors saison de 10h à 12h et de 14h à 18h.

OU MANGER ET DORMIR

CAMPING MUNICIPAL **La Forêt © 05 63 50 48 69.** *Ouverture du 15 juin au 15 septembre. Emplacement tente ou caravane : 3,50 €. Adulte : 3,50 €. Enfant jusqu'à 13 ans : 2 €. Branchement électricité : 3,50 €. 7 nuits passées = 1 offerte. Animaux acceptés. Aire de jeux. Supérette. Piscine avec toboggans.* Pour profiter de vacances au vert, le lieu est idéal : camping ombragé pour ne pas avoir à essuyer les grosses chaleurs, et la forêt tout autour pour des idées de randonnées. Chalets en bois et "bungatoiles" seront l'alternative pour tous ceux qui auraient envie de camper, et qui n'auraient pas le matériel pour cela. Le camping organise pour les plus petits et les plus grands, d'innombrables activités : soirées dansantes, randonnées, visites de fermes voisines, concours de pétanque, piscine nocturne… Mais le clou du spectacle reste quand même la piscine voisine.

LE PARISSOU **Aquamonts © 05 63 73 09 08.** *Ouvert du 15 juin au 15 septembre. Restauration rapide.* Après vous être bien dépensé en batifolant au parc aquatique d'Aquamont vous pourrez venir vous restaurer rapidement à la crêperie attenante au parc. Une crêperie polyvalente puisque le chef prépare aussi des pizzas, des sandwichs, quelques grillades… L'après-midi, vous pourrez venir au même endroit côté piscine pour acheter des confiseries, des boissons…

SE DETENDRE

BASE DE LOISIRS LA FORET. *Parking de 150 places.* Au cœur d'une nature intacte, le rire cristallin des ruisseaux s'élève sous le couvert des arbres. Là, vous pouvez vous reposer, pique-niquer sur des aires prévues à cet effet, à l'ombre, digérer ensuite sur les sentiers pédestres. Ou encore profiter de l'espace loisirs avec son boulodrome, son minigolf, son court de tennis, son terrain de volley, son parcours sportif, son quillodrome, ses aires de jeux pour les enfants.

AQUA-MONTS **Base de loisirs La Forêt © 05 63 73 07 06.** *Ouverture de mi-juin à mi-septembre. Ouvert de 16h à 18h, juillet-août de 11h à 19h. Tarifs : 3 € les adultes, 2 € les enfants de 6 à 13 ans.* Quand la chaleur devient insupportable, on pique un plongeon dans le bassin de natation, on s'élance sur les toboggans pentagliss à 4 pistes ou à virages pendant que les enfants s'amusent sous l'œil vigilant du maître nageur dans les pataugeoires. Trampoline, solarium et la possibilité de se restaurer juste à côté… Le rêve !

AVENTURE PARC Base de Loisirs La Forêt ✆ 05 63 73 09 03. *Site Internet : www.aventure-parc.com. Les consulter pour les horaires d'ouverture. Entrée : 17 € les adultes, 12 € les enfants. Saut à l'élastique : 17 €. Aventure totale : 28 €. Miniparc (pour les moins de 8 ans) : 4 €.* Le créateur du concept (D. Payant), est un ancien capitaine de l'armée française. Son pari est de rendre accessible (physiquement et financièrement) une prestation ludo-sportive demandant une certaine dose de courage et de dextérité. Les personnes qui viendront participer à l'aventure n'auront pas à se soucier de la sécurité puisque ici tout a été conçu pour une sécurité maximale. On nous prêtera même les combinaisons, et tout le matériel nécessaire. Chaque aventurier a son niveau, la difficulté du parcours est signalée par couleurs. De toute manière, aucun des parcours ne présente une difficulté extrême, ils demandent seulement une bonne condition physique : saut à l'élastique, balançoires suspendues, pont de singe, tonneaux suspendus, tyrolienne, roulettes… et jusqu'à 73 jeux différents.

SAINT-SULPICE-LA-POINTE

(Plaine du Tarn)

Edifiée au confluent du Tarn et de l'Agout, la commune de Saint-Sulpice-la-Pointe est l'une des bastides albigeoises qui méritent le détour. De ses origines médiévales, elle a conservé le modèle architectural spécifique : rues rectilignes, gâches ordonnées et place à couverts (qui a disparu pour permettre la construction de l'église).

OFFICE DE TOURISME Place Georges-Spénale ✆ 05 63 41 89 50

Fax : 05 63 40 23 30. Site Internet : www.ville-saint-sulpice-81.fr. Ouvert du mardi au dimanche du 15 mai au 15 octobre de 15h à 19h, hors saison de 14h à 18h.

A VOIR

LE CHATEAU DU CASTELA. *Visite libre toute l'année.* Les ruines du Castela, ancien château édifié au Xe siècle par le comte de Toulouse et rebâti au XIIe par le nouveau seigneur de Saint-Sulpice, Sicard d'Alaman et le comte de Foix, Gaston Phoebus, apparaissent comme les traces du plus ancien monument de la ville. Le bâtiment, comprenant des logements, une chapelle et une prison, était à l'origine fortifié par des tours. Un large fossé le séparait de la nouvelle bastide. Bien qu'extrêmement abîmé par les guerres de Religion du XVIIe, il conserve encore une partie de ses murs, une petite tour et un souterrain ouvert à la visite.

LE SOUTERRAIN DU CASTELA ✆ 05 63 41 89 50. *Visites commentées en saison de 15h à 19h (sauf lundi), autres périodes sur rendez-vous.* Particulièrement bien conservé, ce souterrain d'une longueur de 142 m est le plus long du Tarn et le seul ouvert à la visite. Il présente 4 salles creusées dans un roc marneux qui servaient de réserve et de refuge dans les périodes de danger. La régularité des voûtes et des parois creusées au pic de Fer laisse les visiteurs admiratifs. La petite histoire raconte qu'en 1243 la princesse royale Jeanne de Boulogne, veuve du duc de Berry, y frappa de la fausse monnaie et que de la poudre à canon y fut fabriquée au XVIIe siècle.

LE PONT SUSPENDU. En empruntant le chemin qui contourne la motte féodale, on peut contempler le Pont suspendu, datant du XIXe siècle, qui enjambe l'Agout. Alors que le flot est bien en contrebas du tablier du pont, il faut un peu d'imagination pour se représenter les inondations de 1930 au cours desquelles le pont fut submergé et faillit être emporté par les eaux en crue.

L'EGLISE. Ne quittez pas la ville sans avoir admiré l'impressionnant clocher-mur de l'église de type gothique du midi languedocien, qui culmine à 40 m de hauteur. Son édification, amorcée en 1381 sous la seigneurie de Gaston Phoebus, fut stoppée à mi-hauteur par le duc de Berry qui ne souhaitait pas que le clocher dépassât son château… Ce n'est qu'après sa mort que les travaux reprirent. Rehaussé selon les plans d'origine, le clocher fut achevé en 1447.

OU MANGER ET DORMIR

AUBERGE DE LA POINTE Bord du Tarn - RN88 © 05 63 41 80 14. *Fermé mardi soir et mercredi sauf en saison. Menus à partir de 11 €. Prix moyen à la carte : 25 €. Terrasse.* A défaut de plonger dans le Tarn, contentons-nous de la vue plongeante sur la rivière que nous offre la terrasse de l'établissement de Robert Chelot. La cuisine se veut à la hauteur des berges dans un registre traditionnel agréablement inspiré : croustillant de chèvre chaud, carré d'agneau au vin de noix…

SE DETENDRE

LE LUGAGNOL Etang de la Treille (Sortie 6 - Autoroute Albi) - LUGAN © 05 63 41 90 46. *Visites du 15 mars au 30 octobre les week-ends et jours fériés (sur rendez-vous samedi et mercredi). Tous les jours en juin, juillet et août.* Francis Vincens avait une idée très personnelle de l'âne. Il a donc tout "simplement" réinventé l'aimable animal… Pour ce faire, il a eu l'idée de croiser un étalon "grand noir du Berry" et une ânesse grise du Portugal. Et depuis 1992, la dynastie des baptisés "Lugagnol" ne cesse plus de croître et de prospérer. Puis Francis Vincens a ouvert son élevage au public. La propriété familiale, toute boisée de chênes centenaires, s'imposait comme un cadre idéal pour des balades et pique-niques anti-stress. Les bêtes peuvent être louées à la journée ou à la demi-journée pour accompagner les promenades et les enfants peuvent faire des tours à dos d'âne sur un circuit spécial avec 2 possibilités de distance (de 700 m à un peu plus de 1 km).

RANDONNEES. De nombreux sentiers balisés de randonnées sillonnent les alentours. Citons-en deux : le sentier des Pays d'en haut qui couvre 15 km (Lugan-Azas-Saint-Sulpice) et celui des Plaines de l'Agout, d'une longueur de 6 km (entre Saint-Lieux-les-Lavaur et la base de loisirs Ludolac).
Informations à l'Office de Tourisme © 05 63 41 89 50

SALVAGNAC

(Pays des Bastides)
Situé dans le triangle Albi-Gaillac, Toulouse, Montauban (à 30 minutes de ces trois principales villes), le Pays salvagnacois est une bonne idée de week-end dans un terroir ancien composé de coteaux ensoleillés et de vallées verdoyantes.

OFFICE DE TOURISME Rue Carvin-Cachin © 05 63 33 57 84
E-mail : office-tourisme-pays-salvagnacois@wanadoo.fr. Ouvert tous les jours du 1er avril au 30 septembre de 9h30 à 12h30 et de 14h30 à 18h30, du lundi au vendredi hors saison de 14h30 à 18h.

Le Pays Salvagnacois

Placés sur le circuit des Bastides, Montvalen, Tauriac, La Sauzière Saint-Jean, Montgaillard, Saint-Urcisse, Beauvais-sur-Tescou, Montdurausse et Salvagnac sont les huit villages paisibles et accueillants de ce beau pays aux blés réputés, aux vignobles célèbres, aux lacs aménagés et aux chapelles dispersées, anciens lieux de rassemblement vers Saint-Jacques-de-Compostelle. Adossé aux forêts de la Bouysse, de Sivens et de Grésigne, le pays offre ses sites variés et pittoresques, une véritable bouffée de nature.

A VOIR

Salvagnac apparaît dans l'histoire en 1220 avec la création d'un prieuré bénédictin sur l'initiative de Raymond IV, comte de Toulouse. La petite ville enfermée dans ses remparts, actuellement matérialisés par la Grand-Rue, la rue des Remparts et les allées Jean-Jaurès devint un centre commercial et artisanal actif avec ses marchés et ses foires très importants jusqu'aux guerres de Religion. Le village fut détruit et brûlé en 1587 sur l'initiative du Parlement de Toulouse à l'exception des bases des tours du château et quelques maisons du XVIIe et XVIIIe siècle. Salvagnac mit plus de deux siècles pour se relever de cette destruction.

OU MANGER ET DORMIR

LA MAISON ROSE Rue Gérard-Roques © 05 63 40 59 22. *Chambres à partir de 31 €. Menu : 13 €.* C'est dans le village même, que vous trouverez la Maison Rose de M. et Mme Challis. Une maison relativement vaste et entièrement rénovée, composée de 4 grandes chambres très éclairées toutes équipées de salle de bains et de WC. Lorsque vous sortirez dans le jardin, vous trouverez d'abord une petite cour et encore un peu plus bas une piscine ronde et des bains de soleil.

LA VINATIERE Montdurausse © 05 63 40 54 34. *Ouvert toute l'année. Tarifs : de 25 € à 28 € pour 1 personne, de 31 € à 34 € pour 2 personnes, 42 € pour 3 personnes. Table d'hôte : 12 € pour les adultes.* Vous voilà aux pays des Bastides cher aux amoureux des vieilles pierres. Vous trouverez à La Vinatière le calme et la tranquillité au cœur de la campagne tarnaise. Cette ancienne ferme restaurée vous propose ses chambres et sa table d'hôte où vous vous régalerez des produits frais et du terroir. Sur place, vous pourrez profiter des vélos, de la bibliothèque, des jeux de société et des jeux pour enfants… Et si les balades en plein air vous sont agréables alors vous ne serez pas en peine de trouver votre bonheur grâce aux nombreux itinéraires qui vous seront proposés.

LA CHENAIE Saint-Urcisse © 05 63 33 29 45. *Ouvert tous les jours, sauf le lundi soir. Menus entre 10 € et 20 € et carte.* Vous découvrirez chez Mme Caussade une cuisine traditionnelle et régionale de qualité. Des produits du marché et des plats cuisinés par les soins tout particuliers de la patronne. Un décor moderne et arrangé avec beaucoup de goût, voilà comment on peut décrire cet endroit lové au cœur de Saint-Urcisse. Vous pourrez savourer du flétan sauce normande, des aiguillettes de canard sauce poivre vert, de la croustade aux pommes faite maison.

SOREZE

(Montagne Noire)

Du soleil aveuglant à l'ombre bienfaisante. Connaissez-vous Hora, la capitale de Mykonos en Grèce ? Ses habitants racontent qu'une lionne invisible est tapie dans ses ruelles et qu'elle mord le cœur des promeneurs. Rassurez-vous, la morsure n'est pas mortelle. Elle a seulement pour effet de vous envoûter et de faire en sorte qu'aussi loin que vous partiez vous ne pourrez vous empêcher de revenir, encore et toujours, à Mykonos. Cette évocation de l'île des Cyclades a pour seul but de vous présenter l'indicible Sorèze... D'autant que la population est aussi fière de sa cité que les Mykoniens de leur île et que tout le personnel de l'office de tourisme et de l'abbaye-école est dévoué corps et âme à l'accueil et au bien-être des visiteurs. Si vous tombez entre leurs griffes, faites-vous une raison, vous ne passerez pas en courant dans leur cité. Ils vous dévoileront ses innombrables charmes et, subtilement subjugué, vous prolongerez votre séjour...

Authenticité et paix au creux de ses ruelles. Bâtie à 272 m d'altitude, au pied de la Montagne Noire et dans l'ombre du pic de Berniquaut, Sorèze est une petite cité historique pleine de caractère. Dans l'entrelacs de ses rues bordées de maisons à encorbellements et façades en bois des XVIe et XVIIe siècles, il fait bon flâner. Jadis la ville était installée sur l'oppidum de Berniquaut. D'ailleurs vous trouverez sur place à la maison du Parc, des fouilles mises au jour. Quelques éléments d'architecture retiendront à n'en pas douter votre attention ici, à Sorèze : le clocher octogonal du XVIe siècle, dernier vestige de l'église Saint-Martin et en opposition architecturale, l'ancienne abbaye qui ouvrit ses portes en 1642 et se tailla une si belle renommée que Louis XVI en fit en 1776 l'une des douze écoles royales militaires françaises. Après la Révolution, l'endroit périclita jusqu'à ce qu'à la moitié du XIXe siècle, le célèbre prédicateur libéral, le père Lacordaire, lui distille un nouveau souffle. “Le but de toute éducation, aimait-il à dire, est l'apprentissage de la liberté.” Il repose depuis 1992 en l'église paroissiale de Sorèze.

Courage et enthousiasme au cœur des habitants. Outre une cité de mémoire, Sorèze est un village animé avec sa kyrielle d'artistes et d'artisans qui résident ici, son industrie du bois, ses animations, spectacles de théâtre, de danse et de musique, ses concerts d'orgue, ses expos de peinture, son salon du livre et ses foires à thème. Le site est également préservé. Etape incontournable pour les amoureux de la nature, Sorèze se niche en bordure du Parc naturel régional du Haut-Languedoc, entourée de luxuriantes forêts, offrant de multiples activités sportives et des prétextes à découverte. Randonnées pédestres, équestres et à VTT, spéléologie dans la grotte du Calel (non aménagée au grand public), le parapente à l'oppidum de Berniquaut, l'escalade, le tir à l'arc, la pêche et les sports nautiques sur le lac de Saint-Ferréol, autant de moyens de s'essouffler...

Le lac de Saint-Ferréol, sur les hauteurs de Sorèze, constitue la pièce maîtresse du système d'alimentation en eau du canal du Midi, aménagé au XVIIe siècle et inscrit depuis au patrimoine mondial de l'Unesco au même titre que toute l'œuvre de Riquet. Plaisirs nautiques et promenades ombragées au programme.

OFFICE MUNICIPAL DE TOURISME Rue Saint-Martin © 05 63 74 16 28

Fax : 05 63 50 86 61. Internet : www.ville-soreze.fr - E-mail : tourisme@ville-soreze.fr. Ouvert tous les jours du 1er juin au 30 septembre de 10h à 12h et de 14h à 18h, hors saison du lundi au vendredi de 10h à 12h et de 14h à 17h30, le samedi et le dimanche de 14h à 17h. Visites commentées de la cité sur réservation. Tarif : 2 €. Réservation pour groupes.

Un itinéraire pédestre d'une durée dc 30 mn est disponible à l'office de tourisme. Il vous permettra de découvrir entre autres les maisons natales de Dom Devic et de Jean Mistler, la galerie d'art Terson de Paleville, la maison du Parc, la porte Malmagrade et le clocher Saint-Martin. Découverte également de l'artisanat local (ébénisterie, sculpture, création de vitraux, apiculture, poterie, tapisserie d'ameublement...).

A VOIR

MAISON DU PARC © **05 63 74 11 58.** *Visites commentées tous les après-midi (sauf le mardi) en juillet et août de 14h30 à 18h30 ; hors-saison le week-end de 14h à 18h30.* Ancienne maison du Parc naturel du Haut-Languedoc, elle abrite désormais un musée archéologique consacré aux fouilles de l'oppidum de Berniquaut (magnifique belvédère situé à 2 km environ de Sorèze) et des expositions temporaires.

GALERIE D'ART TERSON-DE-PALEVILLE © **05 63 50 86 76/05 61 27 52 65.** *Ouvert de juin à octobre, de 15h à 19h et de 14h à 18h le reste de l'année. Entrée libre.* Ici, exposent en permanence de nombreux artistes sorézois (plus de 20). Aquarelles, huiles, pastels, sculptures, luminaires, meubles d'art… autant de points de départ au rêve et au plaisir. A consommer sans modération.

L'ABBAYE-ECOLE DE SOREZE **Point Accueil - Rue Saint-Martin** © **05 63 50 86 38.** *Fax : 05 63 50 86 00. E-mail : abbaye-ecole.soreze@cg81.fr. Directeur : M. Kirtava. Visites payantes. Visites commentées.* "Douze siècles d'intelligence pour la noblesse du caractère", ainsi se commentent les visites qui retracent l'histoire de la célèbre école royale militaire de Sorèze. Créée en 754 par Pépin le Bref, elle est aujourd'hui l'un des rares témoignages de l'histoire de l'éducation en Europe. Le parcours de découverte se développe en intérieur et en extérieur (l'abbaye fut construite sur un parc de 6 ha), plusieurs thèmes sont ainsi abordés : l'évolution architecturale des bâtiments, l'histoire de l'enseignement… Le parc permet de goûter la tranquillité et l'harmonie des lieux au détour des allées qui longent la piscine, les agrès, la serre du potager et le jardin de l'abbé. Outre l'hôtellerie et les salons de réception, la chapelle et l'auditorium sont ouverts à de nombreux événements qui favorisent un important développement culturel.

AUX ENVIRONS

Massaguel

A 10 km de Sorèze et Durfort, au pied de la Montagne Noire, s'étend le village pittoresque de Massaguel. Outre la proximité du monastère d'En-Calcat (15 minutes à pied), le baladeur pourra s'arrêter sur la fresque de Dom Robert dans l'église (unique peinture murale de l'artiste). Côté agapes, faisons donc un tour à l'Auberge des Chevaliers. Un détour chez l'antiquaire et sa cave aux mille trésors s'imposera ensuite, histoire de passer la digestion. Dans les environs, dirigeons nos pas sur le barrage du Pas-du-Sant, les forêts domaniales, les chemins de randonnée (Chamina) ou encore le tennis…

OU MANGER ET DORMIR

HOTELLERIE DE L'ABBAYE-ECOLE **Rue Lacordaire** © **05 63 74 44 80.** *Fax : 05 63 74 44 89. Site Internet : www.hotelfp-soreze.com - E-mail : contact@hotelfp-soreze.com. Ouvert toute l'année. 18 chambres de 45 € à 55 €, petit déjeuner 7 € (Le Pavillon des Hôtes). 52 chambres de 80 € à 130 €, petit déjeuner 10 €. Salon de réception. Terrasse intérieure. Salle pour groupes et séminaires. Parking privé.* L'Hôtellerie de l'Abbaye-Ecole de Sorèze est composée de deux hôtels. Le Pavillon des Hôtes se trouve dans l'une des parties de la très prestigieuse ancienne école militaire de Sorèze. Ses 18 chambres sont très sobrement décorées et se situent autour du patio meublé de rotin. A ces chambres déjà existantes et depuis avril 2002, on a rajouté 52 autres chambres en 3 étoiles, c'est Le Logis des Pères, ainsi qu'un restaurant gastronomique, Les Collets Rouges. C'est nouveau, c'est à découvrir ! On n'a pas tous les jours l'occasion de séjourner à l'intérieur d'un monument classé monument historique…

EMPLETTES

LES RUCHERS DE LA MONTAGNE NOIRE **Les Consuls © 05 63 74 23 27.** *Miels et produits de la ruche, en vente à la ferme. Horaires des visites : juillet et août, du mardi au samedi, de 14h à 19h, avril, mai, juin, septembre et octobre, sur rendez-vous. Groupes uniquement sur rendez-vous. Tarifs : 3 € par personne, groupe de plus de 15 personnes 2,50 €.* Voyage au cœur de la ruche, vous en profiterez pour découvrir les secrets de la vie de la reine, de l'organisation sociale des abeilles. Miel, gelée royale, cire ou hydromel, vous sillonnerez les arcanes des ruchers au travers d'une salle d'exposition, du diaporama, d'une ruche vitrée, d'une visite commentée et pour achever d'une dégustation de produits de la ruche.

TREBAS

(Vallée du Tarn)

Située à la frontière nord-ouest du département du Tarn, la commune de Trébas couvre 567 ha. Le bourg de Trébas-les-Bains s'est développé sur la rive droite du Tarn dans la vallée pittoresque du même nom. Il se trouve à 20 km de Valence-d'Albigeois, à 35 km d'Albi et à 15 km de Réquista (Aveyron). Sa position géographique (passage obligé de la vallée du Tarn), la qualité de son paysage et la présence de l'eau (pêche, baignades, sports nautiques) orientent de plus en plus le village vers le tourisme.

L'origine du village est ancienne. Cité en 1199, on peut encore voir aujourd'hui les vestiges des fortifications qui le protégeaient (dont deux portes en ville). Un château du XVIe siècle se trouve en amont. En 1835, la redécouverte des vertus thérapeutiques des eaux de Trébas donne un nouvel élan au village. Les trois sources de Trébas se nomment Saint-Roch, Assié et Sainte-Marie. Les sources Saint-Roch et Assié sont cuivreuses et ferrugineuses, la source Sainte-Marie est plus particulièrement carbonatée sodique. La température de ces sources au bassin de captation est de 16 °C.

Aujourd'hui la vocation de station thermale du village est terminée mais le tourisme quant à lui est de plus en plus présent et ici tout est fait pour que les gens aient envie de revenir. Trébas a la seule plage surveillée de tout le Tarn. Le village est doté d'une base de loisirs où se trouvent un terrain de foot, de volley-ball, de tennis, de pétanque, un minigolf, possibilité de descendre le Tarn en canoë-kayak entre Trébas et Ambialet, des tables, un barbecue et une aire de jeux sont à disposition pour les amateurs de pique-nique. N'oublions pas que dans un environnement aussi beau il est possible de faire des randonnées pédestres, "VTTesques"… Un marché de pays est organisé tous les dimanches matin en juillet et en août : produits du terroir qui vont de la truite au miel et aux fromages…

OFFICE DE TOURISME Place du Village ✆ 05 63 55 88 92
Fax : 05 63 99 75 51. Ouvert tous les jours en juillet et août de 10h à 12h et de 16h à 19h, hors saison contact par téléphone.

OU MANGER ET DORMIR

CAMPING L'AMITIE ✆ 05 63 55 84 07.** *Ouverture du 1er mai au 15 septembre. Location de mobil-homes et de bungalows toile et de caravanes. Sanitaires, douches chaudes. Animations enfants et ados. Piscine, pataugeoire. Chiens acceptés.* Au cœur de la vallée du Tarn, sur un terrain ombragé en bordure de rivière, les vacances peuvent se vivre en toute plénitude. Outre la proximité de tous les commerces, boulangerie, boucherie, charcuterie et épicerie, l'endroit sait se rendre agréable avec sa piscine, ses animations tous les après-midi pour les enfants, les soirées ados et soirées dansantes pour les plus grands. Et le vendredi soir, un concert au restaurant mitoyen, La Guinguette… Vacances farniente ou sportives (canoë, pêche, mountain-bike, randonnées, escalade ou promenades à cheval, tennis, golf à proximité), il y en a pour tous les goûts.

LA GUINGUETTE ✆ 05 63 55 84 07. *Ouverture du 1er mai au 15 septembre. Carte : produits et viandes du terroir. Plats entre 5 € et 12 €. Dernière commande : 22h et 22h30.* Entre la rivière et le village, ce petit restaurant-snack propose midi et soir tout un éventail de viandes grillées et de salades, produits du terroir, produits exclusivement locaux. Une agréable manière de se restaurer entre pêche, baignade et base de loisirs.

EMPLETTES

MIELLERIE-VINAIGRERIE TARNAISE La Borde ✆ 05 63 55 91 42. *Visite guidée de l'exploitation et vente à la ferme.* A Trébas, Apis Vinaegria n'est pas exactement une miellerie artisanale comme les autres. Si l'exploitation produit du miel (châtaignier, forêt, montagne, tournesol, crémeux, toutes fleurs), elle est également dotée d'une vinaigrerie artisanale à l'ancienne, unique dans son genre en France. Directement inspirée des traditions du Moyen Age, la fabrication du vinaigre de miel ne peut pas être plus naturelle. Légèrement moins alcoolisé et par conséquent moins agressif pour l'estomac, le vinaigre de miel est le fruit d'une lente transformation d'un mélange de miel frais produit sur place et d'eau fermentée dans de grands foudres de chêne. On peut profiter de la visite pour acheter des moutardes artisanales (à base de graines récoltées et moulues sur le domaine à la meule de pierre) et des pains d'épices maison, ou bien décider d'y rester dans leur gîte (4 personnes) ou ses chambres d'hôtes. Une occasion de vivre de l'intérieur le rythme d'une ferme.

VIELMUR-SUR-AGOUT

(Pays de Cocagne)

La "Villa de Vetus Murense" accueillit, il y a 1 000 ans un monastère de femmes qui survécut aux dévastations des guerres de Religion, pour finir en partie détruit durant la Révolution. Si quelques maisons à pans de bois et encorbellements subsistent dans le village, il faut se rendre à la sortie sud de Vielmur pour admirer l'abbaye royale Notre-Dame-de-la-Sagne qui était entourée de hautes murailles dont il reste quelques vestiges. Une vaste cour intérieure bordée par l'aile abbatiale à façades XVIIIe (les bâtiments conventuels sont occupés par un établissement scolaire), prolongée par l'église abbatiale d'origine romane fortement modifiée (surtout le clocher) avec à l'intérieur, retable et tabernacle intéressants.

OU MANGER ET DORMIR

CAMPING LE PESSAC*** © **05 63 74 30 24.** *Location mobil-homes, bungalows et caravanes. 4 chambres d'hôtes avec salle de bains et W.-C.* Camping 3 étoiles, calme et ombragé, offrant quelques activités dans son enceinte ou à proximité (tennis, pêche, cheval). La piscine est réservée aux occupants du camping ce qui permet de pouvoir en profiter pleinement et sans trop de monde. Les visites et randonnées en pays de Cocagne sont très agréables et permettent de satisfaire les plus curieux. Les propriétaires ont aussi 4 chambres d'hôtes qui se situent à l'entrée du camping dans une ancienne ferme.

LE P'TIT QUINQUIN 10, place de l'Esplanade © **05 63 70 57 31.** *Fermé mercredi. Menu complet de 14 € à 23 € avec boissons et café.* Voici un établissement qui sort de l'ordinaire ! Un estaminet venu du nord de la France. Ici M. Salmon a essayé avec beaucoup de succès de recréer un endroit typique des Flandres. La décoration fait penser à un mini-musée retraçant ainsi tout ce qui fait le Nord. Vous trouverez de quoi passer de bonnes soirées autour de jeux traditionnels (et d'époque) dont un datant de 1912. Bien entendu, un grand choix de bières vous sera proposé (venant du Nord et de Belgique) que vous pourrez déguster en écoutant de la musique celtique. La cuisine est aussi descendue du Nord. Ainsi, vous découvrirez la gastronomie des Flandres en économisant le voyage. Au menu : gougère aux maroilles, carbonnade flamande, moules frites en saison, lapin aux pruneaux, coq à la bière flambée… Une petite règle à respecter pour déguster ces plats mitonnés : passer commande et réserver car le chef ne cuisine que des produits frais.

VILLENEUVE-SUR-TARN

(Vallée du Tarn)

A la limite du département, à la frontière du Tarn et de l'Aveyron, à l'entrée ouest du Parc naturel des Grands Causses, un petit village enchâssé entre rocs et rivière, dans un paysage agréablement verdoyant se veut depuis quelques années déjà le point de départ de nombreuses excursions dans les gorges du Tarn, au pays de Roquefort et de ses caves et plus loin, vers le légendaire Sidobre ou Albi la rouge. Outre la randonnée pédestre (sentier balisé GR36) entre Cazelles et Bergeries, il est possible ici de faire de nombreuses activités sportives (canoë-kayak, VTT, tennis, équitation, pêche et escalade).

MAIRIE © **05 63 55 93 40**

OU MANGER ET DORMIR

HOTELLERIE DES LAURIERS* Le Bourg** © **05 63 55 84 23.** *Fax : 05 63 55 89 20. E-mail : pascal.sudre@worldonline.fr. 9 chambres entre 46 € et 52 €. Soirée étape : 42 €. Demi-pension entre 42 € et 45 €. Petit déjeuner : 6 €. Menu enfant : 10 €. Menus entre 12 € et 38 €. CB. Accueil de groupes, jusqu'à 100 personnes. Formules séjours randonnées. Piscine couverte. Jacuzzi.* Côté hébergement, toutes les chambres sont équipées du téléphone direct, TV et salle de bains. Le décor y est sobre, le lieu, calme et tranquille. Les enfants qui logent dans la chambre de leurs parents bénéficient de réduction, entre 0 et 3 ans, c'est gratuit et entre 3 et 12 ans, ils ont le droit à 30 %. Et pour manger, l'hiver, on s'installe près de la cheminée dans la salle à manger moderne de cette demeure du XVIIIe siècle pour goûter à la cuisine du terroir (foie gras poêlé aux raisins et pommes, magret de canard au gros sel et vinaigre de miel, souris d'agneau aux gousses d'ail rose de Lautrec…) ; l'été, on profite de la vue sur le Tarn qu'offre la terrasse ombragée. Pour se bouger, deux options : la piscine couverte ou une balade dans les gorges du Tarn. Entre Pâques et la Toussaint, les propriétaires organisent des formules séjours randonnées (durée : 8 jours, 7 nuits), avec ou sans accompagnateur, autour de Villeneuve-sur-Tarn.

- repères
- découverte
- à table
- shopping

Albi

ALBI
A
B
C
D
E
1
2
3
4
5
6
7
8
9
le Tarn
Les Berges du Tarn
RUE DU TENDAT
PONT VIEUX
QUAI CHOISEUL
R. D'ENGUEYSSE
R. DE LA GRANDE CÔTE
R. DE LA SOUQUE
PL. H. DE GORSSE
RUE ÉMILE GRANDET
R. DE LA BUADE
R. DES FOISSANTS
Marché
Palais de la Berbie
Musée Toulouse Lautrec
PL. DE L'ARCHEVÊCHÉ
R. DES FARGUES
PL. ST-JULIEN
RUE ST-JULIEN
IMP. STE-MARTIANE
RUE MARIÈS
St-Salvy
PL. DU CLOÎTRE ST-SALVY
Cloître
R. DE LA PRÉVÔTÉ
PLACE ST-LOUP
I. COMPAYRÉ
PL. DE LA TRÉBAILLE
PL. MGR. MIGNOT
R. DE LA TEMPORALITÉ
R. DE LA MAÎTRISE
PLACE DU CHÂTEAU
R. ST-LOUP
R. DU CASTELVIEL
R. BOUSCAYLET
R. CATALANE
R. PARADIS
R. SAVÈNE
PLACE SAVÈNE
Cathédrale Ste-Cécile
PLACE STE-CÉCILE
PLACE DU CALVAIRE
PONT DE LA RÉPUBLIQUE
R. DE THÉRON
R. DES ORFÈVRES
ARCACADES DU BONDIDOU
R. CAMINADE
R. DE LA PIALE
R. STE-CÉCILE
I. DE LA CX BLANCHE
R. DES PRÊTRES
R. DE LA CROIX BLANCHE
M. du Vieil Alby
R. DU CH. BIROT
R. PUECH BÉRENGUIER
Musée de Cire
R. H. DE TOULOUSE LAUTREC
R. ST-CLAIR
R. DU PLANCAT
R. DE L'OULMET
R. DE SAUNAL
R. ROQUELAURE
R. DES NOBLES
R. PEYROLIÈRE
RUE DE VERDUSSE
R. PUECH AMADENC
R. DR L. DEVOISINS
BD GAL SIBILLE
RUE DE LA FILATURE
RUE DU FOIRAIL DU CASTELVIEL
I. DU FOIRAIL DU CASTELVIEL
CÔTE DE L'ABATTOIR
RUE G. COMPAYRÉ
RUE LOUIS RENAUDIN
SALENGRO
BOULEVARD ROGER SALENGRO
BOULEVARD GÉNÉRAL SIBILLE
I.U.F.M.
Lycée Professionel Toulouse Lautrec
R. DE L'ÉCOLE NORMALE
R. MARCELIN BERTHELOT
Centre Hospitalier
IMP. PUECH MIRO
AV. C. BOUSSAC
PLACE LAPÉROUSE
RUE DE LA BERCHÈRE
R. CHEMIN PORTAL
CHEMIN DE MERVILLE
RUE DORDOGNE
R. DES CHALETS
Centre-Médico-Social
RUE DES SORBIERS
Trésorerie Générale
AVENUE GÉNÉRAL DE GAULLE
R. DES CORDELIERS
PLACE DE L'AMITIÉ ENTRE LES PEUPLES
Centre Culturel
Gymnase
AV. DU PARC
RUE DE SEPT FONDS
RUE GÉNÉRAL GIRAUD
Equipement
DDA
DDE
RUE DE CIRON
Mutualité Sociale Agricole
Direction des Postes
Cité Administrative
Inspection Académique
Parc Castelnau
BOULEVARD CARNOT
AV. MARÉCHAL JOFFRE
GARE SNCF
PLACE STALINGRAD
Poste
École Ste-Marie
Clinique Lasserre
RUE DE LA CAUSSADE
RUE PASTEUR
RUE J. ALIBERT
RUE TRUEL-DE-PALAFFRE
Parc Rochegude
AVENUE DU GÉNÉRAL LECLERC
RUE P. ESQUILAT
R. DES PRESSOIRS
AV. MAL JOFFRE
P. FOCH

F
G
H
I
J
1
2
3
4
5
6
7
8
9
Esplanade des Partisants
R. BASSE DES MOULINS
R. DE LA RIVIÈRE
I. FONTAINE ST-SALVY
ATHON
GRAND
ÉMILE
LICES
Couvent des Dominicaines
IMP. DU GRAND SÉMINAIRE
Lycée Technique Louis Rascol
AVENUE DU LOIRAT
R. CHARLIE CHAPLIN
PL. ST AMARAND
AV. DE LATTRE DE TASSIGNY
Couvent Notre-Dame
PL. ST-AFRIC
Lycée Lapérouse
RUE DE LA RÉPUBLIQUE
GEORGES
POMPIDOU
R. ST-AFRIC
R. BONNE CAMBE
Eglise Évangélique
Hôtel de Police
RUE NÉGO - DANOS
R. J. ROLLAND
RUE DE LA CROIX VERTE
École Jeanne d'Arc
BOULEVARD SOULT
RUE STE-CLAIRE
RUE DE RHONEL
PL. STE-CLAIRE
R. DES PETITS TOURS
R. CANDEIL
RUE A. MALROUX
Hôtel du Département
Chapelle St-Joseph
Carmélites
PL. DE LA PREFECTURE
IMP. STE-MARIE
Préfecture
Ch. de Commerce
Recette Perception
R. DOMINIQUE DE FLORENCE
RUE DES CARMÉLITES
R. MONTAUDRY
Square A. Delmas
RUE DES PÉNITENTS
IMP. TIMBAL
TIMBAL
R. DES GRENADIERS
Banque de France
R. C. BOYER
R. L. D'AMBOISE
RUE LAVEDAN
RUE FONVIEILLE
R. D'EMPEYRALOTS
Hôtel de Ville
L'HÔTEL DE VILLE
PLACE DU VIGAN
ANPE
Temple
PLACE DU MAQUIS
PL. DU PALAIS
R. DU PALAIS
R. DE L'ORT-EN-SALVY
PL. DE L'ORT-EN-SALVY
LICES J. MOULIN
RUE SÉRÉ DE RIVIÈRE
Poste
R. DE BOURGUET
R. ET PL. DU PATUS CRÉMAT
R. TRENCAVEL
CAMBOULIVES
R. DU SEL
RUE DE LA PORTE NEUVE
R. DES MUETTES
R. DE LA VIOLETTE
R. DU MAIL
Jardin National
RUE ST-ANTOINE
PASS. RABELAIS
RUE GÉNÉRAL
R. B. DE CASTANET
R. LAROCHE
VALMY
BOULEVARD SOULT
Palais de Justice
RUE DOCTEUR L.
Théâtre
Collège H. de Balzac
PLACE FERNAND PELLOUTIER
RUE DES JARDINS
RUE HIPPOLYTE SAVARY
RUE BALZAC
PONT
BOULEVARD
PLACE J. JAURÈS
Jardin du Souvenir Français
AVENUE COLONEL TEYSSIER
R. P. GILLES
TRAV. P. GILLES
RUE BERNIS
GENÈVE
GARE ROUTIÈRE
Mutualité Agricole
I. VILLENEUVE
Caisse d'Epargne
BD ÉDOUARD ANDRIEU
MONTEBELLO
RUE DU ROC
DE
St-Joseph
RUE
RUE CASTELGINEST
AV. GAMBETTA
R. MARÉCHAL LECLERC
BOULEVARD
RUE ÉLIE AUGUSTIN
COMMANDANT BLANCHE
RUE
BD CARNOT
R. RODIÈRE
BD P. BODIN
ALL. J. F. MASSOL
ROCHEGUIDE
Hôpital Psychiatrique Bon Sauveur
PLACE DU 8 MAI 1945
RUE SALVAN DE SALIES
P. SALVAN DE SALIES
R. DE LA MANUTENTION
Bibliothèque
GAMBETTA
R. DU PETIT LUDE
N
O
E
S
RUE DE LAVAZIÈRE
AVENUE
ALLÉES DU LUDE
BOULEVARD DU LUDE
0
100 m
Reproduction interdite
Jean-Baptiste Nény
Octobre 2001
R. DE LA BACHOUNE

index des rues

Numéros utiles

COMITE DEPARTEMENTAL DU TOURISME
41, rue Porta 05 63 77 32 10
Fax : 05 63 77 32 32. Site Internet : www.tourisme-tarn.fr - E-mail : cdt_du_tarn@wanadoo.fr. Ouvert du mardi au samedi .Le CDT du Tarn est un organisme très actif et impliqué pour son département, une source imprescriptible pour les séjours, qu'ils soient en famille, pour les enfants, pour les jeunes, au calme, sportifs ou culturels. Outre les brochures et les informations touristiques, le CDT offre toute une palette de séjours à la carte avec logement et activités diverses comprises.

Autre adresse : Accueil du public - Destination Tarn : 6, rue Saint-Clair 05 63 47 73 06.

OFFICE DE TOURISME Palais de la Berbie
Place Sainte-Cécile 05 63 49 48 80
Site Internet : www.tourisme.fr./albi - E-mail : accueil@albitourisme.com. Ouvert de janvier à juin et de septembre à décembre : du lundi au samedi de 9h à 12h30 et de 14h à 18h30, dimanche et jours fériés de 10h à 12h30 et de 14h30 à 17h. Juillet et août : du lundi au samedi de 9h à 19h, dimanche et jours fériés de 10h à 12h30 et de 14h30 à 18h30. L'office offre de découvrir la ville et les environs, au travers de visites guidées ou accompagnées. Forfait disponible : Albi Pass (21 €), 25 chèques à utiliser seul ou en famille pour découvrir Albi à tarif préférentiel. Une mine d'informations, des trésors d'anecdotes et surtout un accueil chaleureux, au cœur de la patrie de Toulouse-Lautrec, de La Pérouse et de Jean Jaurès.

SERVICE LOISIRS ACCUEIL TARN
6, rue Saint-Clair 05 63 47 73 00
Site Internet : www.resinfrance.com - E-mail : loisirs.accueil.tarn@wanadoo.fr. Lieu de commercialisation de produits touristiques : Gîtes de France, Clévacances, séjours à l'hôtel ou en camping, séjours à thème, etc.

Agenda des manifestations

Albi Tempo. La programmation est réalisée par le service culture et animation de la ville d'Albi. Concerts, théâtre, animations, spectacles, expositions (05 63 49 11 78).

L'Athanor, scène nationale. Musique, théâtre, opéra, danse, chansons, colloques, expositions, bibliothèque théâtrale (05 63 38 55 56).

Le centre nautique Atlantis : piscines couverte et découverte (05 63 43 34 40).

Avril

"Un week-end avec elles", Village culturel animé par des artistes féminines

De mi-juin à fin septembre

Baladin, petit train touristique. Très appréciée pour découvrir les sites historiques.

Promenade en gabarre sur le Tarn.

Juillet

En début de mois, Albi propose des **scènes estivales.**

"Un été à Albi", les soirées musique en Albigeois à la mi-juillet.

Septembre

Fête de la pâtisserie en début de mois.

Se rendre à Albi

Albi la pourpre jouit d'une belle situation géographique au cœur de la région Midi-Pyrénées, entre mer et montagne. La préfecture du Tarn se situe en effet à moins de 80 kilomètres de sa grande sœur, Toulouse, et à 180 kilomètres de la frontière espagnole.

Le berceau de l'épopée cathare, traversé par la rivière Tarn, est la cité natale de grands noms tels Toulouse-Lautrec et La Pérouse. Aujourd'hui, Albi est une cité moyenne où il fait bon vivre... Rallier la ville est devenu un jeu d'enfant : à pied, par la route, par voie ferrée ou par les airs...

En voiture

TOULOUSE-ALBI

79 kilomètres - A68.

BORDEAUX-ALBI

320 kilomètres - A62 et A68 ou 260 kilomètres - A62 et RN113.

MONTPELLIER-ALBI

200 kilomètres - A9 et RN112.

BIARRITZ-ALBI

362 kilomètres - A64 et A68.

PARIS-ALBI

789 kilomètres - A10, A71 et A75.

En avion

AEROPORT D'ALBI-LE SEQUESTRE 05 63 54 38 49

Cet aéroport n'est utilisé que par des avions de tourisme et d'affaires, pour des baptêmes de l'air et des manifestations aéronautiques.

Les principales villes européennes et les correspondances internationales sont desservies par l'aéroport de Toulouse-Blagnac.

AEROPORT DE TOULOUSE-BLAGNAC 05 61 42 44 00

Liaisons nationales et internationales via l'aéroport de Toulouse-Blagnac (70 kilomètres d'Albi, 45 minutes), plus liaisons Albi/Toulouse/Albi. Une navette en direction de l'aéroport de Toulouse-Blagnac. INTERligne propose une desserte 7j/7. Service à la demande, en liaison avec tous les vols.

Renseignements et tarifs : 05 63 49 79 49.

En train

GARE ALBI-MADELEINE 05 63 60 75 83
Place de la Résistance

GARE ALBI-VILLE 05 63 53 31 00
Place Stalingrad

Paris-Albi : liaisons quotidiennes (une ligne de nuit, sept lignes de jour, neuf heures de trajet). Toulouse-Albi : liaisons quotidiennes.

Informations vente : 08 36 35 35 35.
Informations horaires : 08 36 67 68 69.

En car

HALTE ROUTIERE 05 63 54 58 61
Place Jean-Jaurès

Des départs pour Marssac, Gaillac, Saint-Sulpice, Graulhet, Lavaur, Toulouse, Réalmont, Castres, Mazamet, Villefranche, Alban, Lacaune, Millau, Saint-Juery, Arthès, Lescure, Valence, Réquista, Carmaux, Mirandol, Cagnac, Castelnau-de-Lévis et Cordes.

CAGNAC
LES MINES
CAGNAC
D90
ROUTE DE LA BRECHE
CORDES
Gaillaguès
CHEMIN DE GAILLAGUÈS
Centrale Thermique EDF
RUE DES BROUCOUNIÈS
Les Broucouniès
Mascrabières
CH. DE MASCRABIÈRES
Mayric
Las Bories
CHEMIN DE LAS BORIES
Fonvialane
ROUTE DE CORDES
Mas de Blanc
RUE GASTON BOUTEILLER
CALTELNAU
DE LÉVIS
Pélissier
RLE P. MOURGUES
La Nougarède
CASTELNAU DE LÉVIS CENTRE
D1
La Fondue
le Tarn
Galinou
AVENUE DE PÉLISSIER
Le Breuil
AVENUE ALBERT THOMAS
Les Fontanelles
R. P. BERMOND
Cantepau
CHEMIN DES PEUPLIERS
Canavières Bas
CHEMIN DE CANAVIÈRES
R. DU CAPITAINE JULIA
AV. DE MAZICOU
Stade de Mazicou
Château de Las Bordes
Colletou
Las Bordes
Golf de Las Bordes
Mazicou
AV. DEMBOURG
La Négrouillère
le Tarn
La Madeleine
Taravèle
CHEMIN DE TARAVÈLE
CH. DE LESTEL
CHEMIN DE LAS BORDES
Canavières Haut
Mas de Rasque
R. DE CANTEPAU
La Biscarrade
Les Fargues
Cimetière de la Madeleine
CHEMIN ENJALBERT
Base de Loisirs de Pratgraussals
Caussels
Lamothe
le Tarn
Les Issards
Cathédrale Ste-Cécile
La Janade
La Maladrerie
D13
RUE DE TERSSAC
Le Rudel
ALBI CENTRE (Voir Plan)
Bourdès
RUE DE RUDEL
R. DES BRUS
GARE SNCF
La Curveillère
Parc Rochegude
Fondation du Bon Sauveur
AVENUE FRANÇOIS VERDIER
AVENUE GAMBETTA
GAILLAC TOULOUSE
N88
Rayssac
Centre Universitaire Lapérouse
Maison d'Arrêt
Parc des Expositions
R. A. IMBERT
Les Brus
AV. MAL F. D'ESPÉREY
La Baute
Aérodrome d'Albi le Sequestre
AVENUE
La Rachoune
N88
D84
Veyrières
N112
N88
Le Sequestre
RTE V. DE GRAULHET
RTE DE CASTRES
SEQUESTRE
Centre Equestre
0 500 m
Reproduction interdite
Jean-Baptiste Nény
Octobre 2001
GRAULHET
RÉALMONT
CASTRES

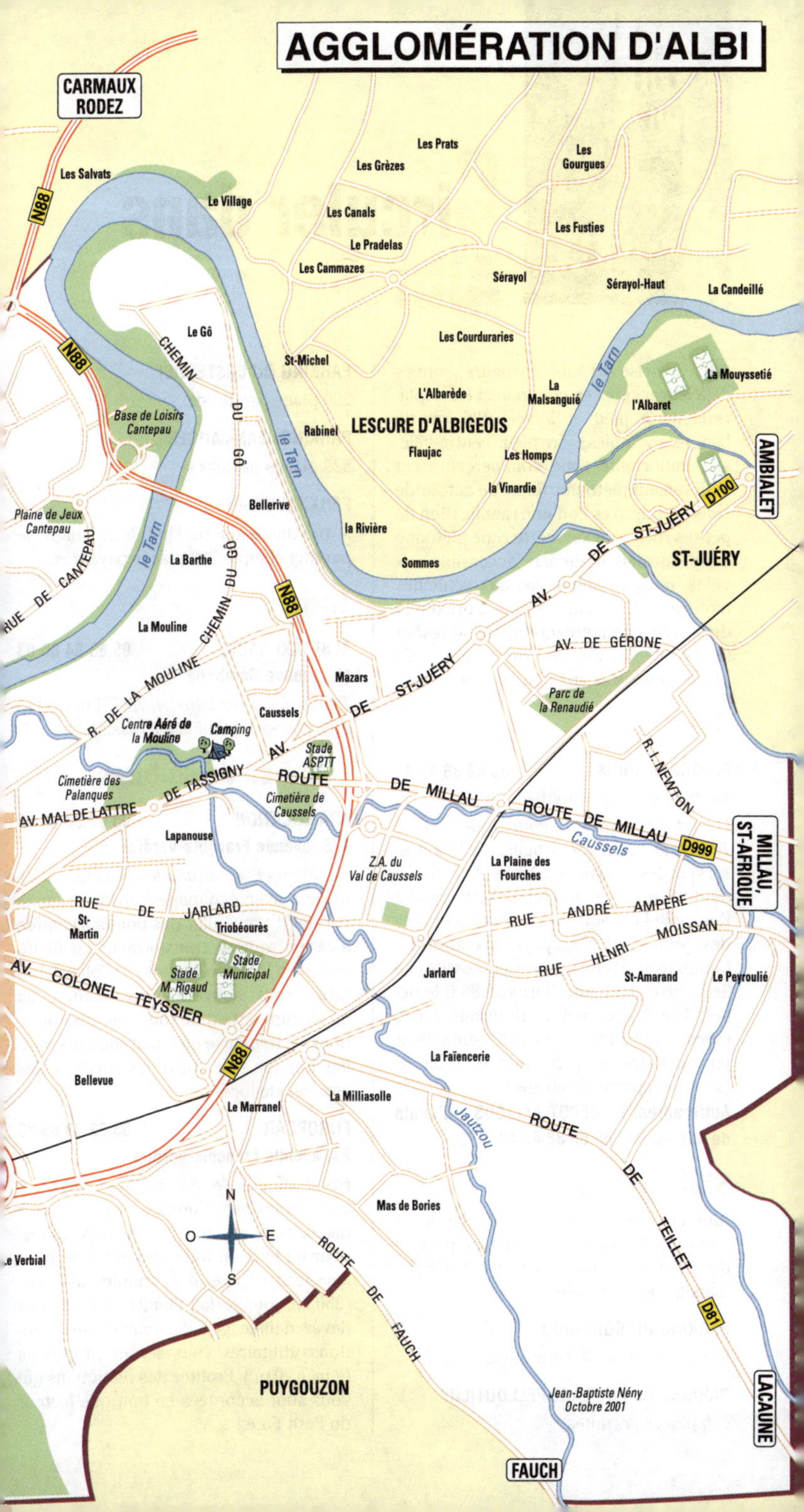

AGGLOMÉRATION D'ALBI
CARMAUX RODEZ
N88
Les Salvats
Le Village
Les Prats
Les Grèzes
Les Gourgues
Les Canals
Le Pradelas
Les Fusties
Les Cammazes
Sérayol
Sérayol-Haut
La Candeillé
Le Gô
CHEMIN DU GÔ
St-Michel
Les Courduraries
le Tarn
La Mouyssetié
L'Albarède
La Malsanguié
l'Albaret
Base de Loisirs Cantepau
Rabinel
LESCURE D'ALBIGEOIS
Flaujac
Les Homps
AMBIALET
la Vinardie
D100
Bellerive
Plaine de Jeux Cantepau
la Rivière
AV. DE ST-JUÉRY
ST-JUÉRY
RUE DE CANTEPAU
La Barthe
Sommes
CHEMIN DU GÔ
La Mouline
AV. DE GÉRONE
R. DE LA MOULINE
Mazars
Parc de la Renaudié
Caussels
Centre Aéré de la Mouline
Camping
Stade ASPTT
R. I. NEWTON
Cimetière des Palanques
AV. MAL DE LATTRE DE TASSIGNY
ROUTE DE MILLAU
Cimetière de Caussels
ROUTE DE MILLAU
D999
MILLAU, ST-AFRIQUE
Caussels
Lapanouse
Z.A. du Val de Caussels
La Plaine des Fourches
RUE DE JARLARD
RUE ANDRÉ AMPÈRE
St-Martin
Triobéourès
RUE HENRI MOISSAN
Stade Municipal
Stade M. Rigaud
Jarlard
St-Amarand
Le Peyroulié
AV. COLONEL TEYSSIER
La Faïencerie
Bellevue
La Milliasolle
Le Marranel
ROUTE DE TEILLET
Jautzou
N
O
E
S
Mas de Bories
ROUTE DE FAUCH
Le Verbial
D81
PUYGOUZON
Jean-Baptiste Nény Octobre 2001
LACAUNE
FAUCH

Circuler dans Albi

Albi favorise depuis plusieurs années déjà le transport en commun et les déplacements à pied et à vélo (26 km de bandes cyclables). En plein centre-ville, une importante zone commerçante est entièrement piétonne. Répartie autour de trois grands axes et d'une ramification de petites rues annexes, cette zone piétonne est désormais également accessible aux vélos, mais en aucun cas aux véhicules motorisés. Un grand parking à proximité de la zone commerçante piétonne résout le problème du stationnement. 174 places réservées aux handicapés.

Bus

ESPACE ALBIBUS **05 63 38 43 43**
14, rue de l'Hôtel-de-Ville
Ouvert du mardi au vendredi de 8h45 à 12h et de 14h à 18h. 7 lignes de bus desservent les quartiers d'Albi et la commune du Séquestre : Cantepau-Veyriers - La Renaudie-Le Séquestre - Pélissier-Ecole des Mines - L'Arquipeyre-Maladrerie - Camping-Saint-Amarand - Centre-ville - Le Séquestre - La Baute. Tarifs : 0,80 € le ticket, 6,50 € le carnet de 10 tickets. Carte mensuelle : 20,50 €, 15,50 € (enfants et jeunes entre 6 et 26 ans) et 11,50 € (seniors à partir de 60 ans).
Autre adresse : DEPOT ALBIBUS - Chemin de Las Bories 05 63 38 43 43.

Stationnement

Albi compte environ 4 000 places au cœur de la ville. Un nouveau parking devrait voir le jour place Sainte-Cécile, dans quelques années.

PARKING DU BONDIDOU
533 places dont 389 gratuites.

PARKING DE LA PLACE PELLOUTIER
180 places gratuites.

PARKING DU CASTELVIEL
200 places gratuites.

PARKING JEAN-JAURES
525 places payantes.

PARKING VIGAN
A proximité du parking Jean-Jaurès, le parking compte 380 places payantes.

Taxis

ALBI TAXI RADIO **05 63 54 85 03**
10, avenue Gambetta
Toutes distances 24h/24, 7j/7. Possibilité de transport de malades (assis).

Location de voitures

ADA LOCATION **05 63 38 96 48**
173, avenue François-Verdier
Site Internet : www.ada.fr. Chez eux, fidélité rime avec économie : un programme permet d'accumuler des points à chaque location, qui se transforment au fil du temps en location gratuite. De plus, leurs tarifs sont souvent plus avantageux qu'ailleurs. Attention toutefois aux conditions de franchise qu'il faut toujours vérifier lorsque l'on utilise les services des agences de location.

EUROPCAR **05 63 48 88 33**
24, avenue François-Verdier
Fax : 05 63 48 88 30. Site Internet : www.europcar.fr. Europcar met à votre disposition une large gamme de voitures, pour un jour, un week-end et même pour les vacances, avec des formules adaptées (250 km/jour, forfait illimité...). Et si vous devez déménager, de nombreuses solutions utilitaires vous seront proposées (2 m³ à 20 m³). Profitez des réductions qui vous sont accordées en tant que lecteur du Petit Futé !

Où dormir

Hôtels

HOSTELLERIE SAINT-ANTOINE****
17, rue Saint-Antoine 05 63 54 04 04

Fax : 05 63 47 10 47. Internet : www.saint-antoine-albi.com. E-mail : hotel@saint-antoine-albi.com. Paiement par carte bancaire. Jardin. Chambre à 100 €. Chambre supérieure à 145 €. Appartement à 220 €. Petit déjeuner à 10 €. Etablissement de prestige à deux pas de la place Vigan, l'Hostellerie du Grand Saint-Antoine fut fondée en 1734 (l'une des premières en France !), sur l'emplacement de l'ancien monastère du même nom. Entièrement rénovée, elle offre tout le confort attendu d'un 4 étoiles : bain, W.-C., minibar, climatisation... Si le décor de chaque chambre est unique, elles ont toutes en commun luxe, ordre et beauté pour donner à nos nuits calme et volupté. Le jardin offre un avantage supplémentaire d'espace préservé en centre-ville. Au restaurant, trois menus pour amateurs de saveurs sophistiquées qui revisitent les spécialités régionales avec finesse : poêlée de foie gras de canard au vinaigre de griottes ou côte d'agneau farcie et son jus à la sauge et ail doux en sont deux exemples.

BEST WESTERN HOTEL D'ORLEANS***
RESTAURANT LE GOULU
1, place Stalingrad 05 63 54 16 56

Centrale de réservation : 08 00 90 44 90. Site Internet : www.bestwestern.com. Fermé trois semaines en janvier. Ouvert tous les jours le reste du temps. 56 chambres climatisées avec TV satellite et salle de bains pour une personne de 50 € à 75 €, doubles de 57 € à 86 €. Ascenseur. Minibar, coffre-fort, prise modem et TV payante dans certaines chambres. Petit déjeuner buffet 7 €. Garage fermé 6 €. Animaux acceptés. Salles de séminaires. Bar et restaurant. Terrasse et piscine. La grande piscine extérieure est, sans conteste, l'un des atouts majeurs de cet établissement situé en face de la gare et à proximité du centre-ville. Un cadre contemporain bourgeois, du hall d'entrée aux chambres où flotte le sourire d'Hélène Arguel, toujours disponible, un service chaleureux et impeccable, complète le tableau. La salle à manger, spacieuse, s'ouvre sur une terrasse idéale pour prendre le petit déjeuner ou un repas plus consistant du restaurant qui est ouvert tous les jours sauf en hiver (fermé samedi et dimanche). Sa carte comprend des menus à 15,50 €, 21,50 € et 26 €, ainsi qu'un menu enfant à 7,50 €. La cuisine de tradition est brillamment concoctée par Guillaume Arguel : foie gras poêlé à l'albigeoise, assiette de poissons, tournedos Rossini aux cèpes, mousse glacée aux noix.

HOTEL CAMPANILE***
Av. de Lattre-de-Tassigny 05 63 47 18 80
Internet : www.campanile.fr. Paiement par CB. Accès handicapés. Garage. Séminaires. Terrasse. Menu enfant. Chambres de 48 € à 68 €. A 3 minutes chrono du centre-ville, les bâtiments de ce Campanile concilient la fonctionnalité d'une chaîne d'hôtels et la convivialité familiale. Le côté agrément fait la différence avec l'accueil personnel et chaleureux des époux Baumard et d'une salle de repas agréable où se mangent des grillades et des plats façon grand-mère. Le Campanile possède tout le nécessaire pour les séjours confortables : grande chambre avec un grand lit, salle de bains avec baignoire, téléphone, prise modem et Internet, TV satellite, chauffage et climatisation.

HOTEL CHIFFRE***
RESTAURANT LE BATEAU IVRE
50, rue Séré-de-Rivière 05 63 48 58 48
Fax : 05 63 47 20 61. Internet : www.hotel-chiffre.com. Garage. Séminaires. Soirée étape VRP. Jardin. 37 chambres de 58 € à 74 €. Suite : 168 €. Garage : 6,10 €. En plein centre-ville, l'hôtel Chiffre de M. Jolimoy et Saint-Jean caracole avec ses 3 étoiles dans le peloton de tête des hôtels les plus chic d'Albi. Les chambres climatisées disposent toutes de douches ou bains et W.-C. individuels ainsi que du téléphone direct (bien sûr) et de la télévision avec satellite. Le restaurant Le Bateau Ivre courtise quant à lui les habitants des mers (carpaccio de thon et sa petite salade, mixed-grill de la mer), sans oublier de proposer des produits provenant plus du pays de Cocagne que des falaises de Paimpol (râble de lapin farci au boudin noir avec tagliatelles aux herbes). Un service traiteur fonctionne également à la demande.

HOTEL KYRIAD***
RESTAURANT LA SOUPIERE
Rue de Bourdès 05 63 47 27 00
Fax : 05 63 47 24 12. Paiement par carte bancaire. Garage. Terrasse. 39 chambres de 45 € à 61 €. Au rond-point du Séquestre, juste derrière le Mc Donald's, dans une zone extrêmement calme. Fonctionnelles et neutres, les chambres sont climatisées et équipées de salle de bains avec W.-C. et de téléviseur branché sur le satellite. Le restaurant met les buffets à l'honneur et notre appétit est titillé par les couleurs fraîches et variées des différents plats. La carte s'accommode au passage des saisons et est suffisamment riche pour que petits et grands y trouvent leur bonheur. Une étape agréable que l'on peut d'autant plus prolonger que le centre-ville n'est qu'à quelques minutes et que la zone commerciale toute proche regorge d'occasions de courses utiles ou d'agrément.

HOTEL MERCURE* ALBI BASTIDES**
RESTAURANT LE MOULIN
41bis, rue Porta 05 63 47 66 66
www.mercure.com. Paiement par carte bancaire, Chèque-Restaurant. Langues parlées : anglais, espagnol. Garage. Terrasse. 56 chambres de 68 € à 86 €. Petit déjeuner : 8,50 €. Menus de 14 € (midi) à 24 €. Ce splendide hôtel a été installé dans une partie des anciens moulins d'Albi, qui abritaient une "vermicellerie" dans les années 1930-1950. Le cachet historique, ancien et exceptionnel du lieu est renforcé par le surplomb du Tarn, et la plongée sur la vieille ville qui s'illumine des lueurs du couchant. Conseil futé : demandez l'une des chambres en angle pour bénéficier d'un point de vue exceptionnel. La rénovation complète des chambres respecte la tradition des hôtels de la chaîne : décoration soignée et confort pratique (climatisation individuelle, minibar, satellite). Côté restaurant, le menu du marché change toutes les semaines, signe de fraîcheur et de qualité. Accueil impeccable, tout comme le service. Allez-y… les yeux fermés !

HOTEL GEORGE V**
29, avenue du Mal-Joffre 05 63 54 24 16
Paiement par carte bancaire. Jardin. Chambres de 32 € à 42 €. Petit déjeuner : 5,50 €. A 100 m de la gare, le George V est un petit deux étoiles de charme. Les neuf chambres bénéficient d'une décoration soignée. Elles sont équipées de douche ou bain, téléphone direct et TV couleur. Le petit déjeuner peut être servi en chambre mais on prend grand plaisir, aux beaux jours, à le prendre sur la terrasse face au jardin. Et comme on est à deux pas du centre-ville, autant laisser la voiture devant la porte. Le stationnement est facile et le quartier tranquille.

BAR-HOTEL LE TERMINUS D'ALBY**

33, avenue Mal-Joffre 05 63 47 09 76

www.hotelleterminus.com. Ouvert toute l'année 7j/7. 14 chambres à 28 € (douche sur le palier), de 32 € à 36 € pour 1 personne, de 34 € à 38 € pour 2 personnes, dont certaines avec minibar et balcon privatif. TV, téléphone et literie neuve (sommier à lattes) dans toutes les chambres. Brasserie, bar avec terrasse. Petit déjeuner jusqu'à midi : 5 €. Animaux acceptés. Salle de réunion, salon et parking privé. Le leitmotiv de Christophe, Jacqueline et de leur fille Sarah est la douceur de vivre. Ils ont entièrement rénové ce vieil hôtel pour lui redonner vie. Le résultat de leur travail est un 2 étoiles rempli de coins et recoins, avec des chambres mansardées et lambrissées qui donnent l'impression d'être en visite au chalet de ses amis. Tout est très propre, coloré et harmonisé avec talent. Le calme règne dans cet établissement où l'on passe des nuits réconfortantes, sans se soucier de rien. Un petit creux dans la journée ? Pas de souci, les patrons sont sur place et vous attendent au bar. Sandwichs, quiches, pizzas, assiettes de charcuterie et salades composées sauront satisfaire votre appétit à toute heure de la journée. Finalement, on se sent bien en famille !

HOTEL LA REGENCE**

27, avenue Mal-Joffre 05 63 54 01 42

Fax : 05 63 54 80 48. Site Internet : www.hotellaregence.com. Paiement par carte bancaire. Animaux acceptés. Garage. Jardin. Terrasse. 13 chambres de 20,50 € à 35 € en basse saison, et de 23 € à 41 € en haute saison. Petit déjeuner : 5 €. L'entrée soignée et verdoyante attire l'attention sur cette maison particulière à proximité de la gare, aménagée pour devenir hôtel. L'intérieur confirme le sentiment d'être chez des amis et non pas dans un hôtel, par la chaleur du son cadre, l'agencement des meubles anciens et la décoration toute féminine des chambres, dans le style Laura Ashley. Les 2 étoiles gratifient un bon niveau d'équipement et le calme de l'endroit ajoute au charme du séjour.

HOTEL LAPEROUSE**

21, place Lapérouse 05 63 54 69 22

Paiement par carte bancaire. Piscine extérieure. Jardin. 24 chambres de 34 € à 57 €. Petit déjeuner : 5,50 €. Certaines chambres évoquent notre jeunesse : mobilier en rotin, lampes d'ambiance aux couleurs pastel. Non que l'on s'y sente à l'étroit, mais plutôt par l'atmosphère familière qu'elles dégagent. La salle à manger donne sur le jardin en contrebas. Un jardin auquel certaines chambres (les plus chères) accèdent directement. Pour les autres, il faut faire le tour par la rue mais ce détour-là en vaut largement la peine. Le jardin est une oasis de paix, protégée par de longs murs et embellie par la piscine plutôt grande pour un hôtel de 2 étoiles. Le calme est assuré.

DELTOUR HOTEL

Zone Ciale La Baute 05 63 43 36 40

NOUVEAU *www.deltourhotel.com. Toute l'année. 39 chambres à 29 €. Petit déjeuner à 4 €.* Très pratique car facile d'accès et de qualité, ce nouvel hôtel est proche du Parc des Expositions et accessible aux heures de réception suivantes : de 7h à 11h, et de 15h à 21h30. Chambres équipées de salle de bains, téléphone et télévision (Canal+).

LE RELAIS GASCON**

3, rue Balzac 05 63 54 26 51

Fax : 05 63 47 04 40. E-mail : hotel.relais.gascon@wanadoo.fr. Paiement par carte bancaire, chèque-vacances, Chèque-Restaurant. Sauna. Alimentation. 17 chambres de 26 € à 38 €. Petit déjeuner 5,35 €. Les chambres sont propres, relativement spacieuses et bien équipées : salle de bains avec douche, W.-C., téléphone, TV, Canal Satellite, climatisation... Un sauna genre cabine de douche et une baignoire à tourbillons sont accessibles au 1er étage. Que vous soyez ou non client de l'hôtel, des massages de réflexologie et de détente sont proposés par l'épouse du propriétaire et ses compatriotes de Thaïlande. Si l'offre peut paraître tendancieuse de prime abord, sachez que les massages prodigués sont tout à fait sérieux et professionnels. Ce mélange des genres et des cultures se poursuit dans la salle de restaurant qui mêle les saveurs et spécialités thaïlandaises aux produits du terroir bien de chez nous ! Les tripes safranées côtoient l'assiette de nems et de rouleaux de printemps pour ouvrir nos papilles et nos esprits qui, avouons-le, en ont parfois grandement besoin...

Chambres d'hôtes

CHRISTIAN JALBY

Le Gresal 05 63 38 47 24

Site Internet : www.gites-tarn.com. 2 épis. 1 chambre pour 2 à 4 personnes de 25 € à 33 €. La maison des Jalby, de construction récente, est située en pleine campagne mais à 2 km seulement d'Albi. L'unique chambre d'hôtes qu'ils louent conviendra donc à ceux qui souhaitent passer quelques jours dans la cité de briques tout en profitant du calme environnant. Equipement de bon niveau (salle de bains et W.-C. privés), terrain, cour, salon de jardin et entrée indépendante.

PAUL ROLLAND

47, chemin de Rayssaguel 05 63 53 00 34

Internet : www.rayssaguel.com - E-mail : ferme.de.rayssaguel@wanadoo.fr. 2 épis. Paiement par chèque-vacances. Langues parlées : anglais, espagnol. Animaux acceptés. Accès handicapés. Jardin. Chambres d'hôtes de 26 € (1 personne) à 40 € (3 personnes). Outre l'élevage de canards et de bovins limousins, la Ferme de Rayssaguel compte aussi 5 chambres d'hôtes (2 épis) et 3 gîtes (2 épis) pour les vacances en pleine nature. Les gîtes sont aménagés avec salle de bains, W.-C., machine à laver, téléphone, TV et cuisine équipée. Les chambres offrent tout le confort et le charme de la campagne. Dehors, un lac privé et un barbecue sont à la disposition des hôtes. On se sentira si bien en compagnie de Paul et Renée Rolland, qu'on n'hésitera pas à goûter tous les produits de la ferme avec leur repas du soir (sur réservation) : "gratons" de canard, cou farci au foie entier, magret séché, foie gras cuit ou mi-cuit, magret grillé, viande de veau et autres confits de canard...

Camping

CAMPING DE CAUSSELS

Route de Millau 05 63 60 37 06

Fax : 05 63 60 37 06. Fermeture annuelle du 16 octobre au 31 mars. 2 étoiles. Paiement par chèque-vacances, carte bancaire. Animaux acceptés. Mobil-homes. Piscine extérieure. Animations. Forfaits spéciaux cyclotouristes, piétons et motos. Eau chaude à volonté. La proximité de la piscine, du centre d'Albi et de la cathédrale Sainte-Cécile et le confort offert dans les lieux font de ce camping calme et ombragé une halte bien agréable. Une manière de se loger à peu de frais.

Aires d'accueil

PARKING BONBIDOU

Le parking de Bonbidou (situé au centre-ville) compte 9 emplacements pour les camping-cars. Les emplacements sont gratuits et pour une durée maximale de 48 heures.

SANI-STATION Route de Carmaux

Située à l'angle de l'avenue Paul-Perret et l'avenue Albert-Thomas sur la route de Carmaux, Sani-Station est une aire de services pour les camping-cars.

Découverte

- grande et petites histoires
- gloires locales
- visiter
- flâner

Albi, musée Toulouse-Lautrec
© Stéphane Savignard

Grande et petites histoires

Le nom d'Albi se dispute trois origines différentes : "alp", préfixe celte désignant un lieu escarpé, le nom propre d'Albius qui était un notable d'Albi sous l'occupation romaine et enfin le mot latin "alba", signifiant blanc. Si les falaises calcaires qui entourent Albi pourraient justifier cette origine, les visiteurs seront plutôt frappés par la palette infiniment variée des couleurs qui la parent.

Ses origines

Les premiers indices d'humanité dans la région d'Albi se situeraient entre 200 000 et 80 000 ans avant Jésus-Christ. Si l'on ne peut être certain de la date véritable, on sait du moins que la présence du Tarn est pour beaucoup dans l'installation des hommes sur ces berges. A l'époque gallo-romaine, Albi constitue un centre d'activités d'une telle importance qu'elle devient le chef-lieu de la région albigeoise, la "Civitas albigensium". Les siècles s'égrènent, une noble figure marque le Moyen Age, l'évêque Saint-Salvi. En ces temps obscurs, face à l'insécurité qui perdure, la cité s'entoure d'une enceinte fortifiée qui disparaîtra au XVIIIe. Hérissée ainsi de remparts, Albi subit sans trop de tragédies, les trois périodes troublées qui mettent à feu et à sang tout le Languedoc, la croisade des Albigeois, la guerre de Cent Ans et les guerres de Religion.

Religion cathare et croisade des Albigeois

Lorsque, dans les régions les plus méridionales de France, le catharisme se profile et s'étend, Albi et ses vicomtes, les Trencavel se retrouvent propulsés aux premiers rangs de la lutte qui sera menée avec acharnement contre ceux que l'on nomme à l'époque les "bonshommes", à tel point que l'on finit par attribuer le nom d'Albigeois aux Cathares et à la croisade démoniaque qui s'ensuit.

Au cœur de ce drame, Albi saura pourtant échapper aux massacres qui bouleversent tant de cités dans le Midi. Et les évêques, devenus seigneurs de la cité, feront bâtir une citadelle écrasante, associant le palais de la Berbie et la cathédrale, pour prouver leur puissance et crier victoire sur l'hérésie. Plus tard, des mécènes, tel Louis d'Amboise, lui apporteront quelques modifications et au gré des modes architecturales, l'embelliront.

Prospérité, commerce et politique

Albi garde les stigmates de son passé, conservant ses quartiers aux allures médiévales et leurs entrelacs de ruelles se faufilant entre encorbellements et colombages. Çà et là, les riches demeures de marchands et les beaux hôtels Renaissance s'élèvent, riche témoignage de l'âge d'or du pastel des XVe et XVIe siècles, de ce pays de Cocagne qui s'étire entre Toulouse, Carcassonne et Albi.

La Révolution éclate. Une fois encore, Albi sait tirer son épingle du jeu et devient le chef-lieu du département, recouvrant alors toute sa prééminence administrative. Mariès, un jeune architecte albigeois s'oppose sous la Terreur avec force courage et ténacité aux projets de destruction de la cathédrale avant de proposer, plus tard, de remodeler le paysage architectural urbain. Sainte-Cécile s'en trouve dégagée, le centre historique aéré cependant que les grands boulevards et les belles avenues découpent la ville. Un siècle plus tard, Albi renforce sa prédominance administrative, jouissant de l'élan que connaissent le charbon de Carmaux-Cagnac et la métallurgie. 1895, la vie tranquille se bouscule soudain avec la célèbre grève guidée, menée par Jaurès. Elle débouchera sur la création de la Verrerie Ouvrière, première coopérative ouvrière de production en France.

Le martyre de sainte Cécile

La digne patronne de la musique ne veille sur Albi que depuis le XIIIe siècle. En effet, jusqu'au voyage d'un noble Tarnais en terre romaine et de son retour chargé de reliques, la cathédrale d'Albi se nommait Sainte-Croix. Sainte Cécile martyre ? A Rome vers 232, son culte est ancien, mais apparaît tout autant populaire que légendaire. Sous le règne du pape Urbain, sainte Cécile aurait été mariée à Valérien qu'elle convertit le jour de ses noces. Disciples chrétiens, à une époque où cautionner cette croyance était passible de la mort, Cécile, Valérien et son frère, Tiburce, furent condamnés à la décapitation. Frappée de trois coups de hache par le bourreau, Cécile fut laissée pour morte. Elle agonisa durant trois jours, au cours desquels elle ne cessa de chanter les louanges du Seigneur. Les musiciens en firent alors leur patronne...

De monuments en mémoire, de beautés en émerveillements

Les ruelles du vieil Albi, ce sont autant de détails architecturaux, porteurs d'histoire. Le Pont Vieux, l'une des plus vieilles œuvres du Moyen Age, qui enjambe avec grâce le Tarn, contemple à la fois le palais de la Berbie et la cathédrale en surplomb. Au 14 rue Timbal, s'impose l'hôtel Reynes avec sa cour Renaissance fort belle, témoignant de la prospérité offerte par le commerce du pastel.

De la même époque, le XVIe siècle, demeure la façade délicatement ouvragée de la maison Enjalbert, aujourd'hui pharmacie. L'hôtel de ville, quant à lui, date du XVIIe siècle. Ancien hôtel particulier, il a été acheté par la ville au XVIIIe siècle. Entre sa cour intérieure et la salle des Etats albigeois, au plafond orné de blasons de l'ancien diocèse d'Albi, difficile de dire ce qui est le plus remarquable.

Au cœur de la cité, la maison du Vieil Alby rappelle en silence les encorbellements et les étreintes de bois "Soleilhièr" du passé albigeois.

Là, dans ce décor tout de briques et de boiseries enlacées, l'Association pour la Sauvegarde du Vieil Alby, s'est installée en 1966, sous l'impulsion du docteur Almaric. Expositions, conférences, interventions et visites viennent étayer la croisade des amoureux de la ville et de son patrimoine.

Renseignements : 1, rue de la Croix-Blanche 05 63 54 96 38

D'autres lieux méritent qu'on les mentionne : le cloître du palais de justice, ancien couvent des Carmes du XVIIe siècle, l'hôtel Decazes au 10, rue Toulouse-Lautrec, la maison natale de Toulouse-Lautrec, un hôtel particulier (qui ne se visite pas) construit sur les anciens remparts de la ville et l'hôtel Rochegude et son magnifique parc ombragé.

Carte d'identité

Situation : Toulouse à 40 minutes (voie rapide et autoroute), l'Espagne à 3 heures, la Méditerranée à 2 heures et Paris à 1 heure d'avion à partir de l'aéroport de Toulouse-Blagnac.

Altitude : 174 m à 299 m. **Superficie :** 4 527 ha.

Climat : Une ville au climat tempéré avec 2 117 heures d'ensoleillement, + 13,1 °C de moyenne annuelle (janvier 4-5 °C, juillet 20-21 °C) et des précipitations d'une hauteur moyenne annuelle de 700 mm.

Population : 49 106 habitants (recensement 1999). **Densité :** 1 046 habitants/km^2

Principales industries : le bassin d'activité d'Albi/Carmaux/Gaillac est en pleine expansion, avec un tissu industriel riche et diversifié dont les secteurs dominants sont : l'agroalimentaire, la transformation des métaux, le verre, la transformation du plastique, l'habillement, le bois et l'ameublement.

Gloires locales

Jean-François de Galaup de La Pérouse (1741-1788)

Né à Albi le 23 août 1741 au Manoir du Guo, il fut l'un des plus grands amiraux de la fin du XVIIIe siècle. Sa vocation se dessine lorsque, âgé d'à peine 15 ans, il devient garde-marine à Brest. Après s'être engagé dans les conflits qui opposent la France à l'Angleterre, il embarque en 1785 pour une expédition scientifique. Navigateur au long cours, il porte les couleurs de la France par-delà les mers, de l'Australie au Kamtchatka, baptise des îles et laisse son nom à un détroit avant de disparaître en plein Pacifique, à quelques encablures de Vanikoro. On spécule encore sur les circonstances de sa disparition.

Henri de Toulouse-Lautrec (1864-1901)

Il était, lui aussi tarnais, même s'il demeure le peintre de la vie parisienne, comme Offenbach en est le musicien. Il naquit à l'hôtel du Bosc en 1864. Handicapé par deux accidents successifs, il s'épanouit dans le dessin et la caricature avant de se spécialiser dans la couleur, sa véritable passion. Son sens aiguisé de l'observation, du raccourci, sa capacité à croquer, à voler au temps une expression, un geste, un visage plutôt qu'un corps, le goût des grands pour le monochrome, des teintes franches et crues pour révéler le personnage toujours central de ses œuvres : la femme au cœur de ses désirs. Lentement, Lautrec s'enfonce dans les enfers de l'alcool. Le 9 septembre 1901, il meurt à Malromé, près de Libourne, laissant derrière lui un trésor de toiles, de dessins, d'affiches, de lithos ainsi que d'estampes. Le peintre incarne le génie meurtri, la rédemption dans l'art et dessine en filigrane une certaine vie parisienne que la nostalgie a nommé la Belle Epoque.

La Viguière d'Albi (1638-1730)

Antoinette Salvan de Saliès reçut ce surnom du fait de l'occupation de son époux, seigneur de Saliès et viguier d'Albi. Elle composait pour le Mercure de France des poèmes en langue d'oc et écrivit "La comtesse d'Issembourg", roman qui connut un succès comparable à celui de "La princesse de Clèves". L'auteur y conciliait l'attachement à sa terre natale et la passion que les fervents du Parnasse consacrent à une patrie chevaleresque quelque peu idéalisée. Loin de faire l'apologie de l'amour volage, elle unissait étroitement les vertus de l'âme et de l'esprit. Intelligente, fine d'esprit, savante, érudite, la Viguière d'Albi se consacra entièrement à la culture des lettres. A l'instar des précieuses du siècle de Louis XIV, elle organisait dans son salon des assemblées où l'on discourait sur la science, la littérature et les arts. Du château de Saliès, elle fit un lieu où "L'esprit de la politesse et les grâces d'une femme doivent tenir un de ces nouveaux poétiques tournois". Jeune veuve, Antoinette reporta toute son affection sur son fils, Etienne, et entretint avec lui une étroite et riche correspondance. A 94 ans, elle s'éteint seule, au couvent de la Visitation où elle avait trouvé refuge et paix depuis plusieurs années.

Georges Pompidou (1911-1974)

Le célèbre chef d'Etat fit toutes ses études à Albi, où ses parents étaient enseignants. Il décrocha le premier prix de version grecque du Concours général de 1927, alors qu'il étudiait au lycée Lapérouse. Il fut également reçu premier à l'agrégation de lettres et sortit brillamment de Normale sup. Il entama alors une longue carrière politique au cours de laquelle il fut successivement chef de cabinet du général de Gaulle, Premier ministre puis Président de la République.

Visiter

Monuments

CATHEDRALE SAINTE-CECILE

6, boulevard Sibille **05 63 43 23 43**

Fax : 05 63 43 23 44. E-mail : paroisse.ste-cecile@wanadoo.fr. Entrée libre. Tarif chœur 1 € à partir de 12 ans. Baladeurs : 3 €. Visites commentées : 5 € (l'été à 10h et 14h30). Ouvert du 1er juin au 30 septembre de 9h à 18h30, du 1er octobre au 30 mai de 9h à 12h et de 14h à 18h30. La visite de la cathédrale est gratuite, vous pouvez louer un baladeur. Les visites du chœur et de la salle du trésor sont payantes. L'écrasante silhouette de briques roses est considérée comme un chef-d'œuvre du style gothique méridional : absence d'arcs-boutants à l'extérieur, nef unique à l'intérieur. Edifiée entre 1282 et 1480), cette véritable cathédrale-forteresse devint une arme dissuasive dans le système défensif de la ville. Ses dimensions sont telles, qu'elle pouvait contenir la totalité des 6 000 habitants de la ville d'alors. De cette période médiévale, elle conservera le plus vaste Jugement dernier et la plus importante collection de statuaires du monde chrétien. A l'extérieur, l'édifice s'est enrichi de la porte Dominique de Florence (fin XIVe), d'un clocher-donjon de 78 m de haut (fin XVe) et du baldaquin de la porte d'entrée (XVIe). L'intérieur du monument marque une rupture frappante avec l'aspect massif de l'extérieur. On attribue à des artistes français inspirés de l'école flamande la magnifique peinture murale du Jugement dernier (XVe) qui forme une des œuvres picturales les plus vastes de la fin du Moyen Age : la partie consacrée à l'enfer est la plus intéressante, les artistes ayant donné libre cours à leurs angoisses et imagination, mais c'est à des artistes français que l'on doit la sculpture en gothique flamboyant du jubé et de la clôture du chœur. Cet ensemble en pierre est orné d'une magnifique statuaire polychrome, témoignage unique par son importance et sa qualité de la sculpture française du XVe siècle. Les fresques de la voûte forment l'ensemble de peintures italiennes le plus vaste (97 m de long sur 28 m de large...) et le plus ancien de France.

CHAPELLE DE L'ANCIEN COLLEGE JESUITE

Construite entre 1630 et 1638, elle offre une belle façade richement décorée. Y sont passés comme élèves La Pérouse, Georges Pompidou et un jeune professeur, Jean Jaurès. Désaffectée après 1970, elle a été restaurée et transformée en médiathèque en 1992.

EGLISE ET CLOITRE SAINT-SALVI

Le cloître est ouvert toute l'année de 7h à 20h. L'église accueille le public du 14 juin au 13 septembre de 8h30 à 12h30 et de 14h30 à 18h30, et du 14 septembre au 13 juin de 8h30 à 12h et de 14h30 à 17h45. L'intérêt remarquable et la délicatesse de l'église et du cloître Saint-Salvi sont sans doute injustement éclipsés par la magnificence des autres monuments albigeois. L'église surmontée d'un étonnant clocher-tour de guet est un exemple typique de l'art roman et le cloître mêle harmonieusement roman et gothique.

LA SALLE DU TRESOR

Tarifs : 3 € les adultes, 2 € pour les jeunes et les enfants (12 à 25 ans). Aménagée dans la chapelle haute dont la vocation dès l'origine était d'abriter archives et objets précieux de la cathédrale. Les œuvres présentées sont des objets d'art sacré appartenant à la cathédrale et à d'autres églises du diocèse : châsse de sainte Ursule (XIIIe), crosse limousine, bâtons de chantre, toile de Jacques Blanchard, polyptyque (XIVe) siennois...

PALAIS DE LA BERBIE 05 63 49 48 70

La Berbie s'inscrit dans la famille des palais-forteresses, où il précède le palais des Papes d'Avignon. Déformation du mot occitan "Bisbia" qui signifie évêché, cette impressionnante forteresse est due pour sa partie la plus ancienne aux prélats qui se succédèrent sur le siège albigeois au cours du XIIIe siècle. Si les éléments les plus anciens de ce château épiscopal remontent aux années 1240-1245, ce sont Bernard de Combret et Bernard de Castanet qui en font véritablement, entre 1254 et 1307, une forteresse, affirmant, face aux Albigeois, aux hérétiques et aux officiers du roi, la puissance des évêques de l'Eglise. Ce dernier flanqua l'édifice d'un donjon massif, la tour Mage, restaurée au XVIIIe siècle, s'élevant à 50 m au-dessus du Tarn. Louis d'Amboise donna un côté Renaissance par l'adjonction d'un corps de logis à grandes ouvertures et couverts d'ardoises. Les évêques du XVIIe siècle transformeront en promenoir les remparts qui donnent sur le Tarn et en jardins à la française la cour d'armes désormais inutile. Les jardins sont librement accessibles à la visite dans toute leur splendeur d'antan. Le bâtiment devient en 1922 le musée Toulouse-Lautrec, pour abriter la riche collection léguée par la comtesse Adèle, mère de l'artiste, à la ville d'Albi.

Musées

MAISON DU VIEIL ALBY 05 63 54 96 38
1, rue Croix-Blanche

Ouvert du lundi au samedi de 10h30 à 12h30 et de 15h à 19h. Tarifs : 1 €, gratuit pour les enfants (moins de 12 ans). Visites commentées : 4 € (12h15 l'été). C'est une maison albigeoise typique, bien restaurée qui propose des expositions et des diaporamas sur l'histoire et la vie tarnaises.

MUSEE DE CIRE 05 63 54 87 55
12, rue Henri-de-Toulouse-Lautrec

Fermeture annuelle du 1er janvier au 31 janvier. Tarifs : 3,20 € les adultes, 2 € étudiants et groupes, 1,40 € les enfants (6 à 12 ans). Ouvert tous les jours du 16 juin au 14 septembre de 10h à 12h et de 14h30 à 18h, du 15 septembre au 15 juin de 14h30 à 17h (fermé le lundi).

Ouvert depuis 1981, le musée de Cire du Vieil Alby présente un panorama historique d'Albi sous forme de 18 scènes représentant les personnages importants qui ont marqué l'histoire de la cité : Bernard de Castanet, Antoinette Salvan de Saliès, Rochegude, Jaurès et des activités aujourd'hui disparues qui ont contribué à la richesse d'Albi : pastel, chapellerie, exploitation minière, etc. Les personnages, plus vrais que nature, sont animés par un son et lumière qui explique chaque scène mise en contexte. On frémit sous le terrible regard de Simon de Montfort (élu en 1208 chef de la croisade contre les Albigeois, devint vicomte d'Albi et d'Ambialet) et l'on s'attendrit devant la mine modeste de la chapelière dont on s'attend à voir poindre un timide sourire sous la voilette. Le musée est installé dans les caves d'une maison ayant appartenu à Jean-François Galaup de La Pérouse. De nombreuses créations artisanales sont en vente dans le hall d'entrée : broderies au ruban, trapunto, tableaux et paravents, le tout surveillé de près par Henri de Toulouse-Lautrec en personne ! D'autres personnages ayant marqué l'histoire d'Albi sont représentés ici. Saint Salvi fut élevé au siège épiscopal de sa ville natale, Albi, vers 574. Lors du pillage d'Albi, il intervint en faveur de prisonniers et obtint leur grâce. Il mourut de la peste en 584. Saint Bernard fonda l'abbaye de Clairvaux dont il devint abbé. Venu à Albi en 1174, il attira une foule nombreuse lors de son prêche contre les novateurs de l'ancienne cathédrale. Jean-François Mariès est né à Albi en 1758. Il consacra son existence à préserver et embellir sa ville natale. Ingénieur des Ponts et Chaussées, il fut impliqué dans la construction, entre autres, de l'ancien Hôtel de la Préfecture et dans la restauration du quai Choiseul. Il sauva, en 1792, le fabuleux jubé flamboyant de la cathédrale, voué à la destruction…

MUSEE LAPEROUSE 05 63 46 01 87
Square Botany-Bay

Ouvert du 1er avril au 30 septembre de 9h à 12h et de 14h à 18h, du 1er octobre au 31 mars de 10h à 12h et de 14h à 18h, fermé le mardi. Tarifs : 2,50 € les adultes, 1,50 € étudiants et groupes, gratuit pour les moins de 12 ans.

Ce musée, surplombant les berges du Tarn avec une vue magnifique sur la vieille ville, présente une riche documentation sur le courageux navigateur albigeois. Aux souvenirs de la carrière et des expéditions de Jean-François Galaup de La Pérouse, les muséographes ont ajouté une évocation des expéditions de ses prédécesseurs sur les mers australes, ainsi que des nombreuses recherches effectuées pour retrouver l'endroit exact et les vestiges de son fatal naufrage de 1789.

MUSEE TOULOUSE-LAUTREC
Place Sainte-Cécile 05 63 49 48 70

Site Internet : www.mairie-albi.fr. Tarifs : 4,50 € les adultes, 2,50 € étudiants et groupes, gratuit pour les enfants (moins de 14 ans). Audioguides : 3 €. Périodes d'ouverture : novembre à février (10h à 12h - 14h à 17h - fermé le mardi), mars et octobre (fermeture à 17h30, fermé le mardi), avril-mai (fermeture à 18h), juin et septembre (9h à 12h - 14h à 18h), juillet-août (de 9h à 18h, non-stop). Le palais de la Berbie, imposante forteresse du XIIIe siècle, plus tard palais archiépiscopal, se dresse au pied de la cathédrale d'Albi et domine le Tarn. C'est dans l'enceinte de cet édifice prestigieux, ancien palais des évêques (jusqu'au XVIIIe), que le musée Toulouse-Lautrec s'est installé en 1922. Né à Albi en 1864, ce descendant des comtes de Toulouse eut un destin extraordinaire. Il était âgé de 14 ans 1/2 quand il tomba d'une chaise basse et se brisa le fémur gauche. L'année suivante, il se brisa l'autre jambe à Barèges. Ces deux accidents irrémédiables le laissèrent infirme en condamnant sa croissance. Il mourut en 1901 à l'âge de 37 ans 1/2, laissant une œuvre s'étendant sur 22 années. Léguée par la mère d'Henri de Toulouse-Lautrec, la vaste collection que possède le musée d'Albi (plus de 1 000 pièces, dont 214 peintures et de nombreux dessins, affiches et lithographies) retrace merveilleusement la vie et l'évolution picturale de cet artiste, qui créa "l'affiche moderne" à Montmartre en 1886. Des premiers tableaux inspirés de la vie quotidienne jusqu'aux célèbres scènes montmartroises prises sur le vif des music-halls, des caf'conc' et des maisons closes, on peut suivre l'itinéraire d'un talent consacré par l'histoire de l'Art. Les modèles préférés de Lautrec jalonnent la période des croquis d'album et des lithographies, ainsi que celle des fameuses affiches pour le Moulin-Rouge, le Jardin de Paris, la Vache Enragée. Au gré d'une présentation aussi abondante que diverse, on peut admirer quelques-unes des œuvres les plus célèbres du peintre, parmi lesquelles "A la toilette" (1898), "L'Anglaise du Star" (1899), "La Modiste" (1900), jusqu'à l'une de ses dernières toiles, datée de 1901, "Un examen à la faculté de médecine de Paris". C'est à l'œuvre lithographique très complète du musée d'Albi que celui-ci doit sa réputation mondiale. On remarquera la canne du peintre, dont il ne se séparait jamais, au pommeau cachant une petite fiole d'alcool. Au 3e étage, le musée présente une collection d'art contemporain, dont le "Coucher de soleil sur le golfe de Saint-Tropez" de Bonnard et "Intérieur à Ciboure" de Matisse. De nombreux dessins et aquarelles de Dufy, Dunoyer de Segonzac, des sculptures de Maillol, de Bourdelle, de Rodin. Les salles du 1er étage comportent de superbes salons XVIIe aux plafonds à la française, décorés d'œuvres ou d'objets des XVIIe et XVIIIe siècles. Une série de portraits de Toulouse-Lautrec par Anquetin, Maxime Dethomas, Adolphe Albert et Javal complète le tout. Pour terminer la visite dans un autre registre, les galeries d'archéologie retracent la vie préhistorique de la vallée de l'Aveyron à travers une collection d'outils, de sculptures sur pierre et de statues menhirs.

VERRERIE OUVRIERE 05 63 49 48 80

Adultes 5,50 €, étudiants 4,50 €, gratuit moins de 14 ans. Tous les mercredis à 14h30. Inscription obligatoire à l'office de tourisme. Emile Zola souhaitait s'inspirer de la verrerie pour faire un roman sur la classe ouvrière. A raison… La verrerie, c'est l'épopée, la chanson de geste des cols bleus albigeois. Avec tous les détails incontournables de la tragédie : le patron de choc, le porte-drapeau incarné en Jean Jaurès défendant haut et fort la cause du peuple, l'épreuve de force, la générosité de la bienfaitrice, Mme Dembourg, la grève… En 1896, le premier four de la Verrerie Ouvrière sort 50 bouteilles à l'heure. Depuis 1975, la nouvelle usine, fleuron de modernité, a déménagé.

flâner

Sur les sentiers du patrimoine

Circuit Pourpre : comptez environ 1h30 pour la balade au cœur du vieil Albi émaillé de monuments, d'anecdotes et de personnages. **Circuit d'Or** : également 1h30 pour explorer le développement d'Albi à travers vingt siècles d'histoire, pour déchiffrer les façades entrelacées de colombages, l'étroitesse de certaines rues, dans le silence gardé des encorbel lements. **Circuit Azur** : une flânerie d'environ 1h le long du Tarn. Un prétexte pour imaginer, du haut du Pont-Vieux ou du Pont-Neuf, la vie laborieuse et industrielle de la cité, toisée par la cathédrale et le palais de la Berbie.

Sur le sentier du pastel

Espace privilégié de la vie économique albigeoise jusqu'à la fin du XIXe siècle, les berges du Tarn ont été par la suite, longtemps boudées. Dans les années 1990, elles ont été finalement restaurées pour répondre à une demande touristique toujours plus importante. Le pastel est alors devenu le lien entre la riche histoire de la ville et le réseau fluvial servi par des flottes de gabarres. Aujourd'hui, six panneaux s'érigent le long du sentier, aidant chacun à découvrir l'isatis et à comprendre comment la plante a fait la fortune d'une région tout entière en oxydant d'un beau bleu les étoffes jusqu'au XVIe siècle, terrible date où l'indigo débarqua de l'Orient pour lui faire ombrage. Tombé dans l'oubli jusqu'au XIXe siècle, le pastel fait un retour fulgurant grâce entre autres à l'école de Chimie de Toulouse. On songe d'ores et déjà à utiliser cette plante magique en pharmacie comme en cosmétologie. L'or bleu refleurira-t-il en pays de Cocagne ?

Contact (de fin juin au 15 septembre) Office de tourisme d'Albi 05 63 49 48 80.

LA FLOTTE DES GABARRES 05 63 48 49 86
Berges du Tarn - Accès par le Pont-Vieux

Réservation conseillée à l'office de tourisme. Adultes : 5 €, édutiants 4 €, adolescents et groupes, 3 € les enfants (3 à 12 ans). La ville a remis sur l'eau les gabarres, ces bateaux traditionnels à fond plat qui ont escorté les beaux jours du commerce fluvial jusqu'au XIXe siècle. Petits et grands embarquent à bord de ces véritables musées flottants pour écouter l'histoire qui s'est jouée sur la rivière des siècles durant. Le voyage dure une trentaine de minutes à bord de La Capitaine, de Cocagne ou de Pastel et permet de découvrir les anciens moulins de la ville tout en admirant, sous un angle différent, le patrimoine albigeois. Durant l'été, une exposition sur les berges parachève la visite, en soulignant l'importance du trafic fluvial et de cette batellerie qui acheminait les matières premières de l'Albigeois vers Montauban, puis Bordeaux.

LE BALADIN 05 63 49 48 80
Office de Tourisme - Place Sainte-Cécile

Fax : 05 63 49 48 98. www.mairie-albi.fr - E-mail : accueil@albitourisme.com. Tarifs: 4,50 € les adultes, 2,50 € les enfants (à partir de 6 ans) et les groupes. Du lundi au vendredi de 10h à 11h30 et de 14h30 à 18h, samedi de 14h30 à 18h30, dimanche et jours fériés de 15h à 18h30. Du 22 juin au 22 septembre. Vente des billets à l'embarquement, place Sainte-Cécile. Sorties nocturnes l'été. Une visite culturelle et ludique de 35 mn à bord du petit train qui vous emportera à travers la ville, avec force commentaires sur l'architecture et les hommes célèbres qui y ont vécu.

PROMENADE EN CALECHE Rue Ste-Cécile

Durée : 30 mn. Juillet-août, les mercredi, vendredi, samedi et dimanche de 14h30 à 18h30. Adultes : 7 €, enfants (6 à 12 ans) : 5 €. Visite à travers les rues du Vieil Albi.

A table

- restaurants
- produits gourmands

restaurants

Début de mois : plus de 25 € à la carte
Milieu de mois : entre 15 € et 25 € à la carte
Fin de mois : moins de 15 € à la carte
Cuisine d'ailleurs : une sélection de restaurants étrangers classés par pays.

Début de mois

L'ESPRIT DU VIN 11, quai Choiseul **05 63 54 60 44**

Fermeture annuelle en février. D'avril à octobre fermé le dimanche soir et le lundi. De novembre à mars, fermé le dimanche et le lundi. Menus de 20 € à 55 €. Repas complet (vin et café compris), compter environ 50 €. Terrasse. L'Esprit du Vin, c'est la rencontre de deux talents, de deux passions et de deux vocations. Pascal Simard, grand amateur de vin et œnologue de terrain a notamment participé à l'élaboration d'un vin pour son restaurant dont les origines remontent à une quinzaine d'années. Patrick Maury est quant à lui amoureux des saveurs authentiques et des savoir-faire anciens. Botaniste dans l'âme, il privilégie les vieux légumes oubliés et manipule les aromates aussi bien qu'une guérisseuse avertie. Des relations privilégiées avec des chefs de l'île Maurice l'amènent à mâtiner ses plats régionaux d'épices de là-bas pour satisfaire et charmer les papilles des clients. Au menu, entre autres : la rare poulette gauloise blanche, le fameux agneau en coque d'argile, la succulente crème brûlée aux saveurs méditerranéennes et orientales et le délicieux turbot de Noirmoutier.

LE JARDIN DES QUATRE SAISONS 19, boulevard de Strasbourg **05 63 60 77 76**

Fermé le lundi et le dimanche soir sauf réservations de groupes. Dernière commande : 22h. Menus entre 16 € et 31 €. Menu enfant : 7 €. Terrasse et véranda. Les époux Bermond ont un credo très simple : créer une carte gastronomique avec des produits frais et sélectionnés. Beau principe ! De l'autre côté du Pont-Neuf, dans une salle claire et moderne, ce Jardin propose une cuisine recherchée qui joue sa gamme en variations saisonnières : ravioles de crevettes au velouté de truffe, transparence d'oranges au muscat de Beaumes-de-Venise, pot-au-feu de la mer, velouté de langoustine, filet de saumon cuit au four, marmelade de tomates aux palourdes, foie gras chaud aux pommes réduction au muscat et raisins blonds, fromages affinés et desserts gourmands comme le coulis de fraises au vin doux ou le marnissimo au café sauce au pain d'épices… Un vrai régal pour les palais les plus exigeants.

LE MOULIN DE LA MOTHE Rue de Lamothe **05 63 60 38 15**

Fermé le dimanche soir, le mardi soir et le mercredi toute la journée. En juillet et août, fermé uniquement le mercredi. Menus à partir de 25 €. Parking. Terrasse. Pas moins de quatre cartes vous seront présentées : celle des apéritifs, celle des menus, celle des vins et enfin celle des cafés. Un signe particulier significatif de la démarche de Marie-Claude et Michel Pellaprat qui ont créé un véritable paradis au bord du Tarn. Leur plus cher désir est de porter le métier de la restauration vers les plus hautes cimes et faire de votre passage un souvenir inoubliable. Tout est conçu pour un voyage initiatique au pays des saveurs subtiles : qualité et fraîcheur des ingrédients dont l'origine est sûre, carte composée au gré des saisons, carte des vins faisant honneur aux producteurs de Gaillac sans négliger les crus d'ailleurs, assortiment de cafés soigneusement sélectionnés (dont le blue montain de Jamaïque), digestifs vendus au centilitre…

LE PARVIS **05 63 46 27 10**
27, place Sainte-Cécile

Ouvert midi et soir toute l'année, salon de thé l'après-midi. Menus de 14,50 € à 28 €. Groupes, mariages, anniversaires, repas d'affaires et privés, etc. Terrasse. Salle fumeurs. On entre de plain-pied par la place de la Cathédrale et on se retrouve, sur la terrasse, un étage au-dessus de la rue de la Piale dans le vieil Albi. Bien plus au calme qu'en façade et dépaysé par les vieilles pierres et les ruelles tortueuses. Au 1er étage, l'ancien appartement transformé en salle de restaurant possède le cachet des anciennes demeures, renforcé par le parquet de bois et surtout par le superbe piano à queue laqué blanc qui anime en douceur les repas des fins de semaines hivernales. La carte fournit mille et une occasions de s'abandonner au démon de la gourmandise. Les spécialités régionales fourmillent, réconciliant divers points cardinaux : harengs marinés à la lyonnaise et filet de flétan à la grecque flirtent avec le magret "bien de chez nous".

LA TABLE DU SOMMELIER **05 63 46 20 10**
20, rue Porta

Ouvert midi et soir du mardi au samedi inclus. Terrasse. Climatisé. Service jusqu'à 23h sur réservation. Menus déclinés autour du vin rouge, du vin blanc sec, du vin doux ou des vins de Gaillac. Carte renouvelée tous les 2 jours. Licence de cave, donc possibilité d'acheter sur place une bouteille ou davantage… Ce restaurant rend de multiples hommages au vin : ancienne pompe à vin, étiquettes encadrées, colonne de bouchons sous verre, etc. Daniel Pestre, sommelier de métier, a magnifiquement exploité l'architecture de l'endroit, mélange de briques rouges et de boiseries et aménagé une terrasse tout en teck, où il est plaisant de s'attabler. Cet homme d'une sensibilité rare, met par ailleurs un point d'honneur à encourager les artistes et artisans du département. Il a commandé ses cruches et ses gobelets à eau au potier de Carbes, Michel Goldstyn, et de nombreux objets à un artisan du bois de Villefranche-d'Albigeois, Claude Le Guerrannic. Dîner ou souper chez ce maître est une expérience dont on se souvient longtemps et que l'on renouvelle avec un plaisir toujours intact.

Milieu de mois

L'ASSIETTE AU BEURRE 86, avenue Dembourg 05 63 46 01 99

Fermé les lundi soir, mardi soir et dimanche. Congés annuels : 15 jours en août. 2 salles intérieures, terrasse. Menus à partir de 10 €. Prix moyen à la carte : 16 €. Christelle et Didier ont tous deux fait l'école hôtelière, l'une à Noirmoutier et l'autre à Mazamet. Ils se sont rencontrés au cours d'une saison et se sont installés à Albi depuis 5 ans. Leur amour commun de la restauration, leur sens du service et de l'accueil, leur rigueur professionnelle et leur expérience du métier sont autant d'atouts qui font de leur restaurant un endroit de choix et justifient une excellente réputation. La terrasse évoque les patios de bord de mer et les salles à manger baignent dans une atmosphère douce et lumineuse. De salades d'aiguillettes en cuisses de grenouille provençale, de pavés de selle d'agneau en filets de sandre, sauce ciboulette, et de pêche Melba en crème brûlée, la carte nous invite à une promenade au sein de la gastronomie régionale. Il faut découvrir ce couple heureux qui exerce son métier avec talent et réjouit nos papilles autant que notre esprit.

BRASSERIE-CAFE CHEZ TIN TIN 18, place de la Mairie - CAMBON 05 63 78 81 94

Menu du jour : 11 € (entrée, plat ou plat, dessert). Autres menus : 15 €, 18 € et 23 € (sur mesure). La brasserie-café Chez Tin Tin a déménagé pour se trouver désormais dans une nouvelle maison, toute belle et bien exposée. Viandes, salades copieuses, pizzas, pâtes… La formule est tellement connue dans le coin qu'elle est prise d'assaut pour le service de midi. Il n'y a pas de formule magique : bons produits, recettes simples mais pleines de goût, service rapide et, surtout, plein de bonne humeur et plaisir de faire plaisir. Les femmes de Chez Tin Tin connaissent bien leur métier ! Les beaux jours, on s'installera sur la terrasse, manière de prendre un peu de couleurs en dégustant une bonne entrecôte à la sauce aux poivres…

LA CALECHE 6, rue Piale 05 63 54 15 52

Ouvert 7j/7 et toute l'année, midi et soir. Menus de 15 € à 23 €. Terrasse. En terrasse ou dans la fraîche atmosphère des caves voûtées, à quelques pas seulement de la cathédrale Sainte-Cécile, la possibilité de se faire servir des spécialités d'ici et d'ailleurs par d'élégants serveurs en tenue : cassoulet maison, choucroute à l'albigeoise. Belle terrasse en plein centre-ville.

LE BRUSSEL'S CAFE 49, lices Georges-Pompidou **05 63 54 00 79**

Ouvert tous les jours, de 7h30 à 1h. Plat du jour : 6,80 €. Menu du jour (entrée plus plat, plat plus dessert) : 9 €. Menus de 16 € à 18 €. Prix moyen à la carte : 16 €. Terrasse. Cette brasserie a un vrai côté chaleureux avec ses cloisons de bois et de vitres gravées délimitant de petits espaces. Ici on ne fait pas de manières, car la cuisine réunit tout le monde à la même enseigne, c'est-à-dire autour de plats authentiques et traditionnels comme la choucroute, les moules, le cassoulet, le jarret demi-sel maison, le confit, les pièces de bœuf grillées ou le poisson tel le sandre ou le saumon. La terrasse ensoleillée et le grand bar avec ses becs à pression rutilants sont des endroits stratégiques pour apprécier un demi parmi l'un des moins chers de la ville, une des 7 bières belges proposées (Leffe, Stella Artois, Krieck, Loburg…) ou un des 22 parfums de glace. Le service est à l'image de la capitale belge : une certaine retenue qui cache beaucoup de chaleur.

LA FLEUR DE SEL 11, rue Toulouse-Lautrec **05 63 38 49 39**

Fermeture hebdomadaire le mardi. Ouverture tous les jours de 12h à 14h et de 18h à 22h30. Formules à partir de 7 €. Prix moyen à la carte : 23 €. Spécialités de poisson et de canard. Deux petites salles où poissons et crustacés sont les acteurs involontaires d'une cuisine traditionnelle avec quelques touches inhabituelles. On jette facilement l'ancre sur une des formules à 2 ou 3 plats, d'un bon rapport qualité-prix : feuilleté de saumon et épinards, sauté de sole aux Saint-Jacques, tresse de saumon et de sole. Pour les "produits-de-la-merophobes", des plats traditionnels sont proposés tels que confit ou cassoulet, pour les gourmands, ne pas rater l'orange gratinée, pour les amateurs de vin ne pas hésiter à goûter la sélection du mois, et pour tous, saluons l'accueil de Carole et Patrick Audourenc, la sirène et le Poséidon du lieu.

LOU SICRET 1, rue Timbal **05 63 38 26 40**

Ouvert du lundi au samedi. Paiement par carte bancaire, Chèque-Restaurant. Terrasse. Plat du jour : 7 €. Prix moyen à la carte : 23 €. Un secret… de polichinelle car la réputation de ce restaurant bien caché a déjà fait le tour de la ville. Le patio et l'auberge style basque-espagnol donnent une allure rustique au décor que ne démentent pas les tables et les chaises en bois. La situation de la terrasse, en fond d'impasse en fait l'endroit rêvé pour des rencontres intimes. Lou Sicret se veut le refuge de la cuisine d'autrefois, une vraie cuisine de terroir et de grand-mère dont les recettes se sont inspirées pêle-mêle du Pays basque, du passé, de la Catalogne et des pays d'Oc... Ici plus qu'ailleurs, le "sicret" est dans la sauce !

LE POISSON D'AVRIL 17, rue d'Engeysse **05 63 38 30 13**

Ouverture du lundi soir au dimanche soir en période estivale et du lundi soir au samedi le reste de l'année. Dernière commande 23h. Menus de 11,50 € (midi uniquement) à 28 €. Menu enfant : 8 € (répondant au doux nom d'île aux trésors). A deux pas de la cathédrale Sainte-Cécile, partez à la découverte du "Poisson d'Avril". Après avoir traversé la salle du bar, vous pénétrez dans un lieu magique aux lumières tamisées : êtes-vous dans un tonneau ? une péniche ? à vous de choisir selon votre imagination. Vous dégusterez quelques spécialités de poissons ainsi que "de la cuisine traditionnelle travaillée" et tout ceci présenté d'une façon remarquable. Alors n'hésitez pas à rendre visite à Emanuella et Jean-Claude qui vous réserveront un accueil chaleureux dans leur restaurant alliant convivialité et authenticité !

LE ROBINSON **05 63 46 15 69**
142, rue Edouard-Branly

Ouvert tous les jours. Menus entre 16 € et 35 €. Prix moyen à la carte : 22 €. Terrasse, jardin, parking. Mariages et repas d'affaires. Tout au bout de l'impasse, on découvre un lieu hors du temps, à l'architecture romantique dans une nature luxuriante faite de bambous porte-bonheur et de nénuphars alanguis. Assis sur les berges du Tarn, en terrasse (sous l'ombre bienfaisante du mûrier) ou dans la "Volière", on goûte au classicisme d'une cuisine sans fausse note. L'équipe internationale concocte un décor, une ambiance et des menus propres à nous projeter dans un espace-temps à la fois familier et inconnu. Les saveurs se mêlent aux senteurs, les nappes en saris miroitent sous l'éclairage apaisant, les sonorités contemporaines font écho aux accords de l'Inde mystérieuse... Notre esprit est proche du nirvana... L'addition nous ramènera en douceur sur la terre albigeoise, et nous repartons avec au cœur des remémorations de bateau ivre ou d'île déserte...

LA TETE DE L'ART **7, rue de la Piale** **05 63 38 44 75**

Fermé le mardi et le mercredi. Menus : 13,50 €, 21 € et 26 €. Menu enfant : 7 €. La chère est excellente et se décline au fil des menus baptisés du nom de légendaires paroliers, en parfums du terroir et recettes classiques d'une fraîcheur et d'une authenticité louables. Un restaurant à l'atmosphère intimiste, un lieu à recommander tant pour le bon rapport qualité-prix que le service parfaitement effectué. La carte des vins est ambitieuse, peut-être un peu onéreuse parfois.

LA VIGUIERE D'ALBI **7, rue Toulouse-Lautrec** **05 63 54 76 44**

De fin juin à début septembre, ouvert tous les jours de 10h à 14h30 et de 18h à 22h (23h le week-end). Le reste de l'année, fermé le mercredi et le jeudi matin. Le chef de La Viguière d'Albi, Gregory Arnoux est l'illustration vivante de la célèbre réplique : "la valeur n'attend point le nombre des années". Retenez bien son nom car il brillera sous peu parmi les étoiles de la gastronomie française de réputation internationale. Bien qu'il soit tout jeune, Grégory possède le talent, la rigueur, l'expertise et la créativité qui font l'étoffe des grands. Sa cuisine allie fraîcheur et qualité des ingrédients avec respect des traditions et audace de la création. On se recueille devant la cargolade à la crème et ciboulette et le duo de lotte et écrevisses, accompagnés tous deux d'un verre de blanc sec Vieilles Vignes du Domaine du Moulin (gaillac). Sachez en terminant que ce nirvana est accessible à tous car les prix pratiqués sont loin d'être prohibitifs.

Fin de mois

LE BŒUF SAUMON **16, rue de l'Ort-en-Salvy** **05 63 38 01 73**

Bœuf ou saumon, entre les deux, mon cœur balance... Des menus se multiplient autour du saumon et du bœuf, des produits choisis avec le plus grand soin par le propriétaire et chef cuisinier. Et Dieu sait qu'il est exigeant ! Difficile donc de choisir entre l'excellence des cuisinés, des grillés de faux-filet, d'entrecôte, d'aloyau ou de filet et la fraîcheur des «saumonades» aux noms toujours plus exotiques. Tropical, senteur des îles, monte au nez et bien d'autres.

CHEZ LOUIS 1, rue Suzanne-Lenglen **05 63 47 17 10**

Ouvert du lundi au samedi de 7h30 à 2h. Fermé à Noël, au mois d'août et les principaux jours fériés. Entrées et salades de 4,50 € à 7 €, viandes de 6 € à 10,50 €. Terrasse ombragée. Parking. Deux choses frappent dès l'arrivée : la beauté des lieux et l'amabilité de l'accueil. La salle aux murs crème est harmonieusement doublée d'une mezzanine du meilleur effet. Les banquettes tendues de velours bordeaux apportent une touche chaude et invitent à s'asseoir sans plus tarder. Par beau temps, si l'on arrive assez tôt, la terrasse est à recommander. Elle longe la salle de restaurant et permet de manger au calme malgré la proximité du boulevard voisin. En fait, la cuisine est si bonne que le cerveau s'absorbe tout entier dans les joies gustatives et devient complètement "sourd" aux stimuli sonores. Les serveurs et le patron, beaux hommes aux yeux de braise et au sourire ravageur complètent le tableau parfait. Ils sont attentionnés, agréables, présents sans être lourds, bref : une adresse futée à réserver pour les amis.

LE COCKTAIL 17, place de la Cathédrale **05 63 47 17 77**

Ouvert toute l'année. Petit déjeuner l'été. Menus à partir de 11 €. Salades, pâtes et pizzas autour de 7 €. Terrasse. Avoine et fourrage ne sont plus à la carte de ces anciennes écuries de l'archevêché, transformées en un restaurant convivial à proximité des sites historiques majeurs de la ville. A l'intérieur, voûtes, briques et différents niveaux, à l'extérieur terrasse avec cathédrale et palais de la Berbie en arrière-plan. Au côté chargé de mémoire du cadre, s'adjoint un service moins austère que les pierres environnantes et une cuisine traditionnelle et italianisante, moins figée que les gargouilles surplombantes. Que l'on ait les pieds sur terre albigeoise ou l'esprit vagabond, on peut y faire le repas de son choix : salade paysanne, tartare, cassoulet au confit, magret, salade suédoise, pizza viking et mousse au chocolat pour couronner le voyage !

LA DAME DE LIEGE 37, boulevard Paul-Bodin **05 63 54 22 85**

Fermé le dimanche, le lundi soir et le samedi midi. Formule snack le midi : plat du jour 6,40 €, salades autour de 6 €. Formule express (un plat, vin ou bière compris). Carte plus élaborée le soir. Choucroute sur commande. Terrasse. Dans cette brasserie lumineuse, les sourires sont sincères et le service réellement courtois. L'on y décline les moules à toutes les sauces (aveyronnaise, dijonnaise, rochelaise, sétoise, etc.). La possibilité de se restaurer vite à midi et tard le soir (jusqu'à 23h en fin de semaine) est un des nombreux atouts de cet établissement dont les salles sont réparties sur trois niveaux. Si, comme son nom l'indique, cette brasserie met un point d'honneur à proposer des produits belges tels que les waterzoi de poule, hochepot de queue de bœuf Parmentier et moules-frites, tous les goûts sont satisfaits avec, sur la carte salades, saumon rôti sur peau, aile de raie beurre noisette et magret de canard façon dame de Liège. Avec en prime une ronde de desserts comme seuls les gens du Nord savent les faire : gaufres, coupes de glace et tutti quanti.

L'ETAPE GOURMANDE **42, place Jean-Jaurès** **05 63 38 13 37**

Cafétéria et sandwicherie ouvertes toute l'année, 6j/7, exception des dimanche et des jours fériés, de 11h30 à 14h. Les vendredi et samedi soir sont réservés à la gastronomie traditionnelle, de 19h à 22h. Plats à emporter. Salle en sous-sol pour les groupes (à partir de 25 personnes). Terrasse. Cette jolie cafétéria aux murs lambrissés de bois clair se transforme en fin de semaine en un restaurant chaleureux aux allures de chalet nordique. Le midi, les buffets de hors-d'œuvre et de desserts s'échelonnent de 0,80 € à 5,50 € et les plats chauds de 4,50 € à 7 €. Un petit kiosque en terrasse vend pour emporter des sandwichs, salades, tartes salées, pizzas et viennoiseries. Les soirées des vendredi et samedi, le restaurant propose des menus plus élaborés avec grillades de viande et poisson, pâtes cuisinées maison, salades et desserts. Quelle que soit la formule choisie, on est certains d'être bien accueilli et de se régaler en toute simplicité.

LA MARMOTTE **21, rue de la Rivière** **05 63 38 68 14**

Fermé le dimanche et le lundi soir. Menus à partir de 11 €. Voici un restaurant, tenu par Christophe et Solange, qui offre une cuisine du terroir et une petite carte végétarienne dont la salade de quinoa à la péruvienne. Les spécialités du chef sont le fondant de foies de volaille, la minute Saint-Jacques acidulée noix de coco, la salade de caille tiède aux raisins et les pruneaux infusés au vin rouge et à la cannelle. Les saveurs sont subtiles et nuancées, la cuisine savoureuse et inspirée, le service charmant et attentionné. Comme son nom l'indique, ce restaurant est une fleur précieuse qui mérite la visite.

LE PONTIE Place du Vigan **05 63 54 16 34**

Ouvert tous les jours. Snack de 12h à 15h et de 19h à 24h. Sandwichs à partir de 3 €, pizzas 7,50 €. Plat du jour 6,70 €, viandes, pâtes, crêpes et glaces. Immense terrasse. Animation musicale avec orchestre les mercredi, jeudi, vendredi et samedi soir pendant l'été. Avec sa terrasse idéalement située sur le Vigan, principale place d'Albi, ce bar-brasserie est depuis longtemps une des références sûres de la cité, que se soit au niveau du repas vite pris, bien servi à midi, du bronzage juste ce qu'il faut d'après-midi, et du voir et être vu de la soirée. Affamé ou appétit d'oiseau, quelles que soient ses envies, on trouve contentement sur la carte brasserie, aussi variée en mets qu'en prix. Au demi-étage de cet établissement, c'est la pizzeria qui, jusqu'à une heure avancée de la nuit, vous sert pâtes et pizzas cuites au feu de bois. Une salle climatisée, des prix raisonnables, un service classique mais irréprochable pour ce lieu à envahir au moment du déjeuner comme le soir après une séance de cinéma ou entre copains…

LE VAL DE CAUSSELS 6, route de Millau **05 63 60 25 02**

Fermé le dimanche toute la journée et le lundi à partir de 15h. Ouverture non-stop les autres jours de 6h30 à 22h, minuit (jeudi), ou 2h (vendredi et samedi). Terrasse. Plat du jour 6,50 €, formule express : 10 €. Salades, pizzas, pâtes, omelettes, poissons et viandes grillées. C'est tout près du Géant Casino, mais il faut bien faire attention de prendre la route de Millau (demandez la clinique Claude-Bernard, c'est tout proche). Les gens qui travaillent dans le coin s'y donnent rendez-vous, à toute heure du jour ou de la nuit, pour le café, l'apéro, le repas ou le digestif. La grande salle est éclairée par des baies vitrées donnant sur la terrasse. Les tons chauds du sud de l'Italie sont adoucis par le pastel des banquettes et des nappes. La carte, d'une rare variété, permet de manger sur le pouce ou de faire un repas plus consistant, selon l'humeur et le temps dont vous disposez. La terrasse s'orne d'un gril magistralement utilisé l'été pour la cuisson de viandes juteuses qui grésillent joyeusement et attisent nos papilles avec leur irrésistible fumet. Gourmands aux appétits divers trouveront ici de quoi se sustenter agréablement sans addition douloureuse.

Cuisine d'ailleurs

Afrique du Nord

LE MAROCAIN 113, avenue Albert-Thomas **05 63 46 23 62**

Fermeture hebdomadaire le mercredi. Pas de menu. Prix moyen à la carte : 18 €. Vente à emporter. Terrasse. Bienvenue au Maroc ! Les tapis aux couleurs vives font de l'œil aux coussins qui garnissent confortablement les banquettes qui courent le long des murs. Les luminaires diffusent une lumière douce et l'atmosphère autant que l'accueil incitent à la détente. Au menu, sardines à la marocaine, foie d'agneau chermoula, carottes marinées, couscous, brochettes, tajines et pastilla. Pour les groupes (sur commande, 10 personnes et plus), le légendaire méchoui, l'épaule d'agneau au safran et autres spécialités à découvrir en toute convivialité.

Asiatique

PALAIS D'ASIE 33, rue Séré-de-Rivières 05 63 38 35 45

Fermé le lundi et le mardi midi. Restauration sur place et plats à emporter. Menu : 9 € (formule midi uniquement, du mardi au vendredi), prix moyen à la carte : 19 €. Une adresse à garder précieusement. La cuisine est parfumée à souhait. Des spécialités chinoises, vietnamiennes et thaïlandaises dans un décor sobre, un accueil qui donne l'impression de faire partie des intimes de la maison ; aucune fausse note, ici.

Dans les spécialités, les 8 trésors à la marmite, les plats thaïlandais comme la seiche au curry, porc, poulet, écrevisses et noix de pétoncles aux différentes sauces et une fondue chinoise pour deux personnes... Petit plus : c'est vraiment à la portée de toutes les bourses !

SAWADEE 3, rue de Balzac 05 63 54 26 51

Fax : 05 63 47 04 40. Ouvert du lundi au dimanche de 12h à 14h et de 19h à 22h. Paiement par carte bancaire, Chèque-Restaurant. Menus : 9,30 € (midi), 12 €, 15,25 €, 20 € et 25 €. Monsieur, d'origine française a épousé madame d'origine thaïlandaise. Le résultat de ce mariage heureux est une carte où les spécialités de deux terroirs se conjuguent et s'entremêlent avec bonheur : cassoulet maison, magret de canard aux cèpes et carte unique sur la région de cuisine thaïlandaise. En plus de faire la cuisine, madame offre des services de massage de réflexologie et de détente. Si vous vous endormez sous ses mains expertes, les chambres ne sont pas loin et vous abriteront pour la nuit. Le service est sérieux et professionnel. Amateurs d'exotisme "débridé" s'abstenir.

Italie

LE NAPOLI 38, rue Porta **05 63 60 66 27**

Ouvert du mardi au samedi de 12h à 14h et de 19h à 22h (23h le week-end). Congés annuels : première quinzaine d'août. Pizzas à partir de 5,50 € (petites) et 7,30 € (grandes), salades, pâtes et viandes, desserts. Nichée au creux de la vieille rue Porta, cette pizzeria possède un cachet fort séduisant. L'ancien four à bois, qui appartenait au départ à un pâtissier, donne une touche artisanale renforcée par l'atmosphère familiale entretenue par les propriétaires. Ça ressemble à la Toscane... On sent ici le respect des valeurs traditionnelles comme l'accueil, la tolérance et l'amour du travail bien fait. Sachant que les fours à bois sont condamnés à disparaître, dépêchons-nous d'aller déguster les succulentes pizzas qui sortent de celui-ci. Il faut prendre ensuite le temps de bavarder avec le patron, fan de courses automobiles, qui pétrit sa pâte sous le regard des bolides immortalisés sur le mur. Contraste de deux mondes qui s'harmonisent pourtant sans heurts. Un endroit à fréquenter pour sa cuisine, bien sûr, mais surtout pour les gens qui lui ont donné une âme aussi forte que douce.

LA TRATTORIA 10, rue Porta **05 63 77 55 95**

Fermé le lundi et le samedi et dimanche midi. PMC : 15 €. Trattoria à l'italienne, ici on ne déguste que de vraies spécialités italiennes comme les pizzas et les pâtes fraîches, bien sûr, mais aussi des bonnes salades comme celle à la tomate, au basilic et huile d'olive italienne ou l'escalope aux sauces diverses. La carte est très variée, à noter que les pizzas sont cuites au feu de bois. Cela fait déjà quelques années qu'ils ont repris l'affaire et refait la décoration pour offrir ainsi un cadre intime et chaleureux, de quoi faire un repas en tête à tête comme de vrais Roméo et Juliette. Amore mio...

Mexicain

LE DESPERADO - CANTINA TEX-MEX 25, place Edmond-Canet **05 63 54 52 39**

Ouvert tous les jours à midi du lundi au vendredi. Le soir, uniquement sur réservation de groupe. Restaurant et brasserie d'inspiration texane et mexicaine. Formules à partir de 9 €. Terrasse. Les couleurs donnent le ton de ce bar-resto dont la cuisine a abandonné les rives du Tarn pour celles du Rio Grande, ce qui se traduit par des ensaladas (guacamole, cactus salad...), des fajitas, des quesadillas, du chili con carne, des tacos, des burritos, T-bone et autres malibu shrimp salad. Comme il en faut pour tous les goûts, il y a quelques propositions de cuisine traditionnelle : steak de thon, magret ou entrecôte. Côté ambiance, rien ne manque, cocktails et hot music dégèlent les plus coincés qui rejoignent les plus déchaînés pour danser “la salsa del démon” entre deux tequilas. Pour les plus sages, une invitation au voyage à prendre s'il fait bon, sur la terrasse envahie par le chèvrefeuille.

L'ESTABAR **12, avenue François-Verdier** **05 63 38 29 03**

Ouvert du lundi au vendredi de 7h30 à 2h et le samedi de 10h à 2h. En juillet et août, fermé le dimanche et le lundi. Accueil, menus groupes sur réservation. Salle de billard. Location de salle possible, le soir, en début de semaine. Patio à l'arrière et terrasse. Le rendez-vous des étudiants et des amateurs de chimicongas (nems mexicains), de pyramides de tortillas débordant de fromage fondu, de french ou de tex Tartar (sic) et de grillades format L, XL et même XXL ! Pour se rafraîchir, rien de tel qu'une Corona, Bohemia ou Desperado Bud, à moins que vous ne préfériez la Cucaracha... Les jeudis soir et certains samedis de la période scolaire donnent lieu à des soirées à thème dont les traces sont conservées sur les piliers du bar : photographies en couleurs de tous les allumés d'ici et d'ailleurs qui ont fait honneur à la tequila. Tequila !!!

Restauration rapide

LA DERNIERE SEANCE **2, rue de Bernis** **05 63 43 14 84**

Ouvert tous les jours sauf le dimanche. Menus avec place cinéma. Avant ou après un bon film, aller boire un coup ou manger un morceau... rien de plus simple puisque "La Dernière Séance" comme son nom l'indique se trouve en face du cinéma CGR. Ici on vous propose une cuisine traditionnelle mais de qualité : omelette, grillades de bœuf, salades de toutes sortes : assiette paysanne, tripes et tripoux. Vous pourrez vous installer sur la terrasse ombragée et prendre le temps de discuter du film et si vous venez avant la séance prendre votre repas, on vous offrira une place de cinéma (une attention qui peut faire la différence !).

ALBI DELICES 18, rue de Verdusse **05 63 38 73 52**

Saladerie, sandwicherie, crêperie, tartes salées, plats du jour, glaces et gâteaux maison, voici les maîtres mots de ce nouvel Albi Délices, à l'entrée des rues piétonnes, côté place de La Pérouse. Que du produit frais et du fait maison, sûr et certain…

MCDONALD'S Rond-point du Séquestre - Route de Toulouse **05 63 54 64 69**

Climatisation. Terrasse. Ronaldland. Parking. Ah, visiter la cathédrale Sainte-Cécile en boulottant un McDo, faire la queue devant le palais de la Berbie en grignotant des chickens McNuggets ! Situé à l'entrée d'Albi en direction de Toulouse et à côté du centre Leclerc en direction de Carmaux, McDonald's prend Albi… en sandwich !

Autre adresse : C.Cial Leclerc - LESCURE-D'ALBIGEOIS 05 63 60 78 15. *Ouvert tous les jours de 9h à 22h30 (23h les vendredi et samedi).*

RESTAURATION RAPIDE KANGOU Rue du Docteur-Camboulives **05 63 47 00 60**

Ouvert tous les jours. Service du lundi au samedi de 10h30 à 23h et les dimanche et jours fériés de 17h30 à 21h30. Terrasse. Bon, rapide et pas cher ! Des sandwichs froids ou chauds et des salades pour environ 4 €, des pizzas pour une personne de 4 € à 6 € et pour deux ou quatre personnes (à emporter uniquement) de 5 € à 10 €, avec aussi des crêpes et des coupes de glace, sans oublier les assiettes snack. La terrasse voisine les jolis jardins de la place du Vigan et les fresques de la salle évoquent les plages du paradis. L'ensemble est propre et coquet avec un service tout sourire. On signale des passages de kangourous échappés on ne sait d'où… prudence en traversant !

QUICK Rond-point du Séquestre - Espace Commercial F.-Verdier **05 63 38 35 21**

Ouvert tous les jours de 7h30 à 23h. Service au volant. Climatisation. Terrasse. Aires de jeux intérieure et extérieure. Parking. L'impression d'être dans un Playmobil géant, où les petits ouvriers emportent leur boîte à lunch baptisée pour l'occasion "Magic Box" puisqu'elle contient une surprise. Au milieu des couleurs pimpantes, chacun ou chacune choisit son coin de prédilection parmi les tables basses, les tables hautes et le petit salon pour déguster tout à loisir le Giant, le Star bacon, le Club ou le Vegie. Les frites peuvent être remplacées par la salade et le bœuf par de la dinde, du poulet ou du poisson. Les aires de jeux résonnent des cris et des rires de bambins heureux dont vous pourrez prolonger le plaisir en organisant ici leur anniversaire. Tout est prévu pour fêter l'événement comme il se doit : animatrice, cadeaux, gâteaux, repas et déguisements.

produits gourmands

Viandes et volailles

BOUCHERIE CARAYON **05 63 54 02 35**

52, avenue Colonel-Teyssier - Loge 143 - Marché couvert

Ouvert du lundi au dimanche. Après presque 80 ans de fidélité au métier de boucher, le savoir-faire se transmet toujours de père en fils, tout comme les adresses des meilleurs producteurs tous concentrés dans un rayon de 50 km autour d'Albi. La viande, ils l'ont toujours achetée sur pied, ils s'enorgueillissent ensuite au travers de pancartes comme "Cette semaine, la vache provient…", "Le veau a été nourri sous la mère chez…". Un souci de traçabilité, de transparence qui leur "veau" une réputation par-delà la ville. De plus, la maison saura nous régaler avec ses spécialités de bougnettes albigeoises, de tripes safranées, de daube et de gras-double.

BOUCHERIE MILLET **89, avenue Dembourg** **05 63 60 77 58**

Ouvert du mardi au samedi de 7h45 à 12h45 et de 14h30 à 19h30. On cherche une viande de qualité et des plats cuisinés traditionnels pour régaler nos amis et notre famille ? Tous les ingrédients sont réunis ici pour concocter un repas de rois. Non contents de proposer à leur clientèle des produits excellents, M. et Mme Millet sont des commerçants charmants qui nous accueilleront et nous conseilleront avec joie, avec très souvent le petit truc de cuisine en plus.

Cafés et thés

CAFES SUAU - BRULERIE DU MARCHE
17, rue Saint-Julien 05 63 54 12 29

Ouvert du mardi au samedi de 8h45 à 12h15 et de 14h15 à 19h. Une odeur brûlante s'en échappe, nous chatouille les narines, nous pousse jusque dans la boutique où deux femmes extraordinaires se proposent de nous guider entre les riches variations parfumées du café, les notes fruitées ou doucement amères des thés du monde entier. Dans ce repaire réservé aux férus de caféine ou de théine, le torréfacteur grille inlassablement les grains parfumés. Des machines à espresso, cafetières et théières sophistiquées ou plus simples, design ou plus classiques ainsi que des services permettent d'agrémenter le plaisir jusque dans ses moindres détails. Bonnes idées cadeaux !

Chocolats et confiseries

CHOCOLATERIE THURIES 05 63 54 47 60
37, rue Mariès

www.thuries.fr. Ouvert du mardi au dimanche de 10h à 12h30 et de 14h30 à 19h15.

Avec un peu de charme et de persuasion, on réussira peut-être à goûter un échantillon de la délicieuse et fondante production du célèbre Yves Thuriès, Meilleur Ouvrier de France connu dans le monde entier. Les croquants sont à croquer, les fondues en petits bocaux sont à fondre, les chocolats en plaques sont à craquer, les assortiments sont à sortir tout de suite pour déguster, les alcools avec ou sans fruits sont à siroter avec modération et les ensembles de vaisselle et linge de table colorés sont à installer, immédiatement, sur la place Saint-Cécile, pour s'offrir un bon thé. Pour sortir de l'ordinaire, emportez la spécialité maison, le pastel, qui est une coque de chocolat garnie de ganache bleue (celui du pastel) et poudrée de sucre glace. Fournisseur exclusif de la Comtesse du Barry, la maison Thuriès commercialise ses délicieux foies gras et autres terrines succulentes. Un arrêt s'impose

FOURNIALS SUAU 6, place du Vigan 05 63 54 02 58

Ouvert du mardi au vendredi de 10h à 12h et de 14h15 à 19h. Au menu, plusieurs spécialités d'Albi et d'ailleurs : le Toulouse-Lautrec (ou barotin de la cathédrale Sainte-Cécile) ; le feuilleté aux amandes et noisettes légèrement caramélisé, le Cru de Gaillac (croûte de caramel au beurre, légèrement cacaotée avec une pâte parfumée au vin de Gaillac), des calissons de Provence, des pruneaux fourrés, des pâtes de fruits de l'abbaye de Tournay et des dragées. L'accueil est aussi délicieux que les confiseries, et l'on peut emporter les bonbons à la pièce ou joliment présentés dans des boîtes et sachets. Les coucougnettes, également en vente, s'accompagnent d'anecdotes pour le moins rigolotes. Baptisées entre autres "les choses de la vie", elles se vendent notamment par 2, pour faire plaisir à papa !

NOUVEAU — ETABLISSEMENT OUVERT DEPUIS LA DERNIERE EDITION DU PETIT FUTE

MICHEL BELIN - L'ARTISAN CHOCOLATIER 4, rue Docteur-Camboulives 05 63 54 18 46

Connu et reconnu (classé parmi les 10 meilleurs chocolatiers de France par le guide Croqueurs en Chocolat et élu meilleur pâtissier-chocolatier par le guide Pudlowski), Michel Belin concilie qualité et quantité avec un immense choix et des créations incessantes. Difficile de résister au spectacle qu'offre ce magicien confiseur qui expédie ses œuvres inspirées dans le monde entier. Outre de grands classiques, il concocte une multitude d'assemblages tous plus originaux les uns que les autres : feuillantines, orangettes, ganaches aux divers parfums, etc. Il suffit de pousser la porte pour pénétrer dans l'antre ensoleillé du maître chocolatier. Un beau choix de vins de Porto et de muscats complète la gamme des plaisirs accessibles. Un paradis pour les petits... et les plus grands.

Autre adresse : 12, avenue Général-de-Gaulle 05 63 54 15 59.

Pain et pâtisseries

BOULANGERIE SANCERE 66, avenue Colonel-Teyssier 05 63 54 29 72

Ouvert du lundi au samedi de 5h30 à 13h et de 15h à 20h. Claude Sancéré fait partie de la génération des fils de boulanger qui ont repris haut la main le flambeau de leur père. Installé depuis 1968, il a racheté un brevet qui l'autorise à fabriquer des pains en utilisant le "boulenc". Le résultat de cette méthode donne une mie plus serrée, de couleur crème et augmente la durée de conservation des flûtes, baguettes et ficelles. Fidèle à la tradition albigeoise, Claude prépare également des oreillettes (de février à avril), des longuets, des gimblettes, des chaussons aux pommes et des rissoles (farce aux pruneaux). Enfin, sur commande, les plaques de pizzas, quiches, tartes et autres.

PATISSERIE DEMESSEMACKER 16, rue Augustin-Malroux 05 63 54 38 12

Ouvert du lundi au samedi de 7h30 à 19h. Ici, on se fait fort de proposer les spécialités de la région : gimblettes, janots et croquants, autant de façons de découvrir la tradition pâtissière de l'Albigeois. Profitez-en pour demander aux propriétaires l'origine de ces petits gâteaux aux saveurs parfumées. Ils nous dévoileront un pan d'histoire locale. Outre ces singularités régionales de véritables chefs-d'œuvre en chocolat à admirer et à goûter, portraits d'enfants ou personnages de "boulevard" réalisés par Mme Demessemacker. Pour nos goûters d'anniversaire, pour nos repas de fête, une adresse à déguster. Ils organisent aussi des apéritifs en s'occupant des boissons, de la fabrication et du service des amuse-bouches.

PATISSERIE SAINT-HONORE 8, rue Saint-Julien 05 63 38 22 25

Ouvert du mardi au samedi de 8h à 19h. Pâtissier, chocolatier, confiseur et glacier, le propriétaire est un véritable alchimiste. Les saveurs les plus inattendues, les mariages de matières et de couleurs... Il saura conquérir les palais les plus difficiles. Un rendez-vous pour tous les gourmets gourmands. Oublions les calories ! pour ceux qui veulent rester raisonnables, un choix de mini-délices est offert. A goûter les deux spécialités de la maison : la brique albigeoise (bonbon feuilleté au praliné) et le "Lou Tarnès" (spécialité pâtissière fruitée à base de confiture de raisins et de pommes sautées au miel, aux arômes de noix et d'amandes).

Fromages

LA FERME SAINT-SALVY 53, rue Séré-de-Rivières 05 63 38 02 55

Ouvert du mardi au samedi de 8h30 à 12h30 et de 15h à 17h. Crémerie mais également épicerie fine où les plus prestigieuses boîtes de caviar iranien côtoient les fromages fermiers et tout un éventail de vieux spiritueux. Les propriétaires vont chercher le cantal dans les burons (lieux de fabrication du fromage) et se déplacent jusqu'aux Pyrénées et dans les caves de Roquefort pour choisir sur place les meilleurs crus. Ils les affinent ensuite dans leurs installations avant de les mettre en rayon. Tous les jeudis, nous pouvons acheter ici le pain Poilâne, un pain au levain cuit au feu de bois. Sans parler des charcuteries italiennes et espagnoles ni des pâtes fraîches maison. Un régal !

Poissons

POISSONNERIE RIVES 3, boulevard de Strasbourg 05 63 60 71 16

L'étal du marché couvert est ouvert toute l'année, y compris dimanche et jours fériés de 7h30 à 12h30. Les deux magasins sont ouverts du mardi au samedi. La famille Rives compte deux établissements à Albi, manière de se trouver à proximité de tout le monde ! Leur renom n'est plus à faire, les arrivages quotidiens des ports de l'Océan et de la Méditerranée y sont pour quelque chose. Mais il n'y a pas que du poisson dans ces poissonneries, puisque l'on peut commander nos plateaux de fruits de mer ainsi que des plats cuisinés comme les crêpes, les bouchées, les coquillages, les quiches, la brandade, la soupe de poisson, les moules marinières, le gratin de poisson ou la paella. Pour les repas de fêtes, il est préférable de commander une semaine à l'avance. Disponibles également les fameuses sauces qui font toute la différence. Au fait, à l'américaine ou à l'armoricaine ? Le magasin de la rue Croix-Verte abrite en plus un vivier où l'on peut désigner notre prochaine victime parmi les tourteaux, langoustes et homards.

Autres adresses : Rue Croix-Verte 05 63 47 49 37 • Marché couvert 05 63 38 04 09.

LA POISSONNERAIE 05 63 47 55 97
7, rue de Rudel

Ouvert du mardi au samedi de 8h à 12h30 et de 15h30 à 19h30. Une fresque de Claude Van Hille représentant Saint-Jean-Cap-Ferrat parachève l'illusion de se retrouver tout à coup au bord de l'Océan, avec un air de vacances dans la tête et une envie de crustacés au creux de l'estomac. Génial, ils ont tout ce qu'il faut pour improviser un repas maritime : plateaux de fruits de mer, tartare de saumon, saumon Bellevue, homard Thermidor, paella, daube marine, pavé de saumon à la truffe, gratin de turbot ou filet de perche au vin de Gaillac. A propos de vin, quelques bouteilles s'offrent à nous. Si l'occasion est magique, emportez carrément le champagne, c'est super avec les huîtres aux vertus aphrodisiaques… Alors, soit vous y allez à l'improviste et choisissez parmi les 6 entrées et quatre plats chauds du jour, soit vous commandez à l'avance parmi la carte aux multiples tentations. Une chose est sûre, ici, on s'en souvient et on y revient !!!

Produits biologiques et diététiques

ALIMENTS NATURELS 1, rue Puech-Bérenguier 05 63 54 44 86
Ouvert du mardi au samedi de 9h à 12h30 et de 14h30 à 19h. Un endroit incontournable pour tous ceux qui se soucient de leur bien-être. Produits bio et diététiques font la une dans cette boutique qui depuis 1956 conseille tout un chacun en matière d'alimentation, de cosmétique et d'hygiène dans un respect de l'environnement et de l'équilibre des organismes vivants.

BIOAZUR 281, rue du Roc 05 63 54 52 57
Ouvert du lundi au samedi de 9h30 à 19h30. Cette grande épicerie bio permet de concocter des menus complets ou même de les emporter tout prêts grâce à son rayon traiteur. Et comme bio n'est pas synonyme de triste, attardez-vous au rayon vins, qui constitue sans doute une des plus belles caves bio de la région, voire de France. Bioazur propose aussi toute une sélection d'ouvrages, de cosmétiques, de compléments alimentaires et de produits issus de l'agriculture biologique : céréales, légumineuses, légumes frais, fruits frais et secs, pâtes semi-complètes bio et produits laitiers ou diététiques. A noter : la mention "reconversion" désigne les légumes de producteurs dits "classiques" qui sont en train de se transformer en "bio" (environ 3 ans).

Produits fins

LE CABANON DU FRUITIER 7L, avenue du Maréchal-Juin 05 63 47 28 01
Ouvert du mardi au samedi de 7h30 à 12h30 et de 15h30 à 19h. Fruits et légumes, crèmerie, épicerie, vin, pain, épicerie fine et rayon de produits biologiques. Service de préparation et de livraison de corbeilles de fruits ou de légumes, décoration de salles. M. et Mme Viguier sont parmi les derniers marchands de primeurs de la ville, à mi-chemin entre la marchande des quatre-saisons et le marché de village. Vous trouverez ici une ambiance bon enfant et des produits de première qualité. La clientèle ne s'y trompe pas et l'on retrouve ici l'atmosphère des véritables commerces de quartier. Qui plus est, Mme Viguier compose des corbeilles et des arrangements à base de fruits et de légumes pour recréer une atmosphère champêtre dans les salles de fêtes, à l'occasion des baptêmes, mariages et autres. Nous pouvons également faire appel à elle pour envoyer non pas des fleurs (atchoum !) mais des fruits : des pommes, des poires et des scoubidous, bidous, ouh !

CANNELLE 3, rue Sainte-Cécile **05 63 54 12 01**

Ouvert du mardi au samedi de 8h à 12h30 et de 15h à 19h30. A peine aurez-vous franchi la porte de la boutique qu'il vous suffira de fermer les yeux pour vous évader : en effet, de douces fragrances épicées vous emmèneront de l'autre côté de la Méditerranée, et peut être même un peu plus loin ! Vous trouverez toutes sortes de loukoums, gâteaux au miel, olives relevées d'innombrables épices, des fruits confits, séchés… Enfin vous ne saurez plus où regarder lorsqu'une multitude de petits pots en verre masqués d'étiquettes orange attireront votre regard : dans ces pots, des fèves en porcelaine, des thés aux arômes enchanteurs, et bien sûr des épices joliment classées sur des étagères.

Spécialités du terroir

CONFIDENCES DU TERROIR 1, place Sainte-Cécile **05 63 54 05 78**

Ouvert du mardi au samedi de 10h à 12h30 et de 14h30 à 19h, tous les jours en été. Un concept original pour découvrir la région Sud-Ouest. Face à la cathédrale d'Albi et à l'office de tourisme, le magasin propose tout un éventail de produits du terroir : foies gras entiers, saucisses, pâtés, confits, magrets, confitures, miels et des vins de Gaillac et du Sud-Ouest. Trois atouts majeurs pour cette boutique : la qualité et la sélection rigoureuse des produits, des prix départ propriété et une vidéo qui nous permettra d'entrer dans l'intimité du vignoble gaillacois. La porte est ouverte, le temps d'une dégustation, d'un conseil ou encore de la découverte de quelques secrets des traditions tarnaises.

LA FERME DE RAYSSAGUEL **47, chemin de Rayssaguel** **05 63 53 00 34**

Site Internet : www.rayssaguel.com - E-mail : ferme.de.rayssaguel@wanadoo.fr. Après presque 30 ans de bon savoir-faire, Paul et Renée Rolland continuent à se donner à fond pour offrir une large gamme de produits d'une qualité irréprochable. Dans cette ferme de 35 ha, les canards et les veaux limousins sont élevés en plein air, en respectant la tradition depuis l'alimentation à la "mise en boîte". Et ce n'est pas du bla-bla, nombreuses gratifications en témoignent (lauriers d'or européens, médailles d'or, d'argent et de bronze aux concours général agricole de différents millésimes…). Alors nous voilà devant l'embarras du choix : bloc de foie gras, foie gras mi-cuit et cuit, produits à base de foie gras, plats cuisinés, confits et d'autres spécialités comme boudin de canard ou le cou farci. Visite commentée du gavage sur demande.

Vins et spiritueux

BAR-CAVE LA GRAPPE D'OR **104, avenue du Général-de-Gaulle** **05 63 54 32 53**

Ouvert du mardi au dimanche de 8h à 2h. Fermeture annuelle du 1er août au 31 août. Dominique Ricard est l'un des rares œnologues d'Albi. Dès que l'on commence à s'entretenir avec lui, on note à la fois le professionnalisme, la passion et la modestie de cet amoureux de bons crus. Il a tapissé les murs de son bar d'étagères garnies de bouteilles, comme d'autres garnissent les murs du salon avec des bibliothèques. La comparaison n'est pas gratuite : l'œnologue saura nous guider dans le choix d'un bon vin comme un libraire dans celui d'un bon livre. Sachant que l'on peut déguster l'un avec l'autre, rendez-vous à la page librairies pour marier les plaisirs ! D'autant que les apéros-dégustations prolongés s'accompagnent de charcuteries, d'olives et autres amuse-bouches gracieusement servis par la maison.

CAVE DU ROUSSILLON
2, rue de Saunal **05 63 54 17 00**

Ouvert tous les jours en été, sauf le dimanche, de 9h à 13h et de 14h30 à 19h. Le reste de l'année, les horaires sont les mêmes mais c'est aussi fermé le lundi. La Cave du Roussillon est membre du Palais des Alcools, ce qui lui permet de proposer une gamme variée de spiritueux, allant des armagnacs aux whiskys et aux bourbons, ainsi que plusieurs pastis artisanaux donc un à la sève de réglisse et un autre contenant pas moins de 72 plantes et 6 épices ! Si vous relisez cette phrase à haute voix trois fois de suite, vous aurez le gosier suffisamment sec pour courir rue de Saunal et déguster sur place quelques bons crus. A moins que vous ne vous branchiez directement sur les demi-muis (environ 600 l de vin) en chêne qui trônent à l'entrée… Satisfaction garantie à tous les niveaux.

Se détendre

- sorties
- spectacles
- culture
- loisirs
- sports

sorties

Bars

L'ANNEXE JB   13, place de l'Archevêché   05 63 43 60 06

Ouvert du lundi au dimanche de 18h à 2h. Terrasse. Beaucoup de monde en fin de semaine dans ce petit espace où une fois passé difficilement le bar, on tombe sur une piste de danse dont les murs de briques sont originalement "peints". Les taggueurs sont passés par là ! Quant aux marques du passage dans cette annexe, elles ne s'effaceront peut-être pas du visage le lendemain matin... La maison organise régulièrement des soirées à thème, et si l'on devient un habitué, la carte VIP offre des réductions sur les consommations et même quelques boissons offertes. Futé, non ?

LE BRUSSEL'S CAFE   49, lices Georges Pompidou   05 63 54 00 79

Cette brasserie récemment réagencée a pris un côté chaleureux avec ses cloison de bois et de vitres gravées délimitant de petits espaces. Ici on ne fait pas de manières, car la cuisine réunit tout le monde à la même enseigne, c'est à dire autour de plats authentiques et traditionnels comme la choucroute, les moules, le cassoulet, le jarret demi-sel maison, le confit, les pièces de bœuf grillées ou le poisson tel le sandre ou le saumon. La terrasse ensoleillée et le grand bar avec ses becs à pression rutilants sont des endroits stratégiques pour apprécier un demi parmi une des 7 bières belges proposées (Leffe, Stella Artois, Krieck, Loburg...) ou un des 22 parfums de glace. Le service est à l'image de la capitale belge : une certaine retenue qui cache beaucoup de chaleur.

L'ESTABAR   12, avenue François-Verdier   05 63 38 29 03

Ouvert du lundi au vendredi de 7h30 à 2h et le samedi de 10h à 2h. En juillet et août, fermé dimanche et lundi. Salle de billard. Location de salle possible, le soir, en début de semaine. Patio à l'arrière et terrasse. Le rendez-vous des étudiants et des amateurs de chimicongas (nems mexicains), de pyramides de tortillas débordant de fromage fondu, de French ou de Tex Tartar (sic) et de grillades. Pour se rafraîchir, rien de tel qu'une Corona, Bohemia ou Desperado Bud, à moins que vous ne préfériez la Cucaracha... Les jeudis soir et certains samedis de la période scolaire donnent lieu à des soirées à thème dont les traces sont conservées sur les piliers du bar : photographies en couleurs de tous les allumés d'ici et d'ailleurs qui ont fait honneur à la tequila.

L'IMPREVU   05 63 38 45 28
14, rue de la Porte-Neuve

Ouvert toute l'année, de 11h à 2h du matin. Un bar agréable tant à l'intérieur qu'à l'extérieur, en terrasse, sur la placette ombragée par les platanes. Chaises et tables basses nous pousseraient à nous arrêter et lézarder dès les premiers rayons de soleil. On s'y attarde d'autant plus volontiers que les concerts y sont légion (soirées espagnoles, brésiliennes) et que le patron et son équipe sont vraiment agréables.

LE PATIO LATINO **10, rue d'Ort-en-Salvy** **05 63 38 68 16**

Ouvert du lundi au samedi de 14h à 2h. Un nouveau bar sur la place albigeoise aux rythmes chauds de l'Amérique du Sud. Sur deux étages, les salles se disposent autour d'un beau patio, coloré comme la musique latine qui nous invite à danser à coups de hanches. Mueve la cintura mi negra ! Pour les débutants dans la matière, les cours de salsa ont lieu les mardi et jeudi à partir de 20h. Et pour tous les amoureux, le dernier samedi de chaque mois la musique latine arrive in live à cette adresse désormais incontournable des nuits endiablés. Nouveautés depuis la rentrée : les soirées 100 % rock, le thé dansant le dimanche et les cours de rock les mercredis.

Dernier détail : Le Patio Latino est aussi un point d'info sur les concerts et cours de musique latine dans la région de Midi-Pyrénées.

LE PRIVILEGE **05 63 47 17 70**
4, place des Grenadiers

E-mail : le-privilege@club-internet.fr. Ouvert du mardi au dimanche à partir de 22h. Une nouvelle direction vient d'arriver au Privilège et nous attend pour prendre un verre dans un cadre feutré et une ambiance conviviale. Piano-bar installé dans une cave voûtée, la soirée commence (du jeudi au samedi) avec l'apéro jazzy et puis l'ambiance monte petit à petit jusqu'à 23h, moment venu de découvrir la bonne musique des années 60, 70 et 80 : yéyé, disco, new wave… Le tout accompagné, pourquoi pas, de cocktails savoureux. On peut également avoir le privilège de réserver Le Privilège pour nos soirées privées, anniversaires ou rendez-vous d'affaires.

THE SHAMROCK PUB **05 63 43 08 50**
57, avenue Charles-de-Gaulle

Ouvert tous les jours, midi et soir. Ouvert toute l'année. Pub et brasserie. Terrasse et patio. Un endroit où tous les plaisirs se conjuguent à la mode irlandaise. Soirées à thème tout au long de l'année, une déco et une ambiance franchement celtique pour ce pub dont 70 % des bières sont irlandaises et où la musique conjugue les airs traditionnels de la cornemuse avec les rythmes endiablés d'aujourd'hui. De nombreux étudiants s'y retrouvent et se mêlent joyeusement aux autres amateurs de rousses, de brunes et de blondes.

LE TRINIDAD CAFE **05 63 54 05 34**
11, place de l'Archevêché

Ouvert du mardi au dimanche pendant l'été de 11h30 à 2h du matin. Hors saison, ouvert du jeudi au dimanche de 18h à 2h. Terrasse. Les briques de ces anciens communs de l'archevêché ont pris un air cubain avec l'intégration de fresques murales, mosaïques et jarres. Après avoir commandé son cocktail (à partir de 5,50 €) au milieu des sourires, sur la terrasse extérieure ou au bar du fond, on peut tranquillement siroter son verre ou le poser pour se déhancher sur les irrésistibles rythmes latinos. Le 1er étage à l'atmosphère plus cosy est consacré à une autre spécialité cubaine : des soirées cigare y sont organisées régulièrement. Il ne manque plus qu'à être Fidel' à ce bar…

Gay et lesbien

Retrouvez toutes les informations et les adresses de la région d'Albi, dans le guide France Gay du Petit Futé, ainsi que sur le site Internet : www.thegayfox.com.

Presse régionale

IB NEWS   2, rue Fournarié - MONTPELLIER   04 67 91 20 75

E-mail : rainboWCom@wanadoo.fr. Mensuel gratuit d'informations gays et lesbiennes.

PAMPLEMOUSSE SUD-OUEST   36, boulevard de la Liberté - RENNES   02 99 79 04 34

E-mail : redaction@neopresse.com. Bimestriel gratuit d'informations gays et lesbiennes sur toute la région Sud-Ouest.

SNEG   59, rue Beaubourg - PARIS (3e)   01 44 59 81 01

Site Internet : www.sneg.org. Le Sneg intervient en tant qu'acteur de prévention du sida sur la communauté gay. Il défend les droits des homosexuels et des chefs d'entreprises gays face à l'homophobie : aide juridique et administrative aux entreprises gays, médiateur auprès des pouvoirs publics.

Lieux de rencontre - Drague

LE MONUMENT AUX MORTS
LE PARKING BONDIDOU

Shopping

JUST FOR MEN ESTHETIQUE   11, rue des Cordeliers   05 63 38 05 92

Gay-friendly. Ouvert tous les jours, de 8h à 20h, du lundi au samedi, fermé le dimanche. Sur rendez-vous uniquement. Côté tarifs, il faut compter pour le dos 12 €, les jambes + maillot 24 €, les fesses 15 €, l'intime 30 €. UVA : forfait à 45 € les 10 séances (application d'huile après la séance). Michel est le spécialiste de la beauté uniquement au masculin, avec différentes prestations pour tous ceux qui s'intéressent à leur peau. Il se propose de prendre en main notre physique d'ex-jeune premier : épilation (sur tout le corps), soins du visage et du corps (gommage, enveloppement amincissant relaxant ou à base de boue extraite de la mer Morte, la vraie, (relaxation à base d'huiles), UVA et massages (40 € pour 1 heure).

spectacles

Cinéma

L'ATHANOR - SCENE NATIONALE   Place de l'Amitié   05 63 38 55 56

Renseignements : 05 63 38 55 62 (répondeur). Salle Arce (cinéma). Du lundi au samedi, séances à 18h et 20h30. Le dimanche, séances à 15h, 18h et 20h30. Guichet ouvert 30 minutes avant la séance. Pas de pop-corn et de Coca pour cette petite salle de cinéma d'art et d'essai, mais une programmation qui vaut la peine qu'on note l'adresse et qu'on ne l'oublie pas.

CGR LE TIVOLI   2, rue Pierre-Gilles   05 63 54 62 89

CGR LE LAPEROUSE   60, rue Séré-de-Rivières   05 63 54 05 19

Renseignements par répondeur au 08 36 68 04 45. Ouverts tous les jours, ces 2 complexes (3 salles pour Lapérouse, 4 pour Tivoli) proposent toutes les productions susceptibles d'avoir du succès. Suivant les jours et les films, les séances sont au nombre de 3 ou 4 par jour.

Théâtre

L'ATHANOR - SCENE NATIONALE   Place de l'Amitié   05 63 38 55 56

Site Internet : www.athanor-asso.fr. Location de spectacles : 05 63 38 55 56. Ouvert du mardi au samedi, de 10h à 12h et de 14h à 19h. Fermeture en août. Accueil/Location spectacle. Du mardi au vendredi de 12h à 19h. Le samedi de 14h à 19h. Athanor Café : du mardi au vendredi de 12h à 14h30 et de 17h30 à 21h. Avant et après les spectacles. Bibliothèque des Arts : du mardi au vendredi de 14h à 19h. Le samedi, de 14h à 18h. Expositions : du mardi au dimanche, de 14h à 19h. Voir également Cinéma.

MJC D'ALBI   13, rue de la République   05 63 54 20 67

E-mail : mjc.albi@wanadoo.fr. Bureaux et accueil ouverts du lundi au jeudi de 10h à 12h et de 14h à 19h, le vendredi de 10h à 12h et de 14h à 18h. Sur place : restaurant social, auberge de jeunesse, foyer de jeunes travailleurs (informations : 05 63 54 53 65 de 8h à 16h) et salle de spectacle "Le Noctambule".

THEATRE DE LA CROIX BLANCHE   14, rue de la Croix-Blanche   05 63 54 18 63

Une programmation enlevée pour ce petit théâtre qui peut accueillir jusqu'à 80 personnes et se louer aux associations comme aux organisateurs de spectacles. A l'affiche, tout au long de l'année, des spectacles, des expos avec en plus des cours de théâtre…

THEATRE MUNICIPAL   Lices Jean-Moulin   05 63 49 11 78

500 places confortables au cœur de ce Théâtre municipal. Le lieu peut être loué aux associations et organisateurs de spectacles. La programmation d'Albi Tempo est essentiellement composée de pièces comiques, alors que l'Athanor utilise ce théâtre pour une partie de ses spectacles.

culture

Galeries d'art

ATELIER D'ART CLAUDE VAN HILLE 3, place de l'Archevêché 05 63 47 94 57

Claude Van Hille est aquarelliste. D'humeur enjouée et de caractère généreux, elle capte les atmosphères et les traduit à sa manière dans une œuvre pleine de légèreté et de tendresse. Certaines toiles donnent le vertige, tant l'infini du ciel s'y reflète. D'autres surprennent l'œil par une complexité sous-jacente à l'apparente simplicité de l'agencement de formes et de couleurs : habitué à trouver un point d'ancrage dans un tableau, le regard du visiteur se surprend à n'en trouver aucun et à devoir balayer le paysage en vain. Surgissent alors une impression nouvelle et la compréhension instinctive que l'artiste ne se livre pas si facilement. Les simples curieux lécheurs de vitrine passeront à côté d'une âme sensible et subtile, alors que les goûteurs d'instants précieux s'attarderont dans l'atelier et recevront, avec gratitude, les révélations tapies au creux d'une œuvre remarquable.

GALERIE ALIZARINE 9, rue Bonne-Cambe 05 63 43 25 12

Fax : 05 63 43 25 13. Site Internet : www.creatarn.com/alizarine. Ouvert du lundi au vendredi de 14h à 19h. Tout concourt ici à soutenir les artistes et à diffuser l'art actuel auprès d'un public le plus large possible. Lieu d'exposition, d'accueil, d'information et de services personnalisés pour les artistes : service photo, élaboration d'un press-book, aide à la réalisation de CV, Alizarine est un espace précieux qu'il faut absolument découvrir et encourager. Moyennant une adhésion annuelle et une participation par œuvre, on peut emporter chez soi de une à trois œuvres et les conserver pendant trois mois. La location est ouverte aux entreprises, collectivités et associations (à des tarifs différents) qui souhaitent orner leurs murs de créations originales et contemporaines. Enfin, la salle d'exposition se renouvelle toutes les trois semaines. De quoi titiller la fibre émotionnelle et se rapprocher du monde fascinant des artistes, sans chichis ni Marie-Chantal !

Bibliothèques

BIBLIOTHEQUE-MEDIATHEQUE PIERRE-AMALRIC 05 63 38 56 10
Avenue Charles-de-Gaulle

Fax : 05 63 38 56 15. E-mail : mediatheque@mairie-albi.fr. Horaires d'ouverture au public : lundi de 13h à 18h, mardi de 13h à 19h, mercredi de 10h à 12h et de 13h à 18h, vendredi de 10h à 18h, samedi de 10h à 12h et de 13h à 18h. Consultation sur place et possibilités d'emprunt : livres, revues, CD, vidéos, DVD. Consultation d'Internet ou de CD-Rom, initiation à Internet. 2 500 m^2 ouverts au public, 230 000 documents dont 75 000 en accès libre, 70 postes informatiques et 6 000 CD à emprunter. Conçue pour permettre à tout un chacun d'accéder à la culture, au savoir et à l'information. Au travers d'expositions permanentes et temporaires, de rencontres et de conférences, les 4 375 m^2 de surface regorgeant de documents et de supports multimédia constituent un temple moderne d'échange et de connaissance.

Librairies

CLAIR OBSCUR 22, rue Sainte-Claire **05 63 47 23 21**

Ouvert du lundi au samedi de 9h à 12h et de 14h à 19h. Un rendez-vous à ne pas rater pour les passionnés de littérature et de sciences humaines. Dans un cadre de bois sobre, des ouvrages, littérature française comme étrangère, de la bande dessinée que l'on cherche depuis longtemps et que l'on ne trouve que là… Adresse à retenir !

LIBRAIRIE GUILLOT 27, lices Georges-Pompidou **05 63 54 18 49**

Ouvert du mardi au samedi de 9h à 12h et de 14h à 19h. Un lieu où l'on s'attarde volontiers. Les enfants ont même leurs fauteuils pour consulter à loisir le livre qu'ils emporteront finalement. Nestor Guillot, le patron, se fait un plaisir de partager avec tout un chacun sa passion des livres. Il tient même à disposition de tous les scolaires et étudiants les livres au programme. Libraire, oui, mais surtout un excellent guide pour entrer dans le monde de la littérature. Ici, on trouve même des manuels scolaires d'occasion (lycées et plus). Ce n'est pas futé ?

LA LIBRAIRIE DES ENFANTS 13, rue Peyrolières **05 63 38 62 84**

Ouvert du mardi au samedi de 10h à 12h et de 14h à 19h. En ces temps de jeux vidéo rois, la Librairie des Enfants nous invite à la redécouverte du plaisir de la lecture. Une librairie qui ressemble un peu à une salle de jeux, où de grands rayonnages présentent tous les livres, les éditions et les dernières parutions. Ici les enfants tout petits ou bien plus grands trouveront un ouvrage pour eux. On trouve aussi des jeux éducatifs, des cartes postales et toute une gamme d'idées cadeaux provenant de l'univers des Béatrice Potter, du Petit Prince ou de Mimi la souris. Des rencontres, des échanges, des dédicaces et la participation au Salon de Gaillac, font de cette librairie, un endroit où il fait bon lire sous la plume de Marie-Ange et de Cathy.

MAXI-LIVRES 1, rue de Verdusse **05 63 38 97 07**

Ouvert du mardi au samedi de 10h à 19h. Des livres neufs à des prix réduits, même écrasés, vu la différence avec d'autres librairies. On n'y trouve pas forcément toutes les collections mais bien assez de choix pour se faire plaisir sans culpabilité. Beaucoup de livres d'art mais aussi des dictionnaires, des poches à 1,50 € avec tous les classiques et les best-sellers de l'année précédente. Rayon enfants bien garni. Le service Proxilivres permet, en plus, d'envoyer partout en France un ou plusieurs livres pour environ 4,50 €. Cerise sur le gâteau, la carte de fidélité, valable immédiatement, offre 10 % de réduction sur certains ouvrages sélectionnés. A ces prix-là, on aime bien lire…

TRANSPARENCE 9, rue Timbal **05 63 49 45 30**

Ouvert du mardi au samedi de 9h à 12h et de 14h à 19h. C'est la plus grande librairie d'Albi avec ses 850 m² de surface d'exposition et plus de 55 000 titres en stock. Au rez-de-chaussée, on peut trouver tout ce qui a un rapport avec les travaux manuels, le bricolage, la peinture, le dessin... mais aussi une papeterie générale, articles de bureautique, stylos de marque et maroquinerie pour offrir... A l'étage, une multitude de livres très bien répertoriés, pour ne pas se perdre : scolaires, universitaires, religieux, loisirs, jeunesse, etc. On appréciera la luminosité du lieu qui décidément porte bien son nom. Ici, on se charge aussi de la vente et de l'achat de livres d'occasion pour les ouvrages scolaires.

Médias

Presse

Gratuits

BONJOUR 4, rue Timbal **05 63 38 07 09**

Site Internet : www.bonjour.fr. Autrefois intitulé le 81, Bonjour se décline en deux éditions : le 81 Castres et le 81 Albi. L'une sur fond jaune et l'autre sur fond rouge. Les deux éditions sont disponibles dans les agences de Castres et d'Albi uniquement, chacune étant distribuée sur son territoire propre. Bonjour bénéficie d'une excellente notoriété. Il compte 24 pages, soit environ 2 000 annonces disponibles tous les mardis. Le site est quant à lui mis à jour sous 48 heures.

PUBLI-TARN 70, rue Séré-de-Rivière **05 63 38 96 08**

Fax : 05 63 47 20 64. Le Publi-Tarn comporte des milliers de petites annonces en tout genre (immobilier, auto, propres à faciliter les arrangements entre particuliers.

Périodiques régionaux

LA CROIX DU MIDI 16, rue de la République **05 63 47 05 34**

Fax : 05 63 54 59 70. E-mail : lacroix-tarn@wanadoo.fr. Avec aux quatre coins du département une quarantaine de correspondants bénévoles qui se dévouent pour leur ville ou leur village, l'équipe de rédaction porte, chaque semaine, un regard d'espérance sur l'actualité du Tarn. On puise dans la Croix du Midi une foule d'informations départementales et des idées pour le week-end. En vente dès le jeudi chez les marchands de journaux.

LE TARN LIBRE 24, rue de la République **05 63 48 75 48**

Fax : 05 63 47 22 36. Hebdomadaire d'informations départementales, le Tarn Libre couvre le Tarn ainsi qu'une partie de l'Aveyron et du Tarn-et-Garonne. En vente le vendredi, il est tiré à 25 000 exemplaires. Le Tarn Libre est l'un des plus anciens journaux français : il fut créé en 1835 sous le titre de "Journal du Tarn". Il est sorti sans interruption depuis la Libération. Son contenu rédactionnel est articulé autour de la vie de la région : informations départementales et locales, agricoles, annonces légales, petites annonces, page télévision et page loisirs.

Presse quotidienne régionale

LA DEPECHE DU MIDI 6, rue de l'Hôtel-de-Ville **05 63 49 45 65**

Internet : www.ladepeche.com - E-mail : redaction.albi@ladepeche.fr. Ce grand quotidien régional couvre les événements du département dans un cahier spécifique. Outre les informations pratiques et les principales manifestations, des sujets de fond sont abordés. L'actualité nationale et internationale est traitée dans le premier cahier du journal. Témoin attentif de la vie locale, La Dépêche s'enrichit d'un cahier sports le lundi, d'un supplément week-end le vendredi, d'un hebo TV et du magazine Femina le dimanche.

Autre adresse : Place du Vigan.

Institutionnels

ATOUTS TARN Conseil Général - Hôtel du Département **05 63 45 64 64**

Cette revue trimestrielle d'une cinquantaine de pages, tirée à 152 000 exemplaires, est distribuée gratuitement dans les boîtes à lettres. Publiée par le Conseil général, elle comporte de nombreuses rubriques (environnement, patrimoine, économie) et trace plusieurs portraits de personnalités du département (chefs d'entreprise, sportifs, etc.) C'est aussi un magazine d'actualités, bourré d'informations pratiques, qui comprend un agenda des principales manifestations culturelles du Tarn.

Radios

CHERIE FM 1, rue Mariès **05 63 54 81 00**

Programmes tout en douceur pour se réveiller tranquillement ou rythmer sa journée d'un tempo non agressif. Les décrochages locaux offrent une émission tarnaise de 6h à 10h, avec des flashs info aux demi-heures entre 6h et 9h30, ainsi qu'à 12h, 13h et 14h. Le magazine de 14h reçoit des personnalités locales, liées au monde des sports et loisirs ou de la vie économique ou culturelle.

RADIO ALBIGES 36, square Bonaparte **05 63 60 60 36**

Fax : 05 63 77 61 75. Fréquences : 95.4 et 140.2.

RADIO MENERGY L'Hermet **05 63 60 68 68**

Fréquence : Albi 90.3

RCF PAYS TARNAIS 16, rue de la République **05 63 47 24 24**

Fréquence : Albi 99.6. Cette antenne des Radios Chrétiennes de France diffuse environ 4 heures d'émissions locales par jour, du lundi au samedi. Deux bulletins d'informations tarnaises sont insérés dans la grille de programmation.

RCF, radio Chrétienne de France : La Radio dans l'Ame

Radio thématique, RCF diffuse un programme chrétien, généraliste et grand public avec 24 rendez-vous quotidiens d'information locale, nationale, européenne et internationale ; un programme musical approprié à une radio chrétienne avant tout humaniste ; 20 émissions quotidiennes explicitement chrétiennes et une large place donnée aux questions culturelles, sociales, politiques et économiques. Information, magazines, musique : chaque radio locale du réseau RCF participe à la réalisation du programme national. Chaque jour RCF dialogue avec ses auditeurs dans "A votre service des experts répondent aux auditeurs sur les questions de la vie quotidienne. Toutes les interrogations, doutes et certitudes sur le sens de la vie et la Foi sont partagés dans Un Prêtre vous répond". Et chaque semaine les prisonniers peuvent écouter en direct les messages de leurs familles grâce au Téléphone du Dimanche". Chaque radio RCF réalise et diffuse enfin 4 heures de programme local par jour. Les correspondants des 50 radios locales de RCF assurent une présence permanente en direct des régions.

Télévision

FRANCE 3 30, rue d'Alembert **05 63 78 33 81**

Site Internet : www.france3.fr. France 3 Sud couvre les régions Midi-Pyrénées et Languedoc-Roussillon. Sa stratégie de proximité se décline sous forme de deux éditions d'informations pour chaque région autour de midi et de 19h, suivies de la météo. En outre, de nombreux magazines, dont un en langue occitane, sont consacrés à l'actualité et la culture régionales.

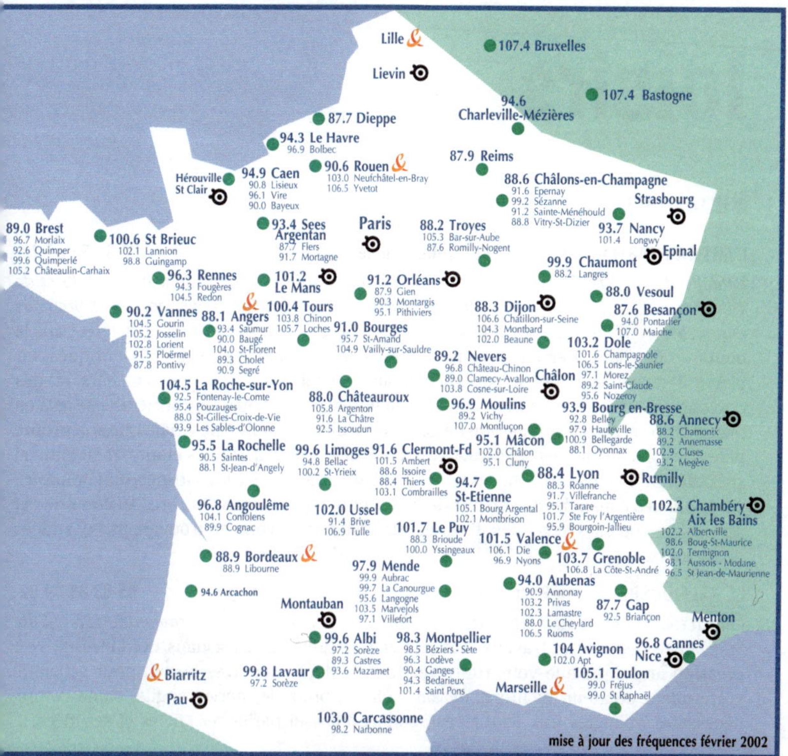

Lille
107.4 Bruxelles
Lievin
107.4 Bastogne
94.6 Charleville-Mézières
87.7 Dieppe
94.3 Le Havre
96.9 Bolbec
90.6 Rouen
103.0 Neufchâtel-en-Bray
106.5 Yvetot
87.9 Reims
Hérouville St Clair
94.9 Caen
90.8 Lisieux
96.1 Vire
90.0 Bayeux
88.6 Châlons-en-Champagne
91.6 Epernay
99.2 Sézanne
91.2 Sainte-Ménéhould
88.8 Vitry-St-Dizier
Strasbourg
89.0 Brest
96.7 Morlaix
92.6 Quimper
99.6 Quimperlé
105.2 Châteaulin-Carhaix
100.6 St Brieuc
102.1 Lannion
98.8 Guingamp
93.4 Sees Argentan
87.7 Flers
91.7 Mortagne
Paris
88.2 Troyes
105.3 Bar-sur-Aube
87.6 Romilly-Nogent
93.7 Nancy
101.4 Longwy
Epinal
99.9 Chaumont
88.2 Langres
96.3 Rennes
94.3 Fougères
104.5 Redon
101.2 Le Mans
91.2 Orléans
87.9 Gien
90.3 Montargis
95.1 Pithiviers
88.0 Vesoul
90.2 Vannes
104.5 Gourin
105.2 Josselin
102.8 Lorient
91.5 Ploërmel
87.8 Pontivy
88.1 Angers
93.4 Saumur
90.0 Baugé
104.0 St-Florent
89.3 Cholet
90.9 Segré
100.4 Tours
103.8 Chinon
105.7 Loches
91.0 Bourges
95.7 St-Amand
104.9 Vailly-sur-Sauldre
88.3 Dijon
106.6 Chatillon-sur-Seine
104.3 Montbard
102.0 Beaune
87.6 Besançon
94.0 Pontarlier
107.0 Maiche
103.2 Dole
101.6 Champagnole
106.5 Lons-le-Saunier
97.1 Morez
89.2 Saint-Claude
95.6 Nozeroy
89.2 Nevers
96.8 Château-Chinon
89.0 Clamecy-Avallon
103.8 Cosne-sur-Loire
Châlon
104.5 La Roche-sur-Yon
92.5 Fontenay-le-Comte
95.4 Pouzauges
88.0 St-Gilles-Croix-de-Vie
93.9 Les Sables-d'Olonne
88.0 Châteauroux
105.8 Argenton
91.6 La Châtre
92.5 Issoudun
96.9 Moulins
89.2 Vichy
107.0 Montluçon
93.9 Bourg en-Bresse
92.8 Belley
97.9 Hauteville
100.9 Bellegarde
88.1 Oyonnax
88.6 Annecy
88.2 Chamonix
89.2 Annemasse
102.9 Cluses
93.2 Megève
95.5 La Rochelle
90.5 Saintes
88.1 St-Jean-d'Angely
99.6 Limoges
94.8 Bellac
100.2 St-Yrieix
91.6 Clermont-Fd
101.5 Ambert
88.6 Issoire
88.4 Thiers
103.1 Combrailles
95.1 Mâcon
102.0 Châlon
95.1 Cluny
94.7 St-Etienne
105.1 Bourg Argental
102.1 Montbrison
88.4 Lyon
88.3 Roanne
91.7 Villefranche
95.1 Tarare
101.7 Ste Foy l'Argentière
95.9 Bourgoin-Jallieu
Rumilly
102.3 Chambéry Aix les Bains
102.2 Albertville
98.6 Boug-St-Maurice
102.0 Termignon
98.1 Aussois - Modane
96.5 St Jean-de-Maurienne
96.8 Angoulême
104.1 Confolens
89.9 Cognac
102.0 Ussel
91.4 Brive
106.9 Tulle
101.7 Le Puy
88.3 Brioude
100.0 Yssingeaux
101.5 Valence
106.1 Die
96.9 Nyons
103.7 Grenoble
106.8 La Côte-St-André
88.9 Bordeaux
88.9 Libourne
97.9 Mende
99.9 Aubrac
99.7 La Canourgue
95.6 Langogne
103.5 Marvejols
97.1 Villefort
94.0 Aubenas
90.9 Annonay
103.2 Privas
102.3 Lamastre
88.0 Le Cheylard
106.5 Ruoms
94.6 Arcachon
Montauban
87.7 Gap
92.5 Briançon
Menton
99.6 Albi
97.2 Sorèze
89.3 Castres
93.6 Mazamet
98.3 Montpellier
98.5 Béziers - Sète
96.3 Lodève
90.4 Ganges
94.3 Bedarieux
101.4 Saint Pons
104 Avignon
102.0 Apt
96.8 Cannes
Nice
Biarritz
99.8 Lavaur
97.2 Sorèze
105.1 Toulon
99.0 Fréjus
99.0 St Raphaël
Marseille
Pau
103.0 Carcassonne
98.2 Narbonne
mise à jour des fréquences février 2002

loisirs

Beaux-arts

L'ARTISAN PASTELLIER 5, rue Puech-Bérenguier 05 63 38 59 18

E-mail : artisan.pastellier@wanadoo.fr. Ouvert du mardi au samedi, de 10h à 12h30 et de 14h30 à 19h et le lundi après-midi en juillet et août. Ouvert également les 3 premiers dimanches du mois d'août de 14h30 à 18h30. Le pastel, en ces lieux, est à la fête. Dans la boutique de Claire Delahaye, vous évoluez dans un camaïeu de bleus, fabriqués sur place, à façon, toujours avec le légendaire pastel ainsi que des pigments et des crayons… pastels. Si vous avez quelques minutes devant vous, la propriétaire se fera un plaisir de vous raconter l'histoire de cette miraculeuse plante tinctoriale que son propre père a ressuscitée de ses cendres. Cet homme aux talents multiples étant par ailleurs un spécialiste de l'encre, des nécessaires à calligraphie ornent les vitrines du comptoir : porte-plumes à manche de verre et de bois, encriers, cachets à cire, etc. Au cœur de cet univers de couleurs végétales, il serait surprenant que vous ne trouviez pas des idées de cadeaux…

LE KALEIDOSPE 5, rue Peyrolière 05 63 38 49 52

Ouvert toute l'année du lundi après-midi (14h30) au samedi (19h). Fermé entre 12h et 14h. Spécialiste beaux-arts, travaux manuels et encadrement, c'est dans cet antre de l'expression artistique que vous trouverez tout ce dont vous avez besoin pour satisfaire votre talent créateur. Peinture, dessin, collage, broderie, perles, argile, sable coloré, nécessaire à bougies, etc. Tout ici est matière à laisser parler ses envies et ses idées.

Chasse et pêche

AU PETIT SAINT-ETIENNE 4, rue du Palais 05 63 54 62 64

Ouvert tous les jours de l'année sauf le dimanche après-midi. Articles de chasse et de pêche, couteaux Laguiole. La vieille boutique comme on en trouve de moins en moins. Encombrée d'une mini-forêt de cannes à pêche et de filets (à papillons ?), de boîtes de cartouches, de mouches et de leurres, etc. Le monsieur a l'âge de sa boutique, à moins que ce ne soit le contraire, et vous accueille gravement dans son antre. Faudra pas le pousser beaucoup pour lui faire raconter des histoires de chasse ou de pêche, bien sûr, mais il doit certainement connaître aussi un tas d'anecdotes pittoresques sur la ville d'Albi. Essayez toujours, il sera content d'avoir de la visite !

Danse

ECOLE DE DANSE CARLOS Impasse Louison-Bobet 05 63 47 00 12

Site Internet : www.ecole-carlos.com. They can dance ! "Mesdames, Messieurs, en place ! Allumez les lumières, démarrez la musique et avec moi 1, 2, 3, 4, et 1, 2, 3, 4." Les yeux brillent, les couples s'enlacent et évoluent sous l'œil attentif du maître. Nous voici dans une salle climatisée de 300 m², décorée et équipée comme une discothèque. Pourtant, nos montres n'indiquent que 19h30 et nous rentrerons sagement regarder le film sur la 2. Toutes les personnes présentes (professeur compris, bien sûr) sont en train de vivre leur passion : danser. Quinze cours, d'une heure chacun, permettront aux timides et aux écraseurs d'escarpins de se familiariser avec le rock, le tango, la valse et la salsa. De quoi se débrouiller sur les pistes de danse et lier connaissance de façon agréable. L'école n'est pas pour autant réservée aux débutants, puisqu'elle accueille aussi les prétendants au Championnat de France et offre des cours de perfectionnement. Signalons enfin que des cours se donnent également à Castres, Revel et Lavaur.

Musique

ALBI COMPACT DISC **05 63 47 17 13**
18-20, rue de l'Hôtel-de-Ville
Du lundi après-midi au samedi après-midi. Un magasin à signaler car il mène deux commerces différents : la vente de disques (variétés françaises et internationales, musiques du monde) et celle d'artisanat marocain (lampes, cendriers, plats, etc.).

CADAYS DISQUES **05 63 54 07 16**
15, rue Timbal
Adresse futée pour acheter les dernières nouveautés à prix réduit et retenir vos places pour les concerts en tout genre de Toulouse, d'Albi et des environs. Patrice est là depuis 40 ans. On lui a promis que vous lui feriez tous la bise pour cette occasion, histoire de le "dérider" un peu !

WATT **40, rue Croix-Verte** **05 63 47 18 41**
E-mail : wattalbi@club-internet.fr. Ouvert du mardi au samedi. Congés annuels de fin juillet à fin août. Vinyles et CD neufs ou d'occasion. Point d'écoute pour les vinyles. Boulimique de disques tout au long de sa jeunesse, Marc s'est spécialisé dans les styles hard, rap, world et techno. Il vend des CD et des vinyles ainsi que des places de concerts locaux. L'endroit idéal si vous recherchez le disque qui sort de l'ordinaire.

Parcs et jardins

JARDIN DE LA BERBIE **Place Sainte-Cécile**
A la fin du XVIIe siècle, le premier archevêque d'Albi fit ceinturer le palais épiscopal de la Berbie de terrasses et de jardins qui ont recouvré tout leur faste d'antan. Les forteresses et le donjon tout comme la cathédrale Sainte-Cécile dominent un entrelacs de verdure et de compositions florales. Les terrasses ont été plantées d'opulents massifs tandis que le long du chemin de ronde s'érigent fièrement des statues de marbre. "Dionysos et les quatre-saisons" prêtent une oreille indiscrète à tous ceux qui marquent, l'espace de quelques instants, une halte sur les bancs de pierre, dans l'ombre des rosiers et sous le couvert de la vigne, pour admirer la beauté empourprée des rives du Tarn.

JARDIN NATIONAL
Cette promenade, cœur ombragé du centre-ville, prolongeant la place du Vigan, a retrouvé sa personnalité d'antan avec son kiosque, ses bassins et sa fontaine.

LES BERGES DU TARN
Comme dans les métropoles nord-américaines, les abords de la rivière ont été aménagés pour permettre aux promeneurs, joggers, patineurs et cyclistes de bénéficier de la fraîcheur. Les saisons s'y enchaînent dans un continuum de paix et d'harmonie. La nature se rappelle à nos sens et nous permet d'échapper à la pression des "temps modernes" !

PARC ROCHEGUDE **Boulevard Carnot**
Ce parc d'environ 3 ha est, au cœur d'Albi, un véritable enchantement avec son labyrinthe, ses pièces d'eau, ses allées mystérieuses, un fouillis savamment œuvré à l'anglaise cependant que sur la terrasse en surplomb, une noble ordonnance prévaut. Le jardin découvre de magnifiques séquoias, cèdres, chênes déclinés en de nombreuses variétés, ginkgos, arbustes et arbres à floraison printanière, autant d'essences exotiques et d'espèces rares provenant du monde entier.

Photo

REGARDS PHOTO 70, rue Croix-Verte **05 63 54 17 50**

E-mail : regards-photo@wanadoo.fr. Ouvert du lundi après-midi au samedi de 9h à 12h et 14h à 19h. Denis Dreuilhe est un photographe professionnel spécialisé en prise de vue. Il a choisi de “développer” sa passion et il a fort bien fait ! Son approche est personnelle et basée sur la complicité avec ses clients. Pas de poses figées mais l’étincelle dans la prunelle, l’instant magique saisi dans l’élan de la spontanéité. En matière de cadre, Denis respecte toujours les volontés de ses sujets tout en avouant une prédilection pour les sites originaux. Il travaille aussi bien le noir et blanc que la couleur et réalise aussi des montages qui trahissent une âme aussi sensible que la pellicule. A la recherche d’idées de cadeaux ? Voici une étude de portrait, qui implique une bonne vingtaine de clichés, pour ceux et celles qui souhaitent garder une trace de sourire, de jeunesse ou de regard…

CAMARA 18, avenue du Colonel-Teyssier **05 63 54 23 80**

E-mail : albi@camara.net - Ouvert du mardi au samedi de 8h30 à 12h30 et de 13h30 à 18h. Bernard Carayon se définit comme un généraliste de la photo. Il réalise tous les travaux de développement et de tirage, les retouches et duplicata de photos, les tirages papier d’après fichier numérique et la mise sur CD-Rom des pellicules numériques ou traditionnelles. Toujours à la pointe du progrès, il nous fera découvrir les dernières innovations et se fera un plaisir de nous donner toutes les explications et conseils nécessaires.

STUDIO PHOX 20, rue Augustin-Malroux **05 63 54 04 08**

Le fait d’appartenir à une chaîne nationale permet d’être bien placé au niveau des prix. Mais ce n’est pas leur seule qualité : de nombreux professionnels portent ici leurs travaux car la qualité du service est remarquable. De plus, ils sont toujours à la pointe en matière de matériel et de prestations numériques. Du matériel photo et vidéo à la photo express en 1 h, on trouve ici de quoi combler notre passion ou immortaliser nos plus beaux souvenirs…

Vidéo

FLASH VIDEO 13, rue de l’Hôtel-de-Ville **05 63 38 44 45**

Ouvert du mardi au vendredi de 9h à 12h15 et de 14h à 19h30. Films neufs et d’occasion sur supports VHS et DVD, accessoires, affiches, etc. De la dernière nouveauté aux films à voir et à revoir, nous trouvons ici ce que nous cherchons. Les articles dérivés (figurines, horloges, posters…) de boulevard et des séries TV et dessins animés valent le détour dans ce temple du 7e art. Des cartes postales superbes et très tendance nous permettront d’envoyer à nos amis et à notre famille un petit bonjour d’Albi.

VIDEO FUTUR 36, avenue Gambetta **05 63 43 02 03**

Ouvert du lundi au dimanche de 10h à 13h et de 15h à 21h. Avec ou sans abonnement, l'univers du cinéma est à nous ou plutôt chez nous. Leur carte privilège, valable à vie, nous donne accès à tous les magasins de la chaîne, à des tarifs préférentiels sur la location, des opérations de promotion, à la possibilité de réserver par téléphone le ou les films de notre choix, des détails qui sauront nous convaincre. Côté pratique : un distributeur qui fonctionne 24h/24.

Voyages

ALBI TOURISME 4, avenue Gambetta **05 63 54 18 39**

Location d'autocars grand tourisme, réservation voyages FRAM, organisation de voyages. De nombreuses excursions pour la journée sont proposées tout au long de l'année, dont certaines régulièrement (Andorre, Lourdes, Valras l'été, etc.) Certains forfaits comprennent le voyage aller-retour et le repas de midi. Ainsi, vous savez où vous allez, aux deux sens du terme ! Des séjours plus longs sont également organisés en Espagne, Italie ou autre. Une offre futée pour se dépayser à peu de frais en bonne compagnie…

ALBI VOYAGES 21, avenue Gambetta **05 63 49 46 56**

Ouvert toute l'année. Du lundi au samedi 9h à 12h et 14h à 18h30 (17h le samedi). Fermé le samedi après-midi au mois d'août. En tant qu'affiliée du réseau Sélectour, cette agence est très bien placée pour vous faire bénéficier de tarifs négociés sur les moyens et longs courriers. Le secteur tourisme commercialise les voyages organisés et autres croisières, avec des promotions fantastiques en été et hiver. Leur brochure "10 prix bas" donne l'impression que la planète rapetisse et nous décide à partir dans les îles, en Chine ou ailleurs sans clôturer tous nos comptes épargne ni liquider nos titres. Les voyageurs d'affaires ne sont pas en reste et s'adressent ici pour la billetterie aérienne, ferroviaire, maritime et routière ainsi que pour la location de véhicules. A découvrir aussi les "brochures thématiques" : "Partir en France" (gastronomie et vignobles), "Lune de miel", "Seniors globe-trotters" et "Thalasso et balnéo".

FRAM VOYAGES 6, rue Saunal **05 63 47 14 50**

Du lundi au vendredi de 9h à 12h et de 13h30 à 19h, samedi de 10h à 12h30 et de 13h30 à 18h. Vous pouvez y aller pour partir au bout du monde. Car comme la terre est ronde, le bout du monde, c'est partout. Alors que vous voyagiez en train, en bateau ou en avion, pour affaires, par amour, par dépit ou par idéal, pour rendre visite à votre tante du Cantal, votre patron du Canada ou votre fiancée sur Vénus, pour 48 heures, une semaine ou toute la vie, l'équipe de choc vous procurera tous les services, billets et conseils nécessaires de manière à vous faire voyager tranquille, en "bonne compagnie". **Autres adresses : 5, rue Sainte-Claire - CASTRES 05 63 35 38 46 • 34, rue E.-Barbey - MAZAMET 05 63 61 13 62.**

sports

ECOLE MUNICIPALE DES SPORTS

L'école comporte une école multisport et une école de natation, ouvertes aux enfants des écoles primaires d'Albi. Plus de 37 activités sont mises à leur disposition.

Autres adresses : Renseignements et inscriptions : OMEPS 05 63 43 28 28 • Service des sports de la mairie 05 63 49 10 47.

OFFICE MUNICIPAL EDUCATION PHYSIQUE SPORTS **05 63 43 28 28**
283, avenue Colonel-Teyssier

Relations avec les associations sportives de la ville, école municipale des sports, animations vacances pour les jeunes de 6 ans à 15 ans.

Disciplines

CIRCUIT AUTOMOBILE D'ALBI Le Séquestre **05 63 43 23 00**

Internet : www.circuit-albi.com - E-mail : info@circuit-albi.com. A l'entrée de la ville, ce circuit reçoit motos et formule 3 sur sa piste de 3 551 m. Le Grand Prix d'Albi se déroule chaque année le 1er week-end de septembre. Très actif, le circuit propose la location de la piste (à partir de 1 600 €) ainsi que trois écoles pour enfants et adultes : pilotage, kart et moto. Et puis on n'oublie pas le karting, en solo (13 € les 8 mn) ou en groupe (10 €).

GOLF D'ALBI Château de Lasbordes **05 63 54 98 07**

Fax : 05 63 54 98 06. Site Internet : www.golfalbi.com - E-mail : contact@golfalbi.com. Ouvert du lundi au dimanche de 9h à 19h. Superbement dessiné par Jean Garaïalde et Jeremy Pern, ses 18 trous variés allient technique et originalité tout au long de 6 157 m, au cœur d'une végétation verdoyante. Entre deux swings, possibilité de se restaurer au restaurant du golf (terrasse comprise) ou faire un tour dans la boutique.

ESPACE NAUTIQUE ATLANTIS Route de Cordes **05 63 43 34 40**

Ouvert du lundi au dimanche de 10h à 20h. Accès handicapés. Bassins extérieurs, intérieurs, d'aventure, jeux d'eau, toboggans, pataugeoire, espace musculation, activités d'aquaforme, sauna, hammam, Jacuzzi, solarium... On ne partira pas sans faire une pause à l'Atlantis Café, manière de se ressourcer avant le prochain plongeon.

Salles de gym et clubs de remise en forme

GYMNASE MUNICIPAL Réservations **05 63 49 11 78**

Renseignements techniques 05 63 38 94 95. Equipée en son et lumière, cette salle d'une capacité de 300 m^2 peut accueillir jusqu'à 300 personnes. A bon entendeur...

LE POLYGONE Rue Henri-Princeteau (route de Castres) **05 63 49 92 55**

Du lundi au vendredi de 9h à 21h. Ici, beaucoup d'activités : musculation, abdos/fessiers, stretching, step, LIA, pump, relaxation, sophrologie... Après une première séance gratuite et un bilan d'évaluation, un programme adapté est conseillé en fonction de son objectif et de sa condition physique. Avec quelques activités originales telles que la spéciale dos, le hip-hop, la salsa ou le body combat, Polygone est une adresse à garder.

Magasin spécialisé

INTERSPORT Zone commerciale Leclerc **05 63 38 58 38**

Site Internet : www.intersport.fr. Ouvert du lundi au samedi de 10h à 19h. Si le choix est important, ce sont surtout les vêtements (sportswear, s'il vous plaît !) qui remplissent les étagères. Toutes les grandes marques sont désormais disponibles, avec toujours les derniers modèles. Les prix sont en rapport avec la qualité.

Shopping

- autos, deux-roues
- beauté
- cadeaux
- grands magasins
- maison
- mode
- multimédia

auto, deux-roues

Auto

Achat neuf et occasion

DEBARD AUTOMOBILES Rue Verbial **05 63 49 16 16**

Les prix, les prix et encore les prix semblent être le leitmotiv de Eric Debard qui depuis quelques années fournit les Albigeois et les Tarnais futés en voitures neuves dites d'exportation (essentiellement françaises et de toutes les marques) à des prix surprenants, on dénombre pas moins de 250 modèles visibles sur place. Précision importante : tous les modèles exposés et vendus sont sous la garantie fabricant et bénéficient des mêmes services que s'ils sont achetés chez le concessionnaire local. Des véhicules utilitaires sont également disponibles, ainsi que quelques voitures d'occasion. Voilà un petit détour au-dessus de la rocade qui peut nous faire gagner beaucoup de temps et… d'argent.

Centres de contrôle

AUTOSUR ZAC La Baute **05 63 49 71 51**

Ouvert du lundi au vendredi de 8h30 à 12h et de 14h à 19h. Avec ou sans rendez-vous, nous déposons notre voiture pour un contrôle, le temps de faire quelques courses au centre commercial voisin. Cela nous en coûtera environ 51 € et la contre-visite est gratuite. Si simple, si futé !

CONTROLE SECURITE AUTO 275, rue du Roc **05 63 54 17 27**

Ouvert du lundi au vendredi de 8h à 12h et de 14h à 18h. On s'inquiète parfois du devenir de sa voiture, à savoir, si elle passera ou non le contrôle et si la facture pour la remettre en état sera douloureuse. Les spécialistes de Contrôle Sécurité Auto s'emploieront à nous rassurer. L'accueil est aimable et le service, on ne peut plus sérieux. Avec eux, ça roule tranquille.

Accessoires

DALENS & FILS 29, rue Gambetta **05 63 48 86 86**

Ouvert du lundi au samedi de 8h à 12h et de 14h à 18h. Une adresse où viennent se servir les professionnels, mais qui vend également aux particuliers, toutes pièces mécaniques, pour toutes les voitures, toutes les marques, tous les modèles... Bon à savoir !

Dépannage - Entretien

GARAGE COUVEIGNES-HAGEMANN 4, rue de la Caussade 05 63 54 03 18

Ouvert du lundi au samedi de 9h à 12h et de 14h à 18h. Une excellente adresse lorsque notre voiture a quelques défaillances électriques, qu'on souhaite installer une alarme, un autoradio ou un téléphone de voiture. Ils offrent également tous les services de réparation et d'entretien courant. En cas de vidange, par exemple, les mécaniciens font un diagnostic des points essentiels de sécurité et nous indiquent ce qu'il y aurait à faire et combien ça coûterait. Des prix raisonnables pour un service sérieux. A recommander…

SPEEDY 25, avenue Gambetta 05 63 54 10 50

Ouvert du lundi au vendredi de 8h à 18h30. Devis gratuit sur demande. Services d'entretien courant sans rendez-vous. Facilités de paiement. Plusieurs forfaits entretien. Allez-y, chez Speedy, et plutôt trois fois qu'une. Ils sont rapides, gentils et efficaces. Philippe Manin, le patron, a été sélectionné par le groupe Speedy il y a quelques années. Sachant que seulement 10 % des candidats sont retenus, cela vous donne une idée du sérieux de ce professionnel qui “roule” sa bosse dans le milieu depuis sa plus tendre enfance. Et non content d'être un bon garagiste, Philippe est aussi un patron apprécié de son personnel, doublé d'un homme de communication hors pair. Les mécaniciens ont le sourire et savent très vite vous dire à quoi vous en tenir. Fiables et courtois, ils se donnent à fond et l'on apprécie leur professionnalisme. La marque a bien de la chance d'être représentée par des hommes comme ceux-là.

Deux-roues

Cycles et scooters

EMILE BASILE **28, avenue Maréchal-Foch** **05 63 38 43 09**

Ouverture de 9h à 12h et de 14h à 19h du mardi au samedi (18h) et le lundi après-midi. Concessionnaire et réparation toutes marques. Le choix dans les vélos de course, tourisme, VTT, VTC et scooters est impressionnant. Difficile de s'y retrouver sans les conseils avisés de l'équipe aussi efficace dans la vente que dans la réparation. Votre vélo a un ennui de santé, vous ne patientez pas, on vous le remet en état sur le champ et vous repartez avec… Ici, on vend du neuf, mais également de la bonne occasion et même de la location à la demi-journée, journée ou week-end. Une boutique qui répond à toutes les envies, à toutes les demandes.

CHRISTIAN GAU CYCLES MBK **64, rue Séré-de-Rivière** **05 63 54 15 20**

Ouvert du mardi au samedi de 9h à 12h et de 14h à 19h. Vente de cycles et motocycles. Franchise MBK. Réparation toutes marques et vente de très nombreux accessoires : sacoches, blousons, casques, lunettes, chaussures, etc. Contrairement à ce que l'on pourrait penser, ce n'est pas plus cher ici que dans les grandes surfaces ou grands magasins de sport. Sur certains articles, c'est même carrément le contraire. Faites donc un tour par là avant de sacrifier à la mode du "plus c'est grand, moins c'est cher"…

Location de bicyclettes (VTT)

REY SPORTS LOISIRS **39, boulevard Soult** **05 63 47 24 22**

ANDOUARD **7, rue Séré-de-Rivière** **05 63 38 44 47**

Motos

WARMUP MOTO **La Barrière - LESCURE-D'ALBI** **05 63 49 70 80**

Site Internet : www.warmup-moto.com - E-mail : infocom@warmup-moto.com. Vente et réparation de motos et cyclos toutes marques à de rares exceptions près (à cause des pièces). Vente d'accessoires et de pièces détachées. Service rapide : crevaison, vidange, etc. sans rendez-vous.

beauté

Coiffure

ATHYNEA 38, rue Emile-Grand **05 63 54 27 70**

Ouverture toute l'année du mardi au samedi de 10h à 12h et de 13h30 à 18h30. Journée continue les vendredi et samedi jusqu'à 18h. Envie de changer de tête ? D'avoir en un clin d'œil de magnifiques cheveux longs ou d'être blonde platine l'espace d'une soirée ? Vous trouverez ici toutes les perruques (fabrication machine ou fait main) et les postiches qui satisferont votre envie et surprendront vos amis ou l'homme de votre vie. Dans les cas de calvitie ou de manque de volume, on vous confectionnera un complément capillaire sur mesure. De plus, grâce aux massages Phyto avec un mélange d'huile essentielle et d'argile, vous pourrez prévenir la chute de vos cheveux et régler vos problèmes de pellicules, de cheveux gras ou de cheveux secs. Heureusement qu'elles sont là pour nous aider à rester belle et nous conseiller avec autant de gentillesse !

Autre adresse : Le Bourg - CAMBON 05 63 53 00 57.

ALAIN ROLLAND COIFFURE 17, boulevard Lude **05 63 54 88 33**

Ouvert du mardi au jeudi, de 8h à 12h et de 14h à 18h30. Les vendredi et samedi, journée continue, 9h à 18h. Fermeture annuelle, du 1er au 15 août. Forfaits coupe, Brushing, création, junior. Tarifs étudiants -15 %. Carte de fidélité. Dans ce salon climatisé au décor lumineux jaune souligné d'un gris élégant, entre plantes, claustra et recoins, toute une équipe de professionnels s'active. Chacun à son poste, le boss Alain se consacre, lui, tout aux coupes. Confiez-lui le sort de votre tête, il se charge en un tour de main d'exaucer vos désirs. Coiffeur visagiste, il saura ce qu'il vous faut, ce qui vous siéra le mieux. Ici, le travail est sérieux, les produits utilisés, qu'il s'agisse des shampooings ou des produits de coloration, sont de la plus grande qualité (Osmose, Phyto et L'Oréal), les conseils sont précieux et surtout on prend soin de vous (vous avez le droit à un massage du cuir chevelu) comme si vous étiez la personne la plus importante au monde !

JACQUES DESSANGE 13, rue Saint-Cécile **05 63 49 28 55**

Journée continue du lundi au samedi, de 9h à 18h30 (18h le samedi). Plusieurs forfaits homme et femme. Manucure et pose de vernis, maquillage (les conseils sont délivrés à titre gracieux). C'est plus facile avec, mais on peut aussi essayer sans rendez-vous, pour pénétrer dans cet espace moderne et immaculé, haut lieu de la sculpture du cheveu. La coiffure est ici considérée comme un art à pratiquer avec passion, le service est impeccable et constant et les petites attentions ravissent une clientèle exigeante. Si les créateurs de coiffure savent écouter, discuter et faire rire, ils n'en restent pas moins de parfaits professionnels habilités aux techniques les plus modernes. Des accessoires et des produits signés du grand Jacques sont présentés à la vente dans une des vitrines de ce superbe salon en L.

Instituts de beauté

EPIL CENTER 38, avenue Charles-de-Gaulle **05 63 43 60 03**

Ouvert du lundi au samedi. Non-stop. L'épilation rapide sans rendez-vous pour hommes et femmes. Des formules qui combleront toutes les pressées et un abonnement annuel à 107 € qui donne droit à des tarifs imbattables : menton, lèvres, cou, sourcils, maillot, aisselles ou demi-jambes : 3,85 €, jambe entière : 7,70 €. Pour ces messieurs, dos, torse, bras ou jambes : 8,40 €. L'abonnement (non obligatoire) inclut des réductions pour les soins du visage et les séances de bronzage. Enfin, la pressothérapie (drainage lymphatique) et l'électro-stimulation (gymnastique passive) pour sortir parfaitement détendu et raffermi, par des mains expertes et bienveillantes. Une adresse à tester.

PETIT FUTÉ
TOURISME & VIGNOBLE en Beaujolais
PETIT FUTÉ
TOURISME & VIGNOBLE en Vallée du Rhône
petitfute.com
PETIT FUTÉ
TOURISME & VIGNOBLE en Languedoc
PETIT FUTÉ
TOURISME & VIGNOBLE en Val de Loire
www.petitfute.com
PETIT FUTÉ
TOURISME & VIGNOBLE en Champagne
www.petitfute.com

INSTITUT DES ONGLES 13, rue Saint-Julien 05 63 38 96 63

Ouvert du lundi après-midi au samedi midi, journée continue de 9h à 18h. Salon climatisé. Pour être parfaite jusqu'au bout des ongles, une seule adresse à Albi, chez Martine… Un institut qui se soucie de la beauté de vos mains. Sur rendez-vous.

YVES ROCHER 9, place Lapérouse 05 63 54 79 60

Situé tout près de chez vous, le Centre de Beauté Yves Rocher a la particularité de regrouper un espace de vente de produits : soins du visage et du corps, parfums, maquillage et produits d'hygiène pour toute la famille, et des cabines de soins d'esthétique : véritables professionnelles de la beauté, les esthéticiennes Yves Rocher sont à votre service et vous proposent des soins du visage et du corps (anti-rides, aromatiques, épilation). Une carte de fidélité permet de venir souvent sans se ruiner. Adresse incontournable pour les femmes futées.

Autre adresse : C.Cial Leclerc - ZI de la Baute - ALBI-LE SEQUESTRE 05 63 49 74 50.

PARALAND BEAUTELAND 16, rue Saint-Julien 05 63 43 27 80

Ouvert du mardi au samedi de 9h à 19h sans interruption ; le lundi de 14h à 19h. Vous vous sentez raplapla, vous avez grise mine, ça ne va pas ? Dans un bel espace au cœur même de la ville, les conseillers de Paraland sauront vous requinquer, rendez-vous ou non. Institut de beauté, parapharmacie, cosmétique et diététique, ils ont un remède, un produit miracle pour chacun. Gages de qualité et du plus grand sérieux, Vichy, Liérac, Onagrine, Avène, Galénic, Klorane et toute la gamme Nuxe pour n'en citer que quelques-uns. Les prix sont plus que raisonnables ; l'occasion est rêvée de se faire plaisir. D'autant que vous repartez toujours la tête pleine de conseils et le sac rempli d'échantillons…

Parfumeries

MARIONNAUD 21, rue Verdusse 05 63 49 29 12

Du lundi au samedi, de 9h à 19h. Carte de fidélité nationale. Les photographes amateurs et autres touristes de passage s'y arrêtent pour immortaliser sur leur pellicule les fresques murales aux couleurs de la ville, inspirées par l'Antiquité. La surface de 200 m^2 est organisée de telle façon que l'on s'y retrouve tout de suite. Les femmes à droite, les hommes à gauche et les cosmétiques à l'étage. Leur présentoir ressemble au poste de pilotage d'un vaisseau futuriste, où les fards à joues et ombres à paupières remplacent les diodes de contrôle. Point de jaloux : on trouve là toutes les grandes marques et les plus prestigieuses en particulier (Guerlain, Issey Miyake, Dior, Gaultier, etc.). La politique, ici, est de rigueur... pour les prix. Et les futées, qu'elles veuillent sentir horriblement bon ou effacer radicalement leurs premières rides, peuvent dépenser les yeux fermés ou presque. Il y a des promos tout le temps (à rythme mensuel) et c'est tellement garanti pas cher qu'on rembourse la différence si on trouve meilleur marché ailleurs ! On a, heureusement, l'idée de ne brader avec les produits ni l'accueil, ni les conseils...

NOCIBE 7, rue Verdusse 05 63 47 99 85

Quatre adresses futées pour la parfumerie et les soins du corps, où les plus grandes marques se côtoient. Entre tous les produits de beauté et parfums présents dans une boutique comme dans l'autre, il serait étonnant que vous ne trouviez pas votre bonheur, surtout à un prix aussi bas. Car ils ont les meilleurs prix en ville, c'est garanti. La preuve ? Si vous trouvez moins cher ailleurs, ils vous remboursent la différence. Comme en plus l'accueil est charmant et les boutiques superbes, on ne voit vraiment pas pourquoi on se compliquerait la vie. L'adresse rue Croix-Verte correspond au plus grand institut de beauté d'Albi. Centre d'épilation rapide sans rendez-vous, soins du visage et du corps, solarium, enveloppement d'algues, chriothérapie et endermologie (contre la peau d'orange qui nous chagrine).

Autres adresses : 30, rue Mariès 05 63 38 23 84 • 91, rue Croix-Verte 05 63 54 14 12 • C.Cial Géant Casino - Rue Francisco-Goya 05 63 60 32 52.

cadeaux

Artisanat

MAGASIN DE SOUVENIRS 23, place Sainte-Cécile **05 63 54 35 89**
Ouvert 7j/7, de 9h30 à 19h30 sans interruption. Une profusion de souvenirs que l'on rapportera chez soi, les vacances, le séjour à Albi, terminés, de cadeaux que l'on offrira à tante Marthe ou à la voisine qui garde le chat en notre absence. Des cartes postales aux petits bibelots régionaux, en passant par les pellicules photo, les articles de Provence (!) et les tapisseries, ou encore la violette de Toulouse déclinée sous toutes ses formes parfumées, chacun devrait y trouver son bonheur.

MUSEUM GALLERY 23, rue Sainte-Cécile **05 63 47 00 10**
Agréé par la Réunion des Musées nationaux et la Maison des Artistes. Coup de cœur pour cette galerie sublime qui s'approvisionne auprès des plus prestigieux musées du monde (France, Etats-Unis, Angleterre, Italie, Grèce, Chine, Egypte, etc.) Masques vénitiens, sculptures, bijoux et peintures - dont quelques créations originales. Où que le regard se pose, l'œil est subjugué par la beauté des pièces et la perfection de leur façon. La maison propose des "pièces" pour toutes les bourses et plusieurs esthètes futurs époux y déposent leur liste de mariage. En entrant ici, vous êtes sûr de trouver un cadeau intelligent et d'offrir à la fois l'objet et son histoire puisqu'elle est incluse dans la boîte. A visiter absolument, de préférence en personne, sinon via leur site Internet.

NOMADE 16, rue Peyrolière **05 63 38 72 85**
Ouvert le lundi après-midi de 15h à 19h et du mardi au samedi de 10h à 12h et de 14h à 19h. Pour vos envies de voyage immobile : vêtements, objets et bijoux d'un autre monde (Inde, Turquie, Indonésie, Népal, Kenya, Mexique, Madagascar). Des objets chargés de cultures et de rites qui apportent la touche magique, unique et fascinante de leurs lointains pays d'origine où l'on ne mettra peut-être jamais les pieds. Et si on les met, réjouissons-nous de n'avoir pas à alourdir nos bagages ni à subir les tracasseries douanières puisqu'il y a de fortes chances que ce que nous aurions choisi d'en rapporter se trouve bien ici, sous notre nez.

Bijoux et montres

AU BONHEUR DES DAMES 16, rue Sainte-Cécile **05 63 47 09 94**
Ouverture toute l'année. Horaires : de 10h à 12h30 et de 13h45 à 19h. Une riche collection de bijoux fantaisie dont certains ressemblent à des bijoux anciens, d'accessoires, colifichets et foulards pour tous les styles, tous les genres, et qui plus est, à des prix raisonnables. Vous n'avez plus de raison de vous refuser un petit plaisir…

BIJOUTERIE CAUSSE **25, avenue Colonel-Teyssier** **05 63 54 28 92**
Du mardi au samedi de 9h à 12h et de 14h à 19h. Fermeture annuelle 15 jours en août. A l'angle de deux rues une boutique lumineuse à l'ambiance feutrée pour admirer des bijoux de qualité qui peuvent aller de la petite attention à la grande preuve d'amour. Pierres et métaux précieux sont ici une ode à la beauté. Réparation d'horlogerie ancienne, renseignements sur place.

HORLOGERIE COUTAL **28, rue Croix-Verte** **05 63 54 29 57**
Ouvert de 10h à 19h sans interruption du mardi au samedi. Envie de remettre les pendules à l'heure ? Gabriel Coutal est l'homme qu'il vous faut. Fort de plusieurs années d'expérience au service du temps qui passe, les réparations effectuées ici redonnent vie aux pendules et montres qui ne trottent plus. Mme Coutal sera enchantée de vous conseiller sur une montre ou des bijoux à offrir ou à s'offrir.

SABATIER **2 et 4, rue Saint-Julien** **05 63 54 15 49**
E-mail : bijsaba@club-internet.fr. Horloger, bijoutier et joaillier fabricant, les tentations sont innombrables dans ce magasin de la rue Saint-Julien. Pour sortir des sentiers (ra)battus ou éviter de ressembler à l'aïeule cousue d'or, Sabatier nous présente ses créations originales et branchées qui marient les métaux inaltérables aux tendances et couleurs de la mode. Mais si notre désir est de porter le pendentif de grand-mère qui n'est plus très à la mode... pas de souci, M. Sabatier transforme aussi toutes sortes de bijoux, les résultats sont étonnants. Vrai artisan, il fait aussi le façonnage et la refonte de métaux précieux et le montage de pierres précieuses et perles. Les bons conseils sont aussi délivrés avec grâce et gentillesse.

SAMANTHA **22, rue Peyrolières** **05 63 54 00 91**
Samantha, comme la jolie sorcière bien-aimée de la série du même nom, dont la propriétaire, Catherine Forst, semble avoir hérité le charme... envoûtant ! Tout est fait pour vous fasciner, mais soyez tranquille : il ne s'agit que de magie blanche et colorée. Les yeux couleur saphir, émeraude, jade ou rubis des petits animaux de collection et des pendentifs vous ensorcellent dès l'entrée ; les bijoux en cristal, signés Molière, changent les couleurs du temps et du monde ; des créateurs de Perpignan, "Les gens du Sud", à l'ancienne styliste de Christian Lacroix "Loola", de la collection Inès de la Fressange aux reproductions de bijoux anciens en argent, signés Glenn Laurain, en passant par les bijoux en pierre naturelle directement importés de l'Inde mythique par Le Comptoir des Iles, tous les trésors de l'élégance et du raffinement sont ici réunis et magnifiquement présentés. Notre sorcière au goût certain a aussi choisi des robes, chapeaux, écharpes, foulards, vestes et petits hauts des créateurs Michèle et Yves Plucain de Rabastens, quelques T-shirts de la belle Inès et d'autres articles chic à découvrir au fil des saisons. Autre touche magique et non des moindres : les prix pratiqués permettront à chaque apprentie ensorceleuse de trouver les talismans qui préserveront son charme et lui donneront tout pouvoir pour séduire et envoûter... qui bon lui plaira !

Fleurs

LIBRE FLEURS 31, place Lapérouse 05 63 54 64 31/05 63 38 34 41

Ouvert toute l'année du lundi au vendredi de 9h à 19h30, le samedi de 8h30 à 19h30 et le dimanche de 9h à 12h30. Service Interflora. Nous pénétrons dans le royaume de la plante verte et fleurie, de la composition florale et des fleurs coupées. Les compositions sont de toute beauté et les accessoires de présentation et autres vases sont superbes ; ne pas hésiter à demander un bouquet qui sort de l'ordinaire, on apportera avec plaisir une touche de bon goût qui sera appréciée par le destinataire de votre présent.

MARIE CECIL' Galerie marchande Leclerc - LE SEQUESTRE 05 63 47 01 56

Une profusion de bouquets et de plantes enrubannées qui égayent la galerie marchande un peu tristounette. Un très grand choix de compositions à base de fleurs séchées et des fleurs artificielles pour les allergiques au pollen ou ceux qui ont de la route à faire. Les prix sont dignes du centre commercial voisin. Service de décoration de voitures et autres pour les grandes occasions. Sourire et amabilité compris.

TROPAZ 87, avenue Charles-de-Gaulle 05 63 54 99 12

Ouvert du mardi au samedi de 9h30 à 12h30 et de 14h30 à 19h30, le dimanche de 9h30 à 13h. Congés annuels : 3 semaines en août. La vie en fleurs, voici l'adage de la maison Tropaz. Les bouquets s'y créent originaux, personnalisés, adaptés aux grands jours comme aux petits plaisirs, sans jamais pourtant atteindre de tarifs exorbitants. Roses, pavots, jasmins, hélicomias et autres tons chauds des Tropiques, autant de compositions et de plaisirs distillés, les messagers du bonheur…

Autre adresse : Avenue de Lattre-de-Tassigny 05 63 47 61 20.

Gadgets

ALI BABA ET LES MILLE ET UNE PIERRES 12, rue de l'Oulmet 05 63 38 11 60

Ouvert tous les jours de 10h à 12h30 et de 14h à 19h. Le lundi ouvert l'après midi uniquement. Un décor qui nous projette dans le monde merveilleux des mille et une nuits, qui abrite bijoux et pierres hautes en couleur. Des idées cadeaux pour toute la famille : géologues en herbe, amateurs de bijoux originaux.

CASTOR ET POLLUX 35, rue de l'Hôtel-de-Ville 05 63 43 16 33

Ouvert du lundi après-midi au samedi, de 10h à 12h30 et de 14h30 à 19h. Beaucoup d'originalité pour cette boutique où ce ne sont pas les idées cadeaux qui manquent. Que ce soit pour les enfants ou les plus grands, les plus fantaisistes ou les plus sérieux, le choix est grand. Un décor qui change au fil des saisons et des envies, des produits de première qualité à tous les prix. Ici, on n'est jamais déçu.

Jeux et jouets

DOCK GAMES 64, rue Croix-Verte 05 63 49 94 40

www.dockgames.com. Fermé le lundi. Du mardi au samedi : de 10h à 12h15 et de 14h à 19h. Vente et achat, neuf et occasion. Un espace où le virtuel est roi et dont les mots de passe sont Dream Cast, PlayStation ou Nintendo. Sous la vigilance de pistolets à billes et de quelques produits dérivés, jeux vidéo, consoles, accessoires, DVD et CD-Rom se conjuguent au neuf et à l'occasion (garantie et vérifiée). De bons conseils sont donnés par l'équipe de Dock Games qui est constituée de pros et de fans. Leur relation étroite avec les éditeurs de jeux les autorise à vous faire bénéficier de bonus spécifiques lors des grandes sorties : T-shirt collector, portefeuilles, etc. Les démonstrations et essais permettent de voir ce que donne un jeu avant de l'acheter. Et si vous êtes lassé de votre héros favori, il ne vous reste plus qu'à le rapporter pour obtenir un avoir valable pour l'achat d'une nouveauté ou d'une occasion (console, jeu ou accessoire). Le site Internet tenu à jour et la disponibilité du personnel font de ce commerce un lieu de référence.

grands magasins, grandes surfaces

CASINO SUPERMARCHE **39, lices Georges-Pompidou** **05 63 54 98 50**

Seul super de l'hyper centre-ville, cette grande surface dispose d'atouts pour rallier une clientèle de proximité. La notion de proximité peut être extrêmement relative, vu que le magasin met à la disposition de sa clientèle un parking gratuit auquel on accède par la rue Croix-Verte. Correctement achalandé, à prix très raisonnables, le magasin apporte une réponse efficace aux besoins quotidiens des consommateurs. Une cafétéria aux grandes baies vitrées jouxte le magasin.

GEANT CASINO **Route de Saint-Juery - Direction Millau** **05 63 77 74 00**

Ouvert du lundi au samedi de 9h à 20h, avec nocturne le vendredi jusqu'à 21h. Galerie marchande. Cafétéria. Station essence avec automate 24h/24. C'est un géant vert et rouge qui reste à dimension humaine. La répartition intelligente des rayons permet de se repérer immédiatement et de trouver facilement ce que l'on cherche. De bons conseils nous attendent sur l'espace consacré à la micro-informatique et à la téléphonie où sont présentés des derniers modèles et des marques reconnues. Le rayon culturel peut être considéré comme un des mieux achalandés de la ville au niveau livres, disques, CD... L'alimentaire bénéficie, outre un bon rapport qualité-prix, d'une boucherie traditionnelle, d'une boulangerie fabriquant son propre pain et d'un traiteur proposant plats tout préparés à commander ou à emporter tout de suite, qui font se lécher les babines à plus d'un gourmet. Si l'on ajoute à cela une gamme étendue en textile et un point bijouterie boutique or, le portrait est quasiment complet.

CENTRE E. LECLERC **Le Séquestre** **05 63 47 01 56**

Du lundi au samedi de 9h à 19h30, nocturne vendredi jusqu'à 20h30. Galerie marchande. Cafétéria. Station essence. Les articles en promotion et ceux bénéficiant de "francs achat" sont régulièrement portés à notre connaissance par les prospectus que l'on trouve dans nos boîtes aux lettres. Cela peut nous inciter à nous rendre dans cette grande surface facile d'accès comme chez son frère de Lescure où les prix sont identiques. Outre un coin services, la galerie marchande dispose d'un cordonnier, d'un pressing, d'un bureau de presse, d'un coiffeur, d'un fleuriste, d'un Point photo, d'un distributeur de billets, d'un téléphone public, d'un espace photocopies, d'une boutique Yves Rocher et d'une cafétéria.

Autre adresse : Centre E. Leclerc - LESCURE-D'ALBIGEOIS 05 63 77 84 70.

maison

Ameublement et décoration

BIG BOUTIQUE **32, place Jean-Jaurès** **05 63 54 75 42**

Avant de convoler en justes noces, passez par ici pour déposer votre liste de mariage. Porcelaine de Limoges, batteries de cuisine, luminaires, fleurs artificielles, tout est là pour décorer votre futur nid d'amoureux. Si c'est belle-maman qui paye, optez pour Guy Degrenne, Villeroy et Boch, Leonardo et les autres. Après tout, son fils a droit à ce qui se fait de mieux, non ?

EUREKA BSD (BALI COCO DECO) **17, avenue du Maréchal-Joffre** **05 63 38 97 17**

NOUVEAU

Ouvert du mardi au samedi de 10h à 12h30 et de 14h15 à 19h. Passion pour l'exotique ? Ce magasin, situé à proximité de la gare, nous mène directement aux pays lointains. A l'entrée du magasin, on découvre toute une collection d'objets de décoration pour la maison, vaisselle, lampadaires et même quelques accessoires personnels comme des sacs à main en rotin. Mais ce n'est pas fini, on sort sur la cour intérieure, où sont installés les meubles de jardin en vrai bois de teck, pour arriver à la deuxième partie du magasin, dédiée plus particulièrement aux meubles pour la maison. Les bois exotiques et les couleurs foncées sont rois, le rapport qualité-prix est d'autant plus remarquable.

VERVEINE MENTHE **25, rue de l'Hôtel-de-Ville** **05 63 43 45 57**

Ouvert toute l'année. Horaires : de 10h à 12h15 et de 14h à 19h. Fermé le lundi matin, ouverture à 14h30. Objets de décoration. Abat-jour sur mesure. Personnalisation de pieds de lampe. Ce magasin ne désemplit pas, que vous recherchiez une idée de cadeau ou que vous songiez à redécorer ou illuminer votre intérieur, vous trouverez ici votre bonheur. Des parfums, de la vaisselle et des copies d'ancien… Festonné, ouvragé, le bois cérusé blanc se mêle aux plaids et boutis, à la transparence des papiers de soie, la douceur confortable du coton et la préciosité du lin. Les abat-jour se succèdent, plus singuliers les uns que les autres. Vous pouvez d'ailleurs sur commande choisir et assortir votre propre modèle : découpé, brodé, peint avec des motifs, des partitions de musique ou une calligraphie à votre goût. Le magasin propose également les listes de mariage. Jusqu'aux emballages parfumés et originaux qui sauront vous surprendre et vous séduire.

Bazar

PRIMO Avenue Pierre-Mendès-France 05 63 54 22 14

Ouvert tous les jours, de 9h à 12h et de 14h à 19h en semaine. De 14h à 19h le dimanche et les jours fériés. Si le lieu tient plus de l'entrepôt que du magasin, c'est en tout cas le paradis des affaires ! La provenance des stocks (lots d'usines, fins de séries, faillites, déstockages…) explique des arrivages constants et des rayons où la marchandise évolue de semaine en semaine. Vaisselle, accessoires de cuisine, électroménager, outillage, jouets, vêtements, objets de décoration ne sont pas les moindres des produits exposés à d'excellents prix. A visiter absolument en allant faire ses courses car cette caverne d'un Ali Baba moderne, recèle des trésors au prix du souk.

Brocante

BROCANTE DU LUDE 94, rue Lavazière 05 63 54 49 91

Du lundi au samedi : de 14h à 19h (ouverture à 15h le samedi). Congés annuels en août. Présents le samedi matin sur le marché aux puces de Castelvieil. Vente et achat de meubles et accessoires divers. En cas de liquidation ou de succession, l'équipe de Jean-Louis viendra nous vider la maison, histoire de nous éviter bien du tracas. Pour ceux et celles qui adorent chiner, l'entrepôt est rempli d'un bric-à-brac où l'œil du connaisseur dénichera la perle rare. Pour les fanas du rangement, la boutique sera plus appropriée car on y présente des objets et des meubles de taille plus petite, sans la poussière ! Nous y avons découvert entre autres un oiseau de nuit naturalisé, une étole en fourrure, une commode Louis XV et la traditionnelle pendule normande…

Cuisines et salles de bains

CUISINES JEAN GILET 3, chemin de Mézard 05 63 43 13 75

Ouvert du lundi après-midi au samedi : de 10h à 12h30 et de 14h30 à 19h30. Congés annuels du 13 au 25 août. Cuisines, salles de bains, bureaux. Aménagement, conception et pose, découpe sur mesure, vente de meubles, électroménager, robinetterie et accessoires. "Mais comment on va faire pour rentrer la cabine de douche ? Tu vois bien que c'est trop petit ! Ou alors, on ne pourra plus fermer la porte. Au secours !!!" Pas de panique, le sauveur existe. Au vu de vos plans et mesures, José Pereira va vous trouver LA solution. Normal, c'est non seulement son métier mais c'est aussi sa vocation : aménager des espaces (souvent réduits) dans le respect de l'ergonomie, du confort d'utilisation, de critères esthétiques et de contraintes budgétaires. Son équipe saura rapidement résoudre vos tracas avec l'efficacité et la gentillesse qui les caractérisent, et vous vous féliciterez d'avoir fait appel à un véritable professionnel, sérieux et qualifié. "Bon, chéri, on va la prendre cette douche ?"

Jardinage

JARDINERIE G. RIEUCAU Avenue Mendès-France **05 63 38 16 00**

Du lundi au samedi de 9h à 12h et de 14h à 19h. Ouvert le dimanche d'octobre à juin aux mêmes horaires. Plantes d'intérieur et d'extérieur, fleurs artificielles, compositions, poteries, fontaines et vasques. Outillage de jardin, graines, semences et engrais. On vient chercher ici ce que l'on ne trouve pas toujours ailleurs : un conseil personnalisé et la gentillesse remarquable du propriétaire qui fait tout pour vous donner satisfaction.

JARDINERIE TARNAISE Route de Carmaux **05 63 60 75 17**

Ouvert tous les jours de 9h30 à 12h et de 14h à 19h, dimanche et jours fériés de 14h30 à 18h30. Parking. Accès handicapés. Livraisons à domicile. Boutique cadeaux. Service Téléfleurs. Garantie reprise 1 an sur la pépinière. Que vous cherchiez de quoi fleurir, planter, traiter, décorer votre extérieur comme votre intérieur, que vous soyez en quête d'un poisson, d'un oiseau, de lapins nains ou d'autres petits animaux, vous trouverez votre bonheur ici, dans cet immense espace fourmillant de plantes et de cadeaux originaux. Et parce qu'il vaut mieux ne pas se précipiter quand on achète, parce qu'il est agréable d'être conseillé par de véritables professionnels du jardinage et de la décoration, vous pourrez laisser vos chérubins trépignant à la ferme des animaux, tout au bout du parc. Pendant qu'ils s'amuseront, vous aurez tout loisir de fouiller, d'écouter les conseils prodigués avant de visiter en famille, le quartier apiculture et la ruche géante. Un endroit où l'apiculteur vous expliquera qui sont les abeilles, comment elles vivent et ce que vous pouvez faire de leurs produits (miels, bougies, cires, produits de beauté et friandises)...

Immobilier

AGENCE TIMBAL/CENTURY 21 1, rue Timbal **05 63 43 21 21**

Sites Internet : www.homevillage.fr et www.century21france.fr. Ouvert du lundi au samedi de 9h à 12h et de 14h à 19h (18h le samedi). Le premier opérateur immobilier du département. Deux adresses au centre-ville, pour tous les services que l'on peut espérer trouver sur Albi et les alentours en matière de transactions immobilières (1, rue Timbal) ou de locations et gestion de patrimoine (3, rue de l'Hôtel-de-Ville). Le département lotisseur et promoteur propose des appartements neufs et des terrains à bâtir viabilisés sur Albi, Carmaux, Gaillac et Graulhet. Tous ceux qui cherchent un toit peuvent trouver leur bonheur sur les sites Internet ou auprès des agences qui tiennent à leur disposition des listes de locations, ventes et programmes.

Prêts ? partez dans les meilleures conditions !

Vous avez enfin trouvé l'endroit idéal pour acheter ou faire construire votre logement, l'emplacement est le point primordial d'une acquisition, vous vivrez son environnement tous les jours (et toutes les nuits). Il existe une autre partie importante de la réussite de votre projet : SON FINANCEMENT.

Un premier conseil de bon sens

Ne vous arrêtez pas qu'à l'affichage du taux offert, vous constaterez qu'à ce niveau là, toutes les banques ont une fourchette de taux qui se tient.

N'oubliez pas qu'un financement immobilier vous engage pour 10 à 15 ans voire plus car il ne faut pas craindre les durées de prêt longues si cela vous permet d'avoir tout de suite votre logement plus grand ou mieux situé.

Regardez plutôt attentivement la structure même du crédit et les services annexes.

Que se passe-t-il pendant la période de construction ? Un coup de cœur pour un nouveau logement que vous ne voulez pas laisser passer sans brader votre habitation actuelle ? Quelles latitudes avez vous en cas de modification de vos revenus ? Vous a-t-on bien présenté toutes les opportunités qui s'offrent à votre cas personnel ? **Autant de questions qu'il vaut mieux poser avant de s'engager**.

Pensez à vous constituer un apport personnel

Même si les prêts immobiliers peuvent atteindre 100 % du coût de votre opération, vous aurez toujours avantage, si vous le pouvez, à limiter le montant de votre prêt.

Plus votre apport est important, meilleur sera le taux qui vous sera proposé, l'écart de taux peut atteindre 0,50 % soit près de 30 euros de différence par mois pour un prêt de 100 000 euros sur 15 ans entre un prêt qui couvre la totalité du projet et un prêt qui atteint 70 % du coût de l'opération.

L'apport personnel, de quoi parle-t-on, exactement ?

D'abord bien sûr, des économies. Placer une partie de ses économies dans son projet immobilier est toujours la bonne solution car les placements d'épargne actuels offrent rarement un taux identique au taux des prêts, mais prévoyez toujours un petit "volant" pour les frais d'installation, déménagement, achat de meubles, etc.

Sachez qu'il existe des prêts constitutifs d'apport personnel. Ils permettent de diminuer la quotité du prêt principal (donc le taux) mais ils induisent tout de même des remboursements.

On distingue, parmi les plus répandus :

- Pour les opérations de neuf, le prêt à 0 %, comme son nom l'indique on ne rembourse que le capital sur des durées plus ou moins longues selon vos revenus.
- Les prêts d'épargne- logement.
- Les prêts aux salariés au titre du 1 % patronal dits "prêts employeurs".

Le prêt à 0 %

Il est accordé pour les opérations dans le neuf (ou achat d'ancien suivi de gros travaux).

Pour en bénéficier, vos revenus ne doivent pas excéder un certain plafond (il s'agit des revenus imposables - renseignez vous) et vous ne devez pas avoir été propriétaire dans les 2 années qui précèdent votre acquisition actuelle.

Le prêt à 0 % est attractif mais pas magique : le montant du prêt à 0 % est plafonné, il peut au plus représenter 20 % du coût de l'opération dans une limite forfaitaire et il doit être complété, obligatoirement, par un ou plusieurs prêts bancaires d'un montant au moins double de celui du prêt à 0 %.

Le prêt 1% employeur

Vous travaillez dans une entreprise industrielle ou commerciale d'au moins 10 salariés, vous pouvez peut être bénéficier, sous certaines conditions d'un prêt au taux très avantageux, renseignez-vous auprès de votre employeur car la réglementation est précise.

Les prêts d'épargne logement

Si vous avez eu la précaution de souscrire un plan ou un compte d'épargne-logement, vous avez eu le bon réflexe qui vous donnera droit à un prêt avantageux.

Un plan d'épargne-logement, souscrit il y a 4 ans, est rémunéré à 4 % ; il ouvre droit à un prêt au taux de 4,6 %, taux fixe et sans frais de dossier.

Si vous avez un compte épargne-logement, n'hésitez pas, utilisez les droits à prêts, toujours inférieurs aux taux du marché, le compte épargne-logement n'est rentable que si vous demandez, un prêt, car la prime de l'Etat ne vous est versée que lors de la réalisation du prêt (contrairement au plan ou la prime est intégrée à la rémunération d'épargne)

Si vous ne pouvez prétendre à ces prêts avantageux ou s'ils ne sont pas suffisants pour boucler le financement de votre projet, regardez attentivement l'offre des banques : nature et souplesse du crédit, taux fixes, révisables, mensualités constantes ou variables, pouvez vous payer plus ou moins quand vous le souhaitez.

La différence sur le taux de départ entre un taux révisable et un taux fixe peut être importante et si vous vous assurez que le prêt à taux révisable est bien "bordé", bien sécurisé, vous ne devez pas le négliger, la tendance des taux est à la baisse depuis des années.

Des astuces à connaître

Savez vous qu'un membre de votre famille peut vous céder ses droits à prêts d'épargne logement pour augmenter les vôtres et obtenir, ainsi, un montant de prêt plus important ?

Savez vous que, même si votre compte épargne-logement n'a que douze mois d'existence, vous pouvez parfaitement recueillir les droits à prêt d'un compte épargne-logement qui a au moins dix huit mois d'existence ?

Lorsqu'une banque vous propose un crédit, notamment immobilier, elle doit vous mentionner le Taux Effectif Global (TEG) et le coût total du crédit. Le taux nominal (taux affiché) est intéressant mais le TEG vous permet de comparer les offres. Le TEG, mentionné dans l'offre de prêt, prend en compte les frais de dossier et le coût des assurances.

Attention donc quand vous comparez des TEG qu'ils intègrent les mêmes données; si le TEG vous est fourni hors assurance la comparaison est faussée car les cotisations d'assurance pèsent le plus dans le calcul du TEG, mais ce n'est pas tout, au-delà du simple tarif des cotisations d'assurance, regardez bien les prestations offertes en cas de maladie ou accident (prise en charge dans quel délai, pour quel montant)

N'oubliez pas le PAS (prêt à l'accession sociale), accordé sous condition de revenus, aussi bien pour le neuf que pour l'ancien, et assorti de nombreux avantages (aide personnalisée au logement, sécurisation, frais d'actes réduits...). **Attention toutes les banques ne le proposent pas.**

Renseignez-vous auprès du prêteur des modalités de remboursement proposées en cas de construction

Une construction dure plusieurs mois, et pendant ce temps vous continuez de payer votre loyer, il sera alors nécessaire de ne rien payer au titre du prêt accordé durant cette phase de construction. Bien entendu votre banquier ne vous fera pas cadeau des intérêts que vous auriez du payer durant la construction, ils seront, en général, reportés. Vous tombez sur la maison idéale mais elle est convoitée et vous devez vous décider rapidement alors que le logement dont vous êtes actuellement propriétaire n'est pas mis en vente; pensez au crédit relais qui vous permet d'intégrer dans le plan de financement de votre projet le prix estimé de votre bien actuel. Là encore comparez bien les offres des banques, quel est le taux du crédit relais, comment est il mis en place, pour quelle durée maximum ? Préférez les solutions qui intègrent le crédit relais dans le financement global. Et durant la vie du crédit, si des rentrées d'argent vous permettaient de rembourser votre prêt plus rapidement ou si vous souhaitez alléger vos remboursements pour faire face à une situation nouvelle : étude des enfants, congé parental... Ainsi plusieurs banques vous proposent la modulation des remboursements.

C'est un acte volontaire qui vous permet, une fois l'an en général, d'augmenter ou de diminuer le montant de vos mensualités. Comme une modulation à la hausse entraîne une réduction de la durée du prêt, des limites sont fixées par les banques, par exemple pas plus de 30 % par rapport à la mensualité initiale. De même qu'une modulation à la baisse ne doit pas entraîner un allongement excessif de la durée initiale du prêt. Vous pouvez, ainsi, parfaitement adapter vos remboursements à votre situation.

Alors les banques font de la publicité pour vous vendre les produits, n'hésitez pas à poser à votre interlocuteur toutes les questions, en vous aidant au besoin des mots "et si jamais...". L'obtention du prêt est un acte important mais ne perdez pas de vue sa gestion durant des années "et si jamais..."

AGENCE DE LA CATHEDRALE - ASF IMMOBILIER 1, place de la Trébaille 05 63 49 49 49

Ouvert du lundi au samedi de 8h30 à 12h et de 14h à 19h. Idéalement placée entre la cathédrale et le parking de Bondidou, cette agence est spécialisée dans l'achat, la location et la gérance des biens immobiliers. Ses références sont nombreuses dans tous les domaines, appartements, maisons, terrains, pour Albi mais aussi pour tout le département. Une première visite peut nous servir à établir nos préférences, ils s'occupent ensuite de nous sélectionner et faire visiter leurs disponibilités les plus adaptées à notre recherche. Du sérieux !

CHRISTIAN BONZI - ORPI 3, rue des Cordeliers 05 63 54 23 50

Vous êtes propriétaire et vous souhaitez faire gérer un bien immobilier, l'estimer, le vendre, le louer, ou bien vous recherchez un logement à louer ou à acquérir ? Allez voir la charmante équipe de Christian Bonzi. Leurs références sont nombreuses dans tous les domaines, maisons ou appartements, et ils se feront un plaisir de vous faire visiter ce qui semble correspondre à vos désirs.

Nettoyage

ETS MANRESA & FILS 19-21, rue du Général-Leclerc 05 63 54 40 53

Après plus de 45 ans d'expérience en la matière, SARL Manresa & Fils ETS est devenu LE grand spécialiste du nettoyage à Albi. Nettoyage de quoi ? De tout ce que l'on peut imaginer, que ce soit dans le domaine du nettoyage industriel (entretien régulier de tous locaux, nettoyage de vitrines, ponçage et vitrification de sols et parquets, remise en état des façades et toitures avec ou sans traitement anti-mousse, etc.), dans la remise en état après un sinistre (nettoyage de meubles et objets de décoration ainsi que des tapisseries, peinture, etc.) ou dans le domaine des traitements spécifiques comme l'anti-humidité dans les murs, sols ou plafonds ou les traitements anti-taches et/ou anti-feu de tout type de tissu. Et on n'oublie pas non plus leur service de teinturerie ultramoderne et celui de nettoyage de voitures avec, en option, un traitement bactéricide et de désodorisation… Pour particuliers ou entreprises, la polyvalence et le savoir-faire sont les points forts de cette enseigne phare de la propreté. A retenir !

TV - Hi-fi - Son - Vidéo

SOUKOVATOFF 80, avenue de Lattre-de-Tassigny 05 63 54 20 29

Fermé le lundi matin. Horaires : de 9h à 12h et de 14h à 19h. Parking. TV, hi-fi, vidéo, vente, réparation et installation d'antennes et de paraboles. Service après-vente. Si Soukovatoff n'a pas vendu les premiers postes à galène, cela fait quand même plus de 35 ans que ce magasin tient le haut de l'écran albigeois. La grande vitrine arrondie révèle un espace sobre et bien agencé, véritable lieu d'exposition des nouvelles techniques et nouveaux design du secteur. Ici, conseils, compétences techniques et prix sont au maximum de leur puissance en connexion avec le matériel présenté, de la micro-chaîne au grand écran, en n'oubliant aucune marque de renommée du marché : Sony, Philips, Panasonic, Thomson et la prestigieuse Loewe. Raccordons à cela un service après-vente qui ne le joue pas au ralenti, la distribution de Canal +, TPS et Canal Satellite ainsi que les réparations, installations et conseils d'usage.

mode

Accessoires

CHAPELLERIE CHRISTIAN 16, rue Sainte-Cécile 05 63 54 39 51

Ouvert le lundi après-midi de 14h à 19h et du mardi au samedi de 9h30 à 19h. Entre bérets Kangol et bibis coquins, la séculaire chapellerie insuffle de la jeunesse à la tradition des couvre-chefs. Branché, classique ou campagnard, il y en a pour toutes les têtes et tous les goûts. Pour toutes les bourses également. Ici, on peut aussi transformer, remettre en forme et personnaliser nos couvre-chefs.

Couture et travaux d'aiguille

MERCERIE LE DE A COUDRE 44, rue Emile-Grand 05 63 43 40 80

Ouvert du lundi après-midi au samedi de 8h30 à 12h et de 13h30 à 19h. Congés annuels : semaine du 15 août. Mme Lourenço est une perle. On passera des heures à discuter avec elle de ces menus travaux de "bonnes femmes" (broderie, crochet…). A sa gentillesse s'ajoute une compétence reconnue par tous les habitués de cette boutique.

LES TISSUS MATEX ZI La Baute - LE SEQUESTRE 05 63 43 03 90

Princesse des mille et une nuits, jeune fille à la jupe-plissée-queue-de-cheval, jeune homme aimant la décoration, aïeule à l'éternel tablier fleuri, midinette aux grands voiles, quadragénaire style classique, cousette des temps anciens, brodeuse des temps nouveaux, tous les pincés de la pince de poitrine ou de pantalon, les amateurs de passepoil et les flingueurs de la Ruflette se donnent ici rendez-vous. Chatoiement, miroitement, douceur, éclat, velouté et volupté s'y conjuguent dans toutes les matières et tous les coloris pour laisser libre cours à la fantaisie…

Chaussures

Juniors

CHIPIE 1, rue de l'Oulmet 05 63 54 81 15

Ouvert le lundi de 15h à 19h, le mardi jusqu'au samedi de 10h à 12h et de 14h à 19h. Une boutique qui a su préserver l'architecture des vieilles maisons albigeoises tout en misant sur une marque encore d'actualité. Jeunes filles et dames y trouveront leur collection fétiche. Quant aux jeunes garçons qui supportent les chipies en tout genre, ils n'ont pas été oubliés grâce à la collection Beckaro qui leur est réservée. Manquerait plus qu'ils nous piquent nos robes, non mais !

PRALINE 26, rue de l'Hôtel-de-Ville 05 63 47 11 63

Ouvert toute l'année, du mardi au samedi, de 9h à 19h et le lundi de 14h à 19h. Ici, Pom d'Api, Pêché d'amour, GBB, Naturino ou Noël, des marques qui vont du 17 au 40 et qui tiennent le coup sans forcément vous ruiner. Vous achetez la qualité, ainsi vous êtes assuré que vos diablotins feront au moins la saison avec leurs chaussures. Et qui plus est (ce qui n'est pas toujours le cas malheureusement) l'accueil est chaleureux.

Adultes

GASC 17, rue Verdusse 05 63 43 14 40

Ouvert le lundi après-midi et du mardi au samedi de 9h15 à 12h et de 14h à 19h. Des gradins en arrondi pour une mise en exposition optimale des grandes "pointures" de la chaussure actuelle : Camper, Kickers, Clarks, Freelance, Ted Lapidus, Bocage pour les femmes, Camper et Timberland pour les hommes. Du moyen et haut de gamme pour repartir du bon pied.

CHAUSSURES MASSOL 11, avenue Colonel-Teyssier 05 63 54 13 82

Ouvert du lundi après-midi au samedi : de 9h à 12h et de 14h à 19h. Chaussures femmes, accessoires. Derrière les vitrines si joliment décorées, vous trouvez tout ce qu'il faut pour vous chausser, entretenir vos cuirs et compléter votre gamme d'accessoires assortis à une belle paire de chaussures. Une multitude de chaussures de confort et de ville : Servas, Rohde, Méphisto, Corine, Metayer, Salamander, Clarks, etc. Quelques sacs à main et une superbe collection de foulards pour illuminer votre tenue en toute saison. Courtoisie et professionnalisme en prime.

SAN MARINA 11, rue Timbal 05 63 54 12 94

Une énorme boutique qui a pour vocation de chausser les hommes et les femmes à des prix raisonnables. Tout en cuir, San Marina reprend le style italien au travers d'une collection très facile à porter de plus de 350 modèles différents. Moderne mais sans fioritures ni flonflons, le rapport qualité -prix est excellent.

Optique

ALAIN AFFLELOU 1, rue de l'Hôtel-de-Ville 05 63 38 97 01

Ouvert toute l'année du mardi au samedi de 9h à 12h et de 14h à 19h. Au-delà du personnage public et médiatique, l'opticien Afflelou est compétent et applique des prix compétitifs. Ses boutiques appliquent les derniers concepts comme Tchin-Tchin (un euro de plus et vous avez deux paires de lunettes de vue) ou la Forty, la Funny... Avec des services attirants : remboursement de la différence si on trouve moins cher ailleurs, adaptation des verres garantie pendant trois mois, lunettes en une heure sans supplément. Et puis, il n'y a pas que du Afflelou chez Afflelou : collections distribuées en exclusivité de Agatha, Célio, Lolita Lempicka...

WETZ OPTIQUE 2000 31-33, rue Saint-Julien 05 63 54 22 65

Il faudrait être aveugle pour rater cette belle boutique à deux pas de la cathédrale. Ce spécialiste de la vue privilégie qualité et professionnalisme, que de véritables conseillers déclinent avec la même courtoisie qu'il s'agisse d'une monture à 25 € ou d'une grande marque telle que Gucci, Dior, Ray Ban, Armani, Calvin Klein... La partie immergée de la boutique, ce sont les centaines de références de modèles, les différents types de lentilles, plus la masse des avantages et services proposés : devis, forfait, échange, garantie et prix. De plus, pour les férus d'observation scientifique, des jumelles, lunettes astronomiques et télescopes, baromètres, microscopes, etc.

OPTIQUE PEYRONNET 25, rue Timbal **05 63 54 08 66**

Site Internet : www.peyronnet-optique.fr. Ouvert du mardi au samedi de 9h à 12h et de 13h30 à 19h. Ouvert le lundi au mois de juillet et d'août. Un magasin au décor rustique où le bois donne cette impression d'être presque chez soi, un bel escalier en bois qui nous invite à aller au premier étage flâner parmi les lunettes astronomiques, les baromètres électroniques, les boussoles, les altimètres, les microscopes... Une vraie caverne d'Ali Baba pour les passionnés mais aussi pour ceux qui cherchent à faire plaisir. Le rez-de-chaussée est un espace optique proprement dit avec pas moins de 2 000 montures différentes, des plus classiques aux plus branchées, de quoi trouver semelle à ses chaussures ! Et n'oubliez pas le "rayon" solaire (plus de 1 500 références avec des marques de qualité comme Chanel, Boos, Lacoste, Vuarnet, Oakley, Gucci, etc.) et l'espace dédié aux lentilles. Petit plus futé : toutes sortes de produits d'entretien et accessoires, et même des lunettes spéciales pour la pratique de certaines disciplines sportives.

Pret-à-porter

Entretien

PRESS'BLEU 10, rue Peyrolières **05 63 54 17 94**

Ouvert du mardi au samedi pendant l'été, de 8h30 à 12h30 et de 13h30 à 19h. Le reste de l'année, les horaires sont les mêmes sauf le matin : ouverture à 8h et c'est ouvert le lundi. Pour le nettoyage habituel de vos vêtements mais aussi pour les grosses pièces : couettes, couvertures, duvets, housses, etc., ils font les retouches, s'occupent des cuirs et daims et louent même des shampouineuses.

Autre adresse : 64, avenue Colonel-Teyssier.

Lingerie

PERRINE 24, rue Mariès **05 63 54 46 38**

Ouvert toute l'année du lundi après-midi au samedi : de 9h30 à 12h et de 14h30 à 19h. Lingerie au féminin ou au masculin, prêt-à-porter dames. La qualité au service de la mode. Vous serez reçu par des dames charmantes qui sont de très bon conseil et qui vous accompagnent lors de vos achats de leur charmant sourire.

AUX SULTANES 31, 33 et 34 rue Mariès **05 63 54 05 09**

Ouverture toute l'année du mardi au samedi de 10h à 12h et de 14h à 19h. Le lundi, de 14h30 à 19h. Congés annuels (pour les 3 magasins) : 1re ou 2e semaine des congés scolaires de février. Frappez au numéro 33 et imaginez vos prochaines vacances au Brésil ou votre soirée en amoureux : entre maillots de bain, de tous styles et de toutes tailles, lingerie, chemises de nuit et paréos, le choix est vaste. Qu'il soit vaporeux, fantaisiste ou classique, le modèle est toujours gage de raffinement et d'élégance. Si vous frappez à la porte d'à côté, Tonic, vous trouverez de quoi cacher le joli coordonné sous une robe ou un ensemble veste-pantalon. Enfin, adressez-vous à la porte d'en face pour que votre compagnon soit digne... de vous accompagner !

Juniors

LA COMPAGNIE DES PETITS 16, rue Verdusse **05 63 38 34 05**

Prêt-à-porter et accessoires pour filles et garçons de 0 à 10 ans. Quelquefois encombré de poussettes, c'est un lieu idéal pour un cadeau de naissance. Les prix sont abordables et les modèles rigolos, colorés et pleins de détails mignons… à craquer.

FANTASIA 7, place Saint-Julien **05 63 54 57 69**

La boutique où les enfants sont rois. Une profusion d'habits pour nos têtes blondes qui non contents d'être très tendance sont de très bonne qualité. Mme Pastre toujours fidèle dans sa boutique saura vous conseiller avec amabilité et compétence. Si d'aventure la boutique a disparu, cherchez-la dans les rues piétonnes. J'vous l'dis : du beau linge comm' ça, ça donne envie d'avoir des enfants !

MARYLAINE 18, rue Mariès **05 63 54 04 61**

Ouvert toute l'année du lundi après-midi au samedi. Cette boutique reste le "must" de la mode enfantine pour les 0 à 2 ans sur Albi et sa région. La personnalité et les choix de la pétulante Mme Miquel y sont sans doute pour quelque chose, elle qui a su présenter les très belles créations au fini impeccable des grandes griffes de la mode "enfantique" Christian Dior, Sonia Rykiel, Cacharel, ainsi qu'un choix éclectique de marques branchées et originales du moment, Petit Bateau, Lapin bleu, Petit Faune, Petit Ours Brun. Chaussures Aster bébé et des ours et lapins en peluche au look ancien de la marque Mousselier.

Femmes

BOUTIQUE CAPRICIO 22, rue Verdusse **05 63 43 46 21**

Ouvert le lundi de 15h à 19h et du mardi au samedi de 10h à 12h et de 14h à 19h. Pour les grandes tailles et les autres, des fins de stocks à prix sacrifiés, des marques jeunes, tendance, telles que Planète Interdite et Wooxoom. L'employée est d'une délicatesse et d'une gentillesse rare. Elle saura vous conseiller au mieux de vos intérêts et vous repartirez enchantée.

COP'COPINE 19, rue Sainte-Cécile **05 63 38 12 14**

Ouvert toute l'année. De 14h à 19h le lundi, de 10h à 19h du mardi au samedi. Pour les 30-40 ans branchées et féminines. A l'heure où nous mettons sous presse, c'est un incontournable à Paris et des animatrices de télévision le portent à l'écran et… à la ville. Souhaitons que la "province" soit elle aussi au goût du jour !

COMPTOIR DES COTONNIERS 13, rue Sainte-Cécile **05 63 47 51 50**

Toujours l'esprit coton au Comptoir, même si la marque se décline en tenues plus chic, plus habillées. On ose les longues robes ou les jupes très courtes, qu'on associe le plus souvent avec l'un des fameux tee-shirts de la gamme. Le tout classé par couleurs ou par formes. Des adresses à toujours garder avec soi.

GOUT TRICOTAGE DIFFUSION Le Séquestre **05 63 49 90 43**

Ouvert toute l'année. Horaires : du mardi au samedi, de 9h30 à 12h et de 14h à 19h, et le lundi de 14h à 19h. Un magasin d'usine, une boutique où trouver moins cher qu'ailleurs, les articles de l'année pour femmes, hommes et enfants. Une vague de pull-overs E. Tabarly, séries Ushuaia, Jacquard… De la confection pour hommes : Setrak, Gotcha, etc. Pour la femme, branchée ou plus classique, l'embarras du choix entre R. Dehry, Setrak, Solola, Gotcha, H.B.S. Côté enfants, Chevignon, Elle, Kenzo, Naf-Naf, Timberland, Oxbow et Quiksilver. De grandes marques, de la qualité à un prix raisonnable (jusqu'à 30 % à 50 % de remise au moment des soldes), un magasin très bien agencé et un accueil irréprochable.

MAXI DEGRIFF 10, rue de l'Hôtel-de-Ville **05 63 47 10 80**

Ouvert toute l'année. Du mardi au samedi, de 10h à 19h et le lundi de 14h30 à 19h. Pour la femme, des tenues classiques ou originales (tailleurs comme robes de soirée, chemisiers, tee-shirts et jeans) à des prix cassés et cela, tout au long de l'année. Jeune ou moins jeune. Pour celles qui trouveraient cela encore trop cher, possibilité de payer en trois fois sans frais à partir de 100 €.

Hommes

BERTOSSI 15, 17 rue Mariès **05 63 49 29 41**

Des marques et de la décontraction au programme des vêtements vendus dans cet incontournable albigeois de la mode masculine : Kenzo, Hugo Boss, Gant USA, Marithé et François Girbaud, Polo Ralph Lauren, Tommy Hilfiger et Eden Park. Le tout pour un style chic ou sportswear, qui permet à l'homme d'aujourd'hui de s'adapter à toute circonstance avec l'élégance pour témoin. Le service est impeccable et attentionné, le décor sobre et l'atmosphère BCBG : bon chic pour beaux garçons !

DEVRED 29, rue Timbal **05 63 48 00 16**

Du prêt-à-porter masculin pour ceux qui veulent être à la mode et se sentir bien dans leurs fringues. On trouve de tout chez Devred, du short pour passer le week-end à la plage, au costume pour aller bien beau au bureau. De la qualité et du choix à des prix très "regardables". Dans ce magasin du centre-ville, les jeunes hommes trouveront aussi des vêtements plus décontractés, sans oublier les costumes, chemises, vestes et pantalons plus habillés. Il suffit d'y aller une fois pour ne plus pouvoir s'en passer !

Mixte

DEGRIFF STORE 70, rue Croix-Verte **05 63 38 04 30**

Bien que la marque Teddy Smith soit fabriquée à Albi, il faut aller jusqu'à Toulouse pour se procurer les derniers modèles. A Albi et à Castres, les anciens magasins Blue Box et Teddy Smith sont devenus des Degriff Stores qui nous proposent les collections des saisons précédentes, ainsi que celles de School Rag (pour femmes et adolescentes) à d'excellents prix. Mis à part les puristes du dernier cri, tout le monde devrait pouvoir trouver ici le jean ou le T-shirt de ses rêves.

Autres adresses : ZA Mendès-France 05 63 38 16 40. *Ouvert du lundi matin au samedi soir* **• C.Cial Géant Casino - 2, rue Francisco-Goya 05 63 60 47 27.**

FABIO LUCCI 30, place Jean-Jaurès **05 63 47 03 34**

Ouvert toute l'année du lundi au samedi, de 9h à 12h et de 14h à 19h. Vêtements, lingerie et accessoires pour homme, femme et enfant. Pour les petits budgets et pour acheter les fringues que l'on met pour jardiner, jouer ou aller à la pêche. Ne cherchez pas de grande marque ni une qualité remarquable, mais regardez les prix : hallucinant !

FLY TOX 88, avenue Charles-de-Gaulle **05 63 38 53 86**

Un magasin proche de la fac qu'il ne faut surtout pas rater. Ici, pas de chasseurs de bébêtes qui font bzz bzz ou cri cri. Le nom de la boutique a été choisi pour sa consonance dynamique et accrocheuse. Dans ce temple très parisien de la mode, avec une ambiance musicale platine, DJ et mix, vous trouverez les marques fétiches des passionnés de la mode (Kanabeach, Protest, Diesel, T.Porter, Double H, Airwalk...). Vincent sélectionne des modèles toujours plus audacieux et originaux qui font de ce magasin un incontournable pour tous les passionnés de fringues ultra-tendance. Et comme il est DJ à ses heures, Vincent envisage de vendre des vinyles à ses confrères du son contemporain. Amateurs d'insecticides s'abstenir...

multimédia

Bureautique

BURO + EXPRESS 28, rue Lavazière **05 63 54 16 72**

Ouvert toute l'année du lundi au samedi de 8h30 à 12h et de 14h à 18h30. Parking. Alors eux, ils donnent envie de se lancer dans les affaires ! Pour le plaisir de naviguer entre les rayons et de choisir le mobilier, l'équipement informatique ainsi que la papeterie pour le futur bureau… Rien ne manque et, qui plus est, ils livrent à domicile. Ils vont même jusqu'à monter et installer le matériel ! Enfin, ils louent et réparent les ordinateurs et autres rétroprojecteurs, façonnent vos tampons et offrent des services de photocopie. Mais comment ferions-nous s'ils n'étaient pas là ?

Cybercafés

LES ROYAUMES VIRTUELS 44, rue Croix-Verte **05 63 38 67 85**

Ouvert toute l'année, tous les jours, de 14h à minuit. Tarifs : autour 4,60 € l'heure avec possibilité d'abonnement annuel et achat de cartes (moins chères pour les adhérents). Friandises et boissons sans alcool vendues sur place. Jeux en réseau (Intranet et Internet), accès Internet, logiciels de bureautique. Les 30 ans et plus prendront un coup de vieux en entrant dans ce temple de la cybernétique. Une petite salle fermée est réservée non pas aux rédacteurs professionnels ou aux secrétaires pigistes mais aux amateurs de jeux de stratégie style Everquest. Dur dur de se concentrer !

Informatique

LE COMPTOIR INFORMATIQUE 110, avenue Charles-de-Gaulle **05 63 43 22 22**

Fermé le lundi en été et le lundi matin le reste de l'année. Fermeture annuelle, semaine du 15 août. Vous entrez ici dans l'univers informatique du PC et des portables. Vous avez des soucis avec votre cher ordinateur, vous souhaitez le gonfler ou encore le changer, on vous trouvera ce qu'il vous faut. Vous cherchez un assembleur, rapport qualité-prix franchement intéressant, il y a le choix. Et plus que le choix, vous avez le conseil, un service après-vente, une réparation hors pair (en magasin ou sur site) et… le sourire. Pour l'achat de pièces, PC et portables d'occasion, adressez-vous au numéro 112, c'est la même maison.

Castres

- repères
- découverte
- à table
- shopping

A
B
C
D
E
1
2
3
4
5
6
7
8
9
Stade du Travet
Av. de Lautrec
Av. Augustin Malroux
R. de la Gravière
Imp. de la Gravière
Ruelle de la Gravière
École Albinque
Rue Saint Jean
R. Croix
Boulevard Thomas
Albert
Rue du Travet
Rue du Gazel
R. Traversière Gazel-Travet
R. Neuve du Travet
St-Jean-St-Louis
Place de l'Albinque
Halle
Rue de Beaumont
Avenue de Lavaur
Rue Bourgeois
Rue Gal Gallieni
Place de 32e Division d'Infanterie
R. Mahuzies
Rue des
Bd G. Clemenceau
C.E.S. Jean Jaurès
R. du Collège
Pl. P. Eluard
Eglise Réformée
Rue de l'Ouest
R. Trav. de l'Ouest Lavaur
Léon
Hôpital des Monges
Sous-Préfecture
Rabaud
Camille
R. Sabaterie
R. Castelmouton
R. Narbrissonne
Pl. Pélisson
Rue des Boursiers
Pl. J. Bouffard
R. Cachin
Thomas
Ch. des Monges
Rue des Monges
Boulevard Léon
Rue du Trésor
Ligonnier
Louis Vieu
Rue Emile Zola
Bibliothèque
Palais de Justice
Palais
Eglise Réf.
R. Tubeuf
R. des Brettes
R. Fréd.
Ch. du Corporal
Imp. du Corporal
Rue de Metz
Allées
Boulevard des Lices
Rue de l'Hôtel de Ville
M.J.C.
R. Montlédier
R. Tolosane
Place Roumive
Rue du
R. de la Chambre
R. de la Platé
la Platé
Rue Victor Hugo
Imp. Montfort
R. Mirabeau
Corbière
Rue Beaudecourt
Mess des Officiers
Allées Corbière
Centre d'Art Contemporain
Jardins Frascaty
École
R. Gal Guy
Rue de l'Edit
Imp. Barral
Gambetta
R. Bonne Montmaur
Rue Viviani
Imp. Viviani
R. Rouget de Lisle
Rue du Rey
Boulevard Magenta
L.P. Anne Veauté
Commandant Prat
Galiber
Bd du Mal Foch
Rue Saint Roch
R. Abbé J. C Carayol
Roux
Amiral
R. Dr Blaveau
Avenue Albert 1er
Place d'Alsace-Lorraine
Le Rey
R. Pierre Curie
Rue du Docteur
Rue Sizaire
Poste
Boulevard Henri
R. M. Briguiboul
A. Juin
Allée
Rue Maillot
Chambre de Commerce
C.E.S. des Cèdres
Place de l'Abattoir
N126
École des Beaux-Arts
Musée
R. Fr. Thomières
Gare S.N.C.F.
Avenue Albert 1er
Rue de Laden
Parc Briguiboul
Rue Marcel Briguiboul
Avenue René Cassin
Cimetière
Ch. de Fitelle
Rauly
R. du Petit Creusot
Rue A. Briand
R. du Petit Train

CASTRES
F
G
H
I
J
1
2
3
4
5
6
7
8
9
IMP. ROUCAYROL
RUE DE L'AGOUT
RUE FOURNES
ROUCAYROL
LUCIEN COUDERT
RUE DE LUNEL
CHEMIN DU GRAVIER
R. DU CAMP DE CÉSAR
R. DE LA FONDERIE
RAPIN DE THOYRAS
MAHUZIES
C.F.P. Agricole
AVENUE
l'Agout
IMP. SAGNES
RUE THÉRON
PERIÉ
R. DU Cdt WAUTHIER
AUDENET
RUE BONAFÉ
N
O
E
S
SŒUR
RUE JEAN MOULIN
RUE THÉRON PERIÉ
RUE FERMAT
RUE SŒUR LOUISE
École du Calvaire
BD MAL JOFFRE
RUE ST-LOUIS
RUE DE PÉRAUDEL
DRS SICARD
Centre National Musée J. Jaurès
PONT MIREDAMES
BD MIREDAMES
Temple
QUAI DU CARRAS
QUAI MIREDAMES
R. CORNEBASSE
Sécurité Sociale
PLACE STE-CLAIRE
PLACE SALENGRO
R. DU CONSULAT
HENRI IV
R. DU CARRAS
R. DES CAPUCINS
PONT VIEUX
RUE FUZIES
R. STE CLAIRE
R. ST-MARTIN
BD CARNOT
R. DE L'ORPHELINAT
R. DU PONT DE BRASSAC
R. DES MAÇONS
R. DE BOUSCASSE
AVENUE LIEUTENANT JACQUES DESPLATS
RUE BORREL
Église Ev.
R. MALPAS
Q. TOURCAUDIÈRE
R. DES BOTTES
MILHAU DUCOMMUN
FERRIER
R. DE L'ÉGLISE
St-Jacques
PLACE CARNOT
RICHARD
R. P. BARTHÈS
Quartier Fayolle
RUE DES 3 ROIS
PLACE ST-JACQUES
PLACE JEAN JAURÈS
QUAI DES JACOBINS
PLACE FAGERIE
Group. Scol. Villégoudou
R. E. LERIS
BOULEVARD DU DOCTEUR ARIBAT
Villégiale St-Jacques
RUE STE-FOY
R. SŒUR
RUE ERNEST BARTHE
R. ALQUIER BOUFFARD
RUE SABATIER
PONT NEUF
PLACE DU 8 MAI 1945
R. ST-BENOÎT
St-Benoît
R. DE LA LIBÉRATION
R. VILLEGOUDOU
IMPASSE D'EMPARE
GARE ROUTIÈRE
PLACE SOULT
RUE JEAN HUC
BOULEVARD CHARLES DE GAULLE
RUE DE L'HÔTEL DE VILLE
Hôtel de Ville Musée Goya
Jardin Public d'Empare
RUELLE D'EMPARE
RUE D'EMPARE
BD R. VITTOZ
AVENUE CHARLES DE GAULLE
R. CAYROL
Jardins du Mail
Théâtre
RUE DE L'ÉVÊCHÉ
École
PLACE DE LA RÉPUBLIQUE
Jardins de l'Évêché
Gare Urbaine
RUE F. BUISSON
Bourse du Travail
RUE D'AUQUE
Hôtel de Police
Télécom
R. CHRISTIAN D'ESPIC
Hôtel des Impôts
PLACE DU MONUMENT AUX MORTS
PONT DE METZ
RUE ANNE VEAUTE
I. DE LA DURENQUE
PLACE DU 1ER MAI
Résidence du Pont de Biais
RUE DES PORCHES
Salle Gérard Philippe
PLACE DROUOT
CHEMIN DES PORCHES
École la Conception
CH. DU SALINAL
Les Fourches
AVENUE ÉMILE DE VILLENEUVE
RUE DE VENISE
CHEMIN DES PORCHES
CHEMIN DES FOURCHES
CHEMIN D'HAUTERIVE
R. DE LA RIVIÈRE
R. DU DR CHARCOT
RUE DE CRABIE
0 100 m
Reproduction interdite
Jean-Baptiste Nény
Octobre 2001

index des rues

JJJ, LLL

MMM

NNN, OOO

PPP

QQQ, RRR

SSS

TTT

VVV

WWW, ZZZ

repères

Se rendre à Castres

Située aux portes du Parc naturel régional du Haut-Languedoc, Castres jouit aussi de sa proximité avec la Montagne Noire et avec Toulouse (moins de 75 km). De plus, la Méditerranée est à 100 km et l'Atlantique à 200 km.

OFFICE DE TOURISME **05 63 62 63 62**
3, rue Milhau-Ducommun
www.ville-castres.fr. L'office de tourisme de Castres en Haut-Languedoc est à la disposition du public pour tous renseignements concernant les sites, monuments et curiosités à visiter, les différents points d'hébergement, les horaires des musées et des activités, etc.

En avion

AEROPORT DE CASTRES-MAZAMET
Le Causse **05 63 70 34 77**
Dessert les aéroports de Paris-Orly et Lyon-Satolas/Saint-Exupéry (deux vols aller-retour pour les deux destinations).

AEROPORT
DE TOULOUSE-BLAGNAC **05 61 42 44 00**
www.airfrance.fr

NAVETTE INTERLIGNE
2, rue Mahuziès
05 63 71 16 10/06 09 28 35 15
Dessert l'aéroport de Blagnac au départ de Castres-Mazamet. Service 7j/7.

En train

GARE SNCF **08 63 35 35 35**
Avenue Albert-Ier
www.sncf.fr. Liaisons quotidiennes vers Mazamet, Labruguière, Sémalens, Vielmur-sur-Agout, Saint-Paul-Cap-de-Joux, Damiatte-Saint-Paul, Lavaur, Les Cauquillous, Saint-Sulpice-sur-Tarn et Toulouse. Correspondances pour Albi, Gaillac, Carmaux, Tanus et Rodez à la gare de Saint-Sulpice-sur-Tarn. Correspondances pour Rodez, Millau, Colomiers, Auch, Montauban, Cahors, Brive, Castelnaudary, Carcassonne, Foix, Montréjeau, Tarbes, Lourdes, Hendaye, Irun, Lannemezan, Bagnères, Cauterets, Narbonne, Barcelona, Agen, Bordeaux, Nantes, Limoges, Marseille, Nice, Lille et Paris au départ de Toulouse-Matabiau.

Circuler dans Castres

Castres possède un centre-ville agréable à fréquenter. 250 commerces y sont disséminés au gré des rues et des places. Pour faciliter l'accès de la ville aux automobilistes, et les encourager à préférer la marche, plusieurs parkings offrent 2 650 places de stationnement.

Stationnement

La ville compte environ 1 500 places de parking. Les zones gratuites sont les suivantes : Drouot, Buisson, Saint-Louis, Faïencerie et les contre-allées des boulevards. A ces places-là il faut rajouter les zones payantes dans l'écusson (de 0,50 € à 1 € l'heure, selon les zones), le parking sur les berges, et celui des Cordeliers (0,40 € l'heure avec 30 mn gratuite).

AIRE DE SERVICE CAMPING-CARS
Parc de Gourjade - Route de Roquecourbe

Autobus

LIBELLUS **05 63 71 80 00**
Les Arcades - Place Jean-Jaurès
www.libellus.org. Lundi de 13h45 à 18h30, du mardi au samedi de 8h30 à 12h10 et de 13h45 à 18h30, samedi de 8h30 à 12h10 et de 13h45 à 17h. 7 lignes d'autobus sont à votre disposition, en plus des services Mobi-Libellus et Taxi-Libellus (rens. au 08 10 14 01 40). Pour tous les tickets, vous bénéficiez d'une correspondance gratuite d'une validité de 45 minutes. Attention, aller-retour interdit. Tarifs : 1 € le ticket, 6,10 € la carte 10 voyages.

GARE ROUTIERE **Pl. Soult** **05 63 35 37 31**
Ouvert du lundi au samedi de 6h à 19h. Principales rotations : Puylaurens-Lavaur-Toulouse, Albi-Carmaux, Gaillac-Graulhet, Lacaune-Brassac, Mazamet Saint-Pons et Sorèze-Revel.

Taxis

ASSOCIATION ARTISANALE DES
RADIO-TAXIS CASTRES **05 63 59 99 25**

Où dormir

Hôtels

HOTEL RENAISSANCE* 05 63 59 30 42**
17, rue Victor-Hugo

20 chambres de 51 € à 68 €. Accès handicapés. Animaux acceptés. CB, TR. Salles de bains équipées de sèche-cheveux, ligne téléphonique directe dans les chambres, ainsi que prise Internet, TV satellite, le charme incomparable d'un hôtel particulier du XVIIe siècle métamorphosé en un lieu de confort raffiné : tentures, moquettes, tapis, baldaquins, alcôves…

LE MIREDAMES* 05 63 71 38 18**
1, place Salengro

Tous les jours, toute l'année. Chambres de 47,50 € à 57,50 €. Soirée étape à partir de 58,50 €. Animaux admis. Accès handicapés. Parking. CB, TR. Suite à la balade sur le coche d'eau, et après avoir rassasié votre faim au Relais du Pont-Vieux c'est presque logiquement que vous irez finir votre journée à l'hôtel Le Miredames où la même équipe jeune et dynamique de M. Cros Geoffroy vous recevra dans la bonne humeur. Les 14 chambres de l'hôtel sont climatisées et disposent de tout le confort nécessaire pour un séjour réussi : salle de bains, télévision, téléphone… Adresse à retenir !

L'OCCITAN* 05 63 35 34 20**
201, avenue Charles-de-Gaulle

Fermeture annuelle du 25 décembre au 6 ou 7 janvier. 42 chambres de 51 € à 68 €. Petit déjeuner : 8 €. TV avec satellite, téléphone direct, sèche-cheveux, climatisation (dans la plupart des chambres) ; animaux acceptés. Restaurant fermé le samedi midi. Dernière commande : 22h. Menus entre 13 € et 39 €. Menu enfant. Prix moyen à la carte : 28 €. Terrasse. Salles pour groupes et séminaires de 20 à 50 personnes. Salons privés. Parking, garage. L'Occitan allie charme, confort et repos. Si l'équipement des chambres est plus qu'appréciable, les principaux points forts de ce lieu sont d'une part le parc sur lequel s'ouvre la terrasse (et les fenêtres de plusieurs chambres) et d'autre part la très savoureuse cuisine du jeune chef Vincent Fraysse. Les produits du terroir s'affichent au centre d'une carte qui change selon les saisons et les inspirations. Le foie gras à la confiture de figues et le cassoulet maison restent toutefois indétrônables, Occitanie oblige ! Le raffinement est au rendez-vous tant dans les saveurs que dans la présentation. Service attentif, à la fois présent et discret.

LE RELAIS DE LA MONTAGNE NOIRE***
Avenue de Castres
LAGARRIGUE 05 63 35 52 00

www.lamontagnenoire.com. 30 chambres de 63 € à 85 €. Petit déjeuner : 9 €. Tarifs week-end. Restaurant. Menu du jour : 15 € et 21 €. Espace de remise en forme. Accueil des groupes et séminaires. Animaux admis. Accès handicapés. Aucune crainte à avoir quant à la proximité de la route de Castres : l'hôtel est parfaitement insonorisé. La tranquillité des nuits sera donc garantie et la sérénité, parfaite, après une tête piquée dans la piscine intérieure et une virée au sauna. Si la décoration des 30 chambres trahit une petite tendance aux couleurs vives chères aux années 80, rien à dire des équipements : climatisées et insonorisées, sèche-cheveux, mini-bar, TV satellite, ligne téléphonique directe, etc. A savoir que l'accès à l'espace de remise en forme (piscine, sauna…) est compris dans les tarifs. Le Relais version restaurant ne déroge pas à son excellente réputation. Cuisine traditionnelle changeante et raffinée, à base des produits du terroir.

CLIMAT DE FRANCE 05 63 74 81 81**
Route de Toulouse - SAIX

Ouvert tous les jours. Chambres : 41 €. Petit déjeuner : 5,50 €. Menus à partir de 6 €. Prix moyen à la carte : 18 €. Terrasse, piscine, tennis. A la sortie de Castres, en face du vieux village de Saïx. Les 50 chambres sont calmes, elles sont toutes dotées des mêmes équipements confortables : salle de bains, téléphone direct et télévision avec Canal satellite. Le tennis et la piscine offrent, au-dehors, un agrément supplémentaire qui manque néanmoins d'un soupçon d'entretien. Le restaurant a adopté la formule buffet pour les entrées, les fromages et les desserts. Chacun peut ainsi rassasier à loisir son appétit. L'impression générale qui se dégage du séjour est la satisfaction du rapport qualité-prix et l'agrément d'un service extrêmement courtois qui aide à pardonner les quelques imperfections du décor.

HOTEL RIVIERE** **05 63 59 04 53**
10, quai Tourcaudière

15 chambres de 39 € à 49 €. Petit déjeuner à 6 €. Garage fermé. CB, TR. Téléphone, télévision, douche et W.-C. dans toutes les chambres. Philippe et Patricia Gay ont rénové patiemment cet hôtel situé face aux anciennes maisons de tanneurs qui bordent la rivière. La réception, située au premier étage, s'ouvre sur l'atmosphère paisible de la salle à manger. Chacune des 15 chambres est décorée dans un style particulier et emprunte différentes couleurs à la palette.

Non classés

HOTEL-RESTAURANT LE CAFE DU PONT
1, avenue du Sidobre
LES SALVAGES **05 63 35 08 21**

Fermé dimanche soir et lundi, sauf jours fériés. Congés annuels en février. Dernière commande : 21h30. Menus de 15 à 40 €. 6 chambres à partir de 28 €. Petit déjeuner : 5,50 €. Très jolie terrasse. Il suffit de passer le pont... pour se retrouver dans ce charmant établissement tenu par Suzanne et Jacky Bonnot. Une halte fraîcheur sur la terrasse ombragée et fleurie surplombant la rivière est à recommander. Elle constitue une véritable oasis de paix, à quelques tours de roues du centre-ville. La décoration intérieure, rustique, est pour le moins chaleureuse, créant un climat de bourgeoisie campagnarde propice à la dégustation des mets délicats et des bons vins. Le bœuf et le canard cuisinés de mille façons et les gambas grillées au pastis ont la faveur du cuisinier.

Camping

CAMPING MUNICIPAL*** **05 63 62 41 71**
Route de Roquecourbe - Parc de Gourjade

Fax : 05 63 50 88 91. www.ville-castres.fr - E-mail : gourjade@ville-castres.fr. Ouvert début avril à début octobre. 100 emplacements et bungalows. Emplacement tente (2 personnes) : 4,75 €. Caravane (2 personnes) : 5,35 €. Camping-car : 6,85 €. Bungalow : entre 25 € et 40 € la nuitée, entre 161 € et 275 € la semaine, selon saison. Restaurant, bar, supérette. Sur les 53 ha de verdure, au bord de la rivière Agout, 100 emplacements et 6 bungalows toilés et meublés. Branchement électrique, douches, lave-linge, sèche-linge, supérette, plaine de jeux, snack-bar. Un 3 étoiles qui ne faillit pas à sa réputation. Tarifs préférentiels pour les piscines et jeux aquatiques de l'Archipel, tout à côté.

Centre d'hébergement

CHATEAU DE GOURJADE
Parc de Gourjade **05 63 59 72 30**

Pour groupes associatifs uniquement. 13 chambres. 48 lits. Office, salle à manger et salles pour différentes activités. Au cœur du parc de loisirs de Gourjade, à 5 mn à peine du centre-ville, un centre d'hébergement se dresse sur l'îlot de verdure de 53 ha, entre la plaine de jeux consacrée aux enfants, le centre archéologique, le rail miniature, l'office municipal d'éducation physique et sportive, le coche d'eau et le camping trois étoiles. A proximité du château, piscine, tennis, paddle, terrains de sport, activités nautiques et, tout près, le charme du vieux Castres accessible par voie routière ou fluviale.

découverte

Grande et petites histoires

Née au **IXe siècle** autour de l'abbaye Saint-Benoît, la ville est devenue comté toulousain et évêché avant d'être ravagée par les guerres de Religion. Elle fut une étape sur les chemins de Saint-Jacques-de-Compostelle dès le IXe siècle. C'est le textile qui a permis à la cité de retrouver sa prospérité au **XVIIe siècle**. Les vieilles maisons de bois aux galeries colorées plongeant dans l'Agout témoignent de cette époque où drapiers, teinturiers et autres tanneurs utilisaient pour leurs travaux les eaux de la rivière. La sous-préfecture du Tarn qui vit naître Jean Jaurès comptait 45 500 habitants en 2001. Les touristes viennent y découvrir le musée Goya et les richesses architecturales, historiques et naturelles de la ville.

Une étymologie controversée

Le nom de Castres pourrait bien dériver du latin castrum signifiant camp fortifié. Cette hypothèse est appuyée par les traces d'occupation romaine relevées aux abords de la cité. Toutefois, une autre thèse, tout aussi fondée, affirme que le nom de la ville proviendrait du mot castra, en usage **du Ve au Xe siècle**, qui désignait une ville fortifiée sans évêque. Le débat reste ouvert…

Des vestiges et des hommes

Ce sur quoi tout le monde s'entend, en revanche, c'est que la première occupation connue remonte au néolithique (**de 3800 à 2800 avant J.-C.**). Comme en témoignent les fours de cuisson retrouvés au Domaine de Gourjade. Les Celtes sont arrivés dès la fin de l'âge de bronze, soit **7 siècles avant notre ère**. Puis les Romains leur ont succédé, avant d'être chassés par les peuples du Nord au commencement du **Ve siècle**. La fondation du premier monastère remonterait à **647**, suivie de la construction d'un deuxième édifice sur l'emplacement de l'actuelle cathédrale Saint-Benoît. Placés sous la protection des Rois de France en **844**, les moines de Castres ont accueilli en **863** les reliques de Saint-Vincent, diacre de Saragosse, martyrisé en **304** près de Valence (Espagne).

Pour héberger les pèlerins venus de toute part, l'hôpital Saint-Jacques-de-Villegoudou a été érigé de l'autre côté de l'Agout.

Castrais et "parfaits"

La doctrine du catharisme a fait de nombreux adeptes dans la cité castraise. La sanglante croisade a amené la soumission de Castres à Simon de Montfort, qui y fit une entrée triomphale en **1209**. Une bulle du **7 juillet 1317** donne à l'abbaye Saint-Benoît rang d'évêché, la libérant de sa tutelle originelle : l'abbaye Saint-Victor de Marseille. Castres compte alors 9 000 habitants. Sur le plan civil, la seigneurie de Castres est érigée en comté en **1356**, comté qui reviendra à la couronne en **1519**, après être passé de main en main, des Bourbon aux Armagnac. En **1374 et 1375**, famine et lèpre font de nombreuses victimes parmi la population, tout comme les guerres de Religion des **XVIe et XVIIe siècles**. Bûchers, empoisonnements, courses-poursuites et exactions de toutes sortes marqueront la ville au fer rouge de l'intolérance. En **1789**, on dénombre 14 000 habitants, contre un peu plus de 11 000 en **1766**. **1790** verra la création du département du Tarn par la réunion des trois diocèses d'Albi, Lavaur et Castres, cette dernière étant désignée chef-lieu de département. En **1802**, la ville accepte de recevoir une garnison d'infanterie et de cavalerie, confirmant ainsi sa vocation militaire.

Une vocation industrielle autant que militaire

Le **début du XIXe siècle** confirme l'essor de l'industrie lainière, textile, papetière et métallurgique. Jean Jaurès naît à Castres en **1859**. La **Première Guerre mondiale** ravage les rangs des soldats castrais : les noms de plus de 600 d'entre eux figurent sur le monument aux morts. La seconde voit partir en **1940** toutes les unités d'artillerie de la 16e Région, soit un effectif total de 33 000 artilleurs et de 16 000 chevaux. Puis viendra la Libération… Elu en **1945**, le Parti communiste ne ralliera pas autant d'adeptes que le général de Gaulle, qui arrive au pouvoir en **1958**.

Le mouvement gaulliste castrais s'incarne en la personne de Jacques Limouzy, tour à tour député et maire de Castres. Les décennies suivantes verront l'alternance gauche-droite, chère aux Français, encore confirmée lors des élections municipales de 2001. Au fil du temps, Castres a affirmé ses talents et son caractère contre vents et marées. La poétesse Louisa Paulin résumait ainsi les couleurs de quelques cités tarnaises : "Albi la rouge, Gaillac la blonde, Castres la batailleuse..."

Dans les prisons de Castres, y avait un prisonnier, y avait un prisonnier...

La prison de Castres fut installée en **1812** à l'angle des rues Emile-Zola et du Palais. Des militants antifascistes y furent incarcérés, **entre 1941 et 1943**, sous le régime de Vichy. Plusieurs d'entre eux en furent déportés vers les camps. D'autres organisèrent en septembre **1943** une évasion collective au cours de laquelle 36 détenus politiques recouvrèrent la liberté. Le témoignage du poète allemand Rudolph Leonhard, qui se trouvait parmi eux, donne une idée des conditions de détention de l'époque : "Détenus sans avoir été jugés, nous avions pourtant à subir deux lourdes peines : la faim et le froid. Non seulement la nourriture était infecte, mais en outre le directeur de la prison prospérait à nos dépens de manière éhontée. Notre ration quotidienne était progressivement tombée à 3 g de sucre et 4 g de matière grasse. Quant aux malheureux 175 g de pain auxquels nous avions théoriquement droit, nous n'en avons jamais vu la couleur sauf à deux reprises, quand le "chef" était trop saoul pour songer à nous en priver". Le site de l'ancienne geôle est aujourd'hui celui de la Maison des Jeunes et de la Culture du Centre qui, cela va sans dire, a une tout autre vocation !

Carte d'identité

Habitants : 47 000 habitants
Superficie : 9 817 ha
Situation : à 70 km de Toulouse, 200 km de Montpellier, 400 km de Barcelone
Maire : Pascal Bugis
Nombre d'entreprises : 3 170

Gloires locales

Bio Mérieux - Pierre Fabre

L'histoire du laboratoire médical Pierre-Fabre commence en 1961, date de l'élaboration de Cyclo 3, produit d'origine phytochimique pour l'insuffisance veineuse. L'acquisition des laboratoires Klorane, en 1965 sera suivie en 1968 par la création du Centre de recherche Pierre-Fabre à Castres. D'acquisitions en extensions, les laboratoires Pierre-Fabre ont connu un essor remarquable. Un accord entre Pierre Fabre et Alain Mérieux a donné naissance, le 20 décembre 2000, au groupe Bio Mérieux-Pierre Fabre, premier laboratoire indépendant français. Présent dans 130 pays, ce groupe compte plus de 13 000 collaborateurs. Plusieurs succursales sont réparties sur le territoire français, dont quelques sites dans le Tarn à Castres, Lavaur et Gaillac.

Jean Jaurès

On dénombre en France 30 statues qui le représentent, dont 5 ont été érigées dans le Tarn. Né à Castres en 1859, il s'impose d'abord par des études brillantes. Il est même reçu premier à l'entrée de Normale sup en 1878 ! Attiré très tôt par le combat politique, il est élu député du Tarn à 26 ans ; en 1885, il devient le benjamin de la Chambre. Dans les années 1890-1893, il adhère de manière définitive au socialisme, poussé par des ouvriers toulousains, puis les mineurs de Carmaux dont il soutient ardemment la lutte.

Les inondations de 1930

La crue de mai 1930 a affecté tout le bassin de l'Agout, avec une rare violence. Un hiver particulièrement humide, des chutes de neige abondantes fin février et des averses exceptionnelles sur Castres et la région montagneuse ont contribué à une montée des eaux exceptionnelle : 6 m en 6 heures. 22 maisons furent détruites, plus de 200 endommagées et 350 familles sinistrées.

Cultivé, courageux dans ses œuvres militantes, instigateur et meneur de nombreuses grèves, personnage politique de dimension internationale, Jean Jaurès dépassait les idées de son époque en matière de justice et de citoyenneté… Il s'est dressé comme un farouche défenseur de Dreyfus et des classes opprimées. Véritable combattant de la paix, il aura consacré sa vie entière à promouvoir la République et ses fondements. Jean Jaurès fut assassiné le 31 juillet 1914. Sa dépouille fut transférée du cimetière des Planques, à Albi, au Panthéon en 1924. Sa ville natale lui rend hommage dans le musée qui porte son nom et par la statue, œuvre de Gabriel Pech, érigée en 1925 sur la place… Jean-Jaurès, bien sûr !

Spécialités locales

L'occitan, qu'es aquo ?

L'occitan est une langue d'origine latine, proche du catalan. Langue officielle du Val d'Aran depuis 1990, elle est parlée dans 32 départements du sud de la France ainsi qu'en Italie et en Espagne. La langue parlée n'est toutefois pas la même selon les régions et l'on désigne ses différentes versions par le terme de patois. A Castres, le Centre occitan fait la promotion de cette langue depuis 1945.

CENTRE OCCITAN DU PAYS CASTRAIS
6, rue du Consulat 05 63 72 40 61

Visiter

Musées et monuments

MUSEE GOYA 05 63 71 59 27
Hôtel-de-Ville

http://goya.castres.museum. Ouvert tous les jours en juillet et août de 9h à 12h et de 14h à 18h. Du 1er octobre au 31 mars : fermé le lundi, fermeture 1h plus tôt en semaine et ouverture 1h plus tard le dimanche et les jours de fête. Entrée : 3 €, gratuit aux moins de 18 ans. Le musée Goya est installé dans l'ancien Palais épiscopal du XVIIe siècle. Il héberge une collection impressionnante d'œuvres des plus grands maîtres de la peinture espagnole et du siècle d'Or. La collection est présidée par trois toiles de Goya léguées en 1893 par le fils de Marcel Briguiboul (peintre et sculpteur castrais) : "Autoportrait aux lunettes", "Portrait de Francisco del Mazo" et "La Junte des Philippines". En plus de la quasi-totalité de l'œuvre gravée de Francisco Goya, le musée abrite un panorama complet de la peinture espagnole des artistes primitifs jusqu'aux contemporains. Tous les grands maîtres se disputent la place d'honneur : Vélasquez ("Portrait de Philippe IV"), Murillo ("Vierge au Chapelet"), Ribera, Valdès Léal, Alonso Cano, Beruete, Fortuny, Rusinol, Zuloaga, Anglada-Camarasa. La salle des armes présente une collection de pièces anciennes (300 environ) offertes au musée par un particulier. Le projet d'agrandissement du musée permettra de développer les surfaces consacrées aux sculptures et peintures du XXe siècle, avec notamment un "Buste d'homme écrivant" de Pablo Picasso.

CENTRE NATIONAL
ET MUSEE JEAN-JAURES
Place Pélisson 05 63 72 01 01

www.amis-musees-castres.asso.fr/jaures/accueil. De septembre à juin, fermé le lundi. Ouvert de 9h à 12h et de 14h à 18h (ouverture à 10h dimanche et jours fériés, fermeture à 17h du 1er octobre au 31 mars). Entrée : 1,50 €. Tarif réduit : 0,75 €. Gratuit pour les moins de 18 ans et les Amis des Musées de Castres. Ville natale de Jean Jaurès, dont la statue domine la place centrale, Castres se devait de lui rendre hommage. Initialement créé en 1954 et installé à l'hôtel de ville, le Centre national et musée Jean-Jaurès occupe un espace à part entière depuis février 1988. Inauguré par François Mitterrand, ce lieu rend hommage à l'illustre tribun. Le 1er étage est occupé par un parcours muséographique qui retrace les grandes séquences de la vie de Jaurès. Le 2e étage comporte une salle pédagogique et une salle audiovisuelle qui accueillent de très nombreuses animations. Le 3e et dernier étage est affecté à la consultation de manuscrits, livres, journaux, revues et autres documents iconographiques se rapportant à l'homme et à l'histoire du mouvement ouvrier et socialiste. Quant au rez-de-chaussée, il est utilisé pour présenter au public des expositions temporaires sur des thèmes aussi captivants que variés.

CENTRE D'ART CONTEMPORAIN

35, rue Chambre-de-l'Edit 05 63 59 30 20

www.centredart-castres.org. Ouvert du mardi au vendredi de 10h à 12h et de 14h à 17h30 (19h le mardi) et du samedi au lundi de 15h à 18h, fermé les jours fériés. Entrée : 1 €. Laissez-passer annuel : 2 €. A l'abri d'un superbe hôtel particulier du XVIIe siècle donnant sur un jardin, non loin du musée Goya, le deuxième Centre d'Art Contemporain de la région Midi-Pyrénées se voue entièrement à la promotion de l'art contemporain au travers de multiples approches, d'expositions temporaires d'artistes de renommée nationale ou internationale, toutes tendances et pratiques confondues.

ARCHEOPOLE

Parc de Gourjade 05 63 59 56 41

Le Centre d'Etudes et de Recherches Archéologiques du Castrais (Archéopole) ouvre sa galerie d'exposition aux touristes et visiteurs du parc de Gourjade, afin d'y découvrir le mobilier retrouvé par les archéologues, sur le site gallo-romain voisin. Le CERAC se charge d'organiser des visites commentées et d'initier à l'archéologie expérimentale : fouilles, taille du silex, travail de l'argile, etc. Les férus trouveront ici, au sein de l'association, une mine d'activités étroitement liées à la conservation du patrimoine. L'association du centre permet aux passionnés d'archéologie des activités multiples au service de la conservation du patrimoine.

CENTRE CULTUREL MUSICAL MULTIMEDIA "LO BOLEGASON"

Quartier Drouot 05 63 71 56 58

Ce centre a été créé pour anticiper les mélanges culturels et permettre au grand public de s'ouvrir sur les musiques du monde. Son nom est un néologisme occitan qui désigne le mouvement et le mélange des sons. Lo Bolegason est doté d'un équipement sophistiqué qui permet aux amateurs et professionnels en tout genre de travailler à leurs œuvres musicales. Salle de spectacle, locaux de répétition, studio d'enregistrement, salle multimédia pour la musique assistée par ordinateur, rien ne manque à ce complexe dédié aux créateurs de la nouvelle génération. Et comme dit Sylvain : "y'a même un bar !"

RAIL MINIATURE CASTRAIS ET MUSEE DU CHEMIN DE FER

Parc de Gourjade 05 63 35 00 61

Internet : www.rail.castrais.free.fr - E-mail : rail.castrais@free.fr. Ouvert tous les samedis de 14h30 à 18h, ouvertures exceptionnelles possibles sur demande. Entrée gratuite. Avec ses (presque) 150 m de voies, le réseau peut accueillir pas moins de 14 trains. Toutefois, par souci de réalisme, les animateurs limitent à une demi-douzaine le nombre de convois en circulation lors des périodes de présentation au public. L'imagination des créateurs du Rail miniature castrais a donné lieu à la reproduction de scènes amusantes, tout en faisant preuve d'une grande rigueur dans la reproduction de certains sites, tels que le moulin de Lautrec ou le lavoir de Gourjade. Le musée du Chemin de Fer rassemble des souvenirs de l'activité ferroviaire de la région et rend hommage aux cheminots.

Patrimoine

PALAIS EPISCOPAL Rue de l'Hôtel-de-Ville

Edifié au XVIIe siècle à la demande de Monseigneur de Tubœuf d'après les plans de Jules Hardouin-Mansard, le Palais épiscopal apparaît dans l'inventaire des Monuments historiques le 18 juin 1927. Il fut construit entre 1665 et 1675 par Hardouin-Mansard. Cet ancien évêché sert désormais de décor à l'hôtel de ville et au musée Goya qui rassemble une importante collection de peintures espagnoles. Une fois dans la cour, passez sous le porche pour accéder soit au musée, grâce à l'escalier à voûte sur pendentifs, soit aux jardins de l'évêché, dessinés par Lenôtre, jardiniste de Louis XIV. Il a fallu patienter jusqu'en 1992 pour qu'ils soient à leur tour classés monument historique. Conçus à partir d'un plan trapézoïdal, ils sont dessinés en quatre parterres autour d'un bassin. La broderie de buis, d'origine, dessine deux fleurs de lys. Les ifs ont l'âge du jardin, soit plus de 300 ans. Ils étaient autrefois taillés par les pensionnaires de l'hospice. Chacun choisissait le sien et laissait libre cours à son inspiration. Leur entretien est assuré aujourd'hui par la Ville.

THEATRE MUNICIPAL

Situé tout à côté du jardin de l'Evêché, le Théâtre municipal, d'inspiration italienne est un magnifique monument. Son inauguration, en 1904, donna lieu à de grandes festivités. La qualité de la construction est due à l'architecte Galinier, élève de Garnier, concepteur de l'Opéra de Paris. Il a été restauré et rouvert en 1982. De style Art nouveau, il ouvre ses portes à la scène culturelle castraise, offrant pièces et opérettes ainsi que de nombreuses expositions photographiques dans sa galerie.

LA CATHEDRALE SAINT-BENOIT

Le plus ancien monument de la ville est le clocher roman de Saint-Benoît, situé... de l'autre côté de la rue, en face de la cathédrale du même nom. Cette tour romane est le seul vestige de l'ancien monastère construit par les moines de Saint-Victor de Marseille. Elle a nécessité une importante opération de sauvetage en 1988 pour consolider sa structure fatiguée par les siècles, l'eau et le gel. La cathédrale proprement dite, entamée en 1680 et consacrée en 1718, abrite pour sa part une collection de peintures de l'école toulousaine du XVIIIe siècle ainsi qu'un ensemble baroque de première élégance, retable, maître-autel et baldaquin.

LES EGLISES DE CASTRES

Les amateurs de patrimoine religieux peuvent également visiter l'actuelle **église Saint-Jacques**, datant de 1626 (sauf son beffroi dont la construction remonte au XIVe siècle) et **Notre-Dame de la Platé**, inspirée de l'église du Gésu de Rome, qui abrite un retable baroque. Une sculpture représentant l'Assomption de la Vierge entourée d'anges, en marbre de Carrare (atelier Barrata et fils - Ecole du Bernin) orne le chœur de son église. Les orgues, réalisées par Alfred Kern, valent également le coup d'œil.

L'**église Notre-Dame d'Espérance** abrite pour sa part une fresque de 12 m consacrée au thème de l'Apocalypse selon Saint-Jean. Elle a été réalisée par Gaston-Louis Marchal, né à Damelevières, qui vit à Castres depuis 1970 et est un ancien disciple du sculpteur Ossip Zadkine.

PROMENONS-NOUS SUR LES QUAIS...

Le pont de Metz fut bâti en 1892 pour faciliter les déplacements de l'artillerie, puis élargi en 1971 pour s'adapter au trafic automobile. Afin d'éviter l'extrémité des jardins de l'Evêché et l'embouchure de la Durenque, il a été construit de biais. Sa traversée permet une vue en enfilade sur les quais de l'Agout. Le quai des Jacobins et le quai Tourcaudière offrent un point de vue idéal sur les anciennes habitations des tanneurs et teinturiers et sur les anciens lieux de production des draperies et cotonnades. Ces maisons sur l'Agout font l'objet de multiples restaurations pour leur permettre de préserver le souvenir de la vocation de Castres.

LE QUARTIER DROUOT

Ce quadrilatère situé en face du jardin du Mail abrita longtemps des régiments de cavalerie et d'artillerie. L'homme à qui il doit son nom reçut de Napoléon lui-même plusieurs commandements importants à la tête de l'artillerie. Une partie des anciens bâtiments, réhabilités et rénovés, héberge maintenant des services administratifs et municipaux. L'ancien manège est devenu la salle Gérard-Philipe. Il comporte également le Centre culturel musical multimedia “Lo Bolegason”.

HOTELS PARTICULIERS

Trois d'entre eux sont classés monuments historiques et dévoilent de véritables trésors d'architecture. Derrière la façade actuelle de l'**hôtel de Poncet**, il faut deviner un fragment de l'hôtel d'origine. Les piliers ornés de cariatides et d'atlantes soutiennent une loggia Renaissance, ourlée d'une balustrade et de colonnes ioniques, inscrite sur l'inventaire des Monuments historiques de 1928.

L'hôtel de Viviès s'adosse contre le mur d'enceinte de la ville depuis la fin du XVIe siècle. De style Renaissance, il fut bâti par monseigneur de Rozel, magistrat de la Chambre de l'Edit. En 1986, il installe le Centre d'art contemporain dans ses murs.

Situé rue Frédéric-Thomas, l'ancien **hôtel Jean-Houlès**, dit de Nayrac, est, lui aussi, de style Renaissance. Construit en 1620 par un riche marchand drapier, il s'inscrit dans l'esprit de l'architecture toulousaine.

L'échoppe se trouvait sous les arcades côté rue. L'emplacement de la porte d'entrée, située sur l'aile droite, est dû à l'utilisation de la cour par les cavaliers et les carrosses. Tours d'angle, fenêtres à croisillons et lucarnes ouvragées attestent du goût du propriétaire tout autant que de son autorité et de ses privilèges.

LA PLACE PELISSON

Cette place caractérise bien la réhabilitation du centre-ville de Castres. Les pavés de porphyre ont remplacé le goudron et le stationnement automobile a cédé la place aux arbres et aux jardinières fleuries. L'austérité de la façade néoclassique de l'hôtel Pereire contraste avec l'architecture contemporaine du Centre national et musée Jean-Jaurès. Un petit détour par la rue des Capitouls et celle du Consulat permet d'admirer la façade gothique de l'ancien évêché de Castres.

LA PLACE BOUFFARD

L'une des dernières-nées des aménagements publics de la ville. Un petit édifice néoclassique a remplacé un ancien garage. Construit par des apprentis tailleurs de pierre, il abrite une fontaine actuellement désaffectée. La rue des Boursiers, qui prolonge la place, a marqué jusqu'au XIVe siècle la limite de Castres. Les soubassements des anciens remparts en pierre ou en terrisse subsistent partiellement dans les caves de certaines maisons.

LA PORTE TOLOSANE

Tout au bout de la rue Emile-Zola, au niveau du boulevard des Lices, subsiste l'une des dix anciennes portes d'enceinte de la ville : la porte Tolosane. Les remparts furent abattus en 1629, sur ordre du roi Louis XIII qui craignait que Castres devînt un bastion protestant. De part et d'autre de la porte Tolosane se trouvent deux “folies”, pavillons d'ornement et de prestige construits au XIXe siècle dans les jardins de riches demeures. Le boulevard des Lices résulte du comblement des fossés de la ville. Les platanes lui fournissent l'ombrage propice à la promenade.

LA PLACE JEAN-JAURES

C'est le cœur géographique de “l'Ecusson”, vers où convergent de nombreuses rues.

Elle s'est appelée place Royale, Impériale puis Nationale avant de porter le nom de l'humaniste natif de Castres. Entourée de bars et de commerces, elle est le lieu de rendez-vous des Castrais, notamment les jours de marché. Derrière la statue de Jean Jaurès, l'ancienne halle au blé a été surélevée et baptisée "immeuble des Arcades". Elle abrite une galerie commerçante et l'accueil de Libellus, les bus de Castres-Mazamet. La quasi-totalité des bus de ville y font un arrêt.

LA PLACE DU 8 MAI 1945

Accessible à partir de la rue de la Libération ou par la rue Alquier-Bouffard, en empruntant le passage Saint-Vincent. Cet espace se trouvait à l'intérieur de l'ancien monastère Saint-Benoît. Avant la Révolution, elle s'appelait place des Ormeaux et accueillait le marché au bois et au charbon.

Flâner

LE COCHE D'EAU 05 63 62 41 71

Parc de Gourjade

Promenades commentées. Mai, juin et septembre : tous les jours au départ du centre-ville (14h, 15h30, 16h40 et 18h) ou du parc de Gourjade (14h45, 16h, 17h20 et 18h30). Juillet, août : du centre-ville (10h30, 14h, 15h20, 16h40, 18h) ou du parc de Gourjade (11h20, 14h45, 16h, 17h20, 18h30). Octobre : 14h, 15h20 et 16h40 du centre-ville, 14h45, 16h et 17h20 du parc de Gourjade. Tarifs : 4 € les adultes, 1,60 € les enfants de 6 à 13 ans, gratuit pour les plus petits. Tarifs groupes. Le coche d'eau de Castres porte le joli nom de Miredames. C'est un bateau-promenade tout en bois, construit sur le modèle des anciennes diligences fluviales halées par les chevaux. Il propose un aller-retour entre le centre-ville et le parc de Gourjade, le long des berges arborées de l'Agout. Un voyage de 45 mn au total qui permet de profiter de la fraîcheur tout en admirant les anciennes maisons polychromes des tanneurs, les jardins situés le long de la rivière et les nombreux canards qui s'ébrouent joyeusement tout au long du chemin. Suggestion futée : emportez votre pique-nique et profitez des nombreux charmes du parc de Gourjade. Attention, les derniers départs de Gourjade se font sans retour.

En dehors des départs publics, le coche peut être affrété pour des groupes ou loué à la demi-journée.

PARCOURS ET PROMENADES A PIED OU A VELO

L'office de tourisme met à votre disposition des bicyclettes pour une période de 2 heures de visite. Il vous suggère également quelques idées de parcours. L'un de ces circuits commence par la vue extérieure de la maison natale de Jean Jaurès et se poursuit par l'église Saint-Jacques où il fut baptisé. D'un coup de pédale, vous rejoignez la place Jean-Jaurès, saluez la statue du célèbre tribun et profitez de l'animation du centre-ville. Pour peu que vous tombiez sur un jour de marché, l'ambiance est garantie ! Poussez ensuite jusqu'au collège Jean-Jaurès, proche de l'Albinque, via la place Pélisson qui sert de parvis au Centre national et musée Jean-Jaurès et revenez par la rue Emile-Zola. Continuez votre périple vers l'hôtel de ville et admirez le jardin à la française ainsi que le théâtre de Castres. Si vous en avez le courage, continuez jusqu'au cimetière Saint-Roch où vous trouverez la tombe de l'amiral Louis Jaurès et de sa mère.

Castres compte plusieurs pistes cyclables pour circuler en ville et découvrir les environs. Chemin des Fontaines, chemin des Droits-de-l'Homme reliant Castres à Albi via Lautrec, ancienne voie du petit train à Burlats, etc.

Rens. auprès de l'office de tourisme : 3, rue Milhau-Ducommun - 05 63 62 63 62.

RANDOBUS 05 63 62 63 62

Durant l'été, le Conseil général du Tarn met à la disposition des randonneurs pédestres un autobus qui prend les promeneurs au point d'arrivée (où ils laissent leur voiture) et les amène au point de départ. Les marcheurs disposent ensuite de tout leur temps pour parvenir au point d'arrivée et récupérer leur véhicule. Un sentier relie Castres et Lautrec par l'ancienne voie ferrée transformée en voie réservée aux piétons et cyclistes. A Castres, l'arrêt du bus se situe avenue de Lavaur, à la hauteur du croisement avec le boulevard Albert-Thomas (renseignements au 05 63 62 63 62). A Lautrec, l'arrêt se situe à la base de loisirs d'Aquaval (renseignements au 05 63 75 31 40).

à table

Restaurants

Milieu de mois

L'EAU A LA BOUCHE 6, rue Malpas **05 63 72 28 33**

Ouvert du mardi au samedi midi et soir ainsi que pour certaines occasions (fête des Mères, etc.) Congés annuels : quinze jours en juillet et une semaine en février. Menus de 14 € à 42,90 €. Terrasse. La carte s'équilibre parfaitement entre poissons ou fruits de mer et viandes. Le bleu des murs fait écho à celui des nappes et des abat-jour qui diffusent une lumière tamisée, propice aux confidences et à la détente. L'Eau à la Bouche se maintient depuis 18 ans tant au niveau de la qualité des mets que de celle du service habilement maîtrisé. Le délice de loup aux fruits de mer porte bien son nom et le pigeonneau en cocotte mérite le détour. En saison, le steak de biche sauce Grand Veneur et le civet de marcassin permettent de sortir des sentiers battus.

L'ESCURIAL 1, rue Henry-IV **05 63 72 54 97**

Ouvert du lundi au samedi soir, service tardif. Menu Bout'chou (enfant) : 6,20 €. Menu midi : 9 € (plat, dessert et café). Autres menus à 16 € et 24 €. Salles climatisées, salle de réunion. Repas de groupe. Terrasse. Voilà, voilà, un nouveau restaurant a ouvert ses portes à Castres ! Et quel restaurant ! Dès notre arrivée on est d'abord surpris par la belle décoration en tons bleus et orange, par les hauts plafonds, par les belles tables carrelées... Mais le festin n'a pas encore commencé, il est temps de goûter aux délices de la maison : salade de brie rôti et cantal au sirop d'érable, salade au foie gras poêlé et poivrons confits, côtelettes de canard grillées, émincé de kangourou, loup au fenouil, moules au curry... Une carte très variée et complète, des bons plats pour accompagner de bons vins régionaux, L'Escurial propose aussi une carte de vins avec quelques nectars de réserve d'Alsace et quelques bordeaux et vins du Sud-Ouest. Pour se faire plaisir et découvrir cette nouvelle table gourmande, le menu dégustation (24 €) est composé d'amuse-bouches, d'une entrée, d'un poisson, d'une viande et d'un dessert, selon l'humeur du chef. Coup de cœur futé, à connaître absolument.

LE MEDIEVAL 44, rue Milhau-Ducomun **05 63 51 13 78**

Fermé le dimanche soir et le lundi. Congés annuels : une semaine en septembre. Menus : 20 €, 26 € et 39 €. Terrasse. Tout y est : timbales et carafes en étain, chaises tapissées de feuillages, chants grégoriens en fond sonore et cave voûtée donnant sur l'Agout pour parachever le tableau. Le décor est dessiné avec goût et l'on ne peut que rester admiratif devant le soin apporté à la mise en scène. Surtout que le même soin se retrouve dans l'élaboration des assiettes : une ronde de légumes, aussi excellents que travaillés, accompagne chaque poisson et chaque viande. La propriétaire des lieux nous rappelle que la cuisine est un art et qu'il n'appartient qu'à nous de l'apprécier.

LE RELAIS DU PONT-VIEUX 3, place Salengro **05 63 35 56 14**

Ouvert tous les jours et toute l'année. Dernière commande 22h30. Menus : 9,76 € le midi jusqu'au samedi (hors périodes estivales, vin et café compris). Autres menus de 12,42 € à 35 €. Prix moyen à la carte 23 €. Menus enfants. Accès handicapés. Climatisation, terrasse, parking à proximité. Si après une bonne balade sur le coche d'eau votre appétit est ouvert alors il n'y a qu'à demander et ces messieurs-dames seront déposés quasiment au pied du Relais du Pont-Vieux. C'est au cœur du vieux Castres que l'on trouve cet établissement où se côtoient l'ancien de la bâtisse et le moderne de la décoration. C'est M. Cros Geoffroy et toute son équipe qui vous recevront, et qui vous proposeront une cuisine traditionnelle aux accents du terroir : lotte ail et safran, magret de canard sauce Pont-Vieux, filet de bœuf des maîtres fromagers... En plus, la sympathie des hôtes ne viendra pas saler la note ! A savoir aussi que le Relais du Pont-Vieux est le restaurant de l'hôtel Miredames.

LE VICTORIA 24, place du 8-Mai **05 63 59 14 68**

Fermé le samedi matin et le dimanche. Horaires : de 12h à 15h30 et de 19h30 à minuit. Congés annuels : 2 semaines au mois d'août. Salon privé. Menu du jour (le midi en semaine) : 11,50 € (entrée, plat et dessert). Menus à partir de 16 €. Grand choix de plats de poisson. En cas de bombardement intempestif de rayons ultraviolets ou si le ciel a décidé de vous tomber sur la tête, courez vous réfugier dans cette belle cave aménagée en salle à manger qui, relativement étroite est heureusement agrandie par un miroir teinté placé à son extrémité. L'ambiance y est feutrée, l'éclairage tamisé, le service légèrement guindé et la musique douce. On s'y sent loin du monde et de ses agressions multiples. Ce "ventre" minéral, garni de fauteuils confortables, est un refuge où l'on déguste en toute quiétude huîtres et foie gras, espadon, saumon ou gambas, canard ou bœuf avant de se laisser entraîner par le tourbillon vertigineux des desserts. Le Victoria gagne la victoire et nous laisse repu, heureux et quelque peu nostalgique d'avoir quitté son antre maternel.

Fin de mois

LE DAILY 247, avenue Charles-de-Gaulle **05 63 35 54 38**

Restaurant-bar-bureau de tabac-presse. Ouvert du lundi au vendredi dès 6h30, le samedi à 7h30 et les dimanche et jours fériés à 9h. Fermé le mardi soir et le mercredi soir à compter de 19h30 (aussi le dimanche pour le restaurant). Congés annuels : fin août-début septembre. Parking privé à l'arrière (tourner sur l'avenue au niveau de la boulangerie puis première à droite), terrasse ombragée, snack et restaurant, apéritifs-buffets, banquets. Grillades et pizzas au feu de bois, en plus des salades et sandwichs. Plat du jour : 6,50 €, menu du jour 10,50 €, menu de groupe à partir de 15,50 €. Prix moyen à la carte : 16,50 €. Sur commande, foie gras, plateau de fruits de mer, cassoulet, zarzuella. Ne vous fiez pas à son allure de routier. Traversez le bar jusqu'à la salle de restaurant et découvrez la terrasse arrière magnifiquement carrelée et fleurie. Un rectangle de gazon entoure un bassin avec fontaine et jet d'eau, digne des jardins de l'Evêché, qui vous éloigne immédiatement de la ville et de ses nuisances sonores. Deux balançoires et plusieurs fauteuils confortables invitent à prolonger la visite. Les enfants pourront s'égailler en toute tranquillité car la terrasse donne sur le parking. La salle à manger intérieure est accueillante et chaleureuse, avec son décor rustique qui nous transporte à la campagne. Autant les propriétaires que les employés possèdent le sens du commerce et le sourire sincère. Le tabac-presse est accessible tant que le bar et le restaurant sont ouverts. La cuisine est bonne, le cadre génial et le service sympathique. Tous les futés vont s'y retrouver, c'est certain ! Petits plus : jeu de fléchettes et billard, et soirées karaoké le dimanche soir de septembre à juin.

L'ENTRACTE Quai Miredames **05 63 51 26 82**

De 11h jusqu'à tard dans la nuit. Service à toute heure. Terrasse. Paninis, crêpes au sarrasin et salades, confit, entrecôte, ailes de poulet… Un entracte que l'on prolonge bien volontiers dans la salle aux fresques cinématographiques ou sur la terrasse surplombant l'Agout. La cuisine est bonne, le cadre agréable et le service impeccable. La propriétaire, Josy, a créé une ambiance conviviale, et composé une carte accessible à toutes les bourses. Pour manger sur place, à n'importe quelle heure, du salé ou du sucré et pour emporter aussi, histoire de se sustenter en regardant le film à la télé si les affiches du cinéma voisin ne nous ont pas convaincu.

L'ILOT DE L'ARCHIPEL Boulevard Georges-Pompidou **05 63 51 16 54**

Sur le site de l'Archipel (piscine, patinoire, etc.). Ouvert 7j/7, toute l'année, midi et soir. Buffets à volonté (hors-d'œuvre, fromages et desserts), plats chauds, pizzas, salades, grillades, etc. Terrasse gigantesque. Avant, après ou sans la baignade, il fait bon s'arrêter à l'ombre des parasols et des chapiteaux de toile blanche dont les supports en bois servent de séparations entre les tables. Fauteuils en rotin aux épais coussins, vue sur le parc de Gourjade et la grande bleue (non salée !), cocktail, bière ou verre de vin à la main, que demande le peuple ? Les enfants ont un espace de jeux dans un coin de la terrasse. S'ils sont trop pénibles, balancez-les à la flotte !!! Je plaisante, bien sûr, quoique…

LE PERIGORD 22, rue Emile-Zola 05 63 59 04 74

Ouvert tous les jours en saison. Hors saison : fermé le vendredi soir et le jour de Noël. Plat du jour : 7,50 €. Menus de 12,50 € à 32 €. Menu enfant : 7 €. De la bonne chère pour pas cher. Un cadre rustique et une cuisine traditionnelle en font le rendez-vous des ouvriers du coin, des employés et des gens de passage. Le chef joue sur du velours avec les recettes traditionnelles régionales : truite aux amandes, magret de canard, escargots de Bourgogne, omelette aux cèpes, etc. Sans prétention, bonne humeur garantie.

RESTAURANT DU PARC Parc de Gourjade 05 63 35 00 10

Restaurant et supérette situés à côté du camping, dans le parc de Gourjade. Ouvert de 8h à 2h du matin en juin, juillet et août. De début septembre à la mi-octobre, fermé le lundi. Fermé le lundi et tous les après-midi en avril et mai. Terrasse ombragée en plein cœur du parc. Formules à partir de 8 €. Possibilité de plats à emporter et de repas de groupe sur réservation. La carte est succincte mais on est sûr de bien manger et, surtout, de passer un moment au calme et en pleine verdure. Les plats sont copieux, les prix riquiqui et le personnel gentil. Idéal pour se rafraîchir après une journée de canicule. C'est aussi la halte parfaite pour le midi. A partir du centre-ville, rendez-vous à Gourjade à bicyclette ou avec le coche d'eau. Puis faites la sieste à l'ombre et digérez tranquillement. Rien ne presse, c'est les vacances !

LA TAVERNE DE MAITRE KANTER 23, place Soult 05 63 51 41 05

Ouvert tous les jours de midi à minuit. Pas de fermeture annuelle. Dernière commande : minuit. Menu enfant : 6,41 €. Menus midi : 8,40 € et 11 €. Un plat du jour différent tous les jours sauf le week-end. Salle climatisée. Terrasse. Accès handicapé. A peine passé la porte, on se sent déjà très bien à la Taverne de Maître Kanter. Le cadre est chaleureux avec le orange en couleur de fond, c'est en définitive un restaurant tout droit sorti d'Alsace. Ici les spécialités sont la choucroute (déclinée de nombreuses manières), les crustacés, et la preuve en est qu'ils sont frais : un aquarium géant au beau milieu du restaurant où l'on trouve tourteaux et langoustes. Vous pourrez savourer d'autres spécialités alsaciennes et boire des vins venus de l'Est, tout ceci assorti d'un service irréprochable. Un restaurant à découvrir.

RESTO DES HALLES **Place de l'Albinque** **05 63 62 70 70**

Au 1er étage de la Halle de l'Albinque, accès sur la droite par ascenseur ou escalier. Fermé le lundi et 2 ou 3 semaines en août. Menu (sans vin) 11 €. "Finis au moins ta viande", disait ma mère. Ici, ça va être dur. Faut vous dire que chez ces gens-là, la barbaque est à l'honneur. Forcément, l'un des deux associés est un ancien boucher, et fils de boucher, ce qui nous garantit une qualité exceptionnelle. Cuites ou crues, nature ou en sauce, les viandes servies satisfont les appétits les plus voraces. Du tartare de bœuf de 300 g à la côte de bœuf d'1 kg pour 2 personnes (sic), on mord sans remords à belles dents, d'autant que le cadre s'harmonise avec ce que l'on a dans l'assiette : nappes et rideaux à carreaux noirs et rouges, os à moelle portant le numéro des tables, le rouge… sang est à l'honneur. La carte des desserts est attrayante mais votre renarde n'avait plus d'appétit. Alors, sans commentaires !

Fruits de mer

LA MOUCLADE **6, rue d'Empare** **05 53 35 33 92**

Ouvert du mardi au dimanche, midi et soir, sauf le mercredi. Menus : 11 € (midi) et 15 € (terroir). La sobriété du décor évoque la rusticité bourrue des hommes de la mer. Quelques photos, un filet de pêche, 2 ou 3 coquillages et nous voilà transportés aux confins de la Méditerranée. Brassens n'aurait pas été dépaysé ni par l'ambiance, ni par la convivialité des hôtes de ces lieux. La terrasse vitrée, qui surplombe l'Agout, nous fait sentir comme dans le flanc d'un bateau en partance pour un voyage immobile. Les crustacés sont bien évidemment les vedettes de ce lieu agréable qui accommode moules des bouchots en baie de l'Aiguillon et autres joyeusetés maritimes à toutes les sauces (à l'espagnole, flambées et paprika).

LE PESCADOU **18-20, rue des Trois-Rois** **05 63 72 32 22**

Du mardi au samedi de 8h30 à 15h et de 17h30 à 21h30. Congés : 10 jours autour du 15 août. Poissonnerie attenante au restaurant. Terrasse. Plateau de fruits de mer à partir de 11,20 €. Le restaurant de poissons et de crustacées à Castres. L'arrivage quotidien nous garantit la fraîcheur et donne une carte changée quotidiennement. Il y a tout ce qu'il faut pour composer des plateaux de fruits de mer, des huîtres au homard, en passant par les bulots et les crevettes. Les poissons grillés sont extraordinaires et les spécialités sétoises succulentes. Vous pouvez manger sur place ou leur commander poissons et fruits de mer à emporter. Satisfaction et bonne digestion assurées !

Cuisine d'ailleurs

Italie

LE FONDANT AU FROMAGE **22, boulevard Carnot** **05 63 35 87 00**

Juste au bout de la rue Fuziès, restaurant avec terrasse. Ouvert tous les jours sauf le dimanche de 10h30 à 14h30 et de 17h30 à 22h/23h. Congés annuels : 2 semaines au milieu du mois d'août. Pizzas à partir de 6 €. Aussi à emporter. Pâte fine et garniture généreuse comme on les aime. Quelques salades et, bien sûr, plusieurs desserts dont le tiramisu. Le décor est "pétard", sans être agressif et la terrasse bien aménagée. La proximité du boulevard la rend malheureusement un peu bruyante. Le restaurant est tout en hauteur : salle et four à pizza au rez-de-chaussée, cuisine au premier étage et… toilettes au deuxième. La bonne humeur du patron est un atout non négligeable.

Produits gourmands

Pain et patisseries

BOULANGER-PATISSIER-CHOCOLATIER JULIER R. Place de l'Albinque 05 63 59 14 22

Ouvert du mardi au samedi : de 5h à 13h30 et de 15h à 20h, les dimanche et jours fériés : de 5h à 13h. Congés annuels : 3 semaines en été et 2 en hiver. La maison Julier fut créée en 1919. En l'espace de presque un siècle, quatre générations de boulangers se sont succédé et la cinquième se prépare à assurer la relève. L'établissement jouit d'une excellente réputation, basée sur la qualité des produits, la rigueur de la fabrication et l'amabilité du service. De grandes vitres en arceaux permettent de voir les artisans à l'œuvre. Quant aux présentoirs et aux vitrines, ils regorgent de pains, pâtisseries et chocolats tous plus appétissants les uns que les autres. Des baguettes, chenilles, scies ou tordus, des croissants et pains au chocolat moelleux pour les petits matins coquins et des douceurs pour le thé de l'après-midi. Les jeunes apprécieront l'ouverture matinale qui leur permettra de déjeuner en sortant de boîte. C'est qu'on est affamé à cet âge-là !

BOULANGERIE MICHEL HARDOUIN 53, avenue de Lavaur 05 63 59 30 99

Ouvert du lundi au vendredi de 6h30 à 13h45 et de 15h45 à 19h45 ainsi que le samedi toute la journée. La boulangerie de quartier, comme on les aime. Michel Hardouin, artisan boulanger de son état, fabrique des pains sur levain, des pains spéciaux, des spécialités tarnaises (pompet, etc.) et des pâtisseries bretonnes (kouign-amann, etc.) Pour changer de (pain) quotidien, commandez-lui un des fameux gâteaux bretons dont il a le secret.

Cafés et thés

SAVEURS DU TEMPS 4, rue Fuziès 05 63 71 33 41

Ouvert toute l'année. Le lundi de 15h à 19h15, du mardi au samedi de 8h30 à 12h et de 13h30 à 19h15. Accès handicapés. Terrasse. Après l'odeur du pain sortant du four, celle du café torréfié est l'une des plus évocatrices des senteurs charnelles de l'enfance. Carrefour de senteurs et de parfums venus des quatre coins du monde, cette boutique de thés, cafés et chocolats comporte un salon de rotin et une terrasse pour les dégustations sur place. Une pause dépaysante pour goûter la saveur… de l'instant.

Chocolats-confiseries

CHOCOLATS LEONIDAS 18, rue Sabatier 05 63 59 97 58

Fermé le lundi. Ouvert de 9h à 12h15 et de 14h30 à 19h. Ah ces Belges ! Non contents de nous régaler de leurs frites et de leur bière, les voilà qui nous tentent avec leurs chocolats… On regrette seulement que la sensuelle Juliette Binoche ne soit pas derrière le comptoir pour deviner nos tendances les plus secrètes et nous proposer la spécialité qui, fondant dans notre bouche, aura aussi raison de notre cœur. Emportez trois chocolats en ballotin pour 1,50 € ou 1 kg pour 26 € et appréciez-les à leur juste valeur !

YVES THURIES - LES CHOCOLATS 17, rue Alquier-Bouffard 05 63 62 76 80

Cet enfant du pays, Meilleur Ouvrier de France, a une créativité gourmande surprenante. Il manie les saveurs avec génie pour séduire nos papilles en quête de nouveauté : chocolat blanc aux éclats de nougat, chocolat au lait avec noisettes caramélisées et anis ne sont qu'un pâle aperçu de son originalité. Les chocolats individuels, soigneusement rangés en ballotins, sont assurément un cadeau de choix. Toute la production, en provenance directe de Marssac, est garantie pur beurre de cacao sans adjonction de graisse végétale.

Poissonnerie

LE PESCADOU 18-20, rue des Trois-Rois 05 63 72 32 22

Ouvert du mardi au samedi de 8h30 à 15h et de 17h30 à 21h30. Congés annuels : 10 jours autour du 15 août. Arrivages quotidiens. La poissonnerie est couplée avec le restaurant du même nom, ce qui explique les horaires particuliers. Un endroit plus que fréquentable, pour la qualité et la fraîcheur des coquillages et poissons mais aussi pour la gentillesse des patrons et du personnel. Une envie soudaine d'huîtres à 8h du soir ? Pas de problème, ils vont vous dépanner. Vous pourrez les emporter ou les déguster sur place.

Spécialités régionales

LES PRODUCTEURS GASCONS 1, place Roger-Salengro 05 63 51 37 64

E-mail : progers@producteurs-gascons.com. Du mardi au vendredi, de 9h à 12h et de 15h à 19h. Le samedi : de 8h30 à 12h30 et de 15h à 19h. Ouverture possible le dimanche ou lundi en période de fêtes. Etant donné que l'empire du confit de canard s'étend du Béarn jusqu'à Castelnaudary, on ne se montre pas chauvin et on insère cette boutique gasconne dans le guide du Tarn. C'est l'une des meilleures adresses pour vous procurer les spécialités du Sud-Ouest : foies gras, pâtés, plats cuisinés, confits, magrets, vins, alcools et confiseries. Les prix sont très raisonnables et l'accueil parfait. Des paniers vides ou pleins permettent de confectionner des cadeaux gastronomiques selon votre budget et vos préférences. Soyez certain de faire des heureux !

Viande et volailles

BOUCHERIE DJENIAH 14, quai du Carras 05 63 35 77 22

Ouvert du mardi au dimanche de 8h à 12h30 et de 14h30 à 19h30. Congés annuels : tout le mois d'août. Boucherie et épicerie orientale. Merguez et brochettes maison. Méchoui et couscous sur commande, poulet rôti, pâtisseries. Une adresse futée pour la viande d'agneau, de mouton, de veau ou de bœuf et pour le poulet. Qualité et fraîcheur vont avec petits prix et un service incomparable. La gentillesse du propriétaire donne envie d'organiser un méchoui pour le plaisir de bénéficier de sa compagnie tout au long d'une journée, et de l'entendre nous parler de son pays. Vous trouverez ici, en sus du comptoir de boucherie, tout le nécessaire (hormis les légumes) pour préparer un couscous ou cuisiner à l'orientale. Il y a aussi un comptoir débordant de pâtisseries que l'on aime offrir ou s'offrir. Si vous les commandez à l'avance, le propriétaire pourra vous en fournir jusqu'à 300 ! De quoi accompagner largement un savoureux thé à la menthe…

MAISON RAYMOND 2, rue François-Thomières 05 63 72 62 80

Lundi : de 8h à 12h et de 14h à 18h, du mardi au vendredi : de 7h à 12h30 et de 14h à 18h30, samedi : de 6h30 à 12h30 et de 14h à 18h. Une excellente référence en matière de viande. La maison achète les animaux à la ferme, les fait abattre à Puylaurens puis commercialise sous forme de gros, demi-gros et détail. Les amateurs de protéines animales seront enchantés par le choix, la qualité, l'hygiène, les prix et le service.

Marchés à Castres

Les marchés de Castres : la place Jean-Jaurès accueille le marché de l'alimentation les matinées des mardi, jeudi, vendredi et samedi. Le mercredi matin, le marché se tient au Centre commercial de Lameilhé et le dimanche matin à l'Albinque. La halle de l'Albinque regroupe de nombreux commerces d'alimentation ouverts tous les jours sauf le lundi.

Les marchés à thèmes : l'Albinque accueille différents marchands selon les jours de la semaine. Galerie latérale de la Halle : marché biologique Noctambio le jeudi après-midi de 16h à 20h ; bouquinistes et livres anciens le vendredi de 9h à 19h. Parking couvert : fripes, bazar et divers le matin des mardi, jeudi, vendredi et samedi.

Enfin, la place Soult (route de Mazamet) est envahie par le marché toute la journée du samedi. On y trouve chaussures, vêtements, lingerie, disques, divers.

se détendre

Sorties

Bar

L'HOMMIERE 11bis, rue Castelmoutou **05 63 72 02 96**

De 9h du matin (11h dimanche et lundi) jusqu'au bout de la nuit ! Terrasse. Loin du bruit et des voitures, à deux pas du musée Jaurès, un joli petit café pour les amateurs de bière et… les autres ! La propriétaire, d'origine belge, vous propose un échantillon de quelque 200 bières différentes à déguster. Sachant qu'il reste moins de 2 000 brasseries en Belgique, sur les 50 000 qu'elle comptait avant-guerre, on comprend sa volonté d'encourager les buveurs d'orge et de malt ! La maison propose aussi de bons petits plats, dont la raclette et la fondue bourguignonne. C'est beau, bon, pas cher et l'on y retourne avec plaisir pour "tailler un bout de gras" autour d'un verre aux tons ambrés ou auburn.

Piano-bar

BAMBOU BAR 1, passage Henri-IV **05 63 71 10 15**

Du mardi au jeudi et le dimanche à partir de 22h45. Entrée gratuite.

LES CESARS 24, place Soult **05 63 35 37 31**

Tous les soirs à partir de 23h30. Entrée gratuite.

Discothèques

LE BARON Rue Lieutenant-Jacques-Desplats **05 63 51 32 84**

Ouvert tous les jours sauf le lundi à partir de 23h.

RETRO 67 8, route d'Albi **05 63 59 90 16**

Ouvert le week-end et le dimanche après-midi.

LA DETENTE Route d'Albi **05 63 55 53 53**

Salle de danse ouverte les jeudi et dimanche après-midi de 15h à 19h ou 20h. Soirées spéciales un vendredi par mois. Orchestre jouant du musette, du disco et des danses traditionnelles. Bar et restaurant sur place. Terrasse.

Gay et lesbien

JUST FOR MEN 4, place Pélisson **05 63 59 74 99**

Gay-friendly. Ouvert du mardi au samedi de 10h à 19h (avec l'interruption de la pause déjeuner). Une boutique de mode rien que pour les hommes, jeunes et branchés, tendance, streetwear et le QG des "fashion victims". Certaines pièces valent le coup d'œil, aidé des précieux conseils de Nicolas. Exi, Only For Boys, Alvaro. Un peu plus chic branché, Lycra, Près du corps, BLK sont les marques représentées. Le fluo est la couleur dominante pour les T-shirts, mais tous les coloris sont présents. Dans la gamme des sous-vêtements, Hom, Udy, CK, Stop Nivel (une marque espagnole) se mélangent sur les portants et dans le rayon. Sans oublier les accessoires, les bijoux fantaisie, les montres (Rebel Watch entre autres), les ceintures et lunettes de soleil, mais aussi les sacs Martial Viahero et le rayon chaussures.

Spectacles

Cinéma

CGR LIDO Quai Miredames (serveur vocal) **08 36 68 04 45**

Ouvertes tous les jours, ces cinq salles proposent toutes les productions susceptibles d'avoir du succès. Plusieurs séances par jour.

Culture

SERVICES MUNICIPAUX CULTURE ET ANIMATION **05 63 71 59 92/05 63 71 59 84**
THEATRE MUNICIPAL Rue de la République **05 63 71 56 58**
MUSEE GOYA Hôtel-de-Ville **05 63 71 59 30**
CENTRE NATIONAL ET MUSEE JEAN-JAURES 2, place Pélisson **05 63 72 01 01**

CENTRE D'ART CONTEMPORAIN 31, rue Chambre-de-l'Edit **05 63 59 30 20**
www.centredart-castres.org.

BIBLIOTHEQUE MUNICIPALE 2, avenue du Sidobre **05 63 62 50 10**
Horaires : mardi de 13h à 19h, mercredi, vendredi et samedi de 10h à 12h et de 14h à 18h (19h le vendredi), jeudi de 14h à 18h. Espace Culture Multimédia ouvert le mardi de 13h à 19h, mercredi et samedi de 10h à 12h et de 14h à 18h.

BIBLIOTHEQUE ANNEXE 41, rue Emile-Zola **05 63 59 57 94**
Horaires : mardi de 10h à 12h et de 13h à 19h, mercredi, vendredi et samedi de 10h à 12h et de 14h à 18h. Fermeture annuelle 2 à 3 semaines en août pour les deux.

Librairies

Librairies généralistes

LIBRAIRIE COULIER 4, rue Libération **05 63 59 09 39**
La plus grande librairie de Castres. C'est la caverne d'Ali Baba des amoureux des livres. Il est difficile de ne pas trouver l'ouvrage qui ornera fièrement votre bibliothèque. De plus, avec des conseils avisés de professionnels, le choix de lecture devient très vaste.

GRAFFITI 8, place Pélisson **05 63 72 16 99**
Ouvert toute l'année de 10h à 19h30 sans interruption. Vous entrez ici comme chez une amie, il y a toujours le livre que vous cherchez, le conseil que vous attendez… La maîtresse des lieux vous propose un vaste choix de romans, de bandes dessinées, ainsi que de beaux ouvrages et de belles œuvres, vous pouvez, l'instant de la rencontre avec ce lieu, prendre le temps et flâner parmi tous ces livres, les enfants sont déjà partis à l'étage dire bonjours aux petits amis… (ils vous raconteront !) Et vous pouvez vous laisser aller et feuilleter quelques livres. Enfin en ce lieu, vous trouverez même un coin carterie et idées cadeaux ce qui ne gâche rien au charme de cet endroit.

LIBRAIRIE JAUNE ET NOIR 18, rue de l'Hôtel-de-Ville **05 63 59 16 83**
De septembre à juin : mardi de 10h à 19h30, mercredi de 10h à 12h et de 14h30 à 19h30, jeudi de 10h à 12h et de 16h à 19h30, vendredi de 10h à 19h30, samedi de 10h à 19h. Juillet et août : mardi de 10h à 19h30, mercredi de 10h à 12h et de 16h à 19h30, jeudi de 10h à 12h et de 16h à 19h30, vendredi de 10h à 19h30, samedi de 10h à 12h30 et de 16h à 19h. Laurence Daver a lu 90 % des romans policiers et bandes dessinées présents dans cette librairie "de poche" aux multiples recoins (dont un tout en coussins pour les petits). Les habitués la consultent car elle connaît leurs goûts par cœur.

LES MOTS D'OR 7, rue Emile-Zola **05 63 59 59 66**
Librairie-presse-papeterie. Du lundi au samedi de 7h30 à 12h30 et de 14h à 19h30, le dimanche de 9h à 12h30. A la maison de la presse, rien ne presse. On entre deux minutes pour acheter le journal et on ressort… bien plus tard, happé puis captivé par la multitude d'ouvrages de toutes sortes, magazines, revues, guides touristiques (un exemple au hasard : le Petit Futé), presse étrangère, cartes, stylos et j'en oublie ! Cela dit, avec des œillères, on peut effectivement acheter le journal en deux minutes !

Littérature spécialisée

LIBRAIRIE SILOE 16, rue Victor-Hugo **05 63 59 31 78**
Du mardi au samedi de 9h à 12h et de 14h à 19h.

Librairie spécialisée dans les domaines religieux et régionaliste. Côté spirituel : des livres, bien sûr, des icônes, crucifix, statues, cadres, cassettes vidéo, CD-Rom, cassettes audio et CD. Pour tout connaître de la vie de Jésus ou apprendre l'hébreu moderne. Côté régionalisme : de nombreux ouvrages traitant entre autres de l'Occitanie ou du catharisme et un choix de guides-découvertes. Carterie et littérature générale complètent l'inventaire.

Bouquiniste

PLEXUS 42bis, rue Emile-Zola **05 63 59 92 62**

Du mardi au samedi de 9h30 à 12h et de 14h30 à 19h. Fermé au mois d'août. La boutique de bouquiniste comme on les aime : un enchevêtrement de livres qui invite à farfouiller partout et surtout à demander de l'aide à Didier Viala qui se fera un plaisir de vous conseiller et de bavarder avec vous. Le chien Léon, basset artésien cousin du chien de l'inénarrable Colombo, observe la débauche de bouquins de son œil débonnaire. Il semble complètement blasé, à croire qu'il a lu tous les ouvrages présents ici (et ils sont nombreux) et en est devenu sinon misanthrope, du moins philosophe. En fait, comme dit son maître, "il jubile intérieurement" mais avec une telle discrétion ! Sans aucun doute, Léon participe à l'énergie agréable de ce lieu où l'on s'attardera avec plaisir.

Médias

Presse

LA DEPECHE DU MIDI Quai Miredames **05 63 51 42 20/05 63 51 42 10**

Internet : www.ladepeche.com - E-mail : redaction.castres@ladepeche.fr. Ce grand quotidien régional couvre les événements du département dans un cahier spécifique. Outre les informations pratiques et les principales manifestations, des sujets de fond sont abordés. L'actualité nationale et internationale est traitée dans le premier cahier du journal. Témoin attentif de la vie locale, La Dépêche s'enrichit d'un cahier sports le lundi, d'un supplément week-end le vendredi, d'un hebdo TV et du magazine Femina le dimanche.

LE MIDI LIBRE 9, chemin de Vertignol - LABASTIDE-ROUAIROUX **06 13 38 70 11**

Comme son nom l'indique, ce périodique couvre plusieurs régions du midi. L'une de ses éditions concerne essentiellement l'Hérault et la partie du Tarn qui le jouxte, à savoir le territoire qui s'étend au sud de Mazamet. Le correspondant local, basé à Labastide-Rouairoux couvre les événements locaux et certaines manifestations sportives.

TARN INFOS 3, quai du Carras **05 63 59 24 95**

E-mail : tarninfos@tarninfos.com et jbduteurtre@tarninfos.com. Tarn Infos est un média de référence pour l'actualité du Sud-Tarnais. Hebdomadaire départemental d'information, les lecteurs ont accès aux pages "sorties" pour s'activer le week-end et au supplément télé. Les matchs du CO et des autres équipes du sud du Tarn sont couverts de façon assidue. En kiosque le vendredi.

BONJOUR 20, rue Henri-IV **05 63 72 82 85**

www.bonjour.fr. Autrefois intitulé le 81, Bonjour se décline en deux éditions : le 81 Castres et le 81 Albi. L'une sur fond jaune et l'autre sur fond rouge. Les deux éditions sont disponibles dans les agences de Castres et d'Albi uniquement, chacune étant distribuée sur son territoire propre. Bonjour bénéficie d'une excellente notoriété.

Radios

CHERIE FM Le Cheverny **05 63 59 32 62**

Fréquences : Castres 91.8, Mazamet 97. Programmes tout en douceur pour se réveiller tranquillement ou rythmer sa journée d'un tempo non agressif. Les décrochages locaux offrent une émission tarnaise de 6h à 10h, avec des flashs info aux demi-heures entre 6h et 9h30, ainsi qu'à 12h, 13h et 14h. Le magazine de 14h reçoit des personnalités locales, liées au monde des sports et loisirs ou de la vie économique ou culturelle.

RCF PAYS TARNAIS **16, rue de la République - ALBI** **05 63 47 24 24**

Fréquences : Albi 99.6, Castres 89.3, Mazamet 93.6. Cette antenne des Radios Chrétiennes de France diffuse environ 4 heures d'émissions locales par jour, du lundi au samedi. Deux bulletins d'informations tarnaises sont insérés dans la grille de programmation qui comporte également un magazine quotidien dont le thème varie chaque jour, des émissions musicales animées par des bénévoles et des programmes à caractère religieux. RCF se veut une radio généraliste, ouverte sur le monde, avec un regard chrétien sur l'actualité et les sujets d'intérêt général.

SUD-RADIO

Fréquence Tarn 104.7. La radio du Grand Sud s'adresse aux habitants de Midi-Pyrénées, d'Aquitaine et du Languedoc-Roussillon. Les nombreux bulletins d'informations alternent avec des magazines d'intérêt général, des chroniques variées et des reportages sur le terrain. La parole est souvent donnée aux auditeurs ainsi qu'aux hommes et aux femmes qui participent à la vie économique et culturelle de la région. Les suggestions de sorties complètent l'éventail des informations pratiques et précieuses diffusées quotidiennement tout au long des saisons.

Télévision

FRANCE 3 **30, rue d'Alembert** **05 63 78 33 81**

www.france3.fr. France 3 Sud couvre les deux régions de Midi-Pyrénées et Languedoc-Roussillon. Sa stratégie de proximité se décline sous forme de deux éditions d'informations pour chaque région autour de midi et de 19h, suivies de la météo. En outre, de nombreux magazines, dont un en langue occitane, sont consacrés à l'actualité, et à la culture régionale.

Loisirs

Beaux-arts

BULLE D'ART **33, rue Emile-Zola** **05 63 59 27 98**

Tout le nécessaire pour les dessinateurs, coloristes et peintres, ajouté à des tableaux et des objets d'art. Devant les étalages de crayons de couleurs et de pigments, on rêve de s'y mettre. Après tout, pourquoi pas, puisque la maison fournit une foule d'informations sur les cours et ateliers disponibles à Castres et dans les environs.

Danse

ECOLE DE DANSE CARLOS **05 63 72 52 70**
6, rue François-Thomières

www.ecole-carlos.com. "J'aurais voulu danser, j'aurais voulu tourner, jusqu'à la fin du jour..." Si tel est votre désir, venez profiter de l'enseignement des gagnants du 3e prix des championnats de France 2000 : Carlos et Monique. Ils ont ouvert cette école (et celle d'Albi) pour permettre aux amateurs d'apprivoiser les techniques du rock, du tango, de la valse, du cha-cha, de la samba et de la salsa. Le professionnalisme de ces maîtres à danser n'a d'égal que leur modestie et leur gentillesse. Vous évoluerez en leur compagnie dans une salle de quelque 200 m² équipée de la sono et des éclairages adéquats. Des cours sont également dispensés à Revel, Lavaur et Albi. Avis aux amateurs...

Musique

PIANISSIMO **05 63 72 32 32**
5, rue de Vieille-Halle

www.chris-r.net. Dans une petite rue perpendiculaire à la rue Alquier-Bouffard, cette école de musique allie l'enseignement traditionnel au dernier cri de la technique. Les cours de musique classique (solfège, orgue, piano et claviers) se déroulent, de façon traditionnelle, à compter de septembre. Des stages d'été permettent de s'initier à la musique assistée par ordinateur : composition, programmation informatique, synthétiseur, etc. Christophe Resseguier est lui-même auteur compositeur et pratique l'autoproduction. Il connaît bien les rouages du travail en studio et dispense de multiples conseils véritablement pratiques.

STAR MUSIC **6, rue Fuziès** **05 63 35 39 41**

Ouvert toute l'année du mardi au samedi de 9h à 12h et de 14h à 19h. Instruments de musique, sono, éclairages, locations, cours de guitare, partitions, quelques instruments d'occasion. La sonnette de la porte d'entrée n'arrête pas d'égrener ses trois notes fluettes. La mélodie en est bien ordinaire, contrairement aux clients et aux employés de ce magasin tous férus de musique jusqu'au bout des ongles, des mains, des pieds, ou de la bouche. Des musiciens de tout acabit viennent y chercher le "matos" nécessaire à l'expression de leur art et l'on sent une sorte de fraternité complice entre eux et le vendeur. Que la guitare vous démange, que vous cherchiez les paroles des chansons de Patrick ou que vous vouliez vous venger d'un voisin à grands coups de batterie, vous serez ici à la bonne adresse.

Disques d'occasion

JUKE BOX **05 63 59 11 65**
16, rue Henri-IV

Du mardi au samedi : de 9h à 12h et de 14h à 19h. Les derniers hits pour les jeunes et les "antiquités" pour les quadragénaires, tous genres confondus (et pas vraiment classés !) : du classique au rock en passant par Michel Sardou et France Gall. Pour fouineurs invétérés et mélomanes peu fortunés.

Jardins et parcs publics

JARDIN FRASCATI

Accessible par le boulevard des Lices, le jardin Frascati souffre malheureusement de la proximité des voitures. Il est néanmoins fréquenté et l'on peut y admirer les poissons rouges du bassin et les statues qui le bordent.

JARDIN DU MAIL

Le jardin du Mail, route de Mazamet, offre un havre de tranquillité. Ce jardin à l'anglaise est agrémenté de pièces d'eau et abondamment fleuri. Il peut être arpenté à pied ou à bicyclette.

JARDIN D'EMPARE

Le jardin d'Empare, situé dans la rue du même nom est un minuscule coin de verdure où les amoureux se donnent rendez-vous sur les bancs publics chers à Georges Brassens...

JARDIN DE L'EVECHE

Le jardin de l'Evêché, devant l'Hôtel de Ville est un modèle de jardin à la française. Le gravier crisse sous les pas des promeneurs et les marronniers fournissent généreusement leur ombre apaisante.

PARC DE GOURJADE

Le parc de Gourjade est constitué comme un véritable centre de loisirs verts. Il s'étend sur 53 ha et comprend le camping et le terrain de golf de la ville, avec en plus une plaine de jeux pour enfants, une araignée géante, une piste pour patins à roulettes et skateboard, un minigolf, courts de tennis et paddle, un train miniature, un musée du Chemin de Fer, un restaurant et un centre d'archéologie. On peut s'y rendre en voiture, à vélo, à cheval, à pied ou grâce au coche d'eau (départ et retour au centre-ville). Petite info supplémentaire : des bandes d'oiseaux migrateurs venus du nord et de l'est de l'Europe affluent en ville à l'automne. Ils choisissent les cavités des vieux arbres pour leur nidification. On peut donc les observer dans les parcs ou sur les alignements de platanes.

Pêche

EURO PECHE Avenue du Sidobre — 05 63 35 09 00

Dans le petit complexe commercial, pas très loin du rond-point du Super U. Ouvert le lundi après-midi et du mardi au samedi, de 8h15 à 12h15 et de 14h à 19h. Fermé une semaine en automne. Tout le nécessaire pour la pêche en eau douce, munitions, délivrance de permis sur place. Mesdames, si l'homme de votre vie est dans ses mauvais jours, rendez-vous dans ce magasin. Vous serez subjuguées par la somme d'attirail et de matériel qui occupent les 280 m² et par leur rangement et présentation impeccables. Vous tomberez à coup sûr sous le charme du propriétaire, M. Cormary, qui se fera un plaisir de vous initier aux secrets et aux plaisirs de la pêche en eau douce. Tous les "mordus" du coin viennent lui rendre visite car il possède l'un des plus grands magasins du département. Bref, les amateurs repartent avec le coffre plein et les novices ont découvert un univers proprement fascinant. En fin de compte on mord à l'hameçon, on prend la carte du club et à nous les poissons !

Adresses utiles

ECOLE DE PECHE DU PAYS CASTRAIS — 05 63 35 35 00

Pour les jeunes de 10 ans à 15 ans.

CLUB MOUCHE JEAN-CLAUDE-COLOMBIER — 05 63 59 39 69

Pour les 18 ans et plus.

AMOUR CARPE 81 — 05 63 74 08 33

Pour les adultes "mordus" de la carpe !

CASTRES PECHE COMPETITION 05 63 61 43 23

Le club prépare aux compétitions nationales.

Philatélie

TARN COLLECTIONS 10, rue Camille-Rabaud 05 63 59 98 78

Achat, vente et estimation sur place. Pour les timbrés de philatélie. Elle ne paie pas trop de mine, cette boutique encombrée de revues, bouquins, affiches et cartes postales anciennes. Mais on y saura vous dire si la collection de timbres de quelque aïeul précautionneux vaut son pesant d'or ou d'euros. Question timbre (pas de voix), on s'y connaît !

Photo

CAROLE PHOTO 7, rue de la Libération 05 63 59 40 43

A fréquenter absolument pour la gentillesse remarquable de la propriétaire (Carole) et de ses collaboratrices. Photos d'identité numériques, développement et tirage en 1 h, reportages, copie de photo sans négatif, développement numérique sur CD-Rom pour tout type de pellicule et d'appareil. En plus d'un service irréprochable, vous y trouverez des albums et des cadres vraiment beaux ainsi que toute la panoplie indispensable aux férus des prises de vue.

Voyages

FRAM VOYAGES 5, rue Sainte-Claire 05 63 35 38 46

Vous pouvez y aller pour partir au bout du monde. Car comme la terre est ronde, le bout du monde, c'est partout. Alors que vous voyagiez en train, en bateau ou en avion, pour affaires, par amour, par dépit ou par idéal, pour rendre visite à votre tante du Cantal, votre patron du Canada ou votre fiancée sur Vénus, pour 48 heures, une semaine ou toute la vie, l'équipe de choc vous procurera tous les services, billets et conseils nécessaires de manière à vous faire voyager tranquille, en "bonne compagnie".

Sports

Castres a remporté il y a quelques années le concours de la ville la plus sportive de France, organisé par le quotidien L'Equipe. Cette marque de reconnaissance prouve la vitalité des clubs et associations sportives et l'excellence des équipements et infrastructures, ouverts à tous, tant pour des pratiques de loisirs que pour des entraînements de sports de haut niveau.

Castres compte : 12 gymnases, 3 piscines, 1 patinoire, 1 golf 9 trous, 1 centre équestre, 2 stades d'honneur, 1 piste d'athlétisme synthétique (8 couloirs, 400 m), 10 tennis (dont 3 couverts), 19 terrains de sport (football, rugby), 1 parcours d'orientation, 1 parcours de jogging (15 km). Sachez enfin que le Castres Olympique figure parmi les 10 meilleurs clubs du championnat du rugby français. Allez les Bleus !

Numéros utiles

OFFICE MUNICIPAL D'EDUCATION PHYSIQUE ET DES SPORTS 05 63 72 55 13

AEROCLUB DE CASTRES-MAZAMET Le Causse 05 63 73 22 45

CASTRES OLYMPIQUE 8, place Soult 05 63 35 32 96

20, place Soult 05 63 35 08 04

PISCINE CANETON Avenue François-Mitterrand 05 63 59 39 65

SERVICE DES SPORTS (Mairie) 05 63 71 59 75

TENNIS CLUB DU REY Rue du Rey 05 63 59 71 23

TENNIS MUNICIPAL DE LA BORDE-BASSE 05 63 35 02 09

TENNIS DES CEDRES Lacaze-Haute 05 63 59 68 60

Disciplines

BOWLING DE CASTRES Les Salvages **05 63 35 77 46**

Ouvert toute l'année du mardi au dimanche, de 14h à 2h (4h les vendredi et samedi). Bar. Les huit pistes du bowling de Castres s'entourent d'un cadre plutôt cosy et d'un espace de détente assez bien conçu pour offrir l'alternative à tous ceux qui ne vibrent pas uniquement pour le strike : billards, snookers, salle de jeux et bar. Pour les Johnny, et les Lara en herbe, karaoké les mardi, mercredi et jeudi soir…

CENTRE EQUESTRE Borde-Basse **05 63 35 02 08**

Ouvert toute l'année, du lundi au samedi de 9h à 20h, fermeture possible en août. La vocation essentielle de ce centre est l'enseignement de l'équitation et la préparation à la compétition. Il est l'un des plus grands centres de formation professionnelle pour les moniteurs d'équitation et pour les animateurs poney. Des compétitions s'y tiennent régulièrement et les 3 disciplines des concours complets s'y pratiquent : dressage, saut d'obstacles et cross. Le centre équestre de la Borde-Basse dispense des cours pour tous les niveaux (y compris initiation) et propose des promenades ou randonnées encadrées par des moniteurs diplômés d'Etat. On y pratique l'équithérapie et lorsque les chevaux deviennent trop vieux, on leur trouve un lieu de retraite chez des particuliers. L'atmosphère est conviviale, le contact simple et direct. Ils ne sont pas trop à cheval sur les convenances, quoi !

GOLF DE CASTRES-GOURJADE Route de Roquecourbe **05 63 72 27 06**

Ouvert toute l'année. Sur 25 ha, parcours de compétition (9 trous - par 36) qui enjambe la rivière, parcours-école de 3 trous, 36 postes de practice, putting green, bunker d'entraînement. Encadrement diplômé d'Etat. Le parcours de ce superbe 9 trous, blotti au creux d'une boucle de l'Agout et dessiné par Yves Bureau s'étend sur 2 966 m. La grande variété de trous ainsi que le mouvement des greens permettent aux hauts handicaps comme aux pros d'exprimer leur style.

L'ARCHIPEL Boulevard Georges-Pompidou **05 63 62 54 01**

Complexe de 5 ha, bassin de compétition, bassins ludiques, toboggans et pentagliss, rivières à courant, etc. Bar-restaurant avec terrasse, site extérieur paysager (on peut apporter son pique-nique). Animations tout au long de l'année. Accueil et organisation personnalisés pour les fêtes privées, anniversaires et opérations de relations publiques. Capacité d'accueil : piscine : 2 500 personnes, patinoire : 500 personnes, salle de spectacle : 3 200 personnes. Ouvert toute l'année, 7j/7 (sauf vidange). Horaires de la patinoire (ouverte de mi-septembre à mi-mai). En période scolaire : ouverte les mercredi, samedi et dimanche, de 10h à 12h et de 14h à 17h30 (18h le samedi). Le samedi soir, nocturne de 20h30 à 23h. Pendant les vacances scolaires, ouverte tous les jours de 10h à 12h et de 14h à 18h avec un nocturne le samedi soir de 20h30 à 23h. Tarifs variables selon l'âge, le nombre de personnes et la période. Horaires de la piscine. En période scolaire : lundi, mardi, jeudi et vendredi : de 12h à 14h et de 16h30 à 19h30 (21h30 les mardi et jeudi) ; mercredi, samedi et dimanche, ouverture de 10h à 18h30 (19h30 pour le mercredi). Tarifs variables selon l'âge, le nombre de personnes et la période. C'est une superbe réalisation architecturale, entièrement dédiée à l'eau dans ses multiples expressions… Glacée pour la patinoire, simplement fraîche pour les différents bassins, une partie couverte pour toute l'année et une partie extérieure qui fait la joie des petits canards à la belle saison.

shopping

Auto, deux-roues

Auto

Garages

MIDAS 21, route de Toulouse **05 63 59 78 19**
Ouvert du lundi au vendredi en continu de 8h à 19h. Fermeture à 17h le samedi. Côté pratique : ici on vous accueille sans rendez-vous et ils vous garantissent la réalisation des réparations dans les plus courts délais. Ce "roi" de l'entretien propose régulièrement de nombreuses promotions (vidange, pneus, système de freinage, amortisseurs...) pour entretenir la voiture sans vider le porte-monnaie. Futé donc !

SPEEDY 61, route de Castres **05 63 71 19 71**
Dans ce centre de dépannage et entretien, les mécanos n'hésiteront pas à tout nous expliquer sur le diagnostic de notre voiture, ainsi que les différentes formules que propose cette marque aux prix plus que compétitifs pour que notre beau tacot soit à point et ne nous réserve pas de mauvaises surprises. Avec spontanéité, l'accueil se fait sans rendez-vous et on garantit le délai le plus court possible. De nombreuses promotions sont à dénicher tout au long de l'année (vidange, pneus, freins), il suffit d'être malin et attendre le bon moment pour effectuer chaque opération.

Location de voitures

ADA LOCATION EURO-MOBILE 32, avenue Charles-de-Gaulle **05 63 51 10 26**
www.ada.fr. Fermé le dimanche et les jours fériés. Chez eux, fidélité rime avec économie : un programme permet d'accumuler des points à chaque location, qui se transforment au fil du temps en location gratuite. De plus, leurs tarifs sont souvent plus avantageux qu'ailleurs. Attention toutefois aux conditions de franchise qu'il faut toujours vérifier lorsque l'on utilise les services des agences de location.

AUDREN 53, route de Mélou **05 63 72 11 75**
BUDGET 98, avenue Albert-Ier **05 63 71 31 28/08 00 00 06 90**
CAR'GO 162, route de Toulouse **05 63 71 07 07**
HERTZ 3 1, route de Toulouse **05 63 72 82 21**
LAVAIL LOCATION Route d'Albi **05 63 71 93 34**
NATIONAL CITER 16, boulevard Raymond-Vittoz **05 63 51 28 20**

Deux-roues

FAURY SA 6 et 10, rue des Docteurs-Sicard **05 63 59 23 55**
Du mardi au samedi : de 9h à 12h et de 14h à 19h. Congés en août et février. Vente et réparation de vélos et scooters. Accessoires. C'est vrai qu'ils en connaissent un rayon question deux-roues. Evidemment, la société est plus que centenaire. Alors ils en ont vu passer des vélocipèdes... L'équipe a conservé l'esprit familial et les barèmes de prix, sans en être restés à ceux des années 1900, sont tout à fait corrects. Concessionnaire exclusif de MBK sur Castres et Mazamet (104, avenue Foch), les établissements Faury commercialisent également les marques Scott et Racer. Pour choisir votre fier destrier des temps modernes, faites un tour sur le site Internet : mbk.fr/faury_81

LIBELLUS Les Arcades - Place Jean-Jaurès **05 63 71 80 00**
www.libellus.org. Prêt de vélos, gratuit les deux premières heures. Parkings à vélos : Hôtel-de-Ville, commissariat, la Poste, école de musique, parc de Gourjade, Arcades, gare inter-urbaine, gare SNCF, place Carnot, halle de l'Albinque et MJC du centre.

MOTO 81 174, avenue Charles-de-Gaulle 05 63 35 84 44

Vente motos toutes marques, entretien, conseils, soudure alu, réparation 2T/4T. Point de vente Kymco et Devil. Si y a ta moto qui fait des ratés, tu ferais mieux d'y passer. Y vont t'arranger, vite fait bien fait, c'est pas sorcier mais c'est futé. Y'a Kawasaki et Suzuki mais tu trouves aussi Yamaha et Honda.

Beauté

Coiffeurs

COIFFURE HOMMES DECHAUT PHILIPPE 1, avenue Lt-Jacques-Desplats 05 63 35 36 63

Ouvert du mardi au samedi, le jeudi sur rendez-vous. Philippe exerce le métier de coiffeur depuis plus d'une dizaine d'années. Sa vocation s'est révélée très tôt et la passion l'anime toujours. Après avoir travaillé dans plusieurs salons de coiffure, dont certains pour dames, Philippe a choisi de se consacrer exclusivement aux têtes masculines. Il peut ainsi discuter foot, rugby, chasse et autres tout en rafraîchissant les coupes et en rasant les nuques mâles. Son geste sûr et précis, son affabilité et sa maîtrise de la relation au client assurent sa popularité, et garantissent une réussite pleinement méritée.

WELL CUT 14, rue Sabatier 05 63 72 43 09

Du mardi au vendredi : de 9h30 à 18h. Le samedi : de 9h à 18h. Différents forfaits. Sans rendez-vous. Un cadre moderne sans être froid et un service rapide sans précipitation. Les jeunes coiffeuses maîtrisent autant l'art de la coupe que celui de la relation clientèle. On se sent tout de suite à l'aise et entre de bonnes mains. Six visites suffisent pour bénéficier du cadeau de la carte de fidélité.

Instituts

INSTITUT AYURVEDIQUE MASCULIN-FEMININ 21, rue Frédéric-Thomas 05 63 72 58 15

Du mardi au vendredi de 10h à 19h et le samedi de 9h à 18h. Sur rendez-vous le lundi après-midi. C'est quoi ça l'ayurvéda ? Une approche basée sur une tradition hindoue et sur la naturopathie. Le centre offre les services "classiques" d'un institut de beauté, mais les diagnostics et les soins diffèrent par leur qualité. Des soins corporels aux poudres aromatiques ou aux huiles vous sont proposés à partir de 45 €. Une adresse à essayer, histoire de ne pas mourir idiot et de se faire, ma foi, sa propre opinion.

NOCIBE 12, place Jean-Jaurès 05 63 59 70 41

Ouvert le lundi de 14h à 19h et du mardi au samedi de 9h à 19h. Pour les soins du corps et du visage, la grande chaîne met à votre disposition le personnel, les techniques et les produits. Il est possible de prendre sur place des cours de maquillage.

YVES ROCHER 13, rue Villegaudou 05 63 71 34 44

Situé tout près de chez vous, le centre de beauté Yves Rocher a la particularité de regrouper un espace de vente de produits : soins du visage et du corps, parfums, maquillage et produits d'hygiène pour toute la famille, et des cabines de soins d'esthétique : véritables professionnelles de la beauté, les esthéticiennes Yves Rocher sont à votre service et vous proposent des soins du visage et du corps (anti-rides, aromatiques, épilation). Une carte de fidélité permet de venir souvent sans se ruiner.

Parfumerie

NOCIBE 13, rue Henri-IV 05 63 71 17 71

Le lundi de 14h à 19h et du mardi au samedi de 9h à 19h. Fidèle à sa réputation, Nocibe propose tous les grands parfums et les produits cosmétiques de 15 % à 20 % moins cher que dans les parfumeries traditionnelles. Il est fort agréable de chiner dans cet univers raffiné et de recevoir tous les conseils dont on a besoin. Des idées de cadeaux (bougies, parfums pour la maison, etc.) sont accessibles à partir de 6 €. Carte privilège gratuite.

Autres adresses : Galeries marchandes d'Auchan et Casino.

Cadeaux

Artisanat

ATELIERS ARTGRAFT 4, rue Henri-IV 05 63 71 04 77

Profession ? Enlumineur. Dans la plus pure tradition moyenâgeuse. M. Caux dilue ses pigments à l'œuf et fabrique lui-même une encre à base de gale de chêne (on la broie, on la brûle puis on la mélange avec de la gomme arabique et de l'eau distillée). Calligraphies rehaussées à la feuille d'or, enluminures et illustrations irradient doucement sur les murs de l'atelier. De la simple initiale enluminée (autour de 30 €) au menu de mariage grand format (environ 230 €), toutes les occasions sont heureuses pour encourager ce véritable artiste qui divulgue ces secrets d'alchimiste lors de stages offerts tout au long de l'année. Une rencontre rare et précieuse.

ATELIER - GALERIE B. GALLAND 14, rue des Boursiers 05 63 72 05 43

Ouvert du mardi au samedi, de 10h à 12h et de 14h à 19h. Bernard Galland est aussi séduisant que son œuvre. Eau forte, aquatinte, pointe sèche, burin et ancrage n'ont aucun secret pour lui. L'atelier jouxte la galerie d'exposition et l'artiste vous y entraîne spontanément pour vous initier aux arcanes de ce savoir-faire ancestral. Fasciné par les chats à qui il rend de nombreux hommages, l'artiste représente aussi avec bonheur les pigeonniers de nos campagnes et les paysages ou natures mortes propres à l'inspirer. Ses gravures sont accessibles à partir de 46 €. Quant au plaisir de la contemplation de ses œuvres, il est gratuit. Profitez-en !

Bijoux

AGATHA 10, place Jean-Jaurès 05 63 72 06 08

Entrer chez Agatha à Castres, c'est se retrouver à Paris au moment des illuminations de Noël. Pas de clinquant pour autant. Rien que du beau, du scintillant qui se reflète sur les miroirs et dans nos yeux éblouis. L'apparence du luxe à portée de main et de portefeuille puisque la plupart des bijoux présentés sont fantaisie ou en argent. Chaînes de taille, bracelets, boucles d'oreilles ou bagues, tout est là pour satisfaire les coquettes, des plus sages au plus mutines.

Fleurs

LE BAL DES FLEURS 27, rue Fuziès 05 63 35 20 95

Compositions florales à partir de 8 €, envoi de fleurs, restructuration d'intérieur, mariages, etc. Valérie Bal est une artiste qui a choisi les fleurs pour exprimer son talent. Elle vous donne l'occasion de personnaliser votre décor grâce à ses compositions, ses décorations d'objets (sur demande) et ses créations de jardins intérieurs. Elle saura à coup sûr apporter une note originale et créative à votre décor quotidien, tout en respectant votre personnalité. Une invitation de dernière minute ? Foncez chez Valérie, elle vous trouvera ce qu'il faut parmi ses œuvres éphémères ou durables. Grâce à son éventaire placé devant le magasin, la rue Fuziès a pris un air plus gai depuis qu'elle s'y est installée. Cueillez, cueillez les roses de la vie…

GROSEILLES ET PETITS POIS 2, rue Villegoudou 05 63 51 25 28

Atelier de fleurs et boutique traditionnelle. Ouvert du mardi au samedi aux heures habituelles et le dimanche matin en dehors de la période estivale. La jeune dame est aussi charmante que son enseigne. La boutique est minuscule, envahie d'énormes coquelicots verts et jaunes, de panières emplies de fruits séchés, de feuilles et de fruits de palmier, d'oranges déshydratées et de fleurs fraîches. Pour acheter une composition toute prête, en commander une à votre goût ou obtenir les ingrédients nécessaires afin de la confectionner vous-même.

Gadgets

CASTOR ET POLLUX 19, rue Eugène-Léris **05 63 51 33 07**

Ouvert du mardi au samedi, de 10h à 12h30 et de 14h30 à 19h. C'est LE rendez-vous du mercredi après-midi pour les jeunes consommateurs branchés. Des objets de décoration pour la chambre, des gadgets à la mode, des guirlandes lumineuses et j'en passe ! Les adultes pourront aussi se laisser séduire par un rideau de douche, un chandelier ou quelque accessoire sortant de l'ordinaire. Une boutique réellement originale qui fait venir ses articles d'un peu partout : Europe, Etats-Unis, etc. Le tout à des prix raisonnables.

Jeux et jeux vidéo

JOUE CLUB Arcades Jean-Jaurès **05 63 59 21 26**

Une succursale du Père Noël ouverte toute l'année. Tout y est : jeux d'éveil, ballons, voitures miniatures, poupées et poupons, panoplies, maquettes, puzzles, instruments de musique, peluches de tailles et d'inspirations diverses, jeux pour consoles et PC. Vous voici prévenu : soit vous y allez seul, soit vous vous préparez à y passer l'après-midi avec vos chères têtes blondes qui n'auront de cesse de vous tirer par la manche à longueur de rayons…

KING GAMES 7, avenue de Lautrec **05 63 71 11 40**

Ouvert toute l'année du lundi au samedi de 10h à 12h30 et de 14h à 19h30. Carte de fidélité. Vente de neuf et d'occasion. L'ancienne épicerie de quartier est devenue La Mecque castraise des jeux vidéo pour ordinateurs et consoles. Autres temps, autres mœurs… Nintendo, Sony, Sega et Microsoft, consoles PlayStation 2, Dreamcast, Game Boy Advanced et Game Boy Colour, ils les ont toutes. Astuce futée : ils reprennent vos anciens jeux et vous délivrent un bon d'achat pour en acheter d'autres. Le stationnement est très facile sur la rue devant le magasin ou juste à côté sur le parking voisin.

Montres

HORLOGERIE GERMAIN 16, place Jean-Jaurès **05 63 59 29 86**

De 9h à 12h et 14h à 19h du lundi après-midi au samedi inclus. Entreprise familiale de père en filles (si, si !) depuis 1881, l'horlogerie Germain est spécialisée dans la restauration d'horloges et pendules anciennes. Elle fabrique les pièces manquantes ou rendues inutilisables par… le temps. En cas de changement de pile d'une montre, la vérification d'étanchéité est faite sur place, ce qui permet un gain énorme… de temps. On va aussi chez eux pour s'offrir une Swatch, Festina, Tag Heuer, Sector, Pequinet, Guess ou Armani. On en ressort toujours satisfait, quel que soit… le temps qu'il fait !

Poterie

POTERIE DE LEVEJAC Carbes **05 63 72 38 93**

Michel Goldstyn et Lucile Chesneau. Grès émaillé traditionnel fin XXe, début XXIe (sic). A la sortie de Castres, prendre la direction de Lautrec puis tourner à gauche direction Carbes. Cet artisan potier est un véritable alchimiste, reconnu pour ses recherches (et ses résultats !) en matière de couleurs. Il attire des clients de toute la région, particuliers et professionnels, tels Daniel Pestre, propriétaire du restaurant La Table du Sommelier à Albi, qui lui a commandé ses cruches et ses gobelets à eau. Selon les années et les humeurs, Michel Goldstyn opte pour les bleus, les verts ou les rouges. Il nous en fait voir de toutes les couleurs et de toutes les formes, et on en redemande !

GINETTE DESCOUS 13, rue André-Montaud **05 63 35 27 08**

Cette charmante dame occupe sa retraite avec talent et bonheur. Elle modèle des objets en terre qu'elle pare ensuite de couleurs assorties : citrouilles, lampes, pigeonniers, etc. Elle récupère également d'anciens ustensiles de cuisine tels que pots à charbon, pots à lait et autres cafetières qui retrouvent une deuxième vie sous ses pinceaux inspirés.

Elle expose entre autres au village de Lautrec et reçoit chez elle sur rendez-vous. Ses prix sont plus que raisonnables et permettent d'emporter un joli souvenir ou de faire plaisir à peu de frais.

Maison

Ameublement - Décoration - Brocante

AU PASSE COMPOSE 12, rue Henri-IV **06 16 90 19 65**

Du mardi au vendredi : de 9h à 12h et de 14h à 18h, le samedi : journée continue. L'odeur de cire et de patine est tout aussi authentique que le talent de Sophie et d'Evelyne pour redonner vie aux vieux meubles et aux anciens objets. Quel que soit votre style de prédilection - vénitien, champêtre, paysan ou norvégien - elles réaliseront à la main (le pochoir est exclu) des peintures originales voire une imitation de marqueterie. Ces deux fées aux doigts agiles retapent et décorent des objets de leur choix mais se déplacent aussi chez vous pour établir un devis éventuel. Elles dispensent leur savoir-faire au cours d'ateliers où il est possible de s'inscrire à tout âge.

MAISON PASSEBOSC ZA La Chartreuse - Rue Ludovic-Julien **05 63 59 50 51**

Dépôt-vente, déménagements, expéditions outre-mer, garde-meubles. Une énumération à la Prévert pour décrire le dépôt-vente : un poisson vide-poche, une soupière rococo, une colonne de rangement pour CD vert fluo, un candélabre, une panière en argent, une théière style God save the Queen, sans compter tous les types de meubles pour les différentes pièces de la maison. A visiter régulièrement car les nouveaux arrivages sont permanents.

LE MOULIN AUX AFFAIRES Les Salvages **05 63 35 59 96**

Tous les jours : de 10h à 12h et de 14h à 19h sauf les dimanche matin et lundi matin. Pour se meubler et s'équiper pas cher, un endroit qui porte bien son nom. Armoires, lits, tables, chaises, vaisselle, bibelots, toutes ces occasions sont bonnes à prendre. Les prix sont réellement surprenants et il y a de très belles choses. A l'inverse, si vous souhaitez vous débarrasser de certains meubles ou objets, l'équipe du Moulin se déplacera gratuitement chez vous pour une estimation et un enlèvement éventuel, et ce dans tout le Tarn.

TROC 2000 2, rue de Mélou **05 63 71 95 25**

Lundi de 14h30 à 19h, du mardi au vendredi de 9h30 à 12h30 et de 14h30 à 19h, samedi de 9h30 à 19h et dimanche de 15h à 19h. Vous déposez et ils vendent moyennant une commission allant de 20 % à 35 % selon le prix de vente. Après deux mois d'exposition, vous pouvez reprendre les invendus sans aucun frais ou les laisser sur place, sachant que leur prix sera réduit de 10 % tous les 30 jours. Leurs arguments sont solides : vous évitez le marchandage, les chèques en bois et surtout d'être dérangé. Côté acheteurs, le choix est réellement impressionnant et varié : tabourets de bar, vaisselle de style ancien ou moderne, chaises et fauteuils, lits, sommiers à lattes et matelas (neufs), petit et gros électroménager, bicyclettes, téléviseurs, et une foule d'objets hétéroclites qu'il peut être fort intéressant d'acquérir à moindre coût. Comme en plus l'accueil est vraiment cordial et les services complets (mise à disposition d'un transporteur, estimations à domicile gratuites, vendeurs qualifiés) c'est la bonne adresse pour s'équiper futé.

Entretien - Réparations

PAUL BLAISE 11, rue Camille-Rabaud **05 63 59 14 91**

Du mardi au samedi de 10h à 13h et de 14h30 à 16h. Réparation de téléviseurs, antennes et magnétoscopes toutes marques ainsi que des postes de radio anciens. L'atelier poussiéreux à souhait, des téléviseurs éventrés, l'artisan est à l'œuvre. Ici, pas de chichis inutiles. Paul Blaise a 33 ans de métier. Il vous donnera l'heure juste et un service irréprochable.

TARN MENAGER SERVICE 26, rue Sabaterie **05 63 59 68 13**

Du lundi au samedi : de 9h à 12h et de 14h à 19h. Le grille-pain enfume vos petits déjeuners et le sèche-cheveux grille vos bigoudis ? Pas de souci, ils sont là pour ça. Apportez-leur vos appareils électroménagers défectueux et ils vous diront si cela vaut la peine ou non de les réparer. Vente de pièces et accessoires, réparation toutes marques.

Jardinage

CHRISTIAN PAGEON 18, rue des Tilleuls **05 63 59 35 57**

Une adresse prédestinée pour cet ancien “Parisien” qui goûte maintenant aux charmes de la province. En fait, Christian Pageon fait plus qu'y goûter. Il les exalte en entretenant les écrins de verdure de toute nature et de toute superficie. Banlieusards et châtelains lui confient leur pelouse (tonte), leurs arbres, fruitiers ou non (élagage), leurs haies (taillage) et leurs fonds de terrain (débroussaillage). Tout au long de l'année, ce jardinier émérite sème autant de graines que de conseils, coupe, taille et soigne les arbres ou arbustes et vous fait bénéficier de cet amour de la nature qui a fait éclore… sa vocation.

LA JARDINERIE TARNAISE ZI La Chartreuse **05 63 60 75 17**

Ouvert toute l'année, 7j/7, du lundi au samedi de 9h à 12h et de 14h à 19h. Le dimanche, de 15h à 18h en dehors de la période estivale. Parking. Accès handicapés. Livraisons à domicile. Service Téléfleurs… A l'instar des jardins botaniques, la Jardinerie tarnaise abrite une luxuriance de plantes, arbustes et fleurs de toutes tailles et à tous les prix. Elle propose aussi un échantillon de bêtes à poils, à plumes ou à écailles, les cages, aquariums et vivariums, ainsi que la nourriture ou tous les accessoires utiles. A l'extérieur, un jardin extraordinaire doublé d'une mini-ferme où lapins, chèvres et autres marcassins ont élu domicile pour le plus grand plaisir des enfants. Mobilier de jardin, vasques et fontaines, fleurs artificielles, bougies et cache-pots sont autant d'occasions de dénicher des cadeaux pour les maîtres et maîtresses de maison (ou d'appartement !)

Mode

Accessoires

DENIS B CREATIONS 14, place Pélisson **05 63 71 14 70**

Ouvert toute l'année du mardi au samedi de 9h à 12h30 et de 14h à 19h. Il a la tête et le charme de Gérard Lanvin mais ne fait pas dans la comédie. Denis B est maroquinier, sellier, styliste et modéliste. Il peut donc faire beaucoup de choses et ne s'en prive pas : création de portefeuilles, sacs, valises, selles de cheval, etc. ainsi que réparation ou création sur mesure de ces mêmes articles. Les personnes de grande taille peuvent trouver chez lui ceinture à leur mesure. Un artisan qui mérite d'être encouragé, d'autant que le travail du cuir est une tradition du coin qu'il serait fort dommage de voir s'éteindre faute d'amateurs.

LA CHAPELLERIE 12, rue Sabatier **05 63 72 16 30**

Qu'ils sont beaux ces chapeaux, ces bérets, ces casquettes et ses foulards… De quoi remettre les bibis à la mode ! Le dernier cri côtoie les grands classiques tels que le haut-de-forme noir. Huguette Ourset a l'œil et l'expérience indispensables pour vous guider. Un seul mot vous vient aux lèvres : chapeau !

Chaussures

MONTAUD CHAUSSEUR 1, rue Sabatier **05 63 59 25 83**

Ils ont pignon sur rue depuis bien longtemps et on comprend pourquoi. Vaste choix d'escarpins, de bottines, sandales et mocassins. Chaussures griffées Peter Kaiser, Bocage, Elisabeth Stuart, Paraboot, Kickers pour les femmes, Camper, Méphisto, Church's, Pellet, Paraboot pour les hommes. Pour les enfants, voir la porte d'à côté : Montaud juniors au numéro 8.

Cuirs et fourrures

LAURENT BEAUTE - ARTISAN FOURREUR 18, rue Victor-Hugo 05 63 59 57 76

Ouvert du mardi au samedi. Cuirs, peaux lainées et fourrures pour femmes. Vente, réparation, transformation, garde, nettoyage et confection sur mesure, assurés. De très beaux modèles pour femme à des prix pas si fous que ça. Loin de jouer les mondains, le personnel et les patrons accueillent tout le monde avec simplicité et grâce.

Entretien

LAVERIE EXPRESS VANINA 43, rue Fuziès 05 63 51 15 74

Ouverture non-stop de 8h30 à 19h du lundi au samedi. Service gratuit. Machines pour 7 kg de linge ou pour 16 kg. Sécheuses et distributeur de lessive sur place.

PRESSING SABATERIE 15, rue Sabaterie 05 63 72 20 06

Du mardi au samedi : de 8h30 à 12h15 et de 13h45 à 19h. Fermeture 2 semaines en août. Service de nettoyage à sec et de blanchisserie. Vous pouvez leur confier vos vêtements en cuir ou en daim. La grande vitrine permet de les voir à l'œuvre depuis la rue. De toute évidence, des gens sérieux et fiables.

Mercerie

AU CAPRICE 11, rue Victor-Hugo 05 63 59 26 59

Les vieux bocaux remplis de boutons évoquent les bonbons colorés des marchands de friandises. Cette "antique" mercerie contient toute la panoplie nécessaire aux couturières en herbe ou averties et à toutes les amoureuses des travaux d'aiguille. Soyez sûres d'y trouver les bonnes tailles de ganses, de Ruflette ou de fermetures Eclair et toutes les couleurs imaginables de fils ou de rubans.

Optique

OPTIQUE J. DUPARCHY 10, rue Alquier-Bouffard 05 63 59 06 38

Jacques Duparchy a choisi OPTIC 2000 pour faire bénéficier sa clientèle des avantages d'un grand groupe présent sur tout le territoire. Cet optométriste diplômé, en formation et en recherche permanentes, fait de son métier un véritable sacerdoce auquel son épouse participe activement. Ici, on prend tout le temps nécessaire pour d'une part contrôler votre acuité visuelle et de l'autre vous aider à choisir la monture idéale parmi des marques aussi prestigieuses que Dior, Chancel, Armani, Guess ou Lacoste. Examens de la vue et dépistage sur place, montage de verres en 1 h (SPH + ou - 6 et jusqu'à 2 CYL).

ALAIN AFFLELOU 30, rue Henri-IV 05 63 59 25 25

Au-delà du personnage public et médiatique, l'opticien Afflelou est compétent et applique des prix compétitifs. Ses boutiques appliquent les derniers concepts comme Tchin-Tchin (un euro de plus et vous avez deux paires de lunettes de vue) ou la Forty, la Funny... Avec des services attirants : remboursement de la différence si on trouve moins cher ailleurs, adaptation des verres garantie pendant trois mois, lunettes en une heure sans supplément. Et puis, il n'y a pas que du Afflelou chez Afflelou : collections distribuées en exclusivité de Agatha, Célio, Lolita Lempicka...

Prêt-à-porter

Junior

CHIPIE 2, rue de la Libération 05 63 62 77 76

Ouvert de 9h30 à 12h30 et de 14h à 19h sauf le lundi matin. Pour les chipies de tous âges et les garçons pas sages. Propriété de la maison mère, cette boutique commercialise exclusivement les produits Chipie et Beckaro. Layette, chaussures, culottes courtes et longues, sacs et ceintures, bref de quoi affirmer son tempérament de la tête aux pieds. Remarquez le mur de façade orné de fenêtres en trompe-l'œil.

MIEUX QUE LES GRANDS **19, rue Alquier-Bouffard** **05 63 62 80 48**

Ouvert toute l'année du mardi au samedi, de 9h30 à 12h et de 14h à 19h. Carte de fidélité. Remarquable par le grand choix de vêtements pour les filles et les garçons de 0 à 16 ans avec les marques chères à nos chers petits : Saxo Orchestra, Morgane, Mini-tribu, etc.

Femmes

LE COMPTOIR DES COTONNIERS **13, place Jean-Jaurès** **05 63 62 76 71**

Les matières, textures et couleurs que l'on aime porter quelle que soit la saison. La noblesse du lin et du coton, déclinés à toutes les coupes et longueurs, donne un aspect à la fois chic et décontracté à ces éléments indispensables à toute garde-robe qui se respecte.

MAXI DEGRIFF **18, rue Henri-IV** **05 63 72 07 14**

Lundi : de 14h à 19h, du mardi au samedi : de 10h à 19h. Des fringues sympas, plus ou moins classiques pour femme uniquement. Au fond de la boutique (comme partout), de bonnes affaires. Les vendeuses sont présentes sans être harcelantes. Une adresse à retenir pour le p'tit chic sans le grand choc.-

Mixte

DEGRIFF STORE **12, rue Emile-Zola** **05 63 59 28 04**

Le sportswear pour les jeunes de 7 ans à 77 ans. Grand choix de vêtements et accessoires des marques qui font la mode : Esprit, Six Months, Lulu Castagnette, Miss Sixtie, Ellesse et Caterpilar. Fabriquant pour Teddy Smith, la maison est bien placée pour fixer des prix moins élevés qu'ailleurs. Des articles déclassés de toutes marques y sont disponibles tout au long de l'année.

GOUT TRICOTAGE DIFFUSION **60, chemin des Porches** **05 63 35 83 02**

Ouvert toute l'année. Horaires : du mardi au samedi, de 9h à 12h et de 14h à 19h, le lundi de 14h à 19h. Leur usine, située à Roquecourbe, fabrique des pull-overs pour Tabarly, Ushuaia, Taxim, Mission, Terre Rouge et Jacquard. Elle approvisionne de nombreuses boutiques en France et à l'étranger (Espagne, Allemagne, etc.) La production est vendue meilleur marché que partout ailleurs et carrément disponible à prix d'usine de septembre à mars au dépôt. Ce dernier sert également à écouler les fins de série des collections homme et femme. La boutique offre une gamme variée de vêtements classiques ou sportifs, de la layette (à partir de 3 mois) et plusieurs accessoires. Une adresse futée qui donne le goût d'habiller toute la famille.

Autre adresse : Dépôt - Rue Mérigonde.

STOCKS AMERICAINS **6-8, rue Emile-Zola** **05 63 59 03 72**

Il ne fallait pas moins de deux boutiques pour présenter tous les vêtements, chaussures et accessoires en provenance directe des USA. Les marques devenues classiques à force d'être portées sont toutes là : Levi's, Calvin Klein, Fire Trap, Cimmaron, IKKS, Doc Martens, Levi's, Cat, et Palladium. Des produits made in France sont aussi distribués dans la masse (Chevignon).

Grandes tailles

LUNA **22, rue Victor-Hugo** **05 63 72 46 59**

Du mardi au samedi, de 10h à 12h et de 14h à 19h. Tailles : 42 à 60. L'élégance à la portée des grandes tailles : Persona, Marina Rinaldi, Elena Miro, etc. Le look jeune est privilégié, tout comme les coupes et les coloris qui allongent la silhouette. Aucune austérité dans cette boutique tenue par une personne accorte qui fait preuve d'un bon goût certain.

Hommes

LATITUDE 9, rue Emile-Zola 05 63 62 81 65

Ouvert du mardi au samedi. Prêt-à-porter et cuir pour hommes. Faut dire que le sportswear chic a les faveurs de bon nombre d'amateurs de grand air et de sensations fortes. Les collections Marlboro, Camel et Timberland s'accordent à la couleur du 4X4 avec lequel on fait le marché ou les grands raids en montagne. Le coin cuir au fond du magasin, avec des créations signées Redskins complète la parfaite panoplie de l'homme séduisant soucieux de son look.

Retouches

DE FIL EN AIGUILLE 21, rue Frédéric-Thomas 05 63 72 52 06

De 9h à 12h et de 15h à 18h sauf le lundi matin et le samedi après-midi. Fermeture annuelle en août. Pour un simple ourlet (cousu main ou machine) ou des travaux plus complexes : remplacement de fermeture Eclair, ajustement de la taille d'un pantalon ou d'une jupe, etc. Le délai habituel est d'environ 10 jours mais s'allonge en période des soldes. C'est qu'ils sont très demandés ces gens-là !

MARY KI'COU 17, rue des Capucins 05 63 62 73 21

Du mardi au samedi de 9h à 12h et de 14h à 19h (18h le samedi). La Mary qui coud vend aussi de la mercerie à prix de gros et des tissus à prix raisonnables. Confiez-lui vos petits travaux d'aiguille : ourlet, pose de fermeture, pinces, rétrécissement, etc. Après être passés dans ses mains, vos vêtements vous iront comme un gant. Mary confectionne également vos rideaux pour 23 € l'heure.

Multimédia

Cybercafés

LES ROYAUMES VIRTUELS 20, rue S.-Richard 05 63 51 38 64

Ouvert 7j/7 de 11h à minuit. Boissons fraîches, crêpes, confiserie, café. Pour jouer en ligne ou en réseau, lire et envoyer des messages électroniques, naviguer sur Internet ou utiliser les logiciels de Windows, les Royaumes Virtuels mettent 20 ordinateurs à votre disposition. La salle est heureusement séparée en deux. Les accros d'Everquest ou de Quake d'un côté, les "studieux" de l'autre. Le personnel se fend en quatre pour vous faire plaisir et concocte des crêpes délicieuses. Le même propriétaire détient le cybercafé homonyme à Albi.

CYBERCENTRE IT MEDIA 40, allées Alphonse-Juin 05 63 51 47 83

Fermeture annuelle en août. ITmédia est une association spécialisée dans les technologies de l'information et dans l'audiovisuel. Leur cybercentre permet aux particuliers d'accéder à un poste individuel connecté à l'Internet, des formations dans le domaine des technologies de l'information, des réseaux, du multimédia et de l'audiovisuel…

Téléphonie

BOUYGUES BOUTIQUE 4, rue Villegoudou 05 63 51 28 32

Dans ce magasin on vous présente toutes les possibilités d'abonnement ainsi que les formules sans abonnement. Un atelier vous présente tous les téléphones GSM disponibles avec possibilité de les tester. Vous disposez également d'un accès multimédia afin de vérifier si la zone dans laquelle vous utiliserez votre téléphone est couverte par le réseau Bouygues Télécom. Des services de pro.

Index général

CCC

DDD

KKK, LLL

MMM

Les bons plans pour voyager
sont sur
petitfute
.com

QQQ, RRR

SSS